망국-무엇이 문제였는가

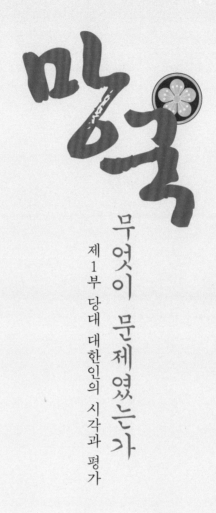

망국

무엇이 문제였는가

제1부 당대 대한인의 시각과 평가

고정휴 지음

문득 책 제목을 "망국-무엇이 문제였는가"에서 "망국-무엇이 문제인가"로 바꾸면 어떨까 하는 생각이 떠올랐다. 한국현대사에 고유명사로 추가된 '12·3사태'를 보면서이다. 이날 비상계엄을 선포한 대통령은 '망국'이라는 말을 꺼내 들었다. 이어서 12월 12일에 발표한 대국민담화에서는 '망국'이라는 단어를 여섯 번이나 사용했다. 왜 그랬을까?

'12·3사태'는 굳건해 보였던 우리의 민주주의가 얼마만큼 무르고 허약한 것인지를 한순간에 깨닫게 해주었다. 벌거벗은 권력이 한밤중에 한바탕 칼춤을 추고서는 다음날 아무 일도 없었다는 듯 국민 앞에 나서는 그 기괴함이란 섬뜩하다 못해 애처로워 보이기조차 했다. 이런 사태를 보면서 또다시 깨달은 것은 백성이 진정 주인이 되는 나라는 제도와 법으로만 이루어지는 것이 아니라는 사실이다. 주권자 한 사람 한 사람이 늘 깨어 있어야만 한다. 권력자들이란 한순간의 방심을 이용하여 우리 안방 깊숙이 들어와서는 그들이 주인 행세를 하기 때문이다.

이 책을 구상한 지는 꽤 오래되었다. 대학 강단에서 물러날 때이니, 벌써 3년 반이 훌쩍 지났다. 그리고 작년 11월 하순에 원고를 출판사에 넘겼다.

'12·3사태'가 터지기 전이었다. 주제가 주제인지라, 〈책을 내며〉부터 서설과 에필로그만은 여기저기 손을 댈까 하다가 그냥 두기로 했다. 먼저 쓸 때 내 나름대로 느꼈던 긴장감을 풀어 헤치고 싶지 않았기 때문이다. 하여, 지금 보면 다소 어색한 구석이나 표현이 있더라도 독자의 양해를 구한다.

애초 한 권의 책으로 낼 생각이었다. 그런데 쓰다 보니 분량이 점점 많아졌다. 자료로 쓰는 텍스트들이 기왕에 알려진 것들이지만 제대로 다루어지지 않았음을 알게 되었다. 아울러 이들 텍스트와 '망국'(1910)이라는 본 주제와의 연관성을 뚜렷하게 드러내지 못한 한계가 있었음도 알게 되었다. 어떻게 보면 역사학계에서는 그동안 '망국'이라는 문제를 기피하거나 그냥 덮어두려고 했던 것은 아닌가 하는 생각마저 하게 되었다.

그리하여 새로 쓴다는 각오로, "망국—무엇이 문제였는가"라는 주제를 내걸고 3부작을 내기로 했다. 이 일을 제대로 해낼 수 있을까 하는 두려움이 없었던 것은 아니지만, 그래도 도전해 볼 만한 가치가 있다는 믿음에서였다.

제1부 당대 대한인의 인식과 평가
제2부 당대 외국인의 인식과 평가
제3부 오늘날의 인식과 평가

이번에 내놓는 제1부에서는 창해자(滄海子)라는 필명으로 1909년에 발표되었던 〈황실비멸국지이기(皇室非滅國之利器)〉와 〈양의사합전(兩義士合傳)〉, 매천 황현의 《매천야록》, 좌옹 윤치호의 《일기》, 그리고 미주한인사회에서 발행했던 《공립신보》와 《신한민보》를 텍스트로 활용했다.

잘 알려져 있듯이 황현은 '조선의 마지막 선비'로, 윤치호는 '한국 최초의 근대적 지식인'으로 평가받는다. 창해자라는 필명을 썼던 인물은 그의 사후 이상설로 밝혀졌다. 고종의 헤이그 밀사로 알려진 그는 '근왕주의자'라는 평가를 받는다. 이들은 각각 그들의 위치에서 오백 년 조선왕조의 운명이 다하는 것을 지켜보았다. 그리고 논설과 일기 또는 저술을 통하여 망국에 이르는 과정과 그 현장을 생생하게 드러냈다. 한편, 대한제국 시기에 태평양 건너편으로 이주하여 한인공동체를 건설했던 미주 한인들은 그들의 신문을 통하여 몰락의 길에 들어선 조국의 현실을 매섭게 비판했다.

우리는 그들의 회한과 분노, 비탄과 절규를 통하여 국망으로 치닫던 당시의 상황을 간접적으로나마 체험할 수 있다. 저자는 이 책이 그러한 통로가될 수 있기를 바랄 뿐이다. 한 번에 마무리 짓지 못하고 몇 차례 나누어 책을낼 수밖에 없게 된 데 대해서도 고개를 숙인다. 이른 시일 내에 제2부와 3부를 낼 수 있도록 최선을 다하겠다는 약속으로 양해를 구한다.

한 가지 덧붙일 말이 있다. 올해는 을사조약(1905)이 체결된 지 120주년이 되는 해이다. 이 조약을 우리는 흔히 '보호' 조약이었다고 일컫는다. 그런데 이 책에서 소개하는 텍스트들은 한결같이 그 조약을 '망국' 조약으로 바라보았다. 아니 왕조의 몰락을 넘어서서 민족의 소멸을 가져올 수 있다고 경고한다. 당대 그들의 절박함을 오늘의 우리는 새겨들어야 하지 않을까 한다.

다시 을사년 새해를 맞이하며,
광교산 자락에서 고정휴

목차

제4장 나라 밖의 나라 — 외신대한

1. 이 책은 당대의 자료를 소개하고 해석하는 데 초점을 맞추고 있다. 따라서 본문에서 참고한 연구논저들의 목록은 각 장별로 정리하여 책 뒤에 수록한다.

2. 이 책에서 인용하는 황현의 《매천야록》 출처는 다음과 같다.

   임형택 외. 《매천야록: 원문 교주본》. 문학과지성사, 2005.

   임형택 외 옮김. 《역주 매천야록》 상·하. 문학과지성사, 2005.

   -인용문은 역주본을 사용하되, 원문 교주본을 참고하여 문장을 다듬은 곳도 있다.

   -인용문의 출처는 다음 같이 줄여서 표기한다.

   　《역주 매천야록》 상, 100쪽 → 상/100

   　《역주 매천야록》 하, 101쪽 → 하/101

   　《역주 매천야록》 하(부록: 오하기문), 666쪽 → 오하/666.

3. 이 책에서 인용하는 《윤치호일기》의 출처는 다음과 같다.

   국사편찬위원회 편. 《윤치호일기》 1~6(1883~1906). 동 위원회, 1973~76.

   송병기 역. 《(국역)윤치호일기》 1(1883~1889). 연세대학교출판부, 2001.

   국사편찬위원회 편. 《(국역)윤치호영문일기》 1~5(1889~1916). 동 위원회, 2014~15.

   -인용문은 국역본을 사용하되, 원문과의 대조를 거쳐 수정 또는 보완한 곳들이 있다.

   -인용문의 출처는 연/월/일로 표기한다(1883/01/01)

4. 이 책에서 인용한 신문 자료는 〈대한민국신문아카이브〉에서 가져왔다.

   -연/월/일 표기 방식은 위의 《윤치호일기》와 같다.

망국, 그 역사를 어떻게 볼 것인가?

왕조의 흥망성쇠는 동·서양의 역사에서 늘 있었던 일이다. 한국사에서 한 가지 특이한 점이 있다면, 한 왕조의 존속 기간이 무척 길었다는 것이다. 문헌 기록상 고조선의 역사는 이천 년을 넘어서고, 신라는 천년 왕국이었다. 이어서 고려가 오백 년, 조선이 오백 년이었다. 조선왕조가 한반도에서 존속하는 동안, 중국 대륙에서는 명나라와 청나라의 교체가 있었고, 일본 열도에서는 아시카가 막부에서 전국시대를 거쳐 도쿠가와 막부, 이어서 '천황' 친정의 메이지 정부가 들어섰다. 조선왕조는 근세 동아시아의 격변기 임진왜란과 병자호란이라는 두 차례의 전란을 맞고도 버텨냈다. 그런데 서양 세력이 동아시아로 밀려오던 서세동점기에 나라의 문호를 개방한 후 불과 30년 만에 무너져 내렸다.

왜 그랬을까? 이른바 경술국치는 단순히 한 왕조의 몰락에 그쳤던 것이 아니었다. 이를테면 신라에서 고려로, 고려에서 조선으로의 왕조 교체와는 그 성격이 근본적으로 달랐다. 무엇보다도 조선의 멸망은 이민족의 전면적인 지배와 억압을 초래했다. 이것은 고대의 한사군 '통치'라든가 몽골의 고려 '간섭'과도 달랐다. 조선은 자본주의라는 서구 문명에 바탕을 둔 근대 제국주의의 희생물이 되었다. 이때의 제국들은 식민지 주민들의 의식과 일상생활에까지 침투하여 그들이 요구하는 새로운 인간상을 만들어 내고자 했다. 한국의 경우, 일본의 식민 통치 종식은 국토 분단과 전쟁으로 이어졌다. 이 민족적 비극의 기원이 망국, 즉 조선왕조-대한제국의 몰락에 있었다.

세기의 전환기인 20세기 초에 왜 그런 일이 벌어졌던 것일까? 이 문제는 개항 후 조선의 자율적인 근대화가 실패할 수밖에 없었던 이유를 파헤치는 것이기도 하다. 그만큼 중요한 문제이지만, 우리 학계에서는 아직이에 대한 본격적인 검토와 논의가 이루어지지 않고 있다. 그냥 외세의 탓으로 돌리거나 아니면 내부의 문제, 특히 고종을 비롯한 집권층의 무능과 부패에 초점을 맞추어 설명하는 것으로 그치고 만다. 이런 남 탓, 내 탓으로는 문제의 본질에 접근할 수 없으며 학문적인 논쟁마저 어렵게 만든다. 몇몇 학자의 진지한 검토가 없었던 것은 아니지만, 이 또한 학계의 공통적인 관심사로는 나아가지 못했다.

이 책은 한국 근대사 연구의 최대 과제이자 논쟁거리일 수 있는 '망국'의 문제를 전면에 드러내고자 한다. 그리하여 학계는 물론이고 일반의 관심을 환기함으로써 앞으로 이 주제가 보다 넓고 깊게 논의될 수 있는 하나의 계기가 되었으면 하는 바람이다. 성공보다는 실패한 역사로부터 우리는 좀 더 많은 것을 배울 수 있다. 그러기 위해서는 문제를 덮거나 회피하는 것이 아니라 제대로 파헤쳐 보려는 자세와 노력이 필요하다. 과거에 대한 진지한 성찰과 반성이 없다면 새로운 미래로 나아갈 수 없다. 심심치 않게 망국이라는 말이 떠도는 요즈음에는 더더욱 그러하다.

(1) 망국의 시점

망국이란 나라를 잃는다는 뜻이다. 그렇다면 대한제국은 언제 나라를 잃었던 것일까? 이 물음이 나오면, 사람들은 경술국치(1910)를 떠올린다. 과연 그러한가?

을사조약(1905)은 어떠한가? 이때 대한제국은 외교권을 상실했을 뿐만 아니라 일본의 '통감' 통치 아래 들어갔다. 통감(統監)에 대한 사전적 정의는 정치나 군사의 모든 일을 통솔하고 감독한다든가 또는 그런 사람을 가리킨다고 되어 있다. 1906년 2월에 일본은 서울에 통감부를 설치한 후 이토 히로부미(伊藤博文)를 초대 통감으로 파견했다. 원래 통감부는 대한제국의 외교 사무를 관리한다는 명목으로 설치된 것이었으나 실세로는 외교뿐만 아니라 한국의 내정 전반에 깊숙이 개입하면서 병합 이후 총독부의 모체가 되었다. 이 점에서 있어서는 통감도 마찬가지였다. 일본 '천황'에 직예된 통감은 한국의 외교뿐만 아니라 시정 일반에 대한 감독권, 통감부령을 발포할 수 있는 제령권, 유사시 한반도 내 군대를 동원할 수 있는 군령권을 지님으로써 병합 이후 무소불위의 권한을 지닌 총독의 전례가 되었다. 을사조약 체결 후 대한제국은 명목상 일본의 '보호'를 받는다고 했지만 실제로는 일본의 지배하에 들어간 것이나 다름없었다.[1]

실제로 초대 통감인 이토의 권위와 권한은 고종 황제를 능가했다. 조정 대신들은 이토의 심기를 살피기에 바빴다. 이토의 역할은 한반도의 일본 편입을 앞두고 한국인의 국민적 공분과 저항력을 최대한 줄이거나 없애는 것이었다. 노련한 이토는 이 일을 성공적으로 해냈다. 그는 의병 항쟁에는 과감하게 무력 대응하는 한편, 한국의 독립을 먼 미래에 상정한 계몽운동에는 관대하게 대했다. 때론 한국의 '문명' 정도가 나아지면 '자치'를 허용할 듯한 태도도 보였다. 한국의 지배층과 일부 지식인들이 이토를 마냥 배격하지 않았던 것도 그 때문이었다.[2]

왜 이런 이야기를 하는가? 그것은 망국을 망국으로 인식하지 못했던 조선왕조(대한제국)의 왕실(황실)과 지배층의 안이한 국제정세 인식과 이기적인 태도를 지적하지 않을 수 없기 때문이다. 망국의 전조는 청일전쟁 (1894)이 발발하던 때부터 있었다. 이때 일본은 경복궁을 불시에 점령하고 내정개혁이라는 명분을 내세워 조선을 보호국으로 만들려는 내밀한 계획을 갖고 있었다. 고종과 민비(명성황후)는 이때 러시아를 끌어들여 일본의 세력을 막아 보고자 했다. 소위 인아거일책(引俄拒日策)이다. 이러한 계책은 일시적으로 성공한 듯 보였지만 더 큰 위기를 불러왔다. 일본은 그들 본토를 지키는 '생명선'이자 대륙으로 뻗어나갈 수 있는 통로인 한반도를 포기할 생각이 없었다.3

결국 러일전쟁(1904)이 터졌다. 일본은 이때 대한제국을 압박하여 '한일의정서'를 체결함으로써 국권 침탈의 발판을 마련했다. 그러면서도 겉으로는 고종과 그의 정부를 회유하기 위하여 두 가지 약속을 했다. 첫 번째는 대한제국 황실을 친밀한 우의로 안전 강녕케 한다는 것이고, 두 번째는 대한제국의 독립과 영토보전을 확실히 보증한다는 것이었다. 이러한 문서상의 약속은 러일전쟁 발발 후 동요하는 한국의 황실과 지배층을 일본에 붙들어 두려는 것이었다. 또한 일본은 '동양 평화'를 내세워 한국 지식인들의 이목을 끌어당겼다. 이리하여 한국 내에 러시아보다는 일본의 승리를 바라는 여론을 조성했다. 그 바탕에는 동문동종(同文同種)이라는 문화적, 인종적인 유대감이 자리 잡고 있었던바 일본은 이러한 정서를 최대한 활용했다.

섬나라 일본은 그들의 국가 운명을 걸고 유라시아의 대국 러시아와의 전쟁에 임했다. 그런 뒤 승리를 거두자마자 그들의 오랜 소망이었던 한국 병합에 착수했다. 그 첫 조처가 을사조약의 강압적인 체결이었다. 고종이 이에 반발하자 일본은 또 한 번 당근을 내밀었다. 한국 황실의 안녕과 존엄 유지를 보증한다는 것이었다. 국제적으로 고립무원에 빠진 고종은 달리 어떻게 해 볼 방도가 없었다. 그는 네덜란드 헤이그에서 열린 만국 평화회의에 마지막 기대를 걸었다가 일본의 압력으로 황제의 자리에서 물러났다.4

어느덧 한반도의 일본 편입은 기정사실이 되고 말았다. 우리는 그것을 경술국치라고 부르지만, 당시 국가적인 치욕에 상응하는 국민적 반발과 저항은 없었다. 미주의 《신한민보》는 일본의 한반도 강점 직전에 〈일인지멸한책(日人之滅韓策): 한국을 멸망시키는 흉계〉라는 기사를 내보냈다(1910/08/03). 이것은 당대 일본을 대표하는 '국민 잡지'였던 《태양(The Sun)》에 실렸던 논설을 옮긴 것인데,5 그 끝맺음이 이러하다.

> 어떤 인격이 [한]반도를 통감할까 하면, 나는 말하되 도마와 칼을 쓰지 말고 생명을 붙여 길들이는 수단을 바라노라. 교통, 병마, 사법, 기타 모든 권리를 일본에 내어준 반도는 이미 독립의 실상을 잃은지라. 합방할 때에 병력 한 가지로 만사를 마감코자 하는 것은 어리석은 완골이라 하노니 저들을 성나게 하지 말고 열복하게 하라. 이로써 의론을 맺노라.

실제로 일본은 '조선 병합'을 앞두고 이 나라의 지배층을 상대로 대대적인 회유 정책을 폈다. 이를테면 격하된 '조선 왕실'의 업무를 담당하는 기구인 이왕직(李王職) 설치라든가 '조선귀족령' 반포 등이 그러했다.6 이에 따라 대한제국의 황실과 종친 그리고 고관들은 저마다 자기들의 안전과 이익을 챙기느라 분주했다. 그들을 떠받들던 백성은 냉소와 무기력증에 빠졌다. 이들에게는 앞으로 나아갈 의욕도 희망도 잘 보이지 않았다. 한편, 졸지에 조국을 잃어버린 해외 거주 한인들은 한반도를 다시는 발을 디딜 수 없는 '오욕(汚辱)의 땅'으로 여겼다. 이것이 한인 디아스포라의 출발이었다. 그들은 이제 임금이 없는 세상을 꿈꾸었다.

(2) 망국의 원인과 책임론

조선왕조(대한제국)는 왜, 그리고 어떻게 몰락했는가? 이에 대한 책임은 또 누가 져야만 하는가? 그 원인과 책임론에 대한 현재 학계의 문제의식은 네 갈래로 나누어 볼 수 있다. 첫 번째는 망국의 원인을 외부, 즉 제국주의 시대의 열강(특히 일본)에서 찾고 거기에 책임을 묻고자 하는 방식이다. 이를 일컬어 외인론(外因論)이라고 한다. 두 번째는 망국의 원인을 내부, 즉 조선왕조와 그 연장인 대한제국 안의 문제를 들여다보는 방식이다. 이것을 내인론(內因論)이라고 한다. 세 번째는 망국의 외적인 요인과 내적인 요인을 함께 살피려는 복합론이다. 이런 방식에도 외적인 것과 내적인 것 가운데 어느 쪽에 더 큰 비중을 두느냐에 따라 조금씩 설명이 달라질 수 있다. 네 번째는 이른바 서세동점기에 함께 외부의 개방 압력을 받고 있던 동아시아 3국(한국·중국·일본)의 대응 양상과 진로를 비교·검토하는 가운데 한국이 일본의 식민지로 귀결될 수밖에 없었던 배경과 요인을 찾아보려는 비교론적 방식이다. 이들 각각의 논의에 대해서는 앞으로 펴낼 제3부(오늘날의 인식과 평가)에서 종합적으로 다룰 것이다.

여기에서는 한국 학계에서 보기 드물게 망국의 원인과 책임론을 놓고 열띤 논쟁을 불러일으켰던, 그리하여 일반의 주목을 끌었던 이태진(서울대 교수)의 《고종시대의 재조명》(2000)으로부터 이야기를 풀어 가고자 한다. 저자는 이 책 서문에서 다음과 같이 말한다.

일본이 침략을 정당화하기 위해 한국사를 왜곡했다는 것은 이미

잘 알려진 사실이다. 그러나 그런 역사 왜곡이 침략 당시의 고종시
대사에 대해서부터 시작되었다는 것을 아는 이는 많지 않다. 전공
자들 사이에서도 그렇다. 일본은 고종황제와 대한제국 정부의 무능
과 무력을 강조하여 망국의 원인을 전적으로 한국의 내적 결함에
로 돌려 그들의 통치를 정당화하려 했던 것이다. 고종시대사에 대
한 왜곡은 곧 일본의 침략주의 정당화의 출발점이었다. 해방 후 일
제 식민주의사관에 대한 비판 작업이 많은 왜곡들을 걷어냈지만,
정작 그 출발점인 고종시대는 등잔 밑이 어두운 꼴로 무풍지대로
남아 있었던 것이다.

그러니까 조선 망국의 원인을 전적으로 '내적 결함'으로 돌리는 것은
일본이 그들의 조선 침략과 지배를 정당화하려는 식민사관에서 비롯된
일이었다고 보는 것이다. 이른바 망국의 내인론에 대한 반박이다.

이러한 주장은 충분히 새겨들을 만한 근거들을 지니고 있다. 일본은
청일전쟁 발발 직전에 조선의 '내정개혁'이라는 명분을 내세워 경복궁을
불법 점령한 바 있다. 러일전쟁을 전후해서는 고종을 비롯한 지배층의 무
능과 부패를 부각해 한국 정부와 한국인이 독립 국가를 영위할 만한 능력
이 없다고 널리 선전했다. 이와 같은 논리는 앞서 서양이 동양으로 침투
할 때 내세운 '백인의 사명(The White Man's Burden)'을 상기시킨다.
러일전쟁 후 제국의 대열에 합류한 일본은 구미 열강과 마찬가지로 동양
을 낮추어 보고 침략과 지배의 대상으로 삼았다.

문제는 그러한 일본의 공세에 조선왕조-대한제국의 지배층과 인민이
어떻게 대응했느냐 하는 것이다. 이런 물음에 대하여 이태진은 고종을
'개명군주'로 내세우고 그가 추진했거나 또는 추진하고자 했던 개혁들을

치켜세운다. 특히 대한제국기에 실시된 '광무개혁'은 자력에 의한 근대화의 가능성을 크게 높였는데, 이를 지켜본 일본이 서둘러 러일전쟁을 일으켜서 그 성과를 가로챘다고 했다. 따라서 일본의 간섭이나 개입이 없었다면 고종 치하의 대한제국은 어엿한 근대국가로 성장할 수 있었다는 것이다. 이렇게 되면 대한제국이 몰락하게 된 원인과 책임은 전적으로 일본에게로 돌아간다. 이른바 외인론인 셈이다.

그런데 이러한 주장에는 그냥 지나칠 수 없는 심각한 문제들이 내재해 있다. 첫 번째로 '외압' 즉 외부로부터의 압력이 없는 상황을 설정함으로써 일국사적인 논리에 빠졌다. 이는 고종의 친정체제가 들어선 직후에 일본과 체결한 강화도조약(1876)이 갖는 역사적인 의미를 간과한 것이다. 조선은 이때 세계 자본주의체제로 편입됨으로써 쇄국 이전의 조선과는 질적으로 전혀 다른 역사 단계에 진입하고 있었다. 이 문제를 놓치면 우리는 개항기가 지니는 시대적인 특징을 놓칠 수밖에 없다. 두 번째는 고종을 근대화의 '주역'으로 내세움으로써 그와 민씨척족의 지배와 통치에 저항하거나 비판했던 세력들, 이를테면 동학농민군이라든가 개화파 또는 개혁적 신지식인들의 역할을 축소하거나 부정하려고 했다는 점이다. 따라서 기왕에 개항기 또는 개화기로 불렸던 시대는 그냥 '고종시대'로 좁혀지고 말았다. 이리하여 오직 고종과 그의 권력을 떠받쳤던 근신들만이 역사의 조명을 받게 된다.

이태진의 《고종시대의 재조명》은 학계의 찬반 논쟁을 촉발했다. 2004년 여름부터 겨울까지 《교수신문》의 지면을 통하여 전개된 '고종 시대 논쟁(대한제국 논쟁)'이 대표적이다. 11명의 학자가 참가한 이때의 논쟁은 《고종황제 역사청문회》(2005)라는 책으로 묶여 나왔다. 그런데 이 '청문회'는 고종 없는 고종 청문회가 되고 말았다. 고종이 개항 후 조선에 가해지는 외압에 어떻게 대응하려고 했는지, 그리고 눈앞에 닥친 근대화라는 과제를 어떻게 추진하려고 했는지에 대한 그의 비전이나 정책에 대한 설명과 논쟁이 빠졌기 때문이다. 따라서 청문의 대상인 고종이 사라진 채 '자력'에 의한 근대화냐 '타력'에 의한 근대화냐 하는 해묵은 논쟁만이 되풀이되었다.

여기에서 한 가지 분명해진 것은 고종을 개항기의 주역으로 놓고 볼 때 이에 대한 설명에 뚜렷한 한계가 있을 수밖에 없다는 점이다. 이것은 단순히 '자료의 빈곤'에서 기인하는 것이 아니라 고종이 그의 통치기에 거센 외압에 맞서 독자적인 근대화를 추진할 만한 비전과 역량이 부족했음을 말해 준다. 이 문제에 대한 제대로 된 해명이 없이는 고종의 개명군주설은 설득력을 잃을 수밖에 없다.

최근에는 《매국노 고종》(2020)이라는 이름을 붙인 책이 시중에 나왔다. 저자인 박종인은 서두에서 이렇게 말했다. "누가 고종을 변호하는가. 아니 변호도 모자라 누가 고종을 자주독립을 염원한 개혁군주라고 찬양하는가. 고종 정권은 '냉정하게 직시하고 방향을 제대로 잡느냐의 싸움을 할' 생각조차 하지 않았다. 구한말에 근대화한 일본에 나라를 빼앗긴 것도 고종 때문이고, 그 근대화에 뒤처진 것도 고종 때문이다. 조선을 찾은 외국 사람들이 가난해서 불쌍하다고 혀를 찰 정도로 국가 경제가 파탄 난 것도 고종 때문이다. 고종은 만악의 근원이다." 이어서 말하기를, 고종은 오로지 자기 목숨과 권력과 부귀영화를 위해 나라를 버렸으니 그는 '매국노'라고 했다. 그런데도 학계 일각에서 고종을 개혁(또는 개명)군주로 치켜세우는 것은 '조작된 신화'에 지나지 않는다고 말했다. 이것은 소위 강단사학자에 대한 저널리스트의 도발적인 비판이었다.

이런 비판은 어떻게 보면 학계에서 자초한 측면이 있었다. 일제 식민사관에 대응한다는 명분을 내세워 '망국의 군주'였던 고종을 '구국의 군주'로 바꾸고자 하는 의욕이 지나쳤기 때문이다. 그런데 고종을 내세우며 내세울수록 복잡다단했던 개항기의 역사는 단선적으로 흐를 수밖에 없다. 국가의 존망을 오직 군주 한 사람의 역할로 설명하다 보면 전통적인 왕조사관으로 회귀할 위험에 빠져든다. 여기에 도덕적인 포폄이 더해지면 고종이 '만악의 근원'이었다는 평가가 나올 수 있는 것이다.

그런데 망국의 문제는 그저 내 탓, 남 탓으로 돌릴 수 있는 것이 아니다. 또한 고종 한 사람만의 문제로 다룰 일도 아니다. 따라서 망국에 대한 논의는 원점에서부터 다시 시작해야 한다. 이 문제를 입체적으로 바라보아야 할 필요성에 대해서는 이미 강만길(고려대 교수)에 의하여 제기된 바 있다. 그는 《20세기 우리 역사》(1999)라는 강의록을 펴내면서 제1강의 주제로 〈한반도는 왜 일본에 강점되었을까요〉라는 제목을 내걸었다. 그 설명을 보면, ① 한반도를 강점함으로써만 만주를 넘볼 수 있었던 일본 제국주의의 무력 침략, ② 영국과 미국을 위시한 서구 열강의 일본에 대한 지지와 후원, ③ 대한제국 정부의 무능과 부패, ④ 그러한 정부를 무너뜨리고 국민주권주의 정부를 수립하지 못한 국민적 역량의 한계, ⑤ 국제 세력이 상충하는 지정학적 위치의 이점을 살리지 못한 국민적·역사적인 조건 등이 제시되었다. 이른바 망국의 외적인 요인과 내적인 요인을 함께 살피려는 복합론인 셈이다.

사실 개항기의 역사는 내/외를 구분하여 설명하는 것 자체가 어렵다. 굳이 그것을 나누고자 한다면, 외압의 문제를 먼저 보고 그것이 내부에 어떤 충격과 영향을 미쳤는지, 그리고 이러한 외부의 충격에 조선왕조-대한제국의 지배층과 민중은 어떻게 대응하려고 했는지를 살펴보아야 한다. 이렇게 해야만 그 시대의 전체적인 모습을 그려볼 수 있다.

이제 망국에 대한 필자의 견해를 미리 밝혀 두고자 한다(자세한 것은 앞으로 나올 제3부에서 다루고자 한다). 논의의 대전제는 조선의 지배층이나 개혁 세력이 나라의 문호를 개방한 후 바다를 통하여 한반도로 밀려오는 서양문명의 실체를 파악하고 이에 대응하는 데 실패했다는 것이다. 다시 말하면 중세에서 근대로의 전환기에 변화하는 문명의 패러다임을 제대로 바라보고 이에 기민하게 대처하지 못했다는 것이다.

왜 그런 일이 벌어졌던 것일까? 두 가지 관점에서 설명해 볼 수 있다. 첫 번째는 공간혁명이고, 두 번째는 체제혁명이다. 이미 잘 알려져 있듯이 서양의 근대로의 이행은 혁명의 연속이었다. 지중해에서 발원한 서양문명은 15세기 말 대서양으로 진입하고 이어서 태평양 방면으로 진출하면서 지구가 둥글다는 것을 입증했다. 오늘날 우리가 말하는 세계(world)란 서양의 지리상 '발견'에서 비롯된 바, 이것을 가능하게 했던 것이 바로 대양(ocean) 항해였다. 바다를 통한 세계의 발견과 재구성, 이것이 공간혁명이다.7 서양의 근대로의 이행은 이 혁명으로 인하여 가능해졌다. 소위 대항해 시대의 원거리 무역이 서양의 상업자본 축적과 산업혁명으로의 이행을 촉진했던 것이다. 바다는 모든 부의 원천이었다. 이리하여 바다를 지배하는 자가 세계를 지배한다는 말이 나왔다.

그런데 조선은 건국 초기부터 해금(海禁)·공도(空島) 정책을 실시했다. 바다로 나아가는 것을 막고, 섬을 비워 두는 것이었다. 오직 대륙으로 통하는 길만 열어 놓았다. 그 길도 중국에 가는 사절단만이 다닐 수 있었다. 이러한 상황을 단순히 왜구의 발호만으로 설명한다면 문제의 본질을 놓칠 우려가 있다. 조선왕조를 개창한 세력은 바다가 아니라 땅에 뿌리를 내리고자 했다. 달리 말하면 모든 부의 원천은 땅, 즉 토지에 있다고 보는 것이다. 농본주의가 이렇게 성립했다. 여기에서 농본주의라고 함은 유교적인 이상사회를 건설하기 위해 농업을 가장 중요한 산업으로 여기고 자경농민과 향촌을 사회와 경제조직의 바탕으로 삼아 국가를 경영해야 한다는 사상을 일컫는다.8 이를 쉽게 풀면 백성은 먹는 것을 하늘로 삼는바, 그 먹는 것은 바로 땅에서 나온다고 믿는 것이다.

이처럼 민본(民本)의 근간을 이루는 농본주의에는 토지국유, 경자유전, 부세균등, 병농일치, 중농억상 등의 정책적 강령이 포함되었다. 따라서 현실이 농본주의의 이상과 달라질 때 그것을 제어하려고 하는 규범력을 지녔다. 이렇게 되면 근대화의 핵심인 산업화로의 이행이 억제되거나 지체될 수밖에 없었다. 개항기의 실제 상황이 그러했다. 산업화를 뜻하는 식산흥업(殖産興業)이라는 용어는 갑오개혁(1894) 때에 처음 등장한다. 소위 아관파천 후 고종은 독자적인 '광무개혁'을 추진했다지만, 그 골자는 농지 측량과 토지 소유권 확립에 있었다. 여전히 농업이 국가 정책의 중심에 자리 잡고 있었음을 말해준다.

조선의 건국 세력이 땅 중심의, 대륙 중심의, 중국 중심의 천하관에 사로잡혀 있었다는 것은 왕조의 개창과 더불어 국가적인 사업으로 제작된 〈혼일강리역대국도지도(混一疆理歷代國都之圖)〉(1402년)라는 지도를 통해서도 알 수 있다.9 여기서 '혼일'이란 이질적인 여러 나라 또는 지역들을 합쳐 하나로 만든다는 뜻인데, 이것은 동쪽 끝 한반도에서부터 서쪽의 유럽과 아프리카를 하나로 뭉친 거대한 땅덩어리를 가리킨다. 지도의 한가운데 자리 잡은 중국은 지도의 절반 이상을 차지한다. 중국 다음으로 큰 나라가 조선이었다. 일본은 그 밑에 떨어트려 놓았다. 바다는 대륙의 윤곽을 드러내는 것만으로 충분했다. 일본을 포함한 몇 개의 섬들을 제외하면 바다는 사람이 살지 않는 곳처럼 보인다. 이곳은 컴컴하고 무언가 미심쩍은 곳이다. 그러니까 바다 쪽은 아예 쳐다보지 않는 것이 좋다.

망국─무엇이 문제였는가

공교롭게도 조선의 지배층이 바다로 나아가는 길을 막고 나섰을 때(중국도 마찬가지였다), 거대한 땅덩어리의 서쪽 끝 이베리아반도에 사는 사람들은 대서양으로 나아갈 채비를 차리고 있었다. 포르투갈과 스페인의 통치자들이 대양 항해를 통한 세계의 정복에 나섰다. 네덜란드와 영국이 그 뒤를 이었다. 그들은 모두 동아시아로 밀려왔다. 이른바 서세동점이었다. 17세기가 되면 중국을 통하여 서양인들이 만든 세계지도가 조선으로 유입되고 있었지만, 이것은 진기한 소장품에 지나지 않았다. 몇몇 실학자들을 제외하고는 하늘은 둥글고 땅은 모나다는 천원지방설과 중국 중심의 세계관, 문명관에 안주하고 있었다.[10]

19세기가 되면 서양의 배들, 그러니까 이양선 또는 황당선들이 한반도 해역에 출몰하기 시작했다. 조선의 세도정권은 나라의 문을 더욱 꼭꼭 걸어 잠갔다. 이때 예외적인 한 사람이 있었다. 최한기(1803~1877)였다. 아직도 우리는 이 인물에 대하여 잘 모른다. 어떻든 그는 중국에서 들어온 '서구식' 세계지도에 기초하여 〈지구전후도(地球前後圖)〉를 만들면서 서세동점의 역사적 의미를 깨달았다.[11]

최한기는 30대 중반에 《기측체의(氣測體義)》라는 책을 펴내는데, 그 안에 〈바다에 선박이 두루 통한다(海舶周通)〉라는 제목을 단 글이 나온다. 다음은 그중의 한 대목이다.[12]

대개 처음 황량한 토지를 개간하기 시작한 이래 대륙에는 인물이 번성하여 뻗어나갔지만 수만 리의 해양만은 그대로 공허하여 버리는 곳이 되었더니 명나라 이후로 서양 선박이 두루 지구를 돌아다녔다. 이리하여 연해 지방의 여러 곳은 부두에 시장이 늘어서고 건장한 용사를 모아 요새를 설치하며 병사를 상선에 배치하여 천하의 견고한 방어지가 되었다. 여기에 이르러 세상의 경영이 크게 바뀌어 물산을 만국에 교역하여 통하고 모든 가르침이 천하에 뒤섞이고 육지의 시장이 변하여 바다의 시장이 되고 육지에서의 전쟁이 변하여 바다에서의 전쟁이 되었다. 이러한 변화에 대처하는 방법은 마땅히 변한 것을 가지고 변한 것을 막아야 하고, 변하지 않는 것을 가지고 변한 것을 막으려 해서는 안 된다.

이 글은 바야흐로 '해양의 시대'가 도래하고 있음을 명쾌하게 설명하고 있다. '육지의 시장(陸市)'이 '바다의 시장(海市)'이 되고, '육지의 전쟁(陸戰)'이 '바다의 전쟁(水戰)'이 된다는 표현은 정말 놀랍다. 바다가 부의 원천이고, 따라서 이 바다를 둘러싼 쟁탈전이 벌어지고 있음을 간파한 것이다. 최한기는 이제 조선도 바다의 문을 열어 그 경쟁에 함께 뛰어들어야 한다고 보았다.13 아마 이 무렵에 조선이 스스로 나라의 문호를 개방했다면, 그 이후의 역사는 달라졌을지도 모른다.

왜 그렇게 되지 않았을까? 그것은 조선의 지배층이 여전히 땅 중심의, 대륙 중심의, 중국 중심의 천하관, 문명관에서 벗어나지 못했기 때문이었다. 따라서 그들은 뒤늦게 서양 열강과 일본의 압력에 의하여 문호를 개방하면서도 '개항(開港)'이 지니는 역사적인 의의를 제대로 파악하지 못했다. 이것이 망국의 시초였다. 그렇다고 자율적인 근대화의 길이 완전히 막혔던 것은 아니었다.

이 길을 뚫는 방법이 무엇이었을까? 그것은 다름 아닌 체제혁명이었다. 이것은 단순한 지배층의 교체가 아니라 왕조 체제 자체를 바꾸는 일이었다. 다시 말하면 유교적인 이념에 기초한 역성혁명이 아니라 대항해 시대 이후 서양에서 펼쳐지고 있던 국민국가로의 이행이었다. 유럽에서 이 역사적인 과업을 맡았던 것은 산업혁명으로 부를 축적한 부르주아지(bourgeoisie)로 알려져 왔다. 그런데 이것은 영국이나 프랑스와 같은 선발 자본주의 국가에서 발생한 일이었고, 후발국인 독일의 경우에는 밑으로부터의 혁명이 아닌, 위로부터의 개혁에 의한 산업화를 추진했다. 그 주체가 이른바 계몽 전제군주였다. 쇠퇴하는 봉건세력과 상승하는 시민계급 간 일시적인 힘의 균형 위에서 성립하는 절대주의 체제가 군주 주도의 부국강병 정책에 나섰던 것이다. 프로이센의 프리드리히 2세(Friedrich II, 1712~1786)가 대표적인 예였다.

아시아에서는 메이지 시대의 일본이 프로이센과 같은 부국강병책을 추진했다고 볼 수 있다. 조선이나 중국과 달리 '해국(海國)'의 정체성을 지녔던 일본은 바다를 통하여 극동(Far East)으로 밀려오는 서양 세력의 실체를 재빨리 파악하고 문명의 표준을 중국이 아닌 서양으로 바꿨다. 이리하여 '문명개화'의 열풍이 일본열도를 달구었다. 그리고 전쟁을 통한 시장의 강제 창출에 나섰다. 그 첫 번째 표적이 한반도였다. 소위 운양호 사건(1875)을 통하여 조선의 문호를 개방한 후 청일전쟁(1894)과 러일전쟁(1904)을 통하여 한반도를 일본의 영토로 편입시켰다. 이처럼 일본의 근대화, 곧 산업화를 뒷받침했던 것은 군국주의였다. 이것은 유럽에서 프로이센의 발전 경로를 따라갔던 것으로 볼 수 있다. 일본에게는 행운도 뒤따랐다. 러시아의 극동 진출을 막기 위하여 영국과 미국이 일본 후원에 나섰다. 이들의 지원이 없었다면, 일본은 러시아와의 힘겨운 전쟁에서 승리를 거둘 수 없었다. 아니, 처음부터 일본은 영국과 미국의 힘을 믿고 러시아와 전쟁을 벌였다.

문제는 조선이었다. 일본의 메이지시대에 대응해야 하는 것이 조선에서는 고종시대였다. 그런데 고종이나 그를 왕위에 앉혔던 흥선대원군, 그의 배우자 민비(명성황후), 세 사람 모두 미래가 아닌 과거의 시간과 공간에 갇혀 있었나. 그들은 왕실을 핍박했던 세도 정권을 누른 후 그들 자신의 권력을 강화하는 데에만 집중했다. 흥선대원군의 섭정기가 그렇게 지났고, 고종과 민비가 함께 다스리던 시기가 그랬으며, 소위 아관파천 후 성립한 대한제국기가 그러했다. 고종은 유약해 보였지만 권력에 대한 집착만은 대단했다. 이리하여 만세불변의 전제정치를 성문화한 〈대한국국제(大韓國國制)〉(1899)가 발표되었다. 그렇다고 고종이 개명 군주였던 것은 아니다. 그는 서양식 복장을 착용하고 서양식 요리를 즐겼다고 하지만, 서양의 실체를 파악하고 그들과 같은 근대화의 길로 나아가려는 의지도 비전도 갖고 있지 못했다. 오직 그의 왕실(황실)을 보전하는 데만 관심을 기울였다.

따라서 개화파들이 주도한 갑신정변과 갑오개혁, 서울이나 평양과 같은 대도시에서 신지식인층과 상인들이 앞장섰던 독립협회와 만민공동회 운동에서는 어떤 형태로든 전제적인 왕권에 제약을 가하는 입헌군주제를 도입해 보려고 했으나 고종과 그의 측근들이 완강하게 막아섰다. 그들은 자기들의 권력을 지키기 위하여 외세를 빌리는 데 주저하지 않았다. 임오군란과 갑신정변은 청국 군대에 의하여, 동학농민운동은 일본 군대에 의하여 각각 진압되었다. 갑오개혁은 아관파천으로 좌절되었고, 독립협회와 만민공동회 운동은 러시아와 일본의 묵인 아래 강제 해산당했다. 고종과 민비, 그리고 척족세력의 왕권 강화를 위한 외세의 차용은 차츰 나라를 위기로 몰고 갔다. 일본의 강압에 의한 을사조약이 체결될 즈음에는 어떤 나라도 고종의 간절한 도움 요청에 응하지 않았다. 대한제국은 이제 국제적인 고아가 되었다.

당시 그러한 상황을 뼈저리게 느꼈던 사람이 고종의 '밀명'을 받고 헤이그 만국평화회의에 참석했던 이상설(1870~1917)이다. 그는 유럽에서의 '순방외교'를 마치고 미국에 잠시 체류할 때 창해자라는 필명으로 〈황실비멸국지이기(皇室非滅國之利器): 황실은 나라를 망하게 하는 이로운 그릇이 아니라〉는 논설을 발표했다. 샌프란시스코의 한인사회에서 발행하는 《신한민보》에 실렸던 이 글에서는 망국의 원인과 책임이 누구에게 있었는지를 정확하게 짚었다(1909/03/31). 다음은 그중 한 대목이다.

> 슬프다[!] 우리 인민이 분간치 못하는 바는 임금과 나라이라. 무릇 임금은 나라를 위하여 둔 것이오, 나라는 임금을 위하여 세운 것이 아니니, 이러므로 임금이란 것은 인민이 자기의 사무를 위탁한 공편된 종[일] 뿐이오, 인민이란 것은 임금으로 하여금 저의 직역을 진력케 하는 최초[의] 상전이라.

요컨대 인민의 '종'인 임금이 임금 노릇을 제대로 하지 못하면 그 '상전'인 인민이 언제든지 임금을 갈아치울 수 있다는 것이다. 이 대목에서는 루소(Jean Jacques Rousseau)의 사회계약론이 인용된다. 그런데 대한의 인민은 임금과 나라를 구분하지 못하니 일본이 고종과 순종을 내세워 대한제국의 주권을 제멋대로 유린하고 있다. 소위 을사조약과 정미칠조약이 그렇게 체결된바, 이는 사실상 황실이 '망국의 이기'로 일본에게 이용당하고 있었음을 보여 준다. 따라서 망국의 일차적인 책임은 황실에 있지만, 그런 황실을 갈아치우지 못한 인민에게도 책임이 돌아가지 않을 수 없다. 왜냐하면 나라의 주인은 인민이기 때문이다. 그러면서 프랑스와 영국은 각각 루이 16세와 찰스 1세를 형장의 이슬로 사라지게 함으로써 나라를 다시 굳건히 세울 수 있었다고 말했다. 근왕주의자로 알려진 이상설이 인민혁명의 가능성까지 내비쳤던 것이다. 이리하여 황제의 나라인 '제국(帝國)'에서 인민의 나라인 '민국(民國)'으로 이행하는 단초가 열렸다.

이제 정리해 보면, 망국은 근대로의 전환기 조선왕조-대한제국이 지녔던 내재적 한계들의 총체적인 결산이자 그 귀결이었다. 일본은 그러한 약점과 한계를 집요하게 파고들었다. 강화도조약 체결 시에는 조선 측 대표가 근대 통상체계에 무지한 것을 알고 무관세 조항을 관철했다. 이로써 일본은 조선 시장을 선점할 수 있었다. 청일전쟁으로 가장 큰 피해를 입은 것도 조선이었다. 두 나라가 일전을 벌였던 평양은 폐허가 되는가 하면, 척왜의 기치를 올렸던 동학농민군은 일본군에게 섬멸당했다. 일본의 한 학자는 그것을 제노사이드(genocide)라고 했다. 청일전쟁의 이면에는 숨겨진, 그러나 잔혹한 '조일전쟁'이 있었다.14 일본은 경복궁을 불시에 점령하는가 하면, 한 나라의 '국모'를 시해하는 만행도 서슴지 않았다. 이에 신변 위협을 느낀 고종은 러시아 공사관으로 피신했고, 한국은 열강의 이권 사냥터가 되었다.

이러한 상황에서 벌어진 고종의 대한제국 선포와 전제권 강화는 오히려 일본의 침략을 용이하게 만들었다. 황실과 그 측근만 공략하면 되었기 때문이다. 뇌물과 회유, 협박 등 모든 수단이 동원되었다. 고종과 순종에게는 황실의 안녕과 보존이라는 당근이 주어졌다. 소위 을사오적, 정미칠적 등 친일파에게는 귀족 작위와 은사금이 주어졌다. 망국의 장본인인 그들은 부끄러움을 몰랐다. 이러한 상황을 지켜보면서 사람들은 맹자의 말이 옳았다고 했다. "무릇 나라는 반드시 스스로 먼저 친 연후에 남이 치고 들어온다."

망국—무엇이 문제였는가

(3) 과정으로서의 망국

조선왕조-대한제국의 몰락은 하루아침에 일어난 일이 아니었다. 국가의 명운을 건 전쟁이라든가 또는 불가항력의 자연적 재앙이나 변화에 기인한 것이 아니었기 때문이다. 이를테면 임진왜란이나 병자호란 때 조선왕조는 운명을 다할 수 있었다. 그런데 살아남았다. 문제는 두 차례의 전란에도 불구하고 조선의 지배층은 국가의 면모를 일신하기보다는 오히려 그들의 기득권을 더욱 다잡으려 했다는 것이다. 이러한 그들의 노력은 노론 일당의 지배를 넘어 세도정권으로 귀결되었다. 왕권과 신권, 그리고 신료들 간 견제와 균형을 꾀하도록 만들어졌던 조선의 통치체계는 무너져 내렸다. 정치 권력이 특정 집단이나 소수 문중에 집중됨으로써 신권이 왕권을 압도하는 사태가 벌어졌다. 이에 따라 유교적인 왕도정치라든가 민본주의 이념도 퇴색할 수밖에 없었다. 오로지 공맹과 주자를 떠받드는 '성리학의 나라'이자 '주자의 나라'로 바뀌었다.

이러한 이념적 폐쇄성은 두 차례의 전란 후 조선왕조 지배층의 위기의식에서 비롯되었지만, 그 후 체제와 정권의 경직성을 더욱 강화하는 이데올로기적 기능을 갖게 했다. 이른바 위정척사론이 그것이다. 정(正)과 사(邪)의 이분법적 인식체계 위에 위계적인 지배체제와 신분 질서를 조금이라도 위태롭게 할 우려가 있으면 모두 이단으로 배척했다. 양명학이 그랬고, 서학(西學)이 그랬고, 나중에는 동학(東學)도 그 대상이 되었다. 이런 이념적 폐쇄성과 체제의 경직성은 나라 구성원들의 창조력과 사회적인 역동성을 저해하여 역사의 발전을 가로막는 근본적인 장애 요인이 될 수 있었다.

이렇게 본다면, 조선왕조의 몰락은 소위 양란(兩亂) 후 예정된 코스였다고도 말할 수 있다. 역사학자 김기협은 《망국의 역사, 조선을 읽다》

(2010)라는 책에서 세 시기로 나누어 그 문제를 살핀 바 있다. 이런 방식이나. 제1부 조선은 어떻게 시들어갔는가(17~18세기), 2부 조선은 어떻게 쓰러져갔는가(19세기), 3부 조선은 어떻게 사라져갔는가(대한제국기)이다. 이런 과정에서 저자가 특히 중시하는 것은 '권력의 공공성'이다. 중국에서 발원한 유교적 정치 이념과 신분 질서는 유력 계층이 실력을 키우고 휘두르는 것을 제한하는 특성을 가졌는데, 광해군 이후 '권력의 사유화'가 지속적으로 진행되다가 19세기에 이르면 '권력의 공공성'이 완전히 증발되어 대내외적인 변화에 조선 사회의 대응이 무기력해졌다는 것이다. 이와 같은 설명은 조선왕조의 퇴화와 몰락뿐만 아니라 오늘의 우리 사회를 살피는 데도 시사하는 바가 적지 않다.

그런데 '과정으로서의 망국'의 문제를 다룰 때 우리가 유의해야 할 것은 그 시기를 지나치게 길게 잡다 보면 망국의 결정적인 계기와 요인이 과연 무엇이었는지를 알기가 어렵게 된다는 점이다. 조선의 경우 500년을 지탱했기에 왕조의 정점에서부터 내려오기까지를 3세기에 걸쳐 있었던 것으로 볼 수도 있다. 그런데 그동안에 이웃 나라인 중국과 일본에서는 새로운 왕조와 정권이 탄생했다가 몰락했다. 따라서 17세기 이후 조선시대의 역사 전개에서 문제로 삼아야 하는 것은 왕조의 쇠퇴와 몰락이 아니라 오히려 지속성의 문제이다. 왜 그처럼 위태롭게 보이던 체제가 이삼백 년을 더 버틸 수 있었는가이다. 이 문제는 단순히 쇠퇴론이나 정체성론만으로 설명할 수 있는 것이 아닌 만큼 앞으로 넓고 깊게 검토해야 할 과제로 남겨 놓고자 한다.

지금 여기서 우리가 살펴야 할 것은 20세기 초에 왜 대한제국이 일본의 식민지로 전락했는가 하는 문제이다. 이 문제를 과거로 소급한다면, 그 가장 중요한 계기로 강화도조약(1876)에 주목하지 않을 수 없다. 조선은 이때 일본을 매개로 하여 세계자본주의 체제로 편입되었다. 이것은 기왕에 조선인(좀 더 확장하면 동양인)이 알고 있던 세계관, 문명관을 뒤흔드는 패러다임의 전환이었다. 이러한 충격에 어떻게 대응하느냐에 따라 나라와 민족의 운명이 달라졌다. 일본은 그 충격을 자체적으로 흡수하여 제국주의 국가로 발돋움했다. 조선은 그 반대로 갔다.

무엇이 두 나라의 운명을 갈라놓았는가? 이 문제에 접근할 때에는 두 가지 측면이 함께 고려되어야 한다. 하나는 외부로부터 주어지는 충격이고, 다른 하나는 그에 대한 내부의 대응이다. 이런 관점에서 본다면, 조선의 지배층은 그들에게 가해지는 외압의 실체와 강도를 제대로 파악하지 못했고, 따라서 그에 대한 대응도 적절히 이루어지지 않았다고 말할 수 있다. 그 결과가 바로 망국, 즉 식민지화였다.

무엇보다도 조선의 지배층은 일본과의 새로운 수교를 과거부터 있어 온 '교린(交隣)'의 연장이라고 생각했다. 그런데 이때의 일본은 동아시아의 전통적인 국제질서 안에 머물러 있던 '왜(倭)'가 아니라 그 질서를 부정하고 파괴하려는 서양 주도의 '만국공법' 체계에 포섭된, 이리하여 서구식 문명개화를 표방하며 부국강병을 지상과제로 삼았던 '메이지 일본'이었다. 이들은 서양과의 불평등조약에서 생기는 손실을 아시아에서 벌충하려고 했던바, 그 첫 대상으로 조선을 겨냥했다. 아시아에서 시장 가치가 가장 컸던 중국은 서양 열강이 모두 노리는 곳이었기에, 이들과의 경쟁을 피하면서 장차 일본이 대륙으로 진출하는 가교가 될 한반도를 먼저 확보하는 것, 이것이 메이지 일본이 국가적 차원에서 추진한 정책 과제 중 하나였다. 따라서 프랑스와 미국이 포기했던 조선의 문호 개방을 일본은 강하게 밀어붙였고(소위 정한론까지 대두될 정도였다), 그 결과로 맺어진 것이 강화도조약이었다.

메이지 일본(1868~1912)의 이러한 압력에 대응해야 하는 과제는 오롯이 고종에게 주어졌다. 그의 재위 기간(1863~1907)은 44년으로 반세기에 가까웠다. 조선왕조의 운명이 그에게 달려 있었다. 일국의 군주로서 그는 자기에게 맡겨진 시대적 소임을 다했는가? 그 여부에 따라 조선은 근대화의 길로 나아갈 수도 있었고, 아니면 식민지로 떨어질 수도 있었다. 일본과 수교를 맺은 시점에서만 본다면 양쪽 어디든 가능성은 열려 있었다. 그런데 결과는 후자였다.

왜 그렇게 될 수밖에 없었는가? 이 문제에 제대로 접근하려면 우리는 고종시대 전반을 살펴보아야만 한다. 근래 학계의 관심을 받으며 논쟁이 되곤 하는 대한제국 시기(1897~1910)만을 따로 떼어 놓고 보는 것은 대단히 잘못된 접근 방식일 뿐만 아니라 자칫하면 일반에 그릇된 역사상을 심어 줄 수 있다. 러일전쟁 발발(1904)과 동시에 고종은 그에게 주어진 황권을 제대로 행사할 수 없었기에 대한제국이 독자적으로 개혁을 추진할 수 있었던 시기는 길어야 7년에 지나지 않았다.

여기서 당연히 이런 물음이 나올 수 있다. "10년도 채 안 되는 그 짧은 시기에 도대체 무엇을 할 수 있었겠는가?" 학계 일각에서는 광무개혁 운운하지만, 그것만으로 강화도조약 이후 치밀하게 준비해 온 일본의 주권 침탈을 막을 수 있었던 상황은 결코 아니었다. 일본은 그들의 국운을 걸고 청국 및 러시아와 전쟁을 벌였다. 그 첫 번째 목표가 한반도의 독점적 지배였다.15 이 역사적 사실을 간과해서는 한국의 근대사를 바로 볼 수 없다.

이 책에서는 고종시대를 온전히 겪었던 두 인물, 즉 황현(1855~1910)과 윤치호(1865~1945)를 통하여 그 시대를 살펴보고자 한다. 이들을 선택한 데는 이유가 있다. 두 사람은 대조적인 삶을 살았다. 황현이 '조선의

망국─무엇이 문제였는가

마지막 선비'였다면, 윤치호는 '한국 최초의 근대적 지식인'이라는 평가를 받는다. 한 시대의 끝과 시작을 알리는 두 사람은 각각 자기의 시대를 역사적인 기록으로 남겼다. 그것이 바로 《매천야록》과 《윤치호일기》이다. 전자가 유교적인 가치관과 역사 인식이 반영된 '야사'라고 한다면, 후자는 서구식의 문명개화를 조선이 나아가야 할 방향이자 목표로 삼았던 한 개인의 비밀스러운 기록이다. 둘 다 왕조시대의 공식 기록물에서는 찾아보기 어려운 내용을 담고 있어 고종시대를 이해히는 일급 사료로 인정받지만, 이에 대한 전면적인 검토는 아직 제대로 이루어진 바 없다. 특히 두 자료를 동시에 놓고 살피는 것은 이번에 처음 시도되는 일이다.

황현은 유교적인 전통을 간직한 역사가였다. 그는 왕조의 흥망성쇠가 기본적으로 통치자와 지배층에 달려 있다고 보았다. 그는 민중이 역사를 바꿀 수 있다고는 생각하지 않았다. 그리고 사회경제적인 측면보다는 정치적, 사상적인 것에 초점을 맞추어 역사를 바라보았다. 《매천야록》이 지니는 특징과 한계가 여기에 있었다. 이런 점을 염두에 두면서 다음 세 시기로 나누어 그 내용을 살피게 될 것이다. 즉, 흥선대원군의 섭정기 (1864~1873), 고종과 민비의 공동집권기(1874~1895), 고종의 일인지배기(1896~1907)이다. 이런 시기 구분이 좀 생소해 보일 수 있지만, 《매천야록》의 전체적인 흐름과 내용을 이해하는 데 도움을 줄 수 있다고 생각한다.

한편, 윤치호는 생동하는 10대 후반부터 일기를 쓰기 시작했다. 처음에는 한문으로, 그러다가 한글로 바꾸고, 나중에는 영어로 썼다. 그는 장장 60년 동안(1883~1943) 일기를 썼다고 한다. 이 점에 주목한 한 연구자는 일기야말로 윤치호의 '분신'이자, 그의 삶 자체였다고 말한다. 그런데 현재까지 공개된 그의 일기만을 놓고 보면 의외로 빈 부분이 많다. 이를테면 1906년 8월부터 1915년 12월까지의 일기는 공백으로 남겨져 있다. 공교롭세도 '경술국치'를 전후한 시기이나. 윤치호는 이때 과연 어떤 생각을 하고 있었을까? 물론 그는 을사조약 체결 시에 대한제국의 운명이 다했다고 보았다. 따라서 이 책에서는 여기까지의 일기만을 분석의 대상으로 삼는다. 그래도 모두 합하면 23년, 사반세기에 가까운 기록이다. 이 시기를 우리는 개항기 또는 개화기라고 부른다. 서세동점의 거센 물결이 한반도 안으로 파고들던 때였다. 어떤 사람은 그 물결에 저항하고 어떤 사람은 그 도도한 흐름을 타고자 했다. 황현이 전자였다면, 윤치호는 후자였다.

개화기의 《윤치호일기》 또한 세 시기로 나누어 살핀다. 즉 '개화당' 활동기(1883~1884), 외국 망명 및 수학기(1885~1894), 국내 활동기(1895~1905)이다. 첫 시기에는 소위 문명개화의 마법에 홀렸던 윤치호의 도쿄살이와 갑신정변에 대한 평가를 다룬다. 둘째 시기에는 의도치 않은 해외 유학기에 그가 조선의 미래에 대하여 전망한 속내를 들여다본다. 그는 이때 조선 지배층의 자주적인 개혁이 불가능하다고 보고 영국과 같은 '문명국'의 지배를 받는 조선을 상정해 본다. 힘이 곧 정의가 되던 제국주의 시대에 조선이 홀로 설 수 없다는 판단에서였다. 셋째 시기에는 청일전쟁 후 귀국한 윤치호의 국내 활동을 살피는 가운데 고종과 민비의 역할에 대한 평가, 독립협회와 만민공동회의 활동에 대한 평가, 그리고 대한제국의 생태계와 먹이사슬의 문제를 다루고자 한다.

고종시대 전반을 살피고자 할 때, 《매천야록》과 《윤치호일기》는 각각 서로의 한계와 공백 부분을 메꾸어 준다는 점에서도 큰 도움을 준다. 이를테면 재야 지식인인 황현이 조선 왕실과 관료 사회에 대한 외부적 관찰자이자 비평가였다면, 윤치호는 그 안에서 들여다본 내부적 참여자이자 관찰자였다. 윤치호는 10대 후반부터 통리교섭통상사무아문의 주사이 자 미국 공사관의 통역으로 있으면서 대궐에 자유롭게 출입했다. 이때 고 종과 민비는 윤치호를 그들의 친조카처럼 대했다. 왕실과 미국과의 관계 를 고려한 것이었다. 갑신정변 후 윤치호가 도피성 유학을 떠날 수 있었 던 것도 그 때문이었다. 청일전쟁으로 다시 정계에 복귀한 윤치호는 학부 협판에 이어 외부협판의 자리에 오르는데, 이때는 일본과의 관계를 고려 한 고종과 민비의 호의에 따른 것이었다. 윤치호는 비단 일본뿐만 아니 라 서울 주재 서양 외교관 및 선교사들과도 긴밀한 관계를 유지했다. 그 는 일찍부터 불안한 조선의 정계에서 살아남는 법을 터득했다.

황현은 그런 윤치호가 영 못마땅했다. 다음은 《매천야록》에 나오는 한 구절이다(상/443). "윤치호는 윤웅렬의 서자로 10여 세 때 미국으로 가 서 대통령 복특(福特)의 양자가 되었으며 갑신년 이후로는 수시로 여러 나라를 왔다 갔다 했다." 여기에 나오는 복특은 미국 대통령이 아니라 초 대 특명전권공사로 조선에 부임했던 푸트(Lucius H. Foote, 1826~1913) 를 가리킨다. 그가 자기의 통역관인 윤치호를 아꼈기에 '양자'라고 소문 이 났고, 이 말이 황현에게까지 들어갔던 듯하다. 윤치호는 영어를 미국 에서가 아니라 일본 유학 시절에 처음 배웠다. 한편 황현은 당대 '서얼'로 서 출세한 대표적인 예로 윤웅렬·윤치호 부자를 들었다. 이들은 임금의 사사로운 은혜를 입어 대신의 반열에 올랐다고 말한다.

황현과 윤치호, 이 두 사람은 고종시대에서 언제가 개혁의 최적기, 이 를테면 골든 타임이었다고 생각했을까? 황현은 그때를 대원군 섭정기라 고 보았다. 다음은 《매천야록》에 나오는 이야기이다(상/77).

운현은 임금의 친부로서 총재의 일을 행사했으니 남면(南面)만 안

했을 뿐이지 엄연히 섭정을 한 것이다. 그 10년 동안은 국가가 무사했으니 정히 천 년에 두 번 다시 없는 기회로 크게 일을 할 수 있는 때였다.

그런데 대원군이 독단적으로 권력을 행사하여 나라의 원기를 훼손하고 백성들의 원망을 삼으로써 '중흥(中興)'의 기회를 놓쳤다고 했다. 이를 '천추의 한'으로 여긴 황현은 대원군에 대하여 평가하기를, "죄가 백이면 공은 열이다(罪百功十)"라고 했다. 이런 야박한 평가는 달리 보면 대원군에 대한 황현의 기대가 무척 컸었음을 말해 준다.

윤치호는 어땠을까? 그는 김옥균이 이끄는 '개화당'에 큰 기대를 걸었다가 갑신정변으로 그 꿈이 무산되자 이런 일기를 남겼다(1885/02/14).

개화당은 비록 수는 많지 않았으나 옥(玉, 김옥균), 영(英, 홍영식), 영(泳, 박영효), 재(載, 서재필), 광(光, 서광범) 등의 여러 사람은 문벌 좋은 집안 출신이어서 가히 큰 지도자가 될 만하였다. 더욱 약간의 시무에도 통달하고 있어서 나라에 희망을 주는 사람들이었으며 그 수가 가히 하나의 당을 이룰 만하였다. 문견을 넓히고 알지 못하는 것을 깨우치기를 날로달로 더하여 인민들이 밝은 것을 취하고 어두운 것을 버리는 보람을 볼 수 있게 되었다. 그러나 4~5인이 개화의 총도자(總導者)가 되어 갑자기 격패(激悖)한 일을 저질러 나라를 위태롭게 만들고, 청국인들로부터 억압과 능멸을 받음이 전날보다 배는 더하게 되고, 이른바 개화에 관한 말을 땅에 발라 흔적도 없게 하리라는 것을 어찌 뜻하였겠는가!

갑신정변이 '삼일천하'로 끝난 후 조선왕조는 '잃어버린 10년'을 보냈다. 이 시기에는 '개화'라는 말조차 꺼내기가 어려웠다. 청국의 조선에 대한 내정 간섭은 공공연히 고종 폐위를 언급할 정도에 이르렀다. 그리고 동학농민운동과 청일전쟁이라는 안팎의 도전에 부딪쳤다. 전자가 조선 왕조의 지배층에 대한 전면적인 항거였다면, 후자는 천년 넘게 동아시아를 지배해 온 '중국 중심의 세계질서(Chinese World Order)'를 흔들어 놓았다. 그 결과 중국은 반(半)식민지로, 조선은 식민지로, 일본은 제국주의의 길로 각각 나아갔다. 물론 이때 조선이 망한 것은 아니었지만, 그 주체가 왕실이 되었든 개화파가 되었든 인민이 되었든 간에 자력에 의한 근대화의 가능성이 크게 좁혀졌음은 부정할 수 없는 사실이었다.

황현과 윤치호는 출신과 성향이 다르고 자기 시대를 바라보는 눈도 달랐지만, 한 가지 공통점이 있었다. 조선왕조를 망친 장본인으로 왕실을 지목한 것이다. 특히 민비에 대한 평가는 냉정했다. 다음은 일본에 의하여 잔혹한 민비시해사건(을미사변, 1895)이 발생한 직후에 나온 기록이다.

왕후는 기민하고 권모술수가 많았는데 정치에 간여한 20년 동안 점차 망국에 이르게 하더니 마침내는 천고에 없던 변을 당하게 된 것이다(《매천야록》, 상/459).

왕후는 나를 다정하게 대했지만, 나는 그녀 앞에서 늘 두려움에 사로잡히곤 했다. 30년간의 파란만장한 통치기에 왕후는 결코 "쓰러뜨릴" 수 없는 적(foe)과 마주친 적이 없었다. 그 상대가 대원군이든 박영효든 또는 이노우에든. 오직 죽음만이 왕후를 이겼다. 왕후가 그의 출중한 재능을 자신의 이기적인 목적을 위해 썼던 만큼 나라의 이익을 위해 쏟았다면 조선에 얼마나 큰 축복이 되었겠는가!(《윤

치호일기》, 1895/12/11)

　황현과 윤치호는 '고종시대'에 조선왕조를 실질적으로 통치한 사람은
고종 자신이 아니라 그의 아버지(대원군)와 왕비(민왕후)라고 보았다. 고
종은 이들이 죽은 후에야 대한제국을 선포하고 스스로 황제의 자리에 올
랐다. 이런 고종을 바라보는 황현과 윤치호의 시선은 냉소적이었다.

　　지금 전하가 자기 자신을 황제로 격상시키려 하다니, 이 얼마나 우
　　스꽝스러운, 아니 부끄러운, 아니 수치스러운 일인가! 그렇게 해서
　　무엇을 얻겠다는 것인가? 공허한 호칭과 뻔한 경멸밖에 없다. 조정
　　의 그 많은 명청이 가운데 누가 이런 애처로운 생각을 전하의 머리
　　에 주입했는지 궁금하다(《윤치호일기》, 1897/05/27).

　　[1897년] 9월 17일(계묘), 임금이 황제의 자리에 오르고, 국호를
　　고쳐 대한이라고 하였다. 을미년 이래로 정부에서 임금의 뜻을 헤
　　아려 칭제할 것을 권했는데, 아국(러시아)·법국(프랑스)·미국의 공
　　사들이 한결같이 옳은 일이 아니라고 말했으며, 일본 공사 또한 천
　　천히 하는 것이 좋겠다고 말하였다. … [이들의 말에] 임금이 처음
　　에는 두려워했으나 거의 일이 이루어지는 단계에서 저지당하는 것
　　은 보기에 매우 좋지 않다고 생각하여 신료들에게 넌지시 뜻을 내
　　려 연이어서 주청하도록 하여, 마치 임금이 뜻을 굽혀 중론을 따르
　　는 것같이 하였다(《매천야록》, 상/528).

　고종은 이렇게 황제의 자리에 오른 뒤 모든 권력을 자기에게 집중시켰
다. 이제 그를 견제할 사람은 아무도 없는 듯했다. 문제는 외세, 특히 일

본의 간섭이었다. 그리고 이들을 등에 업은 신하들이 생겨났다. 러일전쟁 후 '친일' 대신들은 황제가 아니라 일본의 눈치만 살폈다. 이리하여 을사조약이 체결되고, 대한제국은 주권을 잃었다.

이런 망국의 사태를 당하여 황현과 윤치호는 서로 다른 행보를 보였다. 황현은 그의 동생(황원)에게 보낸 편지에 이렇게 썼다. "아아, 통탄스럽구나! 하늘도 가엾게 여기지 않아 이런 큰 변고를 만났도다. … 안절부절 비분강개하고 멍멍한 채 갑자기 인간 세상에 살 마음이 없으니 그런 연유를 모르겠다. … 아득하고 아득한 하늘이여, 나는 어떤 사람인가?" 이로부터 다시 5년이 지나 일본의 조선 병합 소식을 전해 들은 황현은 스스로 목숨을 끊었다. 그는 가족에게 이런 유언을 남겼다. "나는 조정에 벼슬하지 않았으니 사직을 위해 죽어야 할 의리는 없다. 허나 나라가 오백 년간 사대부를 길렀으니, 이제 망국의 날을 맞아 죽는 선비 한 명이 없다면 그 또한 애통한 노릇 아니겠는가!"16

황현은 국망의 상황에서 조선왕조 이외에 다른 대안을 찾지 못했다. 왕조 교체라든가 체제 변혁으로는 아예 눈을 돌리지 않았다. 보수 유림의 의병 항쟁은 '의전(義戰)'이라고 높이 평가하지만, 그 자신이 직접 대일투쟁에 뛰어들지는 않았다. 그가 선택한 마지막 길은 오백 년간 사대부를 길러 준 왕조와의 '의리'를 지키기 위한 죽음뿐이었다. 이로써 망국의 치욕에서 벗어날 수 있으니 통쾌하다고 했다.

윤치호의 선택은 어떠했을까? 황현이 조선왕조의 운명과 함께했다면, 윤치호는 일본의 식민 지배를 받아들였다. 조선 왕실에 대한 '의리'의 관점에서 본다면, 윤웅렬·윤치호 부자는 말 그대로 '은총'을 입었다고 볼 수 있다. 고종시대에 민씨척족을 빼놓으면 윤치호 집안만큼 출세한 가문을 찾기란 쉽지 않다.17 그렇지만 순절이란 윤치호에게 케케묵은 유교적

관념일 뿐이었다. 오히려 그는 조선 왕실(황실)의 존속이 '문명개화'라는 시대의 흐름에 역행한다고 보았다.

을사조약 체결 후 윤치호는 고종에게 마지막 상소를 올렸다. 그 요지인 즉, 청일전쟁으로부터 러일전쟁에 이르는 10년이라는 기간이 조선이 자주적인 독립 국가로 거듭날 수 있는 마지막 기회였는데, 고종이 제대로 된 정사를 펼치지 않아 오늘날과 같은 치욕을 맞게 되었다면서 그 책임은 다른 누구도 아닌 황제 자신에게 있다고 했다. 윤치호는 이때 처음이자 마지막으로 고종에게 직설적인 비판을 쏟아냈다. 이제 더 이상 그의 눈치를 볼 필요가 없기에 공적인 기록으로 남겨 두려고 했던 것 같다. 이때의 상소문은 《승정원일기》와 《고종실록》 등에 실려 있다(1905/12/01).

그 후 윤치호는 이른바 애국계몽운동에 참여했다. 이 운동은 의병 항쟁과는 선을 긋고 교육과 산업 활동에 집중하려는 것이었다. 모든 계몽운동이 그렇듯이 이 운동 또한 점진적이며 온건한 것이었다. 이때 통감부에서 작성한 한국 관인들에 대한 내사 문건에서는, 어떤 사람은 윤치호를 '배일파의 우두머리'로 보지만 실제로는 '온건한 신사'라고 평가했다. 그의 아버지 윤웅렬은 경술국치 후 일본으로부터 작위(남작)와 은사금을 받았다. 통감부는 윤웅렬이 '처세'에 능하고 '이재'에 밝았다는 기록을 남겼다. 그는 아들인 윤치호에게 사람은 언제나 '행세'할 수 있는 자리에 있어야 한다고 말해 왔다.

윤치호는 미국 유학 시절부터 이민족의 통치를 받더라도 조선인이 '문명의 혜택'을 받을 수만 있다면, 그것은 '끔찍한' 조선왕조 아래 사는 것보다 낫다고 생각해 왔다. 따라서 그는 '일한합방'을 국가적, 민족적 치욕으로 받아들이기보다는 문명화의 길이 될 수 있다고 보았다. 그는 자신이 일본인으로 태어나지 못한 것을 한탄한 적도 있었다. 감수성이 예민한 10대 후반에 일본을 통하여 서양문명의 세례를 받았던 그는 어느덧 '문명의 덫'에 빠져들었다. 오직 이 길만이 나라도 살고 백성도 살고 자기도 사는 길이라고 믿었다. 아니 그렇게 믿고 싶었다. 그래야만 그의 선택이 정당화될 수 있었다. 언제부터인가 그는 자신이 시대를 앞서가고 있으며, 따라서 자기가 가는 길이 언제나 옳다고 생각했다.

(4) 망국 이후의 역사

망국, 그 이후의 역사를 어떻게 볼 것인가? 이 문제는 한국 근대사의 줄거리를 잡을 때 가장 고민되는 대목이다. 일반적인 시각에 따르면, 대한제국의 멸망은 곧 일제 식민 통치의 시작으로 연결된다. 이른바 식민지 시대이다. 한반도라는 영역에 갇혀서 본다면, 그것은 민족사적 차원에서 암흑기이자 역사의 단절로 이해할 수도 있다. 여기서 우리는 눈을 밖으로 돌려야 한다. 망국을 전후하여 국외로 이주하기 시작한 한인들, 이른바 한인 디아스포라(diaspora)에 주목해야 하는 것이다. 디아스포라라는 말은 원래 팔레스타인을 떠나 세계 각지에 흩어져 살던 유대인을 가리키는 용어인데, 그 후 의미가 확장되면서 조국을 떠나 타국에서 자신들의 규범과 관습을 지키며 살아가는 공동체 집단 또는 그들의 거주지를 가리키는 말로 사용되었다.

19세기 중엽 지구적 차원의 인구 이동과 조선왕조의 해체가 맞물리면서 한인 디아스포라가 시작되었다. 그 경로는 둘이었다. 하나는 압록강과 두만강을 건너 만주와 시베리아로 이동하는 것이고, 다른 하나는 태평양을 건너 하와이와 미주대륙에 정착하는 것이었다. 앞의 월경(越境)이 봉건 체제와 학정에 대한 소극적인 저항이었다면, 대한제국기에 들어와서 공식화된 이민(移民)은 노동을 매개로 한 국제 계약의 형태로 이루어졌다. 월경이 같은 대륙 내에서의 이동이었다면, 이민은 소위 구대륙(아시아)에서 신대륙(아메리카)으로의 이동이었다는 점에도 주목할 필요가 있다.

망국 직전 한반도 밖에 살고 있던 한인들은 대략 수십만 명으로 헤아려졌다. 식민지 시대에 들어오면 그 숫자가 계속 늘어난다. 1930년대가 되면 100만을 넘어서고, 해방 직전에는 400~500만 명에 이르렀다. 이때 국내 인구가 2,500만 명이었으니, 한인 6명 가운데 1명은 국외 거주자였다. 한 가족을 6명으로 보면, 그중 1명이 나라 밖에 있었던 셈이다. 그 범위도 만주와 시베리아에서부터 태평양의 하와이와 미주대륙을 넘어 카리브해의 쿠바, 그리고 일본과 중앙아시아로 확대되었다. 동남아시아와 유럽에도 소수이지만 한인들이 거주하고 있었다. 이리하여 세계가 한국인의 활동 범위 안으로 들어왔다.

망국을 전후한 시기에 국외로 이주한 한인들은 한인 디아스포라의 제1세대였다. 이들은 낯선 곳, 낯선 환경 속에서 집단을 이루어 살았다. 이런 가운데 자위와 자치의 개념이 생겨났다. 누구도 그들을 보호해 주지 않았다. 그들은 스스로 단체를 만들고 신문을 발간하며 학교를 설립했다. 한국의 말과 글, 역사와 문화가 보존되었다. 국외 한인들 사이에 연결망도 만들어졌다. 그 거점은 세 곳이었다. 연해주의 블라디보스토크, 하와이의 호놀룰루, 미국 서부의 샌프란시스코였다. 광활한 북태평양 위에 삼각 꼭짓점이 만들어졌다. 이들 도시의 특징은 개방성과 혼종성이었다. 또한 태평양상의 전략적 요충에 자리 잡은 군항 도시들이기도 했다.

그 세 곳에 거점을 둔 한인공동체는 고국에서의 추방과 망명자 의식을 공유하면서 자기들 사이에 하나의 관계망을 만들어 가는 동시에 국내 동포와의 연결을 시도했다. 이런 가운데 대한제국을 대체하는 새로운 형태의 국가를 세우려는 구상이 싹텄다. 그들은 500년을 지탱해 온 조선왕조-대한제국이 한순간에 허망하게 무너지는 것을 밖에서 지켜보면서 이제 왕-황제가 다스리는 나라가 아니라 국민이 스스로 주권자가 되는 공화제 국가를 꿈꾸게 되었다. 망국이라는 절망적인 순간에 그들은 새로운 희망의 빛을 찾아 나섰다. 그것이 바로 '나라 밖의 나라'인 외신대한(外新大韓)이었다.

앙드레 슈미드가 그의 책 《제국 그 사이의 한국》에서 적절하게 지적했듯이 "국가가 식민화된 상태에서는, 역설적이게도, 국가는 오직 바깥에서만 존재할 수 있었던 것이다." 해외의 한인공동체, 특히 샌프란시스코의 한인사회는 "오염된 한반도의 경계를 넘어선 또 다른 땅만이 국가가 생존할 수 있는 새로운 요새가 될 수 있다고 믿었다."18 여기에서 오염되었다는 것은 한편으로는 전제왕권과 유교적 통치이념에 기반을 둔 구체제, 다른 한편으로는 일본 제국주의의 조선 침투와 지배를 가리킨다. 따라서 새로운 대한은 전제(專制)와 이종(異種)에 억눌리고 더렵혀진 한반도 '안'이 아니라 '밖'에서 만들어질 수밖에 없다고 보았다.

외신대한의 출발은 망국과 동시에 이루어졌다. 샌프란시스코에 본부를 둔 대한인국민회가 바로 그것이었다. 이 단체는 소위 을사조약이 체결되던 해에 결성된 공립협회에 뿌리를 두고 있었다. 즉, 공립협회가 국민회로, 그리고 국민회가 다시 대한인국민회로 확대, 발전하면서 해외 한인의 유일무이한 최고기관으로 자리매김했다. 이때 주목할 것은 국민이라는 단어이다. 그들의 이야기를 들어 보자. 다음은 국민회의 기관지인 《신한민보》에 실렸던 〈무엇을 국민이라 하나뇨〉라는 논설의 일부이다(1909/11/17).

남에게 정복당한 백성을 가로되 노예라 하며, 전제정치에 억눌린 백성을 신복(臣僕)이라 하며, 입헌군주 백성을 가로되 인민이라 하나니, 입헌과 공화를 물론하고 그 백성의 공론으로 그 나라 정치를 행하는 자라야 이를 국민이라 하나니라.

이어서 "국민이란 말은 반드시 완전한 입법·행정·사법과 개인의 자유가 있은 연후에야 가할지라"는 점을 강조한다. 그러니까 신대한은 임금이 없는 나라, 즉 미국이나 프랑스와 같은 공화제 국가가 될 것임을 천명한 것이다. 논설은 이렇게 끝을 맺는다.

국민이여 국민이여 신한국을 건설할 국민이여

해외 한인들의 이런 꿈과 소망이 한국의 근대민족주의와 민주주의를 추동시키는 힘이자 그 토대가 되었다. 제1차 세계대전이 종결 움직임을 보이던, 그리하여 전후 세계질서의 재편이 예견되던 시점인 1917년 7월, 해외에서 활동하던 한인 민족주의자들은 중국 상해에 모여 〈대동단결선언〉을 발표했다. 그들은 단호하게 말했다. 융희 황제(순종)가 주권을 포기한 1910년 8월 29일, "이날은 곧 제권(帝權)이 소멸한 때이자 민권(民權)이 발생한 때요, 구한(舊韓) 최종의 하루가 즉 신한(新韓) 최초의 하루이니" 그사이에 단 한 순간도 쉬거나 멈춤이 없었다고 했다. 요컨대 순종의 주권 포기는 곧 나라의 본래 주인인 국민에게로 그 주권을 돌려준 것이니, 이로써 새로운 국가 건설이 시작되었다는 것이다.

바야흐로 독립된 주권과 영토가 없이 오로지 한인공동체만이 존재하는 외신대한이 탄생했다. 그것은 나라 밖의 나라, 영토 없는 민족의 디아

　　　　　　　　　　　망국―무엇이 문제였는가

스포라 공동체였다. 역사란 때론 반전을 낳는다. 대한제국의 멸망이 곧 공화제 국가 건설의 밑거름이 되었으니 말이다. 이러한 역사 인식체계에는 식민지 시대란 존재하지 않았다. 대한제국의 해체가 무형정부인 대한인국민회를 낳고, 이 국민회가 3·1운동 후 대한민국 임시정부의 건립으로 연결되었기 때문이다. 해외 한인들은 이 나라, 이 정부를 '우리나라'이자 '우리 정부'라고 불렀다.

오늘의 대한민국은 이렇게 탄생했다. 그것은 대한제국의 계승도 아니요, 대일본제국의 계승은 더더욱 아니었다. 대한민국은 어디까지나 전제정부의 억압과 이민족 지배라는 이중의 속박과 질곡을 깨고 나온 혁명적 산물이었다. 한국의 근대 역사가 지니는 생명력과 역동성이 여기에 있었다. 이 점을 간과했기에 우리는 대한제국/일제시대/대한민국이라는 분절적인 역사 인식체계에 갇혀 식민지 근대화론이니 대한민국 건국절이니 하는 엉뚱한 논쟁을 벌여 왔다. 한편에서는 대한민국이 대한제국의 계승이라는 주장을 펴기도 한다. 이제 우리는 이런 소모적인 논쟁에서 벗어나야 한다. 한국 근대사의 체계를 바로잡고 그 바탕 위에서 대한민국의 현실을 진단하고 앞으로 나아가야 할 방향을 찾아야 하기 때문이다.

제1장

창해자, 〈황실비멸국지이기〉

〈皇室非滅國之利器: 황실은 나라를 망하는 이로운 그릇이 아니라〉

1909년 3월 31일 자 《신한민보(The New Korea)》에 게재된 이 논설은 제1면에 이어 제2면 2단까지 차지한다. 대한제국의 멸망 원인과 책임 소재를 따지는 글로는 당대는 물론이고 오늘날에도 이 논설을 뛰어넘는 것을 찾기란 쉽지 않다. 《신한민보》는 미주 (대한인)국민회의 기관지였다. 그 제호에서 '신한'이란 '구한(舊韓)' 즉 대한제국을 대체하는 '민국(民國)' 수립의 의지를 드러낸다.

《량의사합뎐(兩義士合傳)》(대한 융희 3년, 1909, 국립중앙도서관 소장)

이 소책자는 본문인 〈양의사합전〉(8면)과 부록인 〈의연금총결산공고서〉(41면)로 이루어진다. 두 명의 의사란, 이른바 샌프란시스코 의거(1908)의 주역 장인환·전명운을 가리킨다. 〈합전〉에서는 장·전 두 '의사'를 한말 '충신'인 민영환·최익현과 비교하며 '충군애국'이 아니라 '애국애족'의 필요성을 강조한다. 이는 군주와 국가를 떼어놓은 〈황실비멸국지이기〉의 논지와도 통한다.

1.
망국의
책임을 묻다

대한제국의 몰락이 눈앞에 다가오던 시점인 1909년 3월 31일, 미국 샌프란시스코의 한인사회에서 발행하던 《신한민보》에 〈皇室非滅國之利器: 황실은 나라를 망하게 하는 이로운 그릇이 아니라〉는 제목을 단 논설이 실렸다. 신문의 맨 앞면과 다음 면 2단까지 차지한 이 논설은 200자 원고지 30매 분량에 달하는 장문이었다. 제목에는 한자와 한글이 함께 나오지만, 본문은 한글로만 되어 있다. 글 쓰는 방식이나 내용 또한 독특하다. 망국의 원인과 책임 소재를 따지는 글들 가운데 당대는 물론이고 오늘날에도 이 논설을 뛰어넘는 글을 찾기란 쉽지 않은 듯싶다.

그 집필자는 '창히자' 또는 '창히ᄌ'로 나온다. 한자 표기로는 '滄海子'인데, '드넓은 바다를 떠도는 사람'으로 새길 수 있다(이하 창해자). 어디에도 자기 한 몸을 맡길 수 없던 망명객의 심사를 담은 필명이 아닌가 싶다. 샌프란시스코 언덕에서 태평양을 하염없이 바라보는 필자의 모습을 상상해 볼 수도 있다. 이 망망대해의 끝자락에는 한반도가 있었다. 창해자는 그 땅에 다시는 발을 디딜 수 없었다. 한반도는 이미 외세와 그에 빌붙은 사람들로 더럽혀져 있었다. 비록 고국으로 돌아갈 수 없는 신세였지만, 창해자는 자기의 본명을 드러내지 않았다. 그를 아는 누군가를 염려

했기 때문이리라.

태평양 건너편에서 대한제국의 황실을 겨눈 창해자의 논설은 비통하면서도 거침이 없었다. 그는 이렇게 말한다(이하 맞춤법, 띄어쓰기, 구두점은 오늘날에 맞춤).

> 창해자—사기를 읽다가 책상을 치고 궐연히 일어나며 개연히 탄식하여 가로되, 이 가히 우리 한국의 이천만 인민을 위하여 한번 말하지 아니치 못할 바이로다.

그러면서 자기가 '사기(史記)'에서 읽었다는 세 가지 예시를 들었다. 첫 번째는 고대 이집트 왕국의 멸망에 대한 것이다.

> 옛적 파사[페르시아]가 애급[이집트]을 칠 때에 애급의 성이 굳고 군사가 많아 졸연히 성을 빼앗기가 어렵거늘 파사 왕이 한 계책을 생각하여 고양이와 개를 많이 얻어 맨 앞에 내어 싣고 애급 성으로 향하여 들어가니 고양이는 야옹거리며 개는 멍멍 짖는지라. 애급 사람이 고양이와 개를 보고 돌 하나를 던지지 못하며 활 한 번을 발하지 못하고 파사인에게 항복한 바 되었으니, 저 애급인의 고양이와 개를 이렇듯 무서워함은 그 어인 일이뇨.

그 까닭인즉, 이집트인들이 사람의 죽은 혼은 고양이와 개에 의탁한다고 그릇 믿어 쥐나 잡게 하고 도적이나 쫓게 하는 보잘것없는 동물들을 신령이나 사당처럼 받들고 두려워하는 '누풍황설'을 굳게 믿었기 때문이라고 했다. 여기서 누풍황설이란 비루한 풍습(陋風)과 터무니없는 말(荒

說)을 뜻한다. 따라서 이집트인은 그들 나라를 페르시아에게 내줄지언정 고양이와 개를 건드릴 수 없었다고 했다.

이 이야기는 기원전 6세기에 벌어진 페르시아의 이집트 침공에 관한 것이다. 그리스의 역사가 헤로도토스에 따르면, 그때 페르시아 왕(캄비세스 2세)은 항복한 이집트인들의 얼굴에 고양이를 집어던지면서 "이 흔한 동물을 지키려고 나라를 송두리째 들어다 바친" 그들의 어리석음을 비웃었다고 한다. 그 후 이집트는 20세기 중엽 공화국으로 독립하기 전까지 외세(그리스, 로마, 비잔틴제국, 오스만제국, 영국 등)의 통치와 지배를 받았다.

창해자의 두 번째 예시는 인도에 관한 것이다. "인도는 인구가 이억 만에 지나는 수천 년의 고국이더니 지방이 영국의 판도로 화하며 인민이 영국의 노예로 변하여도 이를 감심하며 복종하여 조금도 반대하지 못하다가, 영국이 바라문 교도의 군사된 자로 총 여울을 되야지 기름으로 닦으라 함을 인하여 종교를 모욕하는가 의심하여 반란이 일어나서 영국이 허다한 인명과 거대한 재정을 허비하여 겨우 진정하였으니, 만일 인도 사람이 최초에 영국을 대하여 이러한 반란을 일으켰으면 번방과 노예의 욕을 면하였을는지 알지 못할 것이어늘 그렇지 못함은 그 어인 일이뇨. 저 인도 사람은 국가가 망하여 인민이 없어지는 것을 되야지 기름을 몸에 가까이하는 것보다 경하게 앎이오."

이 이야기는 영국의 인도 점령과 세포이항쟁(Sepoy Rebellion, 1857)에 관한 것이다. 영국의 동인도회사에 고용되었던 세포이들의 최초 반란은 탄약 종이에 동물(소 또는 돼지) 기름이 칠해져 있다는 소문에서 비롯되었다. 당시 소총에 화약을 넣기 위해서는 입으로 탄약 종이를 물어뜯어 내야 했는데, 이것이 힌두교와 이슬람교도들에게 신성모독으로 받아

들여졌다. 인도 최초의 독립전쟁으로 평가받기도 하는 세포이항쟁은 당시 견고해 보였던 영국의 인도 통치에 큰 충격을 주었다. 이리하여 동인도회사 대신에 영국 정부가 식민 통치의 전면에 나서게 되었다. 창해자는 이 대목에서 한탄한다. 인도인들이 진작 그렇게 투쟁했다면, 인도가 영국의 '번방(藩邦)'으로 전락하여 그들의 노예가 되는 치욕을 면할 수 있었다고 본 것이다.

세 번째 예시는 안남(安南, Annam)에 관한 것이다. 베트남은 19세기 후반 프랑스의 식민지로 전락하면서 세 지역으로 나뉘는데, 그중 하나가 중부지역의 안남이었다. 이곳에는 명복상 프랑스의 '보호'를 받는 응우옌 왕조(阮王朝)가 자리 잡고 있었다. 이런 안남을 바라보는 창해자의 시선은 싸늘했다.

> 안남 사람은 법국[프랑스]에게 망한 지가 수십 년이로되, 그 임금은 오히려 대안남국 대대황제의 존호를 누리오며 그 신하는 장원급제의 삼일유가하는 영광을 자랑하며 희희히 망국 비통을 깨닫지 못함과 같음은 그 어인 일이뇨. 저 안남 사람은 비인 이름을 다행히 알고 실상 망함을 생각지 못함이라.

이 글에서는 안남의 통치자와 신하들이 그들의 나라가 사실상 프랑스의 식민 지배를 받고 있음에도 불구하고 '대안남국(大安南國)'이라는 '비인[빈] 이름'이 남겨진 것만을 다행으로 알아 망국의 비통함을 깨닫지 못한다고 꼬집는다. 창해자의 이런 지적은 러일전쟁 후 일본의 '보호국'으로 전락한 '대한제국'의 황제와 지배층을 빗댄 것으로도 볼 수 있다.

이집트와 인도 그리고 베트남, 이 세 나라의 망국 사례를 보면서 한국

인민이 깨달을 바는 무엇인가? 이 문제는 바로 창해자가 《신한민보》 지상에 장문의 논설을 쓰게 된 동기이자 목석이기도 했다. 그의 말을 들어보자.

> 창해자— 가로되, 슬프다 우리 인민의 분간치 못하는 바는 임금과 나라이라. 임금과 나라를 분간치 못하면 임금을 욕되게 하며 나라를 망하게 함을 면치 못하나니라. 무릇 임금은 나라를 위하여 둔 것이오, 나라는 임금을 위하여 세운 것이 아니니, 이러므로 임금이란 것은 인민의 자기의 사무를 위탁한 공편된 종뿐이오, 인민이란 것은 임금으로 하여금 저의 직역을 진력하게 하는 최초 상전이라. 종된 임금이 사무와 직역을 다하지 못할지면 상전된 인민의 책망을 도망키 어려우니, 맹자는 유문의 아성이로되 백성이 중하며 사직이 버금이오 임금이 경하다는 공론을 창언하며, 루소는 철학의 대가로되 나라는 백성의 계약으로 쫓아됨이라는 자유 평등의 원리를 설명하여 다 나라는 임금의 물건이 아니오 백성의 물건인 것을 표창하였거늘, 어찌하여 우리 인민은 군국을 불분하고 왕일의 누견을 지금껏 굳게 지켜 흑칠칠장야중에 희미한 꿈을 깨닫지 못하나뇨.

여기에서 말하고자 하는 바는 분명하다. 무릇 나라의 주인은 임금이 아니라 인민이다. 임금은 오직 '인민의 종'일 뿐이다. 따라서 임금이 인민으로부터 위탁받은 사무와 직역을 다하지 못하면 그의 '상전'인 인민의 책망에서 벗어날 수 없다.

창해자는 이어서 '유문(儒門)의 아성(亞聖)'인 맹자와 '철학의 대가'인 루소의 이야기를 꺼내 든다. 맹자는 일찍부터 말하기를, "백성이 중하며 사직이 버금이오 임금이 가볍다(民爲貴 社稷次之 君爲輕)"라고 했다. 루소는 국가란 '백성[과]의 계약'에 의하여 만들어진 것으로 백성의 자유와 평등을 보장할 책무를 지닌다고 했다. 이처럼 맹자와 루소 둘 다 나라는 '임금의 물건'이 아니라 '백성의 물건'인 것을 세상에 드러냈다. 그런데 '우리[대한제국] 인민'은 아직껏 임금과 나라를 분간하지 못하고 '흑칠칠장야중'(黑漆漆長夜中, 칠흑같이 어둡고 긴긴 밤중)에서 헤어나지 못한다고 한탄했다.

그렇다면 '인민의 종'인 임금이 인민으로부터 위탁받은 사무와 직역을 다하지 못할 때는 어떻게 해야 하는가? 이 물음에 대한 창해자의 답변은 다음과 같다.

> 창해자— 가로되, 내가 세세생생히 제왕가에 나지 말기를 원하노라 하는 옛말을 들었더니, 내가 파리에 있을 때에 혁명 시에 쓰든 길로틴(사람 죽이는 기계)을 보았으며, 런던에 있을 때에 타와(영국 왕일의 옥)에 전하는 독채를 보았노라. 루이 십육의 붉은 피가 세계를 현요하는 자유 평등의 인권 선고를 발포케 하였으며, 찰스 제일의 떨어진 목이 만국의 모범 되는 삼권분립의 헌법제도를 기초케 하였으니, 저— 두 임금의 지난 고초가 남소에 몸이 내 처진 하걸과 태백기에 머리를 매여 단 은주와 교동 제주에서 여생을 보내던 광해 연산과 누가 더할지 나는 용이하게 알지 못하거니와 다 나라를 보호하지 못하며 인민을 구조치 못하는 자는 임금이 아닌 증거를 표하며 사무와 직역을 다하지 못하는 임금은 인민의 책망을 도망키 어려운 사실을 나타냄이라.

이 글에서는 서양 근대사에 등장하는 프랑스의 루이 16세와 영국의 찰스 1세, 중국 상고사에서 폭군의 상징으로 나오는 '하걸·은주'(하나라

걸왕과 은나라 주왕), 그리고 조선왕조의 광해군과 연산군의 이름을 들며, 이들이 모두 임금의 자리에서 쫓겨났다고 했다. 그늘 중 누가 더 큰 고초를 당했는가는 문제가 되지 않는다. 중요한 것은 그들이 모두 임금답지 못한 임금이었다는 것이다. 그들은 자기에게 주어진 직분을 다하지 못했다. 한 개인으로 보면 더없이 불행한 일이었지만, 어떻든 그들을 임금의 자리에서 쫓아냈기에 나라는 다시 일어설 수 있었다.

위의 글에서 특히 인상적인 것은, 창해자가 프랑스혁명 때 처형 기구로 사용되었던 기요틴(guillotine)과 영국의 왕이나 귀족들의 유폐 장소로 사용되었던 런던 타워(Tower of London)를 직접 보았다는 대목이다. 이 역사적인 현장을 둘러보면서 그가 알게 된 것은 루이 16세의 '붉은 피'와 찰스 1세의 '떨어진 목'이 프랑스와 영국뿐만 아니라 세계의 역사를 바꿔 놓았다는 사실이었다. 그것은 개인의 자유와 평등에 대한 인권 선언이라든가 삼권분립과 같은 헌법제도의 탄생이었다. 서양의 근대 국민국가는 이렇게 만들어졌다.

창해자는 말한다. "내가 이를 감탄하며 이를 강개하여 긴 휘파람과 슬픈 노래로 이를 말하기를 마지못하노니 나는 그 또한 무슨 사람이며 무슨 심장이뇨. 나는 결단코 임금을 미워하며 황실을 능멸하는 내가 아니오, 나는 임금을 사랑하며 황실을 존중하는 나로 내가 깊이 믿는 바가 있다 하노라." 그는 또 자신이 고종 황제의 은총을 입은 신하였다고 밝히면서, 대한제국의 만대상전(萬代相傳)과 황실의 만수무강을 날마다 빈다고 했다. 그러면서 자기의 체험담을 꺼낸다.

내가 런던에 있을 때에 팔이맨트(영국 국회) 개회식을 구경하니 십여 방 예포가 꽹꽹하며 기백천 친병이 정정하여 금채가 현황한 육

망국—무엇이 문제였는가

두마차 높은 곳에 에드워드 제7세가 엄연히 단좌하였는데, 구름 같고 바다 같은 영경의 기백만 인민들이 우수로 갓을 벗어 반공에 두루면서 우라 우라(만세란 말) 하는 소리가 천지를 진동하여 충애를 발표하며 화기를 인울케 하는지라. 나도 또한 방관자로 그중에 같이 섰다가 하염없는 더운 눈물이 옷깃을 적심을 깨닫지 못하여 취한 듯이 미친 듯이 심신을 진정치 못하였었노라.

이어서 말하기를, "저 영국인은 능히 나라와 임금을 분별하여 임금으로 직책을 다하게 하여 써 나라의 이익을 도모하거늘, 우리 인민은 임금과 나라를 하나로 알아 임금으로 하여금 직책을 아니케 하여 써 나라를 망하게 하는도다. 슬프다 우리 인민이여!"

요컨대 임금을 임금답게 만드는 것은 그 나라의 '주인'인 인민에게 달려 있는바, 조선왕조-대한제국이 지금 몰락의 길을 재촉하는 것도 따지고 보면 그 직분을 다하지 못한 임금들을 제때 갈아치우지 못한 인민의 책임으로 돌아갈 수밖에 없다는 것이다.

이리하여 대한제국의 황실은 이제 '망국의 이기'가 되고 말았다. 창해자는 말한다.

저 간휼한 일본놈이 우리 인민이 이러하게 어리석음을 아는 고로 저가 생각하되, 저 한국 인민은 그 임금만 내가 명령하면 인민은 자연 내가 명령할지며, 그 임금만 내게 복종케 하면 인민은 자연 복종할지니, 어떡하든지 그 임금 하나만 내가 붙잡고 내가 가두고 내가 부리면 이천만 한국 인민은 그 생명을 살육하며 재산을 탈취하며 부모 처자를 노예로 부리더라도 저들은 우리 일본을 복종하리라 작정하고, 일진회의 난민을 선동하는 4대 강령에도 황실을 존엄케 한다 선언하며, 거병 범궐하여 을사늑약을 핍성하는 5개 조건에도 황실을 존엄케 한다 자탁하여 숨적하면 황실 이자로 우리 4천 년의 단기 유족을 어육하는 이로운 그릇을 삼으랴 하며, 더구나 이등박문은 황제로 하여금 남으로 부산을 행차케 하며 서으로 의주를 순수케 하여 인민으로 하여금 황제는 일본을 복종하며 황제는 일본과 친밀함을 알게 하여 13도의 충분강개한 민심을 소마하려는 묘책을 삼는도다.

러일전쟁 후 일본이 대한제국의 황실을 내세워 이천만 한국 인민을 어떻게 농락하고 있는지를 이보다 잘 표현한 글을 찾기란 쉽지 않을 것이다. 일본이 그렇게 할 수 있었던 것은 대한제국의 주권자가 인민이 아니라 황제였던 까닭이었다. 고종은 세기의 전환을 앞둔 1899년 8월 17일에 〈대한국국제〉를 반포한 바 있다. 이에 따르면 대한제국은 '만세불변의 전제정치' 국가이며, 대황제는 '무한한 군권'을 향유한다. 한마디로 황실이 곧 국가였다. 따라서 일본은 황실만 그들의 수중에 넣으면 대한제국을 제멋대로 할 수 있다고 보았다.

이러한 상황을 돌파하려면 황실과 국가를 분리하여 입헌군주제로 가든가 아니면 아예 임금이 없는 나라, 즉 프랑스와 같은 공화국으로 바뀌어야 한다. 그 어느 쪽이든 인민주권이 실현될 수 있는 국가여야 했다. 나라의 주인이 군주가 아니라 인민이어야 했다. 창해자가 그의 논설에서 줄곧 말하고자 했던 바가 이것이었다.

그런데 현실은 그렇지 못했다. 대한제국의 인민은 여전히 나라를 군주의 소유물로 인식하고 군주에 대한 맹목적인 충성을 곧 나라를 사랑하는 것으로 생각했다. 이른바 충군애국(忠君愛國)이었다. 군주와 국가를 하나로 봄으로써 나라가 망해도 임금이 그 자리를 보전하고 있으면 나라가 살아 있는 것으로 믿는 인민의 어리석음이란, 고양이나 개를 숭배함으로써 나라가 망하는 줄을 몰랐던 이집트인이나, 나라보다도 그들이 믿는 종교적 금기를 우선시했던 인도 사람들과 다를 바 없다는 것이 창해자의 생각이었다. 그러니 "슬프다 우리 인민이여!"라는 탄식이 절로 나올 수밖에 없었다.

창해자의 현실 인식에서 우리가 또 한 가지 주목해야 할 것이 있다. 그 것은 '나라 밖의 나라'를 세워야 한다는 주장이다. 다음의 이야기를 들어보자.

창해자— 가로되, 나는 또한 주권이 있는 곳에 임금이 있는 줄로 생각하며 주권이 없는 곳에는 임금이 또한 있지 아니한 줄로 생각하노라. 저 헌제는 한실의 정통이 아닌 것이 아니로되 조조의 협제를 당하매 유현덕이 촉중에서 한업을 다시 일으키며, 회제와 민제는 진실로 임금이 아닌 것은 아니로되 선우(흉노족)에게 잡힌 후에 낭야왕이 강동에서 중흥을 도모하며, 휘종 흠종은 송실의 천자가 아닌 것이 아니로되 금나라에 붙들린바— 되오매 가왕이 임안에서 사직을 다시 세웠으니, 저 헌제와 회·민과 휘·흠은 임금의 일흠은 있으되 그때 백성이 이를 돌아보지 아니하고 별달리 한나라와 진나라와 송나라의 강산을 회복하랴 도모함은 나라를 보전하며 인민을 구조할 주권이 없는 곳에는 임금이 있지 아니함을 승인함이라. 우리 인민은 이미 나라와 임금을 두 물건으로 분별치 못하며 또한 주권이 없는 곳에는 임금이 없는 줄을 알지 못하여 나라가 망하여도 임금을 복종함만 생각하며 주권이 없더라도 임금이 있는 줄로 생각하는지라.

여기에서 우리가 주목해야 할 대목은 "나라의 주권이 없는 곳에는 임금 또한 있을 수 없나"라는 것이나. 이 말이 뜻하는 바는 내한세국이 을사조약에 의하여 일본에게 나라의 주권을 빼앗겼으니 그 밑에 있는 고종이나 순종을 더 이상 '우리의 임금'으로 볼 수 없다는 것이다.

일본의 '보호국'인 대한제국은 프랑스의 '보호령'인 안남과 다를 바 없다고 보았던 창해자는 이렇게 말한다.

> 나는 세상에 법국[프랑스]이 있음을 알 뿐이오 대안남국에 대대황제가 있음을 승인하지 아니하노니, 생각할지어다 우리 인민이여!

그렇다면 대한의 인민은 앞으로 어떻게 해야 하는가? 창해자는 이 난제의 해결 방안을 직접 제시하는 대신에 에둘러서 중국의 역사를 끄집어냈다. 이런 식이다(앞글에 나온다). 후한의 마지막 황제로서 조조에게 억눌림을 당했던 헌제(獻帝), 흉노족에게 사로잡혔던 서진의 회제(懷帝)와 민제(愍帝), 금나라에 붙들렸던 송나라의 휘종(徽宗)과 흠종(欽宗), 이들이 모두 "임금의 일홈은 있으되 그때 백성이 돌아보지 않았다"라고 했다. 그리하여 유현덕(劉玄德)이 촉 중에서 한업(漢業)을 다시 일으키고, 낭야왕(琅邪王)이 강동에서 중흥을 도모하며, 가왕(嘉王)이 임안에서 사직을 다시 세웠다고 했다. 따라서 일본에게 인질로 붙들린 것이나 다를 바 없는 고종과 순종을 뒤돌아보지 말고, 일본의 주권이 미치지 않는 한반도 밖에서 나라를 다시 일으켜야 한다는 것이 창해자의 주장이었다. 이른바 외신대한(外新大韓)이었다. 망국을 전후하여 해외한인사회에서 제기되었던 이 문제에 대해서는 마지막 장에서 다룰 것이다.

한편, 창해자는 그의 논설 끝부분에서 대한제국의 황태자 이은(李垠,

1897~1970)의 혼인 문제를 놓고 벌이는 일본의 음흉한 계책에 대하여 말한다.

> 내 또한 들으니, 황태자를 일본 여자와 결혼시킨다는 풍문이 자자하니 저 일인의 간흉한 계책이 일층 공교함이 더하다 하리로다. 황태자는 금일 황실에 버금이며 후일 황실에 으뜸이니 만일 일본의 여자로 그 비빈이 되게 하면 이는 일녀로 장차 한국 인민의 모후가 될지며 만일 황사를 낳아 황위를 계승하면 이는 일녀의 자손이 장차 한국 인민의 임금이 될지라. 저 한국 인민의 어리석음으로는 장차 영원히 일본에 대하여 몸을 굽히며 머리를 숙여 소와 말같이 멍에를 잘 받으며 채찍이 두려워 임의로 부리더라도 저들이 장차 어찌하지 못하리라 생각함이로다.

일본이 한국 황태자와 '일본 여자'를 맺어 줌으로써 황실을 곧 나라로 생각하는 대한 인민을 영원히 지배하려고 한다는 것이다. 이는 인민이 스스로 나라의 주인 됨을 깨닫지 못하면 언제든 일본의 굴레에서 벗어날 수 없음을 다시금 상기시킨다.

창해자가 그의 논설의 제목을 '황실비멸국지이기'라고 한 뜻이 여기에 있었다. 황실이 대한제국을 멸망시키는 '이로운 그릇'이 되어서는 안 되는데, 현실은 그렇게 되어 가고 있었다. 이러한 사태는 나라의 장래보다는 자기의 절대 권력과 자리보전에만 급급했던 황실의 잘못에서 비롯된 것이었지만, 창해자는 오히려 그런 황실을 그대로 두고만 본 대한의 인민에게 근본적인 책임을 묻고자 했다. 인민이 스스로 나라의 주인임을 확실히 깨닫고 그 주권을 올바로 행사할 수 있어야만, 지금의 캄캄하고 긴 절망의 터널 속—그의 표현을 빌리면 '흑칠칠장야중'—에서 새로운 희망의 빛을 찾아 나설 수 있다는 것이다.

창해자의 이러한 논설은 당시 상황을 놓고 볼 때 가히 충격적이었다. 고종과 순종이 아직 자리를 보전하고 있는 대한제국의 황실을 바로 겨누고 있었기 때문이다. 어느 곳, 어느 때이건 임금이 임금답지 못하면 루이 16세의 '붉은 피'와 찰스 1세의 '떨어진 목'처럼 형장의 이슬로 사라질 수 있다는 예시라든가, "나라의 주권이 없는 곳에는 임금 또한 있을 수 없다"라고 하여 일본의 지배 아래 있는 고종과 순종을 임금으로 인정해서는 안 된다는 주장은 황실뿐만 아니라 대한제국의 존재 자체를 부정하는 것이었다. 창해자는 을사조약이 체결된 때에 대한제국은 망했다고 보았다. 그런데도 고종과 순종이 황제의 자리를 보전함으로써 한국 인민들의 저항을 무력화하고 그들이 순순히 일본의 병탄을 받아들이도록 했다는 것이다. 그의 말대로 '한일합방'이 발표될 때 한반도는 적막강산이었다.

망국—무엇이 문제였는가

2.
〈양의사합전〉:
충신과 의사

《신한민보》에 〈황실비멸국지이기〉라는 논설이 실린 일주일 뒤, 그러니까 1909년 4월 7일 자 신문 3면 사총(史叢) 난에 '창희즈 우드손'이라는 필명으로 〈양의사합전(兩義士合傳)〉이 올라왔다. 여기서 말하는 의사란, 장인환(1876~1930)과 전명운(1884~1947)을 가리킨다. 이 두 사람은 1908년 3월 23일 샌프란시스코만 동쪽에 자리 잡은 오클랜드(Okland)의 페리 부두에서 대한제국의 외교 고문이라는 직함을 갖고서도 친일 선전에 앞장섰던 미국인 스티븐스(Durham W. Stevens)를 저격한 바 있다. 이른바 샌프란시스코 의거이다.

〈양의사합전〉은 《신한민보》에 실리는 동시에 소책자로도 발간되었다(제목은 같다). '상항(桑港, 샌프란시스코) 한인임시공동회'에서 발행한 이 책자에는 부록으로 〈의연금총결산공고서〉가 실렸다. 여기서 말하는 의연금이란, 장·전 두 의사의 '공판투쟁'을 위하여 국내외 동포들로부터 거둔 돈이었다. 그 공고서에는 미주 본토와 하와이의 한인은 물론이고 국내와 멕시코, 러시아, 중국, 일본 등지의 한인들(총 1,135명)로부터 모두 7,390달러가 걷힌 것으로 나온다. 당시 하와이의 사탕수수밭에서 일하던 한인 노동자들이 한 달에 20달러 정도를 받았으니 그야말로 땀이 밴 성금이었다. 하여, 이들의 이름과 낸 돈이 적힌 책자를 만들어 국내외에 배포했던 것인네, 그 부수가 3,000부에 달했나. 국내에노 이 책사가 유입뇌어 통감부의 압수 목록에 오를 정도였으니,[19] 〈양의사합전〉은 한국 독립운동사에서 의열투쟁의 서막을 열었다고 볼 수 있다.

〈양의사합전〉은 그 투쟁의 주역인 장인환과 전명운을 기리는 글이다. 전통적인 사서에 등장하는 열전(列傳)의 형식을 빌린 이 글은 국망을 앞둔 시기에 의열투쟁이 갖는 역사적인 의의를 웅장한 필체로 그려냈다. 한자어를 한글로 모두 바꾸어 놓고 또 통문장으로 되어 있기에 바로 읽고 이해하기가 쉽지 않지만, 그 원문의 묘미를 살리기 위하여 그대로 옮겨 적는다. 다만 독자의 편의를 위하여 필자 임의로 문단과 문장을 나누는 동시에 띄어쓰기와 구두법, 맞춤법 등은 오늘의 방식에 따랐다. 전체 분량은 신문 한 면을 거의 차지할 정도인데(소책자에서는 8쪽 분량이다), 그중에 흥미 있는 대목들을 소개함으로써 창해자가 이 글을 쓰게 된 의도와 목적을 쫓아 보고자 한다.

먼저 장[인환]·전[명운] 두 의사의 인물됨을 비교하는 대목부터 소개한다.

> 장은 문을 숭상하면   전은 무를 숭상하며
> 장은 인을 즐겨하면   전은 의를 즐겨하며
> 장은 옹용함을 좋아하면 전은 호매함을 좋아하며
> 장은 개결함을 주장하면 전은 척탕함을 좋아하여

여기에서는 문(文)/무(武), 인(仁)/의(義), 옹용(雍容)/호매(豪邁), 개결(介潔)/척탕(滌蕩)이라는 상반된 단어들을 빌려 두 사람의 성품과 기질을 시적으로 형상화한다. 이어지는 다음의 문장은 판소리 한마당과도 같다.

망국—무엇이 문제였는가

장은 구추상천에 편운도 가리움이 없어 명월이 교결하며 옥우가 청숙함과 같은 수렴하는 기상이 있으되

전은 욱일염천에 녹음이 밀울하며 취우광풍에 낙화가 빈분함과 같은 발원하는 기상이 있으며,

장은 암석이 쟁영하며 봉만이 중첩하여 심수유한한 산과 같이 침중한 태도가 있으되

전은 안개가 일며 우레가 울어 만경창명에 파도가 흉용한 바다같이 경괴할 태도가 있으며,

장은 쥐를 잡으려는 괭이처럼 알을 안은 닭처럼 한 귀로 들으며 한 눈으로 보는 만복의 전일한 정신이 있으되

전은 수풀에 나온 새끼 범처럼 멍에를 벗은 망아지처럼 겁도 없고 두려운 것도 없이 동서 도량하려는 정신이 있으며,

장은 옥백을 가지고 준조를 받들어 수사행단에서 읍양진퇴하는 사군자의 규모를 보존하되

전은 술을 마시며 칼을 의론하여 연나라 남과 조나라 북에서 강개한 슬픈 노래로 방약무인하던 열사협객의 유풍을 사모하는지라.

한 번 보매 수화빙탄이 서로 용납지 못할 것 같으나, 그 나라를 위하며 동포를 아끼는 일편열성은 양 의사가 일찍이 같지 아니한 곳이 없더니라.

여기에서는 장·전 두 의사의 면모, 즉 기상과 태도에 대하여 수렴(收斂)/발원(發源), 침중(沈重)/경괴(驚怪), 만복전일(滿腹專一)/동서도량(東西跳梁), 사군자(士君子)/열사협객(烈士俠客)이라는 어휘로 대비시킨다. 이를테면 장인환이 덕행이 높고 학문이 뛰어난 사군자의 면모를 지녔다면, 전명운은 호방하고 의협심이 높은 열사협객의 풍모를 지녔다고 했

다. 두 사람은 이처럼 수화빙탄(水火氷炭)이라 상극이 되는 것처럼 보이지만 나라를 위하고 동포를 아끼는 마음만큼은 한결같이 열렬한 정성을 드러낸다고 했다.

다음으로 소개할 것은 장인환 의사가 스티븐스를 저격하는 장면인데, 이번에는 한 편의 영화를 보는 듯하다.

> 장[인환] 의사— 뒤에 섰다가 3차를 연하여 발하는지라. 핑핑하는 한 뻠에 차지 못한 육혈단포의 세 마디 적은 소리가 이천만 단기유족의 충분강개하는 탄식의 소리를 발표하며 사천년 동반도 제국의 독립 자유를 세계열강에 창언하는 소리를 대신하여, 로키산의 반향이 성세를 화답하는 듯 태평양의 구풍이 위엄을 도웁는 듯 만인의 귀가 먹먹하며 만인의 눈이 둥그레져 일제히 돌아보니,
> 　제1방은 불행히 전[명운] 의사의 어깨를 맞았으나
> 　제2방은 스티븐스의 가슴을
> 　제3방은 스티븐스의 허리를 꿰뚫어,
> 우리나라의 녹을 먹고 우리나라의 원수에 아당하는 우리의 간흉한 고문관이요 문명국의 인민으로 문명한 공리를 반대하는 저 교활 외교가의 더러운 피가 오클랜드 부두 아침 날에 비린 내음새를 전하며 붉은 자취를 뿌렸는지라.

여기에서는 창해자의 웅혼한 필체가 그대로 드러난다. 장 의사의 육혈단포에서 뿜어나오는 세 발의 총성이 단군에 기원을 둔 이천만 한민족의 충의와 기개에 떨쳐 일어나는 탄식의 소리이자 사천 년 동안 한반도에서 면면히 이어져 내려온 '제국'이 세계를 향하여 외치는 자주독립의 함성인바, 그 반향이 로키산맥의 메아리가 되고 태평양의 거센 회오리를 불러일

망국—무엇이 문제였는가

으켜 세상 사람들을 깜짝 놀라게 하고 있다는 것이다. 그러면서 '문명국의 인민으로 문명한 공리(公理)'를 저버린 스티븐스의 처단은 자유와 독립이라는 인류 보편의 가치를 지키기 위한 정당한 행위임을 밝혔다.

이를 입증하려는 듯 장인환은 거사 후 현지 신문기자들에게 배포한 성명서에서 말하기를, "나는 죽기를 감심하는 자—라. 일본의 불법 만행은 세계가 공인하는 바이거늘, 저 공리를 알지 못하는 스티븐스는 이를 도우며 이를 아당(阿黨)하니 나는 죽기로 저를 죽임으로써 우리 이천만 대한국민의 애국심을 한 번 환성(喚醒)케 하려 할 뿐이노라"라고 했다. 전명운은 지방 검사의 질문에 답하기를, "일본이 우리나라의 독립을 위하여 아라사와 개장(開仗)한다 공언하고 우리 국권을 박탈하며 우리 정부를 위협하며 우리 토지를 늑점하며 우리 생명을 학살하거늘 저 스티븐스는 우리나라에서 국고 월급을 먹으면서 우리 도적을 음조하니 나의 한[恨]하는 바는 나의 총으로 저를 죽이지 못함뿐이로다"라고 했다.

창해자는 이러한 두 의사의 거사에 대한 미국 내의 여론 반향을 에피소드까지 곁들여 소개한다.

> 이때 미국 전경이 양 의사의 충의를 탄상치 아니하는 자— 없어 모두 말하되, 우리는 한국인은 발로 차면 노할 줄을 모르고 "탱크유"(탱큐유는 영어의 감사하단 말)라 하는 사람으로 알았더니, 한국 사람의 용감 강의함은 우리의 경탄할 바이라 하며,
> 한 부인이 노상에서 이 일을 듣고 감동함을 이기지 못하여 스티븐스의 죽음은 당연이라 양 의사의 의거는 상쾌하다 진진히 칭도하여 찬양하기를 마지아니하여 마치 자기의 원수를 갚은 듯이 쾌활함을 견디지 못하거늘, 곁에 있던 신문 파는 아이가 웃으며 물어 말하

기를 그대는 한국 사람과 혼인을 하려 하는가 하니, 듣는 자— [포복]절도 아니하는 자— 없으며,

항내 《콜[The San Francisco Call]》 신문에 양 의사를 극히 찬도하다가 [말]하였으되, 일인에게 매인 한국의 인민들은 이 소문을 들으면 용을 타고 하늘에 오른 듯이 기뻐할지며, 일본인은 이 소문을 들으면 어찌하여야 한국을 파란[폴란드]과 같이 만들꼬 생각할 것이며, 각국 외교계에서는 이러한 일을 경동하여 미국이 장차 양 의사를 어이 재판하는가 하고 크게 주의를 더하여 자세히 살펴보리라 하였으며,

미국에 있는 기십만 청인[중국인]들은 우리 동포를 만나면 손을 들어 치하하는 말이, "고려 선생이여, 귀국 사람의 열렬굉굉한 절협 의거는 우리 사억만 인의 나약한 풍습을 부끄럽게 하는 도다" 하며, [스티븐슨과 함께 부두에 있던] 일본 영사 쇼디는 총소리에 놀란 혼이 몸을 숨겨 도망하였으나 남은 겁이 그저 있어 열흘이 넘도록 집의 문을 굳게 닫고 빈객을 사절하였더니라.

장·전 두 사람의 '의거'에 대한 현지의 우호적인 반응에는 그 당시 미국 내, 특히 태평양 연안에서 고조되던 배일 감정이 스며들고 있었다. 일본을 '개국'시켰던 미국은 러일전쟁 이전까지만 해도 일본의 후견인임을 자처해 왔다. 그런데 러일전쟁에서 일본의 승리가 점차 굳어지자 미국 내에서 일본을 경계하는 목소리가 커졌다. 장차 예견되는 일본의 팽창이 아시아·태평양에서 미국의 정치적, 경제적, 군사적인 이익과 충돌하지 않을까 하는 우려 때문이었다. 여기에 불을 지핀 것이 하와이를 거쳐 미국 서부로 들어오는 일본인 이민자들의 급증이었다. 이들은 도시는 물론 농촌에서도 백인 노동자들과 경쟁 상대가 되었다. 여기에 경기 침체까지 겹치

자 일본인 이주자들을 배척하는 운동이 백인 노동조합을 중심으로 벌어지고, 지역의 유력 정치인과 언론들이 노동조합을 편들고 나섰다. 이러한 배일운동의 발상지이자 중심지가 바로 태평양의 관문인 샌프란시스코였다.

이곳에는 차이나타운이라고 하여 중국인 사회가 가장 먼저 만들어졌고, 이어서 일본인과 한국인 공동체가 자리 잡았다. 소위 '백색국가'에서 동양인들은 인종차별을 받으면서도 모국의 정치적 사정과 연결되어 서로 경쟁하고 대립하는 상대가 되었다. 특히 한국인과 일본인의 관계가 그러했다. 조국이 일본의 침탈을 받아 국권을 잃어 가는 상황에서 한국인들은 미국 내의 배일운동에 함께할 수밖에 없었다. 스티븐슨 저격 사건이 일어날 즈음에는 현지 언론에 미일전쟁론이 공공연히 거론되던 시점이었다. 샌프란시스코의 한인사회는 물론 국내외 한인 민족주의자들은 미일전쟁을 한국의 독립 회복의 기회로 보고 그 추이에 특별한 관심을 기울이고 있었다.[20]

망명객으로 세계를 떠돌고 있던 창해자는 샌프란시스코에 머무는 동안 미국 내의 여론 추이를 예의 주시하고 있었다. 아울러 차이나타운의 동향도 그의 관심거리였다. 이곳에는 손문(孫文, 쑨원)의 중국동맹회와 같은 비밀결사를 후원하는 사람들이 적지 않았다. 당대 중국의 대표적인 계몽사상가이자 개혁가이며 언론인이었던 양계초(梁啓超, 량치차오)는 미주 화교들로 구성된 보황회(保皇會)의 초청을 받아 캐나다와 미국을 돌아본 후《신대륙유기(新大陸遊記)》(1903)를 출간한 바 있다. 이 책은 양계초의 개혁 사상과 세계관을 이해하는 데 중요한 텍스트이다. 창해자가 손문이나 양계초로부터 어떤 영향을 받았는가 하는 문제는 앞으로 풀어가야 할 숙제이다. 다음 장에서 보겠지만, 창해자의 민족운동은 중국 신해혁명(1911)의 발원지라고 할 수 있는 상해에서 '신한혁명당'의 조직에 참여하는 것으로 막을 내린다.

이제 우리는 다시 〈양의사합전〉으로 돌아가야 한다. 이 합전은 크게 두 단락으로 나뉘는데, 첫 번째 단락은 앞서 우리가 살핀 대로 장·전 두 의사의 간단한 전기와 그들이 결행한 거사에 관한 기술이다. 두 번째 단락은 전통적인 열전에서 말하는바 논찬(論贊)이다. 일종의 총평인 셈인데, 첫 문장은 이러하다.

> 창해자— 가로되, 우리나라는 문명하던 고국이요, 우리 백성은 혈기 있는 남아라, 저 간흉괴패한 일개 스티븐스를 어찌 한양 시상에서 격살하는 자— 하나도 없고 저를 저의 모국 고토로 보내어 양 의사의 손을 빌어 우리의 분개함을 풀게 함은 그 어인 연고이뇨.

이어서 장·전 두 '의사'를 을사조약 후 순국한 두 사람의 '충신'과 함께 논한다. 한 사람은 민충정, 즉 충정공 민영환(1861~1905)이고, 다른 한 사람은 최면암, 즉 면암 최익현(1833~1906)이다.

> 창해자— 위연탄식하여 가로되, 그 그러함이 있도다. 황천이 우리 나라를 도우심이 깊음이여. 감죽당상에 민충정의 피 묻은 적삼이 오히려 걸렸으며, 대마[도] 옥중에 최면암의 오열하던 고혼이 어느 때에 허여지리오. 민충정은 국내에서 반은 썩고 반은 죽은 우리 인민의 애국심을 환성케 하며, 최면암은 적국에서 공법을 위반하며 정의를 능멸하는 만자야심을 최절케 하였으니, 해외만리에서 우리 국민의 지위를 존중케 하며 우리 국민의 명예를 발양케 하여 환구

망국—무엇이 문제였는가

만국에 성명 공고케 하려면 양 의사가 아니면 그 누가 능히 하리오. 황천이 이에 민충정을 내국에 두시고 최면암을 적국에 보내었으니, 어찌 양 의사를 제삼국 되는 미국에 있게 하여 써 스티븐스를 기다리게 하지 아니하시리오. 양 충신과 양 의사는 일은 다르되 행하는 바는 같은 이라.

여기에서도 우리는 창해자의 시선이 넓게 펼쳐지고 있음을 다시금 확인할 수 있다. 국내에서 자결한 민충정, '적국'인 일본 땅에서 숨을 거둔 최면암, 그리고 '제3국'인 미국에서 의거를 일으킨 장·전 두 사람을 함께 놓고 보는 것이다. 민충정은 국내 인민의 죽은 듯 잠든 애국심을 일깨웠고, 최면암은 그들의 힘만을 믿고 공법을 위반하고 정의를 능멸하는 일본의 '만자야심(蠻子野心)'을 꺾어 놓았으며, 장·전 두 의사는 망망대해인 태평양 건너편에서 대한 국민의 지위와 명예를 세계에 당당하게 드러내었으니, 이 모든 것이 '황천'의 보살핌에서 비롯된 일이 아니겠는가라고 말했다. 이제 창해자는 그의 마음속에 품었던 바를 꺼낸다.

그러나 양 의사는 빈궁한 무명 일 평민이라. 민충정의 혁세훈척의 벌열도 없고, 최면암의 유문숙덕의 명망이 없으되, 능히 칠척을 홍모와 같이하여 민충정과 최면암보다 일층 강맹굉렬한 수단을 잡았으니, 양 의사는 과연 그 누구를 위함이뇨.

민영환은 여흥민씨로서 명성황후의 친정 조카뻘이자 고종에게는 외사촌 동생이었다. 그야말로 혁세훈척(赫世勳戚), 즉 대대로 높은 벼슬을 지낸 세도 가문이었다. 면암 최익현은 성리학의 거두 이항로의 제자로서 유문숙덕(儒門宿德), 즉 유림에서 학덕이 높은 명망가다. 그러니까 정치와 사상 두 방면에서 조선왕조-대한제국을 마지막까지 떠받치던 기둥과도 같은 인물들이다.

이 두 사람에 비한다면 장인환과 전명운은 가난한 집안에서 태어나 제대로 교육도 받지 못한 채 하와이를 거쳐 샌프란시스코로 들어온 후 막노동으로 생계를 이어 가던 보잘것없는 이들이다. 그렇지만 이들은 칠척(七尺)의 자기 한 몸을 홍모(鴻毛) 즉 기러기 털과 같이 가볍게 여겨 의로운 일을 행하는 데 목숨을 아끼지 않았다. 그들은 자결이나 옥중 순국의 길을 걸었던 민영환이나 최익현과 달리 일층 강맹굉렬(强猛轟烈)한 수단으로 스티븐슨이라는 한국의 '국적'이자 세계의 '공적'을 처단하는 일에 나섰다. 여기에서 창해자는 중요한 물음을 던진다.

양 의사는 과연 그 누구를 위하여 자기 한 몸을 내던졌던가?

이 물음에 대한 창해자의 대답은 이러하다. 〈양의사합전〉의 마지막 대목이다.

박랑사의 철퇴는 오세상한하던 임금을 위할 뿐이오,
함양전의 비수는 지기상대한 붕우를 갚을 뿐이라.
형경과 장자방을 지하에서 다시 일으킬 수가 있으면
그 부끄러움이 장차 어떠하리오.
장하도다, 양 의사는 그 누구를 위함이뇨.
힘쓸지어다, 동반도 사천 년의 우리 단기 유민이여.

망국─무엇이 문제였는가

중국 고사를 인용한 이 문장을 풀어쓰면 이러하다. 박낭사에서 철퇴를 휘둘러 진시황을 죽이려던 장자방(張子房, 張良, ?~B.C. 186)은 대대로 그의 집안에서 섬겼던 임금을 위한 것이며, 함양전에서 진시황에게 비수를 꽂으려던 형경(荊卿, 荊軻, ?~B.C. 227)은 자기를 알아주던 친구의 원수를 갚으려 했다. 그들은 오직 한 사람을 위하여 자기의 목숨을 바치려 했을 뿐이다. 그런데 장인환과 전명운은 사천 년 동반도 제국과 이천만 대한 인민을 위하여 자기 한 몸을 희생하려고 했다. 그러니 이천 년 전에 세상을 뜬 형경과 장자방이 그들의 무덤에서 일어나서 장·전 두 사람의 의거를 알게 된다면 얼마나 부끄러워하겠는가!

창해자의 이러한 비유는 민영환과 최익현을 은근히 빗댄 것으로도 볼 수 있다. 이 두 사람 역시 충군애국이라는 전통적인 대의에서 벗어나지 못했기 때문이었다. 즉, 군주와 나라를 하나로 보는 것이다. 따라서 그들은 대한제국의 황실이 '망국의 이기'가 되도록 한 책임으로부터 자유로울 수 없다. 이제 대한의 이천만 인민은 장인환과 전명운처럼 오직 한 사람의 임금만을 받드는 것이 아니라 나라와 민족을 위하여 한 몸을 바칠 각오를 해야 한다. 다시 말하면 '충군애국'이 아니라 '애국애족'의 정신을 배우고 그 한 길로 나아갈 때 망국의 치욕에서 벗어날 수 있다는 것이다. 이것이 바로 '충신'과 '의사'의 차이였다. 창해자가 〈양의사합전〉을 지은 동기와 목적이 그 차이를 밝히려는 데 있었다. 이것은 〈황실비멸국지이기〉에서 군주와 국가를 분리하려고 했던 것과도 같다. 대한제국의 몰락이 황실에서 비롯되었기에, 그 책임을 묻고 이제 인민이 주인이 되는 나라를 세워야만 대한의 미래가 열릴 것이라는 확신에서였다.

3.
창해자,
그는 누구인가?

창해자, 그는 누구였던가? 이 의문은 창해자라는 필명을 쓴 사람이 세상을 뜬 후에야 풀렸다. 그는 '헤이그밀사'로 이름이 알려진 이상설이었다. 그는 1917년 4월 1일 망명지인 시베리아에서 48세의 나이로 생을 마감했다.

미주의 《신한민보》는 이상설의 부고를 전해 듣고 그를 추모하는 기사를 연속하여 실었다. 그 세 번째 기사인 〈헤이그 평화회에 갔던 이상설군의 장서〉를 보면 이렇게 되어 있다(1917/05/24).

> 총총히 런던을 지나 뉴욕에 상륙하여 센트럴 호텔에 들어가니 때는 광무 11년 8월 12일이라. 한국특파대사가 평화회로부터 미국에 건너왔다는 소식이 해저 전선에 의지하여 내전함에 각국 신문기자들이 찾아와 한국 시사에 대해 묻는지라. 한국의 억원한 사정과 일본의 무리한 만행을 간단히 말하고(전호에 게재),
> 다수한 동포가 모여 있는 곳을 찾아 가주(캘리포니아)로 나오니 당시는 공립협회와 대동보국회가 각각 단체를 고결하여 활동을 시험하는 중이요. 양 의사의 옥란시(오클랜드시) 포격 이후라 강개 격앙

망국—무엇이 문제였는가

한 인심이 물 끓듯 일어나는 것을 보고 절망하는 가운데 마음이 기뻐서 공립회관에 머물러 있어 은연히 고문이 되어 대사를 협찬하는 때에,

두어 편 득의 문장을 써내었으니 〈황실은 나라를 멸하는 이로운 그릇이 아니라〉와 〈장·전 양의사 합전〉을 이때 기록하였더라. 그 끼친 복이 오늘까지 신한민보에 머물러 있으매 문장지학이 어떠한 것을 가히 증명할지니 금을 울리며 옥을 깨치는 소리가 그 정충고절로 더불어 영원히 끊어지지 않을지로다. 그러므로 태백광노[박은식의 필명] 선생이 평론하여 가로되, "이상설은 어진 선비라 한학에 능하고 겸하여 서문(西文)을 통하여 재망이 일시에 으뜸이라" 하였더라.

이상설은 고종 황제의 밀명을 받고 제2차 헤이그 만국평화회의(1907. 6.15~10.18)에 참석하려고 했지만 끝내 거부당했다. 제국주의 열강의 세계 분할이 절정에 달하던 시점에 열린 평화회의란 서로의 기득권을 인정하는 바탕 위에서 세력 균형을 도모하는 것에 지나지 않았다. 대한제국 특사단은 회의장 밖의 선전 활동을 통하여 한국의 처지에 대한 동정적인 여론을 불러일으키는 데 힘을 쏟지만, 각국 대표단의 반응은 어쩔 수 없다는 태도였다.

만국평화회의가 끝난 후 이상설은 유럽에서의 '순방외교'를 펼친 후 미국으로 들어갔다. 이때가 1908년 2월이었다. 그 후 이듬해 4월까지 미국에 체류하는 동안 창해자라는 필명으로 두 편의 글을 《신한민보》에 실었던 것이다. 그중 한 편은 대한제국의 황실을 정면으로 비판하면서 인민혁명의 가능성까지 내비추었기에 대역죄인으로 몰릴 수 있었다. 이상설은 망명객의 몸으로 밖을 떠도는 신세였지만 국내에 있는 그의 가족과 친

지들을 생각하지 않을 수 없었다. 한편으로 미주와 달리 만주와 시베리아에서 활동하는 망명객들의 대다수는 군주에 대한 충성을 다하려는 근왕주의자였다. 고종을 가까이 모셨던 신하이자 그의 밀명을 받고 헤이그로 특파되었던 이상설로서는 그러한 정서에 공공연히 맞서기는 어려웠다. 이 때문에 그가 세상을 뜰 때까지 창해자의 정체는 밝혀지지 않았다.

그렇다면 이상설은 진정 군주체제를 바꾸려던 혁명가였는가? 그가 쓴 〈황실비멸국지이기〉라는 글만을 놓고 보면, 그는 분명 인민주권에 기초한 국가 수립의 당위성을 주창했다. 이러한 나라는 미국과 같은 공화제 국가일 수도 있고, 영국과 같은 입헌군주제 국가일 수도 있다. 어느 쪽이든 나라의 주인인 인민의 뜻에 거슬러서는 안 된다. 이러한 기준에 비추어 본다면, 황제의 존재와 권력을 절대시했던 대한제국의 체제는 당연히 바뀌어야만 한다. 누가 어떻게 그 체제를 바꿀 것인가? 이상설은 이 문제에 대하여 인민혁명의 가능성만을 언급했을 뿐 구체적인 방안을 내놓지는 못했다. 일본의 군사적 위협과 지배 아래 대한제국의 운명이 다하고 있었기 때문이다. 이제는 체제 내적인 문제보다 체제 외적인 문제, 즉 외세의 침략에 맞서 어떻게든 국가의 주권을 지켜내는 것이 절체절명의 과제로 다가왔다.

이상설은 일본의 한국병합이 임박해 오던 시점인 1909년 5월, 미국의 샌프란시스코를 떠나 러시아 블라디보스토크로 돌아왔다. 두만강 맞은편에 자리 잡은 이 군항 도시는 러시아가 동아시아와 태평양 방면으로 진출하기 위한 전초기지였다. 이곳 중심부에는 한인들의 집단 거주지인 '개척리'(나중에는 도시 외곽의 '신한촌'으로 이동)가 있었다. 러일전쟁 후 개척리는 한인 민족운동의 거점인바, 그 배후에는 19세기 중엽 이래 만주와 연해주로 이주한 20~30만 한인들이 살고 있었다. 이들 대부분은 농민으로서 봉건체제의 억압과 수탈을 피해 밖으로 나왔지만, 나라는 임금이 다스리는 것이라는 사고에서 벗어날 수 없었다. 그들이 새로 삶의 터전을 마련한 러시아와 중국 또한 대한제국과 마찬가지로 절대 권력을 지닌 차르와 황제가 지배하는 나라였다.

이러한 상황에서 이상설이 궁리해 낸 것은 헤이그밀사사건 후 일본의 압력으로 황제의 자리에서 물러난 고종을 러시아로 빼내 그를 구심점으로 한 국권회복운동을 일으키는 방안이었다. 임금을 섬기는 것이 곧 나라를 지키는 것으로 굳게 믿는 동포와 망명 인사들을 하나로 뭉치게 하기 위해서는 당장 그 길 이외에 다른 방도가 없다고 보았던 것이다. 달리 말하면 이런 것이다. 일본이 대한제국의 황실을 '망국의 이기'로 이용했다면, 이상설은 그것을 '복국(復國)의 이기'로 내세우고자 했던 것이다. 이와 관련해서는 앞서 살핀 〈황실비멸국지이기〉에서 "나라의 주권이 없는 곳에는 임금 또한 있을 수 없다"라는 대목에 유의할 필요가 있다. 한반도가 사실상 일본의 지배 아래 놓여 있으니, 그들의 힘이 미치지 못하는 곳에 망명정부를 세울 필요가 있다고 본 것이다.

그 첫 번째 시도가 '13도의군(十三道義軍)'의 편성이었다. 이것은 일본의 한국병합을 앞둔 시점에 연해주와 만주 곳곳에 흩어져 있던 의병부대를 통합하여 국내로 진공하고자 하는 구상에 따른 것이었다. 이 일을 성사시키기 위하여 이상설은 13도의군의 도총재로 추대된 유인석과 함께 고종에게 상소를 올렸다. 그 내용인즉 이러하다.21

신 등이 바야흐로 의병을 규합하고 러시아 관리에게 주선하니, 일이 가망이 있고 계획이 점차 성취되어 가고 있습니다. 다만 군수(軍需)가 아직도 결핍하여 시기가 지연되고 있습니다. … [나라의] 흥복(興復) 대계가 오로지 이 의거에 있을 따름입니다. 엎드려 비옵건대, 폐하께서는 특별히 비밀리에 성의(聖意)를 가진 믿을만한 신하에게 내탕금을 내리시어 신 등이 있는 곳에 이르게 해주십시오.

이어서 올린 또 다른 상소에는 이런 내용이 들어갔다. "오호라. 금일과 같은 지경에 이르렀으니, 폐하께서 한번 다른 나라에 파천하신다면 열국의 공론을 가히 제창할 수 있을 것이니, 천하의 일을 단연코 가히 할 수 있을 것입니다. 엎드려 바라옵건대, 러시아령 블라디보스토크로 파천하시도록 단호히 계획하십시오."[22]

그런데 이러한 계획은 물거품이 되었다. 일본은 한국병합을 앞두고 국내뿐만 아니라 국외 한인사회의 지도자와 망명객들의 동향을 예의 주시하고 있었고, 이런 일본의 압력을 받은 러시아 정부는 13도의군의 편성을 중지시켰다. 비록 러시아의 중앙정부 또는 연해주의 지방정권이 한인들의 복국 운동을 묵인한다 해도 고종의 군자금 지원과 파천 의지가 확고하지 않다면 그 계획은 성사되기 어려웠을 것이다. 개항 후 끊이지 않는 정변과 외세의 압력 속에서 일신의 안위를 무엇보다도 우선시했던 고종에게 그런 용기와 결단력을 요구하는 것은 지나친 기대였다고 말하지 않을 수 없다.

해외에 망명정부를 수립하려는 이상설의 두 번째 시도는 '대한광복군정부'의 조직이었다. 1911년 연해주 한인사회의 자치단체로 출범한 권업회에 기반을 둔 이 정부의 수반은 이상설이었다. 그에게 부여된 직함은 정통령(正統領) 또는 정도령(正都領)이었다. 이런 호칭은 아직도 대한제국의 기억에서 벗어나지 못하는 해외 동포들의 정서를 반영했던 것으로 보인다. 러일전쟁 10주기를 맞이하여 양국 간 전쟁의 재발 가능성을 염두에 두고 비밀리에 만들어졌던 이 군정부는 제1차 세계대전이 발발하면서 아무런 활동도 펴지 못한 채 막을 내렸다. 러시아와 일본이 연합국으로 묶이는 것과 동시에 전시체제가 발동되었기 때문이다. 이로써 러시아 영내 한인사회의 자치활동과 국권회복운동은 사실상 불가능해졌다.

그 후 중국 관내로 이동한 이상설은 상해에서 만들어진 신한혁명당이라는 조직에 합류했다. 1915년 3월의 일이었다. 그들은 국내에 있던 고종을 '당수'로 추대하는 한편, 북경(北京)에 두게 될 '본부장'에는 이상설을 선임했다. 그들은 향후의 세계정세를 전망하기를, 제1차 세계대전이 독일의 승리로 끝날 것이고, 종전 뒤 독일은 연합국의 일원인 일본을 공격할 것이며, 이때 중국 또한 독일과 더불어 일본을 공격할 것으로 보았다. 이렇게 되면 한국에도 독립의 기회가 주어질 수 있으니, 그때를 대비하여 중국의 원세개(袁世凱, 위안스카이) 정부와 중한의방조약(中韓誼邦條約)이라는 밀약을 맺어둘 필요가 있다. 이를 위해서는 아무래도 고종을 내세우는 것이 유리하다. 장차 동맹국이 될 독일은 물론 중국의 원세개도 제제(帝制)로의 복귀를 바라고 있다는 것이 그 이유였다. 신한혁명당의 이러한 구상은 세계대전에서 독일이 연합국에 밀리고 원세개가 황제의 자리에서 물러난 후 그 울분을 참지 못하고 세상을 떠나자 물거품이 되었다.

이상설의 상심은 컸다. 세 차례에 걸친 망명정부 수립 노력이 모두 실패로 끝났기 때문이다. 몸과 마음이 다한 이상설은 시베리아의 우수리스크에서 통한의 생애를 접었다. 그는 이런 유언을 남겼다.[23]

동지들은 합세하여 조국 광복을 기필코 이룩하라. 나는 조국 광복을 이룩하지 못하고 이 세상을 떠나니 어찌 고혼인들 조국에 갈 수 있으랴. 내 몸과 유품, 유고는 모두 불태우고 그 재마저 바다에 날린 후에 제사도 지내지 말라.

이상설은 망국의 유민으로서 세상에 그 어떤 흔적도 남기고 싶지 않았다. 오직 그가 필명으로 《신한민보》에 실었던 두 편의 글만이 살아남아 조국 광복과 혁명의 염원을 담은 불씨가 되었다.

여기에서 한 가지 되짚어 보아야 할 문제가 있다. 그것은 이상설을 근왕주의자 또는 보황주의자로 보고자 하는 학계의 통설이다. 이를테면 김상웅은 《보재 이상설 평전: 독립운동의 선구자》라는 책에서 이렇게 말한다(252쪽).

> 김준엽과 김창순은 이상설을 '충군주의자'로 분류하였다. 사실 이상설은 고종시대의 충신이었다. 당시 식자들은 군주와 국가를 같은 개념으로 인식하였고, 군주를 섬기는 일이 곧 나라를 지키는 것으로 받아들였다. 해서 이상설이 헤이그 특사로서 활동한 것이나 러시아에 망명하여 국권회복운동에 투신한 것, 고종을 망명시켜 러시아에 망명정부를 세우고자 한 것 등은 모두 동일 의미로 해석이 가능하다.
> 같은 시기 신민회 출신들이 공화주의자로 변신한 데, 비해 그는 끝까지 충군주의자, 근왕주의자로 종신한 것은 그의 '이념적 한계'로 지적될 수 있을 것이다.

한편, 박민영은 《이상설 평전: 독립운동의 대부》라는 책에서 이런 평가를 남겼다(277쪽).

이상설은 서울 덕수궁에 유폐되어 있던 광무황제를 옹립하여 신한혁명당의 당수로 삼으려고 하였다. 이와 같은 사실은 이상설이 견지했던 전제군주제적 보황주의 사상을 보여 주는 한 단면으로도 이해할 수 있을 것이다. 이상설에게 광무황제에 대한 군신의 의리는 최고의 가치였다. 그는 헤이그 사행 때부터 광무황제의 구국 명령을 충실히 수행하였으며, 이후 1917년 서거할 때까지 황제에 대한 충심을 지니고 군신의 의리를 저버리지 않았다. 그러므로 그의 정체론은 입헌군주제의 단계를 크게 벗어나지 않았던 것으로 이해된다. 시기적으로도 그렇고, 이상설 개인의 의리 정신으로 보아도 그러하다.

과연 그러한가? 이상설을 '종신'토록 충군주의자, 근왕주의자, 보황주의자로 보는 학계의 일반적 평가는 망명 전 그가 고종의 '근신(近臣)', 즉 측근 신하였다는 점에서 출발한다.

충청북도 진천 출신의 이상설은 갑오개혁(1894) 직전에 시행된 과거(문과)에 급제해 벼슬길에 오른 후 을사조약(1905) 체결 직전에 종2품 관직인 의정부 참의까지 올랐었다. 이때가 그의 나이 만 35세였으니, 벼슬만 본다면 이상설은 입신양명했다고 볼 수 있다. 10년 동안의 벼슬살이에서 그가 거쳐 간 관직을 《승정원일기》에 나오는 대로 열거해 보면 다음과 같다.

> 1894년: 승정원 가주서, 탁지아문 주사
> 1895년: 탁지부 재무관, 비서감 비서랑, 성균관 관장
> 1896년: 한성사범학교 교관, 탁지부 재무관
> 1900년: 비서원 (비서)랑, 홍문관 시독, 시강원 시독관

1901년: 장례원 상례, 비서원 (비서)승, 봉상사 부제조
1902년: 시강원 부첨사, 봉상사 부제조
1903년: 궁내부 특진관, (겸임) 전선사 부제조
1904년: 형법 교정관, 관제이정소 의정관, 외부 교섭국장
1905년: 학부협판, 법부협판, (겸임) 법률기초위원장, 의정부 참찬

이상의 관력에서 두드러진 것은 이상설이 고종과 세자(태자)를 가까이에서 보좌하는 정부 기관들, 즉 승정원이라든가 비서감, 비서원, 시강원, 궁내부 등에서 일을 보았다는 점이다. 1897년부터 1899년까지 3년 동안은 관직 임명 기록이 나오지 않지만, 이 시기에도 이상설이 고종을 가까이에서 모시고 있었음을 보여 주는 자료를 찾을 수 있다. 《독립신문》에 나오는 〈별입시 동거처〉라는 기사이다(1898/08/03).

궁내부 관인 민강호 최병주 윤상욱 이상설 김홍수 오씨는 별입시로 항상 한 방에서 함께 거처한다니 정의가 더욱 자별할 듯하다더라.

여기서 별입시(別入侍)라고 함은 임금을 사적으로 뵙는 것을 가리켰는데, 고종시대에는 국왕을 수시로 알현할 수 있는 특권을 부여받은 관료를 일컫기도 했다. 이상설은 궁내부에 소속된 '관인'으로서 그러한 특권을 갖고 있었고, 나중에는 칙임관인 궁내부 특진관으로까지 벼슬이 올라갈 수 있었다. 잘 알려져 있듯이 궁내부는 갑오개혁 후 왕권을 제한하기 위해 설치되었지만, 대한제국이 선포된 이후에는 오히려 강화된 황제권을 실현하는 기구로 변모하면서 정부의 공식 관서들을 무력화하는 폐해를 낳기도 했다. 궁내부 특진관의 경우에는 주로 원로대신이나 종친 또

는 척족을 예우하는 차원에서 임명되곤 했는데, 그 정원이 16명에서 계속 늘어나고 있었다. 어떻든 이상설이 이런 자리에까지 올랐다는 것은 그가 고종의 측근이었음을 보여 준다고 하겠다.

그렇다고 이상설이 그에게 주어진 벼슬에 만족하고 권력을 누리려고 했던 것은 아니었다. 《승정원일기》를 보면, 그는 자기에게 관직이 내려질 때마다 사직서를 올리곤 했다. 러일전쟁 발발 후에는 특히 그러했다. 《황성신문》에 나오는 기사를 보자(1905/01/26).

> 외부 교섭국장 이상설 씨는 서임한 지 몇 달이 되도록 사제에 드러눕고 시무치 아니함으로 그의 교체를 허락하고 정3품 이시영 씨가 피임하였더라.

고종은 결국 이상설의 사직 상소를 받아들이고 이시영을 외부 교섭국장에 임명했던 것이다. 여기에 나오는 이시영(1869~1953)은 이상설과 서울 저동(명동성당 부근)의 앞뒷집에 살면서 서당 공부뿐만 아니라 신학문도 함께 익혔던 각별한 사이였다.

이상설은 외부 교섭국장직을 고사한 후 학부협판과 법부협판에 임명되지만, 이때도 자기가 '적임'이 아니고 또 '신병'이 있다는 상소를 올렸다. 그런데도 고종은 다시 이상설을 의정부 참찬에 임명했다. 이때가 1905년 11월 2일이었다. 공교롭게도 이로부터 보름 뒤 일본의 강압 아래 을사조약이 체결되었다. 그러자 이상설은 고종에게 다음과 같은 상소를 올렸다.24

> 엎드려 아뢰옵니다. 신이 어제 새벽 정부에서 일본과 약관(을사조

약)을 체결하여 마침 조인까지 했다는 소식을 듣고 이르기를 천하 대사를 다시 어찌할 수 없구나 하고 사제에 돌아와 다만 슬피 울고 힘써 자정(自靖)하기를 도모하고자 상소 진정하여 면직을 바랐습니다. 이제 듣자오니 그 약관이 아직 주준(奏准)을 거치지 않았다 하니 신의 마음에 위행(慰幸)이 가득하고 국가를 위해 계책을 아직 세워볼 만하다고 기뻐했습니다. 대저 [그] 약관이란 인준을 해도 나라는 망하고 인준을 하지 않아도 나라는 또한 망합니다. 이래도 망하고 저래도 망할 바에야 차라리 '사직을 위해 죽는다(殉社)'는 뜻을 결정하고 단연코 거부하여 역대 조종(祖宗)이 폐하에게 맡기신 무거운 임무를 저버리지 않는 것이 낫지 않겠습니까.

일본의 강압에 의한 조약 체결을 물리적으로 막을 수 없으니 '순사', 곧 사직을 위하여 죽음으로써 그들과 맞설 것을 고종에게 아뢰었던 것이다. 이런 각오가 없이는 오백 년 동안 지켜온 나라를 보전할 수 없다는 것이 이상설의 판단이었다. 그는 자신의 목숨을 담보로 고종에게 결연한 의지를 보일 것을 요구했다. 그 첫 단계는 을사조약의 파기 선언과 더불어 이 조약에 서명한 '5적 대신'을 처단하는 것이었다.

고종은 그런 조처를 취하지 않았다. 오히려 그는 '5적' 중 한 사람인 이완용을 '임시서리 의정부 의정대신'에 발령했다. 이상설은 다시 사직 상소를 올리면서 이렇게 말했다. "나라를 팔아먹은 역적 두목을 의정대신의 대리로 임용하여 신으로 하여금 그의 아래 반열에 애써 나가도록 하니, 신은 울분의 피가 가슴에 가득 차고 뜨거운 눈물이 눈가에 넘쳐흘러 정말 당장 죽어버려 모든 것을 잊어버렸으면 합니다."[25]

그 후 야인으로 돌아간 이상설은 을사조약 파기를 위한 거국 투쟁을 준비하다가 민영환의 자결 소식을 전해 듣고는 종로 거리로 달려 나와 군중 앞에서 통곡하며 말하기를, "현금 시대는 국가가 자립하지 못하고 타국 보호 아래 들어가면 국가가 전복할 뿐 아니라 전국 인종이 모조리 멸망하나니, 아! 우리 동포 인민은 이를 심사(深思)하라"고 했다. 이러한 연설 끝에 이상설은 땅에 몸을 던져 머리가 깨지고 혼절했다. 그리고 달포가 지나서야 겨우 살아났다.26

이상설은 을사조약 체결을 계기로 군주로서의 고종에 대한 믿음을 저버렸다. 그리고 황실이 '망국의 이기'가 될 수 있다는 사실을 깨달았다.

왜 고종은 자기가 서명하지 않은 을사조약의 파기 선언을 하지 않는가!
왜 고종은 을사조약 체결에 앞장선 '5적 대신'을 처단하지 않는가!
왜 고종은 사직을 위하여 죽겠다는 각오로 일본과 맞서지 않는가!

고종은 이런 이상설의 절절한 호소를 외면했다. 아니 그것은 이상설 개인이 아니라 국민적 바람이자 요구였다. 나라가 망하고 민족이 사라질 위기에 처했는데, 어떻게 군주로서 사태를 관망하며 자기의 지위와 황실 보전에만 급급할 수 있는가! 그런 고종의 모습을 보면서 이상설은 더 이상 군신의 의리를 지킬 수 없었다. 청일전쟁 이후 대궐 내에서 고종의 일거일동을 살펴 왔던 이상설은 군주로서의 고종의 모습에 실망해 왔을 수도 있다. 고종이 벼슬을 내릴 때마다 나아가기를 주저했던 데는 그런 이유가 있었을지도 모른다.

이제 더 이상 국내에서 자기가 할 일이 없다고 판단한 이상설은 망명길에 올랐다. 중국 상해를 거쳐 러시아의 블라디보스토크로 들어간 그는 북간도 한인사회의 거점인 용정(龍井)에 자리를 잡았다. 이곳에서 그는 자기가 가져온 사재를 털어 서전서숙(瑞甸書塾)이라는 학당을 개설했다. 그리고 역사, 지리, 국제공법, 헌법 등을 가르쳤다. 신동으로 소문났던 이상설은 10대 중반부터 자습과 독학으로 신학문을 익혀 서양의 사회과학뿐만 아니라 자연과학(특히 수학) 분야의 저술들을 번역·출판하여 이 분야의 '제일류(第一流)'라는 평판을 얻은 바 있었다.[27] 그는 사실 벼슬보다는 교육에 더 많은 관심이 있었다. 대한의 미래가 신교육에 있다고 보았기 때문이다. 망명지에 자기 사재를 털어 학교를 열었던 것도 모든 것을 새로 시작하려는 각오에서 비롯된 일이었다.

그러던 차에 이상설은 고종의 '밀명'을 받고 헤이그로 건너갔다. 그런데 고종과 대한제국을 바라보는 현지의 시선은 싸늘했다. 만국평화회의에 참석한 열강 대표들은 아예 한국 문제를 외면했다. 일본의 선전 탓이기도 하지만, 어떻든 한국은 지금까지 스스로 독립국가를 영위할 능력도 의지도 보여 주지 못했다는 것이다. 밖에서 바라보는 한국의 위상은 안에서 생각했던 것보다 훨씬 심각했다.

이런 시선을 의식한 것일까? '한국특사단'의 일원이었던 이위종(전 주러시아공사관 참사관)은 헤이그국제협회에서 행한 연설에서 한국에서의 장기 집권으로 인한 부패, 과도한 세금 징수, 가혹한 행정, 인민의 피폐상 등을 거론하며 고종의 통치를 '구체제 하 정부의 잔혹한 정치'라고 비판했다. 이때 프랑스어를 유창하게 구사하면서 선전 활동에 앞장섰던 이위종(1887~ ?)은 미국과 러시아 주재 한국공사를 지낸 이범진의 아들로 그 두 나라에서 엘리트 교육을 받은 인물이었다. 따라서 그는 고종과 대한제국을 바라보는 서양인의 시각과 평가가 어떤 것인지를 잘 알고 있었다. 그렇다고 일본에 대한 비판을 멈출 수는 없었다. 이위종은 러일전쟁을 일으킬 때까지만 해도 한국의 독립을 보장한다고 공공연히 말해 왔

망국─무엇이 문제였는가

던 일본의 배신과 이후 한국에 대한 '선의의 통치'라는 위선을 폭로함으로써 황실이 아니라 한국과 한국인에 대한 동정과 지지를 호소했다.28 다시 말하면 황실과 국가, 황실과 인민을 분리하는 방식이었다. 이것은 단순히 선전 활동을 위해서가 아니라 이위종의 소신일 수 있었다.29

우리가 주목할 것은 이상설의 〈황실비멸국지이기〉라는 논설의 요지가 바로 황실과 국가를 나누는 것이었다는 점이다. 이상설이 안에서 고종과 황실을 바라보았다면, 이위종은 밖에서 대한제국과 황실을 바라보았다. 그리고 두 사람이 내린 결론은 군주가 인민이 그에게 위임한 주권을 제대로 행사하지 못할 때, 인민은 그 군주를 갈아치우거나 아예 군주제도를 없앨 수도 있다는 것이었다.

이상설은 이위종과 함께 유럽 '순방외교'를 펼치면서 그런 역사적 현장을 직접 살필 수 있었다. 이를테면 프랑스혁명 때의 처형 기구로 사용되었던 기요틴(guillotine)이라든가 영국의 왕 또는 귀족들의 유폐 장소로 쓰였던 런던 타워(Tower of London)가 그것이다. 〈황실비멸국지이기〉에 등장하는 루이 16세(Louis XVI)와 찰스 1세(Charles I)의 이야기가 이러한 역사 탐방에서 나왔다. 이상설은 이때 이위종으로부터 서양이 어떻게 근대적인 국민국가로 나아가면서 세계를 지배할 수 있었는지에 대한 설명을 들었을 것이다. 역사는 그 현장을 직접 보고 들을 때 생명력을 지닐 수 있다. 이상설은 영국 의회의 개회식과 에드워드 7세의 환영 장면을 보면서 "하염없는 더운 눈물이 옷깃 적심을 깨닫지 못하여 취한 듯이 미친 듯이 심신을 진정치 못하였었노라"는 구절도 이렇게 나온 것이다.

이상설은 헤이그 사명을 끝낸 후 미국에 들러 1년 넘게 체류하면서 신대륙에서 번성한 공화제 국가가 어떻게 돌아가고 있는지를 살피게 되었다. 나아가 세계정세와 동아시아 변동에 대한 지식과 정보도 얻을 수 있었다. 그 후 '원동'으로 놀아온 이상설은 10대부터 가까이 알고 지내던 이회영(1867~1932)을 만나게 되자 이렇게 말했다. "러시아는 시베리아 철도에 쌍철(雙鐵)을 부설하고, 만주와 몽고의 국경에 많은 군대를 배치하며 군함과 병기를 서둘러 제조하고 있다. 이것은 모두 일본에 대한 전쟁 준비를 하는 것이다. 그리고 미국은 일본의 세력이 강성함으로 인하여 동양 진출에 장애가 되므로 그 세력을 좌절시키려고 모획(謀劃)하고 있다. 중국 또한 왜적을 원수 보듯 하며 절치부심하고 있으니 중국이 비록 약하지만 4억 인구를 쉽게 볼 수는 없을 것이다. 중국·미국·러시아의 일본에 대한 정세가 이와 같으니 조만간 또다시 동양에 전운이 일어날 것이다. 바라건대 우리 동포들이 먼 곳과 가까운 곳이 한 몸이 되고 내외가 서로 호응하며, 모든 국력을 저축하여 좋은 기회를 잡아 의로운 깃발을 높이 들면 조국 광복을 기약할 수 있을 것이다." 이회영은 이러한 이상설의 이야기를 들으면서 가슴속이 시원해졌다고 한다.[30]

그 후 이상설은 일본의 국제적 고립과 이로 인한 전쟁 발발 기회를 이용하여 조국의 광복을 도모하는바, 이때 중요한 것은 국내외 동포들이 '한 몸'이 되어 서로 '호응'함으로써 민족 역량을 극대화한다는 것이었다. 이때 누구를 앞에 내세울 것인가 하는 문제가 대두하면서 고종이 등장한다. 13도의군 편성 계획이 그렇고, 신한혁명당이 그러했다. 바로 이 점을 들어 학계에서는 이상설을 그의 생애 마지막까지 고종에 대하여 군신 간 의리를 지킨 근왕주의자 또는 보황주의자라고 평가해 왔다.

그렇지만 이러한 평가는 겉으로 드러난 것, 그리고 '원동'에서의 활동만을 본 것이다. 이상설은 일찍부터 서양의 신학문에 관심을 기울였고, 나아가 한국인으로서는 최초로 유럽 열강과 미국을 상대로 외교 및 선전 활동을 펼치면서 서양의 실상을 직접 들여다본 인물이다. 넓은 바다를 떠도는 사람이라는 뜻을 지닌 '창해자'라는 필명이 이렇게 생겨났다. 그는 대서양만 두 번을 왕복했다. 미주 대륙과 시베리아의 드넓은 벌판을 가로질렀다. 그러면서 제1차 세계대전을 앞두고 불안하지만 역동적으로 움직이는 '세계'를 보았다. 따라서 이상설을 고종이라는 울타리, 한반도라는 좁은 지역 안에 가두려고 해서는 안 된다. 그는 결코 보수적인 근왕주의자가 아니었다. 그는 임금이 아니라 진정으로 인민이 나라의 주인이 되는 그런 나라를 꿈꾸던, 시대를 앞서 나간 혁명가였다.

이러한 사실은 두 가지로서 입증된다. 첫 번째는 창해자라는 필명으로 《신한민보》에 실렸던 〈황실비멸국지이기〉라는 논설이다. 인민주권의 당위성을 설파한 이 글은 하와이와 연해주의 한인사회뿐만 아니라 국내에까지 전파되었다. 이때 통감부는 '치안 유지'를 표방하고 해외에서 들어오는 교포 신문들을 검열하면서 주요 기사들을 발췌하기도 했는데, 그 중에는 〈황실비멸국지이기〉도 들어 있었다. 그 요약이 흥미롭다.[31]

> 영국인은 폭군을 죽이거나 혹은 쫓아낸 인민으로 이것은 황실과 국가의 구별을 변별함에 기인하고, 한인은 주권이 있은 후에 비로소 군주가 있는 이치를 알지 못하고 황실과 국가를 혼동하여 마침내 나라를 망하게 했다고 양 국민의 지우(智愚)를 비교하며 슬퍼했다. 간사하고 음흉한 일본 놈은 이 어리석음을 기화로 군주를 붙잡으면 인민에게 명령할 수 있다고 해서 강제로 체결한 조약과 일진회 강령에 황실 존엄의 문자를 넣고, 이토 히로부미는 황제를 남쪽으로, 서쪽으로 연행하여 황실과 친밀함을 보이고, 황태자를 일본 여자와 결혼시켜 충분강개의 민심을 농락하는 묘책을 고안했다고 비

웃었다. … [비록] 황태자가 일본 여자와 결혼하더라도 한국 및 그 민족에는 영향이 없다면시 국가에 황실의 존재는 필요 없다고 역설 했다.

일본 당국자들도 창해자의 논설이 군주 주권과 황실의 존재를 전면 부정하는 것으로 받아들였던 것이다. 그들이 이때 창해자가 고종의 '밀사'였던 이상설이었다는 사실을 알았다면 어떤 반응을 보였을지 궁금해진다. 마찬가지로 고종이 받았을 충격 또한 상상하기가 쉽지 않다.

두 번째는 이상설이 마지막으로 참여했던 신한혁명당이라는 조직이다. 중국 상해에서 만들어진 이 조직이 나아가고자 했던 방향은 그 이름에서 고스란히 드러난다. 러일전쟁 이후부터 등장하기 시작한 '신한'이라는 단어는 '구한'을 대체하려는 용어였다. 다시 말하면 '낡은 한국'을 '새로운 한국'으로 바꾸자는 것이었다. 이런 열망을 실행에 옮긴 것이 고종의 전제권이나 일본의 지배력이 미치지 못했던 하와이와 미주의 한인사회였다.

1909년 2월 두 지역의 통합단체로서 '국민회'가 출범할 때, 샌프란시스코에서 발행하던 《공립신보》가 《신한민보(The New Korea)》로, 호놀룰루에서 발행되던 《합성신보》가 《신한국보(The United Korean News)》로 각각 제호를 바꾸었다. 이때 《신한국보》는 이렇게 말한다.32

신한국보는 새로 탄생하는 한국이란 뜻이다. 그 탄생의 목적은 동포와 함께 산하(山河)를 움직이고 벼락으로 도깨비를 잠재워 요괴가 소리를 내지 못하도록 함에 있다.

하와이와 미주의 한인들은 이제 국내외 동포와 함께 '제국(帝國)'으로 망한 대한을 '민국(民國)'으로 탄생시키는 역사적 과업에 앞장서고자 했다. 이러한 국민회가 샌프란시스코에서 결성될 때, 이상설은 공립협회의 '고문'으로서 그 현장을 지켜보았다. 따라서 그는 '신한'이라는 이름이 지니는 역사적인 의미를 명확히 알고 있었다

한편으로 우리가 주목할 것은 신한혁명당이라는 명칭에 왜 '혁명'이라는 단어가 들어갔는가 하는 점이다. 넓게 말하면, 그것은 중화제국을 중화민국으로 바꾼 신해혁명(1911)에서 따온 것으로 볼 수 있다. 좀 더 좁히면, 그것은 '중화혁명당'에 따온 것이었다. 신한혁명당이 결성된 곳이 중국 상해였다는 점도 아울러 살펴야 한다. 이곳은 신해혁명의 저수지이자 발원지이기도 했다. 중국 남방에서 동시다발적으로 일어난 혁명 봉기에 관한 소식과 정보가 상해로 모이고, 또 그 소식과 정보들이 상해에서 가공되어 중국 전역, 나아가 세계로 퍼져 나가기 때문이다.

망국 직후 비탄에 빠져 있던 한국의 지식인과 민족주의자들은 중국혁명 소식에 고무되었다. 그 실상을 파악하기 위하여 상해로 달려온 대표적 인물이 예관 신규식(1880~1922)이었다. 그는 한국인으로서 처음으로 손문이 이끌던 중국동맹회에 가입해 신해혁명에 참가했던 것으로 알려진다. 그리고 한중연대 조직인 신아동제사(新亞同濟社)를 만들었다. 손문은 중화민국이 수립된 후 임시 총통에 취임했다가 곧바로 북양군벌의 우두머리인 원세개에게 그 자리를 넘겨주었다. 신생 중화민국을 안정시키기 위한 방책이었지만, 원세개는 오히려 혁명파들을 탄압하는 데 앞장섰다. 이런 상황에서 손문이 만들었던 중국동맹회는 중국국민당을 거쳐 비밀결사인 중화혁명당으로 바뀌었다. 이때가 제1차 세계대전이 발발하기 직전인 1914년 7월 초였다.[33]

신해혁명 후 중국 내 혁명 세력과 줄곧 연대를 이어 왔던 신규식이 신

한혁명당을 결성한 것이 1915년 3월경이었고, 여기에 시베리아에서 온 이상실이 합류했다. 두 사람은 충북 정원과 진전 출신으로 동향이나 나름 없었던 데다가 이념적으로 중국혁명의 대의에 동참했던 것으로 볼 수 있다. 신한혁명당이 결성된 후 이상설은 북경의 본부장을, 신규식은 상해 지부장을 각각 맡았다. 중국의 북방정부 및 남방 혁명세력과의 연대를 염두에 둔 포석이었다. 이후 신한혁명당은 세계대전의 진행 상황을 예의 주시하는 가운데 일단 원세개가 이끄는 북방정부와의 교섭에 치중하기로 결정했고, 따라서 그 상대역으로 고종을 신한혁명당의 '당수'로 추대했던 것이다.34 그런데 이것은 어디까지나 당장의 형세에 대처하기 위한 계책이었을 뿐이지, 그들이 근왕주의자였기 때문에 그런 것은 아니었다.

　이러한 사실은 1917년 7월 중국 상해에서 발표된 〈대동단결선언〉으로 확인된다. 주지하듯이 이 선언문은 인민주권론을 주창하면서 해외 독립운동자들의 일치단결에 의한 임시정부 수립의 필요성을 제시했던 기념비적 문건으로 평가받고 있다. 이 선언문에는 14명이 서명했는데, 그들 중 주동자로 파악되는 신규식·박은식·신채호·박용만 등은 신한혁명당 또는 이상설과 개인적으로 연결되는 인물들이었다. 이를테면 신규식과 박은식은 신한혁명당의 간부였다. 신채호는 블라디보스토크에서 《권업신문》의 주필을 지낼 때, 박용만은 미국 덴버에서 '애국동지대표회'(1908)를 개최할 때 각각 이상설과 인연을 맺은 바 있다.

　이상설은 비록 〈대동단결선언〉이 발표되기 3개월 앞서 세상을 떠났지만, 그의 혁명적 투혼이 이 선언문에 녹아 들어갔다고 볼 수 있다. 이런 점에서 이상설의 서거를 애도하는 《신한민보》의 〈서백리 풍설을 무릅쓰면서〉라는 기사에서, 그를 러시아혁명 시기 이름난 자유주의자로서 입헌민주당의 지도자였던 파벨 밀류코프(Pavel Nikolaevich Milyukov, 1859~1945)

　　　　　　　　　　　　　망국─무엇이 문제였는가

와 비교했던 것은 여러모로 시사하는 바가 크다(1917/05/24).

> 나라가 없어진 후 진신장보(搢紳章甫)의 조정 명관이 허리의 옥패
> 를 끌러 던지고 있다가 민당(民黨)의 중임을 띠고 나서는 것은 러시
> 아혁명의 미루꼬푸 씨와 비교하면 누가 나을는지 모르거니와 위하
> 여 눈물을 뿌리는 우리는 러시아 사람의 미루꼬푸를 대함보다 더
> 간절한 정으로 사랑하는 것은 미[루꼬푸]씨는 다행한 사람이오 리[상
> 설]군은 불행한 사람이기 때문이다.

여기에 나오는 미루꼬푸는 앞서 말한 밀류코프를 가리킨다. 그는 소
위 러시아 2월혁명(1917)으로 차르체제가 붕괴하자 임시정부의 외무장
관으로 취임한 뒤 서방 연합국의 대독전선에의 합류를 옹호하다가 사회
주의자들의 집중 공격을 받고 사임한 바 있다.

한편, 이 기사에서 '민당'이란 미주의 국민회와 러시아의 입헌민주당
을 가리킨다. 이 기사에 따르면, 이상설은 국민회의 '원동 대표'로서 이
지역의 항일단체들을 국민회로 통합하는 '중임'을 띠고 연해주로 돌아갔
지만 결국 그 소임을 다하지 못했다는 것이다. 당시 국민회는 해외 한인
단체들을 하나로 묶어 '유일무이한' 최고 지도기관을 세우고 장차 이것을
임시정부로 만들려는 원대한 구상을 갖고 있었다. 그렇지만 원동과 미주
의 형세가 판이하고 세계정세의 변동 또한 내일을 예측하기가 어려웠기
에 그 구상은 실현될 수 없었다. 이에 미주 동포는 이상설의 '불행한' 서
거 소식을 전해 듣고 함께 눈물을 뿌리며 슬퍼했던 것이다.

그렇다고 이상설의 삶이 마냥 불행하거나 슬프기만 한 것은 아니었
다. 그의 불꽃 투혼은 한국 독립운동사에서 지워지지 않을 몇 가지 기록

을 남겼다. 망국 이후 그는 처음으로 대한제국을 대체할 정부 수립의 기초를 놓았다. 대한광복군정부와 신한혁명당의 조직이 그것이다. 이러한 노력은 〈대동단결선언〉을 거쳐 3·1운동 후 대한민국 임시정부의 수립으로 연결되었다.

한편, 이상설은 망국 전후 국권 수호와 회복을 위해서는 일제와의 직접적이며 전면적인 투쟁의 필요성을 몸소 밝혔다. 미주에 있을 때는 샌프란시스코 의거를 기리는 〈양의사합전〉을 발표했고, 연해주로 돌아와서는 13도의군을 편성하여 국내 진공작전을 펼치려고 했다. 대한광복군정부을 조직한 것도 그 연장선에 있었다.

여기서 우리는 이토 히로부미를 저격한 안중근 의사의 이야기를 기억해야 한다. 그는 자기의 배후를 캐려는 일본 경찰의 신문에 이렇게 진술한 바 있다. "이상설은 금년[1909] 여름 블라디보스토크에서 처음 만났다. 그의 포부는 매우 크다. 세계 대세에 통하고 동양의 시국을 간파하고 있다. … 몇 차례 면회하여 그의 인물을 보니 기량이 크고 사리에 통하는 대인물로서 대신의 그릇됨을 잃지 않았다." 또 안중근은 이상설이 '국가 백년의 대계'를 세울 수 있는 인물이라고 평가했다.[35]

안중근 의거가 이상설의 영향에 의한 것이었는지는 아직 단정적으로 말할 수 없다. 다만 우리는 이상설이 〈양의사합전〉에서 의열투쟁을 높이 평가했던 것을 되돌려 생각해 볼 필요가 있다. 이 합전에서는 전명운의 입을 빌려 이렇게 말한다. "나는 특별한 학식이 없어 나라를 별달리 갚을 방책이 없으나 하시든지 우리나라가 일본을 대하여 독립전쟁을 여는 날에는 나는 반드시 칼을 허리하고 총을 어깨하여 떨어지는 날 가을 풀에 말머리 항오(行伍) 앞에서 나의 한 창자 더운 피를 쏟을 뿐이라." 이상설은 의열투쟁을 독립전쟁의 서막으로 보았다. 그런데 안중근 또한 재판정

망국—무엇이 문제였는가

에서 이토의 저격을 독립전쟁의 행위로 규정하고, 대한제국의 의병참모 중장이 적과 싸우다 포로가 되었으니 만국공법에 의거하여 처리해 달라고 당당하게 말했다. 이상설과 안중근은 의열투쟁의 대의와 목표에서 서로 공감하고 있었음을 알 수 있다.

이상설은 한국의 독립운동이 일본 제국주의와의 전면적인 투쟁일 뿐 아니라 근대 국민국가의 수립 과정임을 명확하게 인식하고 있었다. 이 점에서 그는 망국의 비통함을 딛고 일어선 혁명 투사로서 한국 민족운동의 첫 페이지를 장식한 인물이었다고 평가할 수 있다.

제2장

황현, 《매천야록》

매천거사 황현(1909, 천연당사진관, 보물 제1494호)

경술국치를 한 해 앞두고 서울에 올라왔을 때 찍은 것이다. 그는 평생의 회한을 담은 자찬(自贊)을 사진 왼쪽에 써넣었다. 이듬해 그의 자결 후 이 사진을 보고 초상화가 그려진다. (출처: 문화재청 편, 《한국의 초상화: 역사 속의 인물과 조우하다》, 눌와, 2007, 330쪽).

《매천야록》 전7책 (매천 본가 소장)

고종과 순종 재위 반세기, 조선왕조-대한제국의 몰락 과정을 담은 통한의 '망국' 기록이다.

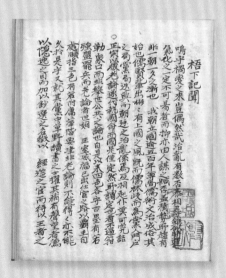

《오하기문》 미간행 필사본
(초고, 장서각 소장)

정리되지 않은 원 사료를 베낀 것인데, '제1필(第一筆)'에서 '제7필'까지 내용과 필체가 다르다. 학계에서는 《오하기문》이 《매천야록》과 현재는 전하지 않는 《동비기략(東匪紀略)》의 대본이 되었을 것으로 본다. 옆의 도판은 '제1필'의 도입부로서 황현의 사론(史論)을 이해하는 데 도움을 준다.

1.
황현, 당대의
역사를 기록하다

(1) 역사가로서의 황현

매천 황현(1855~1910)에게는 많은 수식어가 붙는다. 이를테면 조선 말기를 대표하는 3대 시인이자 문장가이다. 또는 조선왕조-대한제국과 운명을 함께한 마지막 선비이자 그 망국의 현장을 지켜보고 기록한 역사가라고 일컫는다.

《매천야록》의 원문 교감과 역주 작업을 벌였던 임형택은 역사가로서의 황현에 대하여 이렇게 말한다.[36]

> 그[황현]가 남긴 산문의 성과라면 무엇보다도 이 《매천야록》이 손꼽힐 것이다. 그의 학문은 기본이 시무에 통하는 데 있었지만 기능적으로 현실을 추종하는 그런 방향과는 길이 달랐다. 요컨대 '사(士)'의 주체를 견결하게 세우고서 비판적인 눈으로 시대 현실을 관찰하고 기록한 것이다. 그의 독서와 학문은 역사로 귀결되기에 이르렀다고 보겠다. 그의 시 세계를 살펴보면 농촌 정경과 우국민시(憂國悶時)의 두 경향이 두드러지는바, 삶의 일상 및 시대정신을 표출하였다. 매천에 있어서 시와 산문은 하나로 통하고 있다. 급전하고 요동치는 세상, 망국으로 치달으며 부패와 혼란, 악전고투의 비

망국―무엇이 문제였는가

장이 뒤범벅된 시대 상황을 비판적 거리를 두고 시로 읊고 노래하며 산문으로 기록한 것이다. 양자 공히 역사적 성격이 뚜렷해서 그 지성은 곧 역사가로 부를 수 있다.

이즈음에서 궁금해지는 것은 남도, 지리산 자락의 외진 고을(구례)에 살고 있던 황현이 서세동점의 거센 물결이 한반도로 밀어닥치면서 개방과 개혁의 과제를 외면할 수 없던 그의 시대에 대한 기록을 남길 수 있었는가 하는 점이다.

이 문제와 관련하여 《매천야록》의 '취재원'으로 세 가지가 제시된 바 있다. 첫 번째가 황현 자신의 직접적인 경험과 견문이다. 두 번째는 그가 교유한 인물들로부터 전해 들은 정보이다. 세 번째는 문헌자료인바, 1,000권(혹자는 3,000권이라고도 한다)이 넘는다는 그의 장서와 더불어 외부로부터 입수한 《관보》라든가 신문과 같은 것들이다.37

그런데 《매천야록》의 '취재원'과 관련하여 우리가 좀 더 깊이 들여다보아야 할 것이 있다. 그것은 황현의 '서울살이'이다. 만약 이 경험이 없었다면 《매천야록》은 나올 수 없었다고 말해도 과언이 아니다. 왜 그런가? 이제 그 문제에 대하여 살펴보자.

전남 광양에서 태어나 구례에서 학문을 익힌 황현이 '경사(京師)', 즉 서울로 올라온 때는 1878년이었다. 그의 나이 만 23세가 되는 해였다. 이때 오백 리 먼 길을 걸어 상경한 이유는 두 가지였다. 하나는 시골의 답답함에서 벗어나 좀 더 넓은 세계를 보고자 함이었다. 다른 하나는 과거 시험을 보기 위해서였다. 이렇게 서울에 올라온 그가 다시 고향으로 돌아가 '은거'하기로 마음먹은 것은 1888년이었다. 그 사이 서울에 오르내리기를 몇 차례 했다고 하니 황현의 온전한 서울살이는 대략 5년 내외로 추

측해 볼 수 있다.[38]

이 시기에 조선왕조는 그 이전에 겪지 못한 변화의 소용돌이에 휩쓸리고 있었다. 1876년에 굳게 닫혔던 나라의 문을 연 후 서울에는 일본과 청국, 그리고 미국을 위시한 서구 열강의 공관들이 속속 들어서고 있었다. 외교관의 뒤를 이어 장사치와 선교사들이 들어왔다. 경운궁 뒤편의 정동은 '양인촌(洋人村)'으로 바뀌기 시작했다. 이곳에 새로운 모습의 학교와 교회, 병원들이 들어섰다.

이러한 외세의 침투에 어떻게 대응할 것인가 하는 문제를 놓고 조선의 지배층과 지식인들의 생각은 저마다 갈리고 있었다. 한편에는 조선왕조 오백 년을 지탱해 온 유교, 특히 성리학적 이념과 가치체계를 고수하려는 세력이 있는가 하면, 다른 한편에는 서양의 문물과 제도를 받아들여 일본과 같은 '문명화'의 길로 나서야 한다는 일단의 정치세력이 생겨났다. 조선 왕실 내부에도 분명한 차이가 드러났다. 흥선대원군은 굳건한 쇄국을 통하여 왕조의 중흥을 이끌고자 했지만, 그의 아들 고종은 친정(1874) 이후 개방과 개혁의 방향으로 나아가고자 했다. 이때 고종이 자기 나름의 확고한 의지와 비전을 갖고 있었는가에 대해서는 차차 살펴보아야 할 일이다.

어떻든 그런 가운데 임오군란(1882)과 갑신정변(1884)이 발생했다. 앞의 군란이 일어나던 해에 황현은 과거(소과)를 보지만 낙방한다. 그는 이때 "쥐 잡는 재주 없다고 천리마를 꾸짖으랴, 갈 길 먼 붕새는 오히려 곤(鯤)을 기약하네"라고 하여, 스스로 위안을 삼았다. 이로부터 6년 후, 황현은 성균관 생원시에 응시하여 일등을 하지만 관직에의 길을 포기한다. 유학자의 본분은 '내 몸을 닦아 남을 다스리는 일(修己治人)'에 있는데, 자기 스스로 치자(治者)의 길에 대한 미련을 버린 것이다.

망국―무엇이 문제였는가

왜 그랬을까? 황현은 나중에 그의 재주를 아끼는 친구들이 출사할 것을 권유하자 이렇게 말했다고 한다.[39]

그대들은 왜 나를 도깨비 나라의 미치광이들 속으로 끌어들이려 하는가!

20대 중반부터 '서울살이'를 한 황현이 내린 결론이 그러했다. 그는 이때 조선왕조가 몰락의 길로 들어서고 있다고 보았다. 그 단적인 예가 난장판의 과거와 공공연히 벌어지고 있던 매관매직이었다. 다음은 《매천야록》에 나오는 한 대목이다(상/114). 1880년대 중엽 이야기이다.

요즘에 이르러 조정의 기강은 날로 문란해지고 과거제도는 날로 해이해져서 과장은 저잣거리를 이뤄 떠들썩하게 뒤섞이고 욕하고 싸움판이 벌어졌다. 조금이나마 지각을 가진 사람이라면 옆에서 흘겨보고 있으니 지금 세상을 업신여기는 마음이 꼭 있어서가 아니었다. 이로 말미암아 뛰어난 인재나 박식한 학자로서 큰 뜻을 품었다고 자부하는 이들은 일체 과거보기를 포기하는 것을 고상한 태도로 여겼다.

관리의 등용문인 과거가 이러했으니, 그 이후의 길은 더 볼 것이 없다는 판단을 황현은 했던 것이다. 그런데 황현의 '서울살이'에는 그런 쓰라린 체험만 있었던 것이 아니었다. 그는 서울에 머무는 동안 다양한 계층의 다양한 사람들을 만나면서 평생의 지기(知己)를 얻었다. 그 통로는 글쓰기(시와 문장 짓기)였다.

몇 가지 예를 들어 보자. 황현이 처음 서울에 올라오면서 만나고자 했던 사람은 당대에 시인으로 이름이 높던 강위(姜瑋, 1820~1884)였다. 이때의 설렘을 황현은 시로 읊었다.[40]

我不見先生	내가 선생을 뵙진 못했지만
思之如曾見	생각하면 벌써 뵈온 듯
預想一見後	한 번 뵈온 후를 미리 생각해 보니
當作如何戀	마땅히 얼마나 연모할지
遠客不歸去	멀리서 온 객 돌아오지 않았는데
芳草滿庭院	방초는 정원에 가득하네
南山風雨夕	남산에 비바람 부는 저녁
繞床千百轉	침상에서 천백 번 뒤척인다네

지리산 산골까지 그 이름이 알려져 흠모하던 강위와의 만남을 앞두고 황현은 기대와 설렘으로 밤새 뒤척였다. 이때 황현이 '선생'으로 높여 부른 강위는 시대의 이단아였다. 한미한 무반 출신으로 일찍이 과거를 포기했던 그는 제주에 유배 중인 김정희(1786~1856)를 찾아가서 스승으로 모시는가 하면 방랑 시인으로 전국을 떠돌기도 했다. 그러다가 무관이면서도 독특한 학문적 소양을 쌓아 '유장(儒將)'으로 일컬어지던 신헌(1810~1884)과 교분을 맺게 되면서 개화론자로 변모했다. 1880년에는 제2차 수신사로 일본에 파견된 김홍집을 따라갔다. 이때 황현은 강위를 배웅하며 지은 시에서, "왕의 계책 윤색코자 사절을 따라가니 서생(書生)이 시무(時務)를 아는 건 예전에 못 듣던 일"이라고 했다.[41]

황현이 자신의 시를 들고 찾아간 또 한 사람은 이건창(1852~1898)이었다. 열다섯에 과거에 급제하여 홍문관에 들어갔던 이건창은 빼어난 문장으로 장안에 이름을 떨치고 있었다. 스물셋에는 서장관으로 발탁되어 앞서본 강위와 함께 청나라에 갔었다. 그야말로 촉망받는 청년이었다. '귀공자' 이건창과 아직 과거도 보지 못한 시골 선비 황현의 만남은 이렇게 이루어졌다고 한다.[42]

> 처음 영재(寧齋) 이공(李公, 이건창)의 집을 방문했을 때, 매천은 그의 체구가 작은 것을 보곤 대뜸 "주인은 어디 갔소?"라고 했다. 이에 영재가 "내가 주인이오"라고 하자, 매천은 "그럴 리가 없소"라고 했다. 영재가 "아니, 왜 그러시오!"라고 하니, 매천은 "이 집 주인은 반드시 훤칠한 팔척장신일 터인데, 그대는 육 척도 채 되지 않으니 주인이 아닌 게 분명하오"라고 했다. 그러자 이공이 껄껄 웃었다.

강위와 마찬가지로 이건창도 첫 대면에서 황현의 시재(詩才)를 인정했다. 이후 두 사람은 황현을 그들이 이끄는 시단에 소개했다. 당시 강위는 서울의 육교(청계천 광교)를 중심으로 중인(주로 역관) 신분들이 주축이 된 육교시사(六橋詩社)의 '맹주'로 이름을 떨치고 있었고, 이건창은 소론(小論) 계열의 문인들이 서울의 남산 북쪽 회현동을 거점으로 결성한 남사(南社)의 주도 인물 중 한 사람이었다.

고종시대에 들어오면 문사들의 교유와 창작 거점으로 시사(詩社)가 이전보다 더욱 활발해지는 양상을 보이는데, 육교시사의 경우 그 동인(同人)이 70여 명에 이르렀다고 한다. 이들 가운데는 중인인 역관뿐만 아니라 안동김씨 일문의 문반과 왕실의 내관들도 끼어 있었다. 남사의 경우에는 '남촌'에 거주하던 30여 명의 소론계 문인들로 출발하여 점차 그 범위를 넓혀 가고 있었다. 육교시사와 남사는 강위와 이건창을 매개로 하여 서로 교류하고 있었다는 점도 주목할 만하다. 문학적인 창작활동에 있어서 만큼은 신분과 당색을 뛰어넘고 있었던 것이다.

황현의 서울 살이는 그러한 시사 활동이 활발하게 전개되던 시기와 맞물려 있었다는 점에서 그에게는 더없는 행운이었다. 그는 남사에 속해 있으면서도 육교시사의 강위를 '선생'으로 모셨고, 한편으론 세도 가문의 집단 주거지인 북촌의 인물들과도 알고 지냈다. 대표적인 예가 김병덕 (1825~1892)과 김윤식(1835~1922)이었다. 안동김씨 가문의 김병덕은 고종시대에 벼슬이 좌의정에까지 이르렀다. 김윤식은 본관이 청풍이었지만 북촌 장동에 살면서 이곳을 '오향(吾鄕)'이라고 말했다. 황현은 2대에 걸쳐 군영(軍營) 대장을 지낸 신헌·신정희(1833~1895) 부자의 집에도 출입했다. 이들 모두 황현에게는 아버지뻘이었지만 그는 권력에 굽힘이 없이 다가갔다. 그러기에 그들도 황현을 반갑게 맞이했다.

황현의 《매천야록》 중 갑오년(1894) 이전의 기록이 무척 흥미로운데, 그 이유인즉 공적 기록에서는 볼 수 없는 왕실과 신료들에 대한 내밀한 기사 때문이다. 이런 기록이 가능했던 것은 황현이 서울살이를 하면서 맺은 인적 네트워크에 있었다. 황현은 조정 대신들부터 역관과 내시에 이르기까지 다양한 신분, 다양한 계층의 사람들과 접촉하고 교류하면서 얻은 지식과 정보를 《매천야록》에 담았다. 우리는 이 '야사'를 통하여 고종시대에 나라가 어떻게 돌아가고 있었는지, 그리고 중앙 권력이 어떻게 생성되며 유지되고 있었는지를 들여다볼 수 있다.

한편 황현이 당대의 기록을 남기고자 한 데는 그가 서울에서 사귄, 그리하여 평생의 지기가 된 이건창과 김택영(1850~1927)의 영향이 크다고 볼 수 있다. 이 세 사람은 조선시대의 마지막을 장식한 시인이자 문장가였다. 여기에 그들의 선배 내지 스승 격인 강위를 더하면 '사대가(四大家)'로 불리운다.[43] 황현, 이건창, 김택영 세 사람은 1850년대 생으로 동년배였다. 이들은 재주가 넘쳤던 만큼 뜻도 컸지만 시대의 부름을 받지는 못했다. 여기에서 오는 좌절과 울분은 세 사람의 공통된 정서였다. 시와 문장만이 삶의 위안이자 때론 그 이유가 되기도 했다.

무엇이 그들을 시대로부터 갈라놓았는가? 세 사람은 각자 자신의 위치에서 과거를 되돌아보면서 현실의 벽이 어떻게 생겼는지를 이해하려고 노력했다. 당색으론 소론이고 학문적으론 양명학을 가학(강화학파)으로 삼았던 이건창은 《당의통략(黨議通略)》을 저술했다. 선조 때의 동·서 분당으로부터 영조의 탕평책에 이르기까지 당쟁의 주요 내용을 기록한 이 책에서는 조선의 붕당(朋黨)이 "고금의 붕당을 통틀어서 지극히 크고, 지극히 오래고, 지극히 말하기 어려운 것이다"라고 규정한다. 따라서 당쟁의 해결책 또한 쉽지 않음을 암시했다. 이건창은 다만 당쟁이 원인이 어디에서 비롯되고 있었는가를 말할 뿐인데, 그 첫 번째로 든 것이 '도학태중(道學泰重)'이었다. 도학이 지나치게 중시되었다는 것이다. 이는 성리학이 조선왕조의 지배이념으로 굳어지면서 현실의 문제를 도외시한 데 대한 비판이었다고도 볼 수 있다.

개성 출신의 김택영은 스스로 '고려의 유민'으로 생각했다. 그는 1880년대 중엽에 《숭양기구전(崧陽耆舊傳)》을 집필했다. 이 책에는 고려 말에서부터 조선시대에 이르기까지 '숭양(개성)' 출신 중 충절이나 학행 또는 무용(武勇) 등에서 뛰어난 사람들의 약전이 수록되어 있다. 이로부터 10년이 지나 갑오개혁이 전개될 때, 김택영은 총리대신 김홍집에 의하여 의정부 산하 편사국의 주사로 발탁됨으로써 사관(史官)의 길을 걷게 된다. 이후 그는 《조보(朝報)》 정리를 맡는 한편 한국사 및 이와 관련한 교과서

편찬 업무를 맡았다. 그리고 《동사집략(東史集略)》(1902)과 이를 수정 보완한 《역사십략》(1905)이라는 개인 저술을 출간했다. 이것은 단군조선부터 고려 멸망까지를 다룬 통사였다. 그는 단군-기자-마한으로 연결되는 한국사 정통의 체계를 세워 보고자 했다.[44]

여기서 우리가 관심을 가져야 할 것은 김택영이 사관으로서 국가의 공적 기록을 담당할 때 황현이 본격적으로 '야사'를 쓰기 시작했다는 점이다. 《오하기문(梧下記聞)》이 그것이다. 그 제목을 우리말로 풀면, "오동나무 아래에서 들은 바를 기록한다"가 된다. 황현은 이때 동학 '비도(匪徒)'들이 휩쓸던 지리산 자락에 살고 있었다. 일종의 초고본인 《오하기문》은 훗날 《동비기략(東匪紀略)》과 《매천야록》 저술에 저본으로 활용되었을 것으로 짐작된다. 현재 《동비기략》은 전하지 않지만, 《오하기문》을 통하여 그 대체적인 내용을 알 수 있다. 이 책에서는 김택영이 정리하여 펴냈다는 《조보》도 중요한 자료로 사용된다.

김택영은 러일전쟁 후 일본의 한국 침략이 노골화되자 중국으로 망명길에 오른다. 그는 일본의 간섭에서 벗어나 한국의 역사를 정리하고 간행, 보급하는 일을 계속 이어가고자 했다. 중국으로 떠날 때 김택영은 황현에게 편지를 보냈다. "늙은 몸으로 섬 놈들의 종노릇 하기보다 차라리 강소(江蘇)·절강(浙江) 지역의 교민이 되어 여생을 마치고자 하니, 그대는 나와 함께 떠날 수 있겠는지요?" 황현은 마음이 동했다. 그렇지만 집안 사정으로 끝내 갈 수 없었다.

이로부터 5년이 훌쩍 지난 후 황현은 김택영에게 그의 생애 마지막이 될 편지를 보낸다. 한문인데 글자 수만 1,300자에 달한다.[45] 그 표현과 내용이 절절했다. 편지는 이렇게 시작된다.

형(김택영)이 보낸 [1910년] 5월 18일 자 답서가 28일 저녁 제 손에 들어왔습니다. 손가락으로 꼽아 보면 단지 열흘밖에 걸리지 않았으니 참으로 신기한 일입니다. 이 편지를 받고서야 제가 보낸 편지를 형이 오래전에 읽었다는 것을 알게 되었습니다. 비록 소소한 일들 때문에 틈이 없었다고는 하지만 어찌 만 리 밖에서 애타게 기다리는 저의 두 눈을 생각하지 않으신단 말입니까.

황현은 한 번 더 김택영의 무심함을 탓한다. "저는 어리석은 듯 고상한 듯 형의 그 인정에 담담한 태도에 서운한 적이 있었는데, 역사를 편수하는 일이 바쁘다 하여 끝내 답장이 없어서야 되겠습니까!" 황현은 시국이나 학문 또는 예술에 대하여 논하기 전에 서로의 안부를 묻고 소소한 일상의 일들에 대하여 터놓을 수 있기를 바랐다. 이를테면 그의 '지기'가 산천과 풍토가 전혀 다른 곳에 살면서 겪는 쓸쓸함은 어떠한지, 누구의 집에 머물며 무엇으로 먹고사는지, 아내의 근심과 아이들의 장난 따위에 대하여 듣고 싶었던 것이다. 그리하여 잠시라도 나라 돌아가는 상황을 잊을 수만 있다면 얼마나 좋겠는가!

이런 투정을 부린 후 황현은 역사 편찬의 이야기를 꺼낸다.

지난번에 본조(本朝)의 편년 운운하셨는데, 이미 착수하였는지요? 가만히 생각해 보면, 비록 정사와 비교할 순 없다 하더라도 이 또한 몹시 어려운 일입니다. 당론이 생겨난 이래로 인품을 논정(論定) 하는 것이 무엇보다도 어렵습니다. 노론과 소론의 경우에는 그래도 가릴 수 있겠지만, 신임옥사에 이르러서는 끝내 논할 수 없습니다. 또한 신임옥사에 대해 어떻게든 할 수 있다고 하더라도《현구기문(玄駒記聞)》에 이르면 당시부터 금하고 꺼렸으니 그 후 100년이 지나도록 의문은 풀리지 않고 있습니다. 따라서 지금까지 공식적으로 근거할 만한 글이 없는 상황입니다. 그 말류인 이른바 시(時)·벽(僻) 파쟁은 이전투구에 가깝습니다. 명분과 의리는 내팽개친 채 오직 권세를 놓고 쟁투를 벌이니 충역(忠逆)이 바뀔 뿐입니다.

　본조, 즉 조선시대의 역사에 대하여 쓰고자 할 때 당쟁의 문제는 누구도 피할 수 없는 과제였다. 황현은 노소 분당과 신임옥사(1721)에 대해서는 어떻게든 쓸 수 있지만, 《현구기문》에 이르면 할 말이 없다고 했다. 여기서 《현구기문》이란, 조선 후기의 문신 박종겸(1744~1799)이 사도세자의 죽음과 정조의 처분, 그리고 관련자들의 동향을 기록한 서책이다. 이 문제에 대해서는 당시는 물론 고종시대에 들어와서도 모두가 입을 닫았기 때문에 마땅히 쓸 만한 자료도 증언도 없었다. 그 와중에 시파와 벽파로 나뉘고, 이들 간의 권력 투쟁은 몇 개의 가문이 국정을 좌지우지하는 세도정치로 귀결되었다.

　황현이 망국을 바로 눈앞에 둔 상황에서 당쟁의 문제를 꺼냈던 것은, 그만큼 이 문제가 심각하다고 생각했기 때문이었다. 그는 유교에 터 잡은 조선왕조의 쇠퇴가 멀리 붕당의 폐해로부터 시작되지만, 가까이는 노론 일당의 세도 정권기에 재촉되며, 고종시대에 들어와서도 그런 흐름을 바꾸지 못하고 끝내 국망의 사태를 맞게 되었다고 본다. 이를테면 흥선대원군의 섭정이나 고종 친정 이후의 민씨척족 정권도 세도정치의 연장에 지나지 않는다고 보는 것이다.

　잠시나마 나라 형편에 대한 시름을 잊고자 구구절절한 사연을 담은 편지를 김택영에게 보냈던 황현은 말미에 이런 당부를 한다.

　　　　　　　　　　　　　　　　　망국─무엇이 문제였는가

차후의 답장은 이 편지의 분량을 헤아려 자잘한 것을 꺼리지 말고 조목별로 상세하게 말해 주시고 다시는 전처럼 데면데면하지 않기를 바랍니다. 제 편지가 작은 글씨로 두 폭에 이르렀지만, 아직도 가슴속의 회포를 다 풀지는 못했습니다. 아득히 멀고 먼 저 푸른 하늘 어찌해야 할런지요? 보신 후 빠른 회신을 또 바랍니다.

이 편지의 작성일은 경술년(1910) 6월 8일(음), 그러니까 양력으로는 7월 14일이었다. 이로부터 두 달이 채 못되어 황현은 일본의 조선 병합 소식과 함께 스스로 생을 마감했다.

이듬해 김택영은 그에게 전해진 황현의 유고를 정리하여 《매천집》을 펴냈다. 이 문집 앞에는 황현을 기리는 〈본전(本傳)〉이 실렸다.46 김택영 자신이 쓴 것인데 몇 군데를 인용해 본다. 먼저 황현의 출세에 대하여 말했다.

황현은 총명이 뛰어나서 열다섯 이전에 이미 시를 지어 사람들을 놀라게 하였다. 스무 살이 되자 향리의 우매하고 비루한 풍습을 걱정하여 북으로 경사(서울)에 가서 유학하였다. 이때 교리(校理) 이건창의 문장이 조사(朝士) 중 으뜸이어서 강위 이하 그와 종유하지 않는 사람이 없었다. 황현이 자기의 시를 갖고 찾아가니 [이]건창이 그 시를 보고 크게 칭찬하였다. 이로 말미암아 명성이 날로 높아졌다.

황현의 인물됨에 대해서는 이렇게 썼다.

황현은 너른 이마에 눈썹은 성기고 눈빛은 초롱초롱하되 근시인 데다 오른쪽으로 틀어졌다. 사람됨은 호협하고 쾌활하고 방정하고 강직하여 악인을 원수처럼 미워하고, 기개가 높고 오만하여 남에게 굽혀 따르지 않았으며, 귀현(貴顯)한 무리의 교만한 태도를 보면 낯빛을 바꾸고 힐책하였다. 평소 자기가 좋아하던 이가 유배되었거나 상을 당했을 때에는 천 리 길이라도 달음질하여 위문하는 일이 많았다. 옛글을 읽다 충신이나 지사가 원통하게 곤액을 당한 일을 보면 눈물을 줄줄 흘리곤 했다.

이어서 황현의 학문에 대하여 말한다.

[그의] 학문은 정통(精通)함을 위주로 하여 시속(時俗)의 진부한 학자들과는 함께 어울리기를 좋아하지 않았다. 역대 사적에 수록된 치란성쇠(治亂盛衰)의 자취로부터 병·형·전·곡(兵·刑·錢·穀)의 제도에 이르기까지 살피고 들여다보기를 즐겼다. 일찍이 서양의 이용후생술에도 마음을 두어 때의 어려움을 구제하려는 생각을 가졌다. 문장을 짓는 데 있어서는 시에 더욱 조예가 깊어서 [중국의] 소차첨(蘇子瞻, 蘇軾)이나 육무관(陸務觀, 陸游)의 풍이 있었다. 그가 세상을 뜬 이듬해에는 호남과 영남의 선비들이 돈을 거두어 《매천집》을 간행하였다.

김택영의 주선으로 중국에서 간행된 《매천집》(1911)과 《매천속집》(1913)은 황현의 유고 중 시가와 산문만을 모아놓은 것이며 그의 사서(史書)는 빠졌다. 이때 김택영은 중국 양자강 유역에 자리 잡은 남통(南通)의 한 출판사(翰墨林印署書局)에서 일하며 한국에 관련된 저술과 출판 활동을 벌이고 있었다. 김택영은 이건창의 문집인 《명미당집(明美堂集)》(1917)을 펴내기도 했다. 이리하여 황현과 이건창의 이름이 중국에까지 알려졌다. 김택영이 망명길에 오르면서 황현에게 약속했던 '문장보국(文章報國)'

이 빈말만은 아니었음을 알 수 있다.

《매천야록》은 황현의 사후 반세기가 지나서야 국내에서 간행되었다. 그런데 이 사서의 존재와 대체적인 내용은 일찍이 세상에 알려진 바 있었다. 김택영의 저술을 통해서였다. 앞서 인용한 편지에서 황현은 김택영에게 '본조의 편년'이 어떻게 되고 있는지를 물었는데, 이것이 《한사경(韓史綮)》(1918)이라는 책으로 나왔다. 여기서 '경'은 '긍경(肯綮)'으로 신체의 뼈대와 힘줄을 가리키는바 요체 또는 큰 줄거리로 풀이할 수 있다. 그러니까 《한사경》은 조선의 건국부터 멸망까지를 다룬 통사로서 왕(황제)의 재위 연도별로 큰 사건을 기술한 책이었다. 그런데 전체 여섯 권 중 당대사라고 할 수 있는 고종과 순종 시대의 기록이 한 권 반을 차지한다. 이 일이 가능했던 것은 황현의 《매천야록》 덕분이었다. 김택영은 이 점을 《한사경》의 서문과 발문에서 밝히고 있다.[47]

김택영은 고종과 순종 시대를 기술하면서 《매천야록》에서 필요한 기사들을 발췌해 넣는데, 중요한 사건 뒤에는 자신의 논평을 덧붙였다. 따라서 황현과는 다른 김택영의 독특한 사관을 엿볼 수 있다. 두 사람은 다 같은 유학자이지만, 김택영은 황현보다 주자학 쪽에 좀 더 치우쳐서 존왕주의와 명분론적인 색채가 강했다. 따라서 망국의 현실을 바라보는 시각과 그 배경 및 원인 진단에 있어서는 황현 쪽이 더 담담할 수 있었다. 그렇다고 황현이 유교적인 사관에서 벗어났다는 말은 아니다. 그는 망국에 이르는 과정을 지켜보면서도 유교와 왕정 체제를 대신할 다른 어떤 방안도 찾지 못했다. 이러다 보니, 이민족의 식민지로 전락하는 상황과 맞닥뜨렸을 때 그가 선택할 수 있는 것은 오백 년 조선왕조의 운명과 함께하는 것 이외에 다른 길이 없었다.

(2) 《매천야록》의 구성과 특징

《매천야록》은 필기(筆記)라는 한자문화권의 독특한 글쓰기 방식이 만들어 낸 성과물의 한 형태였다. 중세기 문인 학자들이 자신이 보고 들은 바를 기록한 산문의 일종을 필기라 하는데, 대개 일관된 내용과 엄격한 체제를 갖추지 않고 비교적 자유롭게 쓸 수 있어 잡기라든가 만록(漫錄), 수필 등으로 일컬어졌다. 《매천야록》은 그 성격상 야승(野乘) 또는 야사류에 속한다. 왕조시대에 사관이 기록한 '정사'와 구분되었던 것이 '야사'인바, 이런 기록에는 필기자의 자유로운 사고와 필체를 담아낼 수 있어 정사에서는 느낄 수 없는 개인의 숨결이 느껴진다.

황현은 언제 어떤 동기로 자기 시대의 역사를 남기려고 했던 것일까? 《매천야록》에는 서문과 발문이 없어 이런 물음에 제대로 답할 수 없다. 사실 이 책은 미완의 역사 기록이었다. 따라서 황현이 집필에 착수한 시점과 의도에 대해서는 미루어 짐작할 수밖에 없다. 《매천야록》은 그 형식과 내용으로 볼 때 두 부분으로 나뉜다. 즉 고종 원년(1864)부터 갑오년(1894) 이전까지와 그 이후부터 망국(1910)까지이다. 앞의 30년간 기록은 《매천야록》 전 6권 중 제1권(상·하 2책)에 그친다. 뒤의 16년간 기록은 다섯 권에 나누어 담겼다. 즉 제2권(1894~1898), 제3권(1899~1903), 제4권(1904~1905), 제5권(1906~1907), 제6권(1908~1910)으로 되어 있다.

황현은 갑오년부터 본격적인 편년체 역사 기록에 착수했는바, 그 계기가 되었던 것이 이른바 '동학란'이었다. 조선왕조의 지배체제와 사회질서를 전면적으로 거부하는 듯한 '동비(東匪)'들의 반란과 그 뒤를 이은 청일전쟁을 지켜보면서 황현은 곧바로 '국망'의 위기감을 느꼈다. 따라서 이 시대에 일어나는 일들을 역사적인 기록으로 남겨두어야 할 필요성을 강하게 느꼈다. 이것은 시대적 격변기를 살아가는 지식인으로서의 자각이

자 사명감에서 비롯된 일이기도 했다.

이리하여 나온 것이 《오하기문》(미간행 초고본)인데, 첫 문장을 보면 다음과 같다(오하/666).

오호라! 화변(禍變)이 도래한 것이 어찌 우연이랴! 치세와 난세는 시운(時運)에 달려 있고, 혼란과 태평이 서로 이어, 시운과 기화(氣化)로 바뀌어 질 수 없는 숙명이 있는 듯하지만, 또한 사람들이 도모하는 것의 잘잘못이 원인이 되니, 대개 오래 쌓인 형세의 결과요, 일조일석에 그렇게 된 것이 아니다.

그러니까 갑오년(1894)의 '화변'이 그저 시운이나 기화의 문제가 아니라 오랫동안 쌓이고 쌓인 폐단의 결과로써 사람들이 스스로 자초한 일이라는 것이다. 이것이 우연이 아닌 필연이라는 점에서 지난 일들을 되돌아봐야 할 필요가 생긴다. 다음 문단은 이러하다.

우리나라는 개국한 지 오백 년이 넘는데, 유술(儒術)을 숭상하여 문치(文治)가 습속을 이루었다. 처음에는 유현(儒賢)들이 찬란히 배출되어 상국(上國)의 기풍이 있었다. 이윽고 유림이 분열되어 당파에 따라 문호를 세우는 형국이 이루어지니, 당쟁의 국면이 번복됨을 따라 조선의 성쇠(盛衰)가 여기에 매이게 되었는바 서로 간의 기복은 이루다 따질 수가 없다.

황현은 계속하여 말하기를, 정조 이후로는 정권을 장악한 노론이 대대로 왕실과 혼인 관계를 맺고 권위와 복록(福祿)을 독점하면서 사대부들의 기풍 또한 타락했다. 이리하여 유림에 그 사람이 없음으로써 천하의 도(道)는 궤멸되었다. '전주학'이니 '동학'이니 하는 섯들이 스스로 '학(學)'으로 자처하지만, 이른바 걸출한 학자와 원로 선비들은 물끄러미 바라만 보고 감히 세상을 구하지 못하고 있다(오하/671).

그런즉 사설(邪說)이 성행하게 된 것은 유학이 쇠퇴하게 된 게 빌미가 되었으며, 유학의 쇠퇴는 당파 싸움 때문이고, 당파의 형국이 정해지면서 더욱 고질화되었다. 우리나라 붕당의 화가 극심하였는데도 망국에까지 이르지 않은 것을 이상하게 생각하는 사람들이 많다. 그런데 말기적 징후로 붕괴하는 데 이르러 수습할 수 없게 되었으니, 아! 참으로 두렵도다!

황현은 이른바 당쟁이 '망국'의 근원이며, 그 말기적 현상이 세도정권이라고 보았다. 순조 이래 안동김씨가 국정을 주도하는 상황이 철종 말기까지 이어져 어느덧 60여 년에 이르렀는데, 이는 고려의 최충헌이 국정을 좌지우지했던 기간과 거의 비슷하다고 했다. 이리하여 서울 장동(壯洞)에 모여 사는 안동김씨 일족(이른바 '壯金')의 문하생과 아전이 전국의 벼슬아치 가운데 절반을 차지하고 있으니, 세상 사람들이 '장김'이 있다는 것은 알아도 국가가 있는 것을 모른다. 지금도 어리석은 백성들은 걸핏하면 우쭐대면서 서로 말하기를, "장김 중에는 인물도 많다. 장김이야말로 나라의 기둥이다"라고 한다.

황현은 이 대목에 이르러 흥분을 감추지 못한다(오하/673).

안타깝다! 이 어찌 억울하지 않은가? 우리나라를 망친 것은 장동김씨이다. 어째서 그렇게 말하는가? 오늘의 허다한 폐정은 모두 장동 김씨가 세도할 때 비롯되었다. 뇌물이 공공연히 행해지고 탐학을 부려도 징치를 하지 않는 데다가, 더욱이 백성을 수탈하는 근원이 되었다. 구렁텅이에 빠져 아우성치는 백성들이 호소할 곳이 없구 나! 이런 까닭에 누적된 병폐가 극에 다다라 저절로 무너지게 된 것 이다.

황현은 삼남의 백성들이 크게 난을 일으킨 임술민란(1862) 때 나라가 겨우겨우 어루만져 진정시킬 수 있었지만, 만약 간웅(奸雄)이 그 사태를 엿보아 백성과 함께했다면 나라가 망할 수 있었다고 보았다.

이로부터 2년 후 고종이 왕위에 올랐다. 그의 재위 기간(1863~1907) 은 44년으로 반세기에 가까웠다. 이 정도의 시간이면 당쟁과 세도정권으 로 망가진 국가를 새롭게 만들 수 있었다. 그러기 위해서는 왕조의 권력 구조부터 민생에 이르기까지 모든 분야에서 근본적인 개혁이 필요했다. 그런데 고종이 왕위에 오른 지 30년이 되는 갑오년(1894)에 임술민란보 다 규모가 훨씬 큰 '동학란'이 발생했다. 여기에 외세까지 개입하여 청일 전쟁이 벌어졌다. 내우외환이 겹치면서 국가(왕조)의 존립 자체가 위기에 빠져든 것이다.

황현은 이때 두 가지 작업을 동시에 진행했다. 첫 번째는 1894년부터 일어나는 일들에 대해서는 편년체의 형식에 따라 연월일 순으로 기록해 나가는 것이다. 《매천야록》의 제2권부터가 여기에 해당한다. 그 시작은 이러하다.

갑오년(1894) 고종 31년(청 광서 20년, 일본 명치 27년)

2월 12일(기미), 밤에 우레가 두 번 울렸다.

청나라와 일본 연호가 함께 들어간 것은 청일전쟁 발발에 기인하는 것이다. 동아시아에서 전개되는 국제정세의 흐름을 바로 보고자 하는 태도로 볼 수 있다.

두 번째로 황현은 갑오년 이전의 일들, 즉 고종 즉위 후 30년 동안의 일들에 대해서는 자기가 직접 듣고 보았던 기억이나 주변 사람들의 이야기 또는 문헌에 의존해 주요 사건과 인물들에 대하여 개괄적으로 정리해 나갔다. 《매천야록》의 제1권이 이렇게 만들어졌다. 그 첫 면에는 연월일에 대한 기록이 없이 바로 '운현궁'에 대한 기사가 뜬다(상/29).

관상감은 일명 서운관이라고도 하는데, 지금 임금의 잠저가 이 관상감의 옛터이기 때문에 그곳을 운현궁이라고 부른다. 철종 초년에 관상감에서 성인이 나온다는 참요가 서울 안에 나돌았고, 또 운현에 왕기(王氣)가 있다는 이야기도 있었다. 이윽고 지금 임금이 탄생한 것이다.

흥선대원군의 거처인 운현궁에서 고종이 태어난 이야기로부터 제1권이 시작되고 있다. 제2권과는 기록의 형식이나 내용이 완전히 달라지는 것을 볼 수 있다.

제1권에서 흥미로운 것은 왕실과 관료, 그리고 재야인사들(보수 유림 또는 개화파 등)에 대한 논평이다. 이는 전통적인 역사 기술(기전체)에서 보면, 열전(列傳)에 해당한다고 볼 수 있다. 제1권의 특징이자 매력이 바로 여기에 있다. 이러한 기술이 가능했던 것은 앞서 살핀 대로 황현의 서울살이에 있었다. 이때 여러 계층의 다양한 사람들과 접촉하면서 보고 들었던 것이 제1권의 생생한 소재가 되었던 것이다. 고종시대에 대한 황현의 역사적 평가는 이때 이미 내려지고 있었다.

갑오년 이후의 기록 중에는 제2권(1894~1898)이 중요하며 또 흥미롭다. 동학농민운동, 청일전쟁, 갑오경장, 을미사변, 아관파천, 독립협회와 만민공동회 등 개항기(또는 개화기)의 주요 사건들이 이 시기에 집중되어 일어났기 때문이다. 한 가지 유의해야 할 것은 제2권에서 '동학란'에 대한 이야기가 의외로 소략하다는 점이다. 그 이유는 황현이 《오하기문》에서 따로 자세히 기술한 바 있었기 때문일 것이다. 따라서 제2권을 읽을 때는 《오하기문》과 함께 보아야 그 시대 상황을 입체적으로 바라볼 수 있다.

지금까지 전해오는 《오하기문》의 판본(필사본)은 두 종류이다. 하나는 《동학농민전쟁사료대계》 첫 권(여강출판사, 1994)에 수록된 것이다. 이 판본은 수필(首筆), 2필(二筆), 3필(三筆)로 이루어진다. 대상 시기는 1860년대부터 1895년 3월까지인데, '동학란'과 청일전쟁에 집중하고 있다. 이들 기록 중 일부만이 《매천야록》으로 들어온다. 다른 하나는 전주대학교 호남학연구소에서 간행한 《매천전집》 제5권(2001)에 실려 있다. 이 판본(권1~권7)에는 1895년 4월부터 1907년 12월까지의 기록이 담겨 있다. 두 개의 판본이 시기적으로는 연속됨에도 따로 분리된 이유에 대해서는 아직 알 수 없다.[48] 추측하건대, 앞의 판본만을 떼어서 《동비기략》으로 내려고 했던 것이 아닌가 하는 생각이 든다. 1895년 3월(음력)이면 '동학란'과 청일전쟁이 마무리되던 시점이었기 때문이다. 황현은 이 두 가지 사건을 망국의 전조로 보고 자세한 기록을 남기고자 했던 것으로 볼 수 있다.

《매천야록》의 제3권부터는 역사적인 기록으로서의 가치가 뚝 떨어진다. 이때부터는 민간에서 발행되는 일간신문의 시대가 열리면서 매일매일의 기록이 생산되고 있었기 때문이다. 다만 망국으로 가는 과정에 대한 황현의 시대 인식을 읽는 데는 큰 도움이 된다. 소위 을사조약 및 의병 항쟁과 관련된 기사들이 그러하다.

황현은 유교적인 전통을 간직한 역사가였다. 그는 왕조의 흥망성쇠가 기본적으로 통치자와 지배층에 달려 있다고 보았다. 그는 민중이 역사를 바꿀 수 있다고는 생각하지 않았다. 그리고 사회경제적인 측면보다는 정치적이며 사상적인 것에 초점을 맞추어 역사를 바라보았다. 《매천야록》이 지니는 특징과 한계가 여기에 있었다.

이런 점을 고려하여 다음부터는 세 시기로 나누어 그 내용을 살펴보고자 한다. 첫 번째는 흥선대원군의 섭정기(1864~1873)이다. 두 번째는 고종과 민씨척족의 공동집권기(1874~1895)이다. 세 번째는 고종의 일인지배기(1896~1907)이다. 이다음의 순종 3년간은 일본의 식민지로 편입되는 과도기로 처리할 수 있다. 이와 같은 시기 구분이 좀 독특해 보일 수 있지만, 《매천야록》의 전체적인 흐름과 내용을 이해하는 데 도움을 준다고 생각한다.

흥선대원군 섭정기
(1864~1873)

황현의 흥선대원군에 대한 종합적 평가는 《매천야록》에서 두 군데, 그
리고 《오하기문》에서 한 군데 나온다. 저술 시기가 앞서는 후자의 평가부
터 보면 이러하다(오하/676).

[대원군에 대하여] 아무런 사심 없이 담담하게 논한다면, 죄가 백이
라 할 때 공은 열이다. 왕실을 생각하는 마음인즉 장동김씨에 비할
바 아니로되, 나라의 원기를 온통 손상시키고 정치가 임시방편에
그쳤다. 중흥의 기회를 만나고 큰일을 할 수 있는 지위에 있었으면
서도 구차하게 땜질하는 데 그쳤으니, 마침내 장동김씨와 전동[박
동]조씨와 함께 목욕하면서 저들을 발가벗었다고 비웃는 데 지나
지 않는다. 결국 그의 한평생을 살펴보고 그 심술(心術)을 헤아리
면, 눈흘김을 당한 원한도 반드시 갚는 것은 [중국 전국시대의] 응
후(應侯)와 비슷하고, 자기 주장만 고집한 것은 [송나라의] 왕안석(王
安石)과 비슷하며, 권위로 처단함은 [명나라의] 장거정(張居正)과 비
슷하니, 총괄하자면 학식도 없고 재주도 없는 것이 되살아난 [한나
라의] 곽광(霍光)이라 할 것이다. 때는 다시 돌아오지 않으니, 아아!
슬프고 안타깝구나!

대원군의 섭정과 그의 인물됨에 관한 한, 당대는 물론이요 오늘날에도 쉽게 찾아보기 어려운 냉혹한 평가이다. 황현은 담담한 마음(平心)으로 평한다고 했지만, "죄가 백이면 공은 열이다(罪百功十)"라든가 "학식도 없고 재주도 없다(不學無術)"라는 표현은 좀처럼 나오기 어려운 말이다. 왜 그랬을까? 이 물음에 대한 대답은 마지막 문장에 있다. "때는 다시 돌아오지 않는다(時不再來)"라는 것이다. 황현은 대원군이 조선왕조를 중흥시킬 수 있는 마지막 기회를 그냥 흘려보낸 데 대한 탄식과 아쉬움을 감출 수 없었던 것이다. 달리 보면 대원군에 대한 기대가 그만큼 컸었다고 말할 수 있다.

《매천야록》에서는 대원군을 어떻게 평가했을까? 다음은 대원군의 하야(1873)와 관련된 기사 바로 뒤에 나오는 문장이다(상/77).

운현은 임금의 친부로서 총재의 일을 행사했으니 남면(南面)만 안 했을 뿐이지 엄연히 섭정을 한 것이다. 그 10년 동안은 국가가 무사했으니 정히 천 년에 두 번 다시 없는 기회로 크게 일을 할 수 있는 때였다. 만일 그가 정말 정사에 부지런히 힘써 어질고 능력 있는 사람을 등용하고 좋은 법을 강구하며 나라의 쓰임을 아끼고 백성을 사랑하여 어여삐 여기고 진실한 뜻이 법조문 밖에서 무르녹아 드러나도록 하는 정치를 [송나라의] 사마광(司馬光)이 원우(元祐) 연간에 했던 것처럼 하더라도 기화의 추세가 이상적인 정치를 금방 회복할 수는 없었을 것이다. 그러나 하늘이 상서를 내려 인재들이 배출되고 백성을 잘살게 하고 불어나게 하며 가르치기를 10년간 했다면 천하에 또한 못할 일이 있었겠는가? 그런데도 운현이라는 사람이 장동김씨의 부귀를 부러워하다가 하루아침에 뜻을 얻자 사치와 교만에 빠져 제멋대로 방자하게 굴었던 것이 장동김씨와 비교해서 오히려 더한 편이었다. 그리하여 원기를 훼손하고 백성들에게 원망을 샀으며, 한갓 토목공사에 매달리고 색목에 편들기로 10년 사업을 삼았으니, 오호라, 이는 시운이었던가? 천년 후에 또한 반드시 이 일에 탄식하고 통한할 자가 있을 것이다.

이 글을 보면, 앞의 평가에서 나왔던 "때는 다시 돌아오지 않는다"라는 표현이 갖는 의미가 훨씬 생동감 있게 살아난다. 그러니까 여기서 '때'라 함은, "정히 천 년에 두 번 다시 없는 기회로 크게 일을 할 수 있는 때"였다. 황현은 대원군이 그의 섭정기에 제대로 정사를 폈다면, 조선왕조의 국운이 쇠퇴하여 멸망에 이르던 길을 돌려세울 수 있을 것으로 보았다. 그런데 그가 독단적으로 권력을 행사하여 나라의 원기를 훼손하고 백성들의 원망을 사기에 이르렀으니, 천추의 한으로 남게 되었다는 것이다.

대원군은 1898년 2월 2일(음)에 79세의 일기로 파란만장한 삶을 마쳤다. 그는 병이 위독해지자 아들 이재면을 보고 세 번이나 이렇게 말했다 한다. "내가 주상을 본다면 죽어도 한이 없겠다. 어떻게 해야겠느냐?" 이재면은 고종에게 죄를 얻을까 두려워하여 끝내 그 말을 전하지 않았다. 대원군은 "어가가 오지 않는가!"라는 긴 탄식과 함께 숨을 거두었다. 황현은 이 말을 들은 사람들이 오열했다고 한다. 이어서 대원군에 대한 평가가 나온다(상/543).

이하응은 십 년 동안 정권을 잡았는데 공과가 반반이다. 갑술년 (1874) 이후 명성후와의 사이가 원수처럼 벌어져 위기에 처한 일이 잦았다. 십수 년 동안 두문불출하고 있었으나 매양 국가에 변란이 있으면 바로 많은 사람들에 의해 추대를 받았다. 여러 번 나왔다가 여러 번 실패를 보았으니 스스로 거의 자숙할 수 있었을 터인데도 복수할 일념을 죽을 때까지 바꾸지 않아, 사람들은 그를 그렇게 내단하게 보지 않았다. 그러나 나이가 높고 경험이 워낙 많아 명성이 외국에까지 알려져 조야에서 대로(大老)로 의지하였으니, 그의 죽음에 미쳐 멀고 가깝고 없이 모두 슬퍼하였다.

앞서본 《오하기문》에서는 "죄가 백이라면 공이 열이다"라고 했는데, 여기에서는 "공과가 반반(功罪參半)"이라고 했다. 대원군이 하야한 후에도 임오군란이라든가 갑오개혁 또는 을미사변 때 권력 장악에 대한 미련을 버리지 못한 것이 명성후에 대한 복수의 일념 때문이라고도 했다. 이런 흠결에도 불구하고 대원군의 명성과 그에 대한 조야의 기대는 수그러들지 않았다고 하니, 이는 어찌 보면 왕실에 그만한 사람이 없었음을 말해 준다. 고종과 민비(명성후)는 대원군을 대체할 만한 권위와 통치력을 지니지 못했다고 보는 것이다. 황현의 답답함이 여기에 있었다.

대원군에 대한 평가는 황현의 지기인 김택영의 《한사경》에도 나온다. 《매천야록》의 그것과 비교할 만하기에 소개한다.[49]

대원군이 정사를 행함에 외척을 억압하고, 낮은 지위에 있던 자들을 고루 등용하였으며, 탐리를 징계하고, 군포와 적정을 개혁한 것 등은 모두 폐해를 구한 좋은 일들이었다. 그러나 그는 배움이 얕고 기가 조잡했던 까닭에 모든 것이 지나치게 과격하여 중도를 벗어났으며, 깊이가 없고 망령되며 방정맞아서 경박한 일도 많이 행하였으니 가혹하게 이를 책망한다면 국망을 초래하였다고 생각하기에 충분할 것이다.

김택영도 그가 미리 본《매천야록》의 가혹한 평가를 받아들였던 듯한데, 그러면서도 백성들의 원망을 받아 온 군포와 적정(糴政, 환곡) 등의 개혁에 대해서는 긍정적으로 평가하고 있음을 볼 수 있다. 대원군의 배움이 얕다든가 기가 조잡하다든가 하는 비판에 대해서는 그가 외척 세도의 핍박을 받아 제대로 배우지도 뜻을 펴지도 못했던 사정을 감안해야 한다. 그런데 정권을 잡은 후 대원군의 모습은 확 달라졌다. 다음의 기사를 보자(오하/674).

> 계해년(1863) 철종이 붕어하고 후사가 없자, 지금 임금께서 방계로 들어와 대통을 계승하였다. 이에 흥선군 이하응이 대원군으로서 정치를 보좌하니 장동김씨의 잘못을 모두 바로잡을 것 같았다. 그러나 이하응은 헌종·철종 시기에 생장해서, 오직 장동김씨가 교만과 사치를 부리는 것을 익숙히 보았고, 그들의 화려하고 빛남에 침을 흘렸던 터요, 한편으로 종실로서 문호가 쇠약해져서 척족에게 능멸을 당하여 김병학·김병국의 문하에서 머리를 숙이고 굽신거리느라 무한한 소망을 펼 길이 없었던 것이다. 게다가 그의 선대는 남인이었는데, 남인은 벌써 오랫동안 위축되어 있었던 터라 다시 떨쳐 일으킬 것을 생각하여 하루아침에 뜻을 얻자 종친의 일가붙이들을 우대하고 남인과 북인을 발탁하는 데 급급하였다. 오직 이 점이 장동김씨와 다르고 그 나머지는 모두 장동김씨와 다름없었다.

여기서 볼 수 있듯이, 황현이 흥선군 이하응에게 걸었던 기대는 그가 아들 고종의 정치를 '보좌'하여 장동김씨의 잘못들을 바로잡아 달라는 것이었다. 그런데 대원군은 고종을 제쳐 놓고 자신이 통치의 전면에 나섰다. 그리곤 종친과 남인·북인 계열의 사람들을 급히 불러들여 자신의 권

력 기반을 공고히 하는가 하면, '대원위분부(大院位分付)'라고 하여 공포
정치를 별쳤다. 다음의 기사를 보자(상/36).

> 운현이 국정을 맡아보던 갑자년(1864)에서 계유년(1873)에 이르
> 는 10년 동안 나라 안이 무서워 떨었으며, 백성들도 혀를 내두르
> 며 서로 조심하여 감히 조정의 일에 대해 말하지 못했다. 그래서
> 늘 저승사자가 문 앞에 와 있는 것 같이 여겼다. 옛 제도에 교령을
> 내릴 때 반드시 '왕은 이르노라(王若曰)'로 첫머리를 삼았는데, 대
> 원군 10년 동안은 '대원위분부'라는 다섯 자로 내외에 온통 행해졌
> 다. 갑술년(1874)에 친정을 하게 되자 다시 옛 제도를 회복했다.

황현이 대원군의 섭정을 비판한 이유가 여기에 나와 있다. 그는 순조
이래 60년간 지속된 외척 세도정치의 본질이 왕권의 허구화에 있다고 보
았다. 왕은 존재하지만 통치 권력으로부터는 배제되어 왔다. 달리 말하
면 공권력의 사유화였다. 이 점에서는 대원군의 섭정 또한 앞서의 세도정
권과 다를 바 없다고 보았던 것이다.

한편 황현이 말한 '옛 제도'란 왕이 통치의 주체로서 정치의 중심에 서
되, 왕권과 신권이 상호 견제와 균형에 의하여 조화를 이룰 수 있는 그런
제도를 가리킨다. 그는 당쟁 이전, 그러니까 조선왕조 전기의 제도와 문
물을 이상적인 것으로 바라보았다. 과거를 통하여 실력 있고 올바른 인재
를 선발하고, 이들이 왕을 보필하여 제대로 된 정사가 펼쳐지기를 바랐
던 것이다. 한마디로 유교적인 왕도정치의 실현이었다. 이렇게 본다면 황
현은 복고주의자였다. 그의 눈은 미래가 아니라 과거로 향하고 있었다.

유교적인 지식인으로서의 황현의 면모는 그의 서학, 특히 천주학에 대

한 비판에서 잘 드러난다. 《오하기문》에는 이런 이야기가 나온다. 좀 길지만, 황현의 사고와 시국관을 이해하는 데 도움이 되겠기에 몇 단락을 인용해 본다(오하/712).

> 지금 임금 초년에 서학이 크게 일어나서 법도를 어기는 것이 예사롭지 않았기에, 차례로 잡아들여 남종삼·홍봉주 등을 복주하였다. 이어서 나라 안에 숨어 있는 서양인들까지 체포해서 모두 참형에 처하였다. 이에 간활한 무리들이 간담이 서늘해져서 안으로 호응이 끊어지니, 해변 지역에 어정거리고 있던 서양인들이 이끌고 떠나갔다. 종묘사직은 안정이 되고 민심 또한 진정되었다.

이어서 대원군이 지방의 여러 군·읍에 척화비를 세우도록 한 일에 대하여 쓴 다음 이렇게 말했다. "그리고 온 나라를 다 뒤져서 무릇 천주학에 물든 자들을 용서하지 않고 모두 죽였다. 전후로 살해한 사람이 만여 명에 이르렀다. 운현의 10년 정사에서 이는 가장 통쾌한 일이라 하겠다."

황현이 생각한 천주학이란 어떤 것이었을까? 그는 이렇게 말한다(오하/714). "천주학의 교리는 천박하고 불경하여, 노자(老子)의 청정(清淨)도 없고 불가(佛家)의 현묘(玄妙)도 없이, 구구히 천당과 지옥을 꾸미고 화와 복으로 속이니, 어리석은 백성을 기롱하기에 알맞은 것이다. 그런 까닭에 지식이 있는 자들은 모두 비판하며, 여항에서는 비웃을 때 '너는 천주학쟁이다'라고 하니, 이른바 속언에 '망나니'와 짝을 이루는 칭호이다. 이로 말미암아 보건대, 금지하지 않아도 저절로 금해지는 것은 당연한 형세라 하겠다." 대원군의 탄압 후 천주교가 좀 잠잠해진 것도 이 때문이라고 생각했다.

그렇다고 황현을 고루한 유학자로 볼 수는 없다. 그는 대원군의 서원 철폐에 대하여 말하기를, "그 일이 운현에게서 나왔다고 하여 싸잡아 그르다고 해서는 안 된다"라고 하면서 이렇게 썼다(상/41). "바야흐로 이때 백성들은 익숙한 풍속에 얽매여 마치 큰 변괴나 만난 듯이 여겼으며, 서원에 붙어사는 유생 무리들은 하루아침에 갈 곳을 잃어 더욱 미쳐 날뛰며 소리치고 상소를 한다고 대궐 앞에 엎드려 있는 것이 줄줄이 이어졌다. 식자들은 이를 비웃었다."

황현은 송시열의 뜻에 따라 그의 제자들이 세운 만동묘의 폐단에 대해서도 언급했다. "이 서원의 일을 맡은 사람들은 대개 충청도에서 무단(武斷)을 일삼은 양반 집 자제였다. 묵패(墨牌)로 평민들을 잡아다가 가죽을 벗기고 골수를 빼내니, 남방의 큰 병폐가 되었다. [이렇게] 백 년이 지났지만, 수령들이 그 성사(城社)를 겁내어 감히 힐책하지 못했다." 여기서 성사라고 함은, 성호사서(城狐社鼠)의 준말로서 성벽에 사는 여우와 지역 수호신을 모시는 제단에 숨어 사는 쥐를 가리키는바, 어떤 세력에 의지해 있어 제거하기 어려운 존재를 비유하는 말이다. 송시열의 위세를 빌어 행패를 부린 양반들을 지목했던 것으로 볼 수 있다.

황현은 '10년세도'라고 하여 대원군의 절대권력이 지녔던 한계를 다음과 같이 지적하기도 했다(상/72).

종전의 세도는 한 사람이 주관하더라도 또한 옆길이 많아서 자식이나 조카 또는 인척들도 왕왕 각기 자립할 수 있었기 때문에 서로 관여하면서 미치지 못하는 것을 보충하여 실패가 있을까 두려워하였다. 운현 때에 이르러서는 혼자 정권을 잡고 있어 음관(蔭官) 한 자리나 변장(邊將) 한 자리조차도 그가 알지 못하고는 임명될 수 없었다. 매양 인사이동을 할 때가 되면 미리 직접 의망(擬望)에 표시를 해서 빈자리를 채워 올리면 임금은 그대로 낙점하였다. 그의 아들 이재면, 사위 조경호, 처남 민승호 등은 감히 국물도 얻어먹지 못해서 속으로 원망하였다. 임금 또한 나이가 차츰 들어가자 독점되는 것을 싫어하여 자못 불평이 있었다.

임금의 친부라는 권위를 배경으로 한 대원군의 권력 독점과 공포정치는 처음에는 거침이 없어 보였지만, 시간이 지날수록 힘이 빠졌다. 그와 가까운 사람들조차 오랫동안 권력으로부터 소외되자 등을 돌렸다. 이런 가운데 열두 살의 어린 나이에 임금의 자리에 올랐던 아들(고종)은 어느덧 스무 살을 넘기고 있었다. 그의 곁에는 영민한 왕후가 있었다.

계유년(1873) 겨울에 최익현이 상소를 올려 대원군을 '권신'으로 지목하자 고종은 부드럽게 비답을 내렸다. 이는 친정을 하겠다는 의지를 내비친 것이다. 대원군은 물러날 수밖에 없었다. 황현은 이때의 상황을 다음과 같이 기록했다(상/76).

자고로 권신은 인척, 환시(宦寺), 훈귀 등 몇 가지에 벗어나지 않으니, 모두 친족 외의 사람들이다. 그런데 운현은 임금과 부자간이므로 남들이 그 사이를 벌어지게 할 수 없다고 보아 모두들 운현의 세도는 그 몸이 마쳐야 끝날 것이라고 생각하였다. [그런데] 그가 하루아침에 밀려나자 문 앞에 풀이 무성할 지경이 되어 다른 사람이 실세한 것보다 심하였다. 대개 얻는 것이 불꽃 같으면 잃는 것도 순식간에 식는 법이니 사물의 이치가 그런 것이다.

과거의 권신들과 달리 임금의 친부였던 대원군은 그가 종신 집권할 수 있을 것으로 믿었고, 다른 사람들도 그렇게 생각했다. 여기에 대원군의 패착이 있었다. 그는 자기에게 맡겨진 권력이 한시적인 것임을 알고 권력 이양 후 아들이 제대로 왕 노릇을 할 수 있도록 인적, 물적, 제도적 기반을 마련하는 데 힘을 쏟아야 했다. 10년이면 그러한 준비를 하는 데 부족한 시간이 아니었다. 그런데 대원군은 오직 자기의 권력 강화와 행사에만 관심을 쏟았다. 그러는 동안에 가장 가까운 곳에서 반발이 일었고, 대원군은 하루아침에 모든 권력을 내려놓아야만 했다. 이렇게 되자 아무도 그를 돌아보지 않았다. 대원군의 원망은 고종과 민비에게 쏠렸고, 이것이 그 후 비극적인 종말을 낳게 했다.

대원군의 실각을 바라보는 황현의 시각은 차가웠다. 대원군이 권력에 취하여 임금의 친부로서 그가 마땅히 해야 할 일을 하지 않았다고 보았기 때문이다. 그런데 김택영의 생각은 달랐다. 다음은 《한사경》에 나오는 논평이다. 여기에서는 대원군보다는 그를 탄핵한 최익현을 비난한다.[50]

> 논하여 말한다. 대원군은 태황제(고종)에게는 비록 사친(私親)이라고 말해지나 대원군이 아니었다면 태황제가 태어나지도 않았을 것이니 부자의 윤리를 어찌 일찍이 다 없앨 수 있겠는가? 그런데 최익현이 대원군을 논함에, 그 말이 은밀히 해치고 씹기를 다른 일개 신하를 논하는 것과 같이하여 구별이 없었다. 무릇 최익현이 공상(空桑)의 자식이 아닐진대 어찌 갑자기 이 지경에 이르도록 부자의 윤리를 잊을 수 있는가?

여기서 공상이라고 함은 공심상수(空心桑樹)의 준말로서 부모가 낳지 않은 자식이거나 출신이 불분명한 자를 가리킨다. 김택영이 이토록 최익

현을 비난한 데는 나름의 이유가 있었다.[51]

> 혹자는 국가가 중요하고 사친은 가벼운 법이니 최익현의 소가 크게 잘못된 것은 아니라고 생각하지만, 이는 전혀 그렇지 않다. 무릇 국가라는 것은 오륜을 담는 그릇인데 지금 준엄한 위세로서 사친을 없애 버린다면 이는 다만 군신은 있으나 부자는 없는 것이니 어찌 국가라고 할 수 있겠는가?

여기서는 대원군과 고종의 관계를 군신이 아니라 부자의 관계로 보아야 한다고 말한다. 그런데 최익현은 군신 관계로 보고 대원군을 '권신'이라고 비난했다. 무릇 국가라는 것이 오륜을 담는 그릇이라고 한다면, 그 근본이자 출발인 부자 관계를 무시하고서는 국가가 바로 설 수 없다. 대원군이 고종과 민비에게 원한을 품은 것도 어찌 보면 당연하다. 그러면서 김택영은 이렇게 말한다.[52]

> 결국 근본이 이미 끊어져 버렸으니 그 말류도 마침내 무너져 방종하고 탐욕스러움이 돌아보고 거리끼는 바가 없었다. 먼저 집안의 화목을 잃었고 뒤에 나라의 정치를 잃었으니 마침내 오늘날 거꾸러지고 망하는 것의 바탕은 모두 최익현이 한 일이었다.

조선이 왜 망했는가? 유교적인 왕조사관에서 보면 그 일차적인 책임은 왕실에게 묻게 되는바, 여기에서 대원군과 고종 간 불화와 반목이 문제가 된다. 김택영은 그 발단을 제공한 것이 최익현이라고 본다. 그의 상소로 인하여 대원군이 실각하는데, 이때 왕실의 화목이 깨지고 이것으로 나라의 정치 또한 어지러워졌으니 결국 망국의 바탕은 최익현이 제공했나는 논리이나. 요컨대 김택영은 국가의 존재 이유가 유교적인 윤리와 도덕 가치의 실현에 있다고 보았다. 이때 최고의 덕목은 효였다. 임금도 이 점에서는 예외일 수 없었다.

황현과 김택영, 두 사람은 유교적인 이념과 가치를 공유했지만 역사기술과 해석에 있어서는 서로 다른 면모를 보여 주었다. 황현이 현실에서 한 발짝 떨어져 사실 자체에 충실을 기하고자 했다면, 김택영은 현실과 밀착하여 역사를 계몽의 수단으로 활용하려는 의욕이 강했다. 망국의 순간에 황현이 붓을 놓았다면, 김택영은 망명지인 중국에서 '문장보국'을 내세워 유교의 부활을 꿈꾸었다. 조선시대의 역사를 정리한 《한사경》의 편찬도 이런 노력의 일환이었다.

3.
고종 · 민비 공동집권기
(1874~1895)

고종 재위 44년 중 그와 민비가 함께 국정을 운영한 기간은 22년에 이른다. 나라의 문호를 개방한 후 근대화와 식민지화의 갈림길에 서 있던 시기였다. 이때 민비는 구중궁궐에 묻혀 사는 왕비로 만족하지 않았다. 그녀는 적극적으로 국정에 개입했다. 방법은 두 가지였다. 하나는 임금인 고종을 움직이는 것이고, 다른 하나는 친정 식구들을 부리는 것이었다. 이와 관련된 《매천야록》의 기사들을 살펴보기로 하자(상/82).

갑술년(1874) 초에 임금이 비로소 친정을 하게 되었는데, 안에서는 명성왕후가 주관하고 밖에서는 민승호가 힘을 썼다. 왕후는 총명하고 책략이 많아 항상 임금의 곁에 있으면서 임금이 미치지 못하는 것을 보좌했다. 처음에는 임금에 기대어 자기의 좋아하고 미워하는 것을 표출했지만 이윽고 자기 마음대로 하는 것이 날로 심해서 임금이 도리어 제제를 받게 되었다.

여기서 먼저 호칭에 유의할 필요가 있다. 명성왕후라는 호칭이 등장하는데, 여기서 명성이란 민비가 죽은 후 그에게 내려진 시호였다. 이로 미루어볼 때 황현은 나중에 민비에 대한 호칭을 일괄적으로 '명성왕후' 또는 '명성후'로 바꾸었음을 알 수 있다. 이것이 시사하는 바는 《매천야록》에 나오는 표현은 물론 내용까지도 계속 수정, 보완되고 있었음을 말해준다. 설령 야사라고 하더라도, 한 왕조의 역사를 기술한다는 것은 늘 조심스러울 수밖에 없었다. 어떻든 《매천야록》은 황현 생전에 완성된 것이 아니었다. 앞서 언급했지만, 이 책에 황현 자신의 서문이나 발문이 없었던 것도 그 때문이었다.

다음으로, 이 인용문에서 주목할 것은 민비가 처음에는 고종을 곁에서 돕다가 나중에는 '거리낌 없이 제 마음대로 하는 것이 날로 심해져서(專恣日甚)' 고종이 오히려 그의 제제를 받게 되었다고 하는 것이다. 대궐 안에서 벌어지는 일들이라 황현이 얼마만큼 그 안을 들여다볼 수 있었을지는 알 수 없지만, 나중에 《윤치호일기》를 보면 민비가 국정에 깊숙이 개입하고 있었던 것은 사실로 드러난다. 그러니까 이런 이야기가 사대부들 사이에 떠돌았고, 황현은 그런 이야기들을 나름대로 검증한 후 기록으로 남겼던 것이다.

따라서 고종의 친정(親政)이란, 그와 민비의 공동 집권체제였다고 볼 수 있다. 그리고 이 체제를 떠받치는 것이 민씨척족이었다. 앞에서 나온 민승호(1830~1875)는 민비의 친정 오라버니로서 대원군 실각 후 궁궐 '밖'에서 민비의 뜻을 받들었는데, 대원군 측에서 보낸 선물상자를 열어 보았다가 폭사했다. 이때 민승호의 어머니와 아들까지 3대가 희생되었다. 이리하여 상대방을 용납하지 않는 궁중 암투가 시작되었다. 민비는 '운현궁 측 사람(雲邊人)'이라면 지위 고하를 막론하고 관직에서 축출하고, 그 빈자리에 자기 친정 쪽 사람들로 채워 나갔다(상/137).

망국—무엇이 문제였는가

명성후는 자신 집안 돌보기에 빠져 성이 민씨라면 가깝고 멀고를 따지지 않고 한결같이 보았다. 몇 년 사이에 먼 시골에까지 미쳐서, 무릇 민씨 성을 가진 자들은 의기양양하게 일어서서 사람들을 물어뜯을 기세였다. 그러나 여러 민씨들은 모두 양자로 들어온 이들로 그 가운데 민정중·민유중의 혈속은 민영익 부자와 민영위뿐이었다.

여기에 나오는 민정중(1628~1692)과 민유중(1630~1687)은 친형제 사이로 효종과 숙종 시대에 서인의 중추적 존재였다. 숙종의 왕비인 인현왕후는 민유중의 딸이었다. 인현왕후와 희빈 장씨 사이의 갈등이 당쟁으로 번지자 인현왕후를 감싸는 당파가 노론을 이루었다. 민유중은 노론의 중진으로 송준길에게 배우고 송시열을 스승으로 높였다(상/138).

명성후는 총명하고 영리하며 기억력이 좋아 조장(朝章), 전고(典故)나 당색의 근원과 파벌, 문벌의 높고 낮음에 대하여 모두 암기하였다. 무릇 소론과 남인으로 준론(峻論)에 속하는 가문은 일체 배척하였고, 인현왕후에게 충성을 다한 자의 자손은 비록 영락하여 떠도는 처지라 할지라도 반드시 끝까지 찾아내어 발탁하였다.

흥미로운 것은 고종 또한 노론을 아끼며 대우했다는 점이다(상/131).

임금은 노론으로 자처하였으며, 신하들을 대할 때 세 가지 당색으로 구별하여, 대우하고 배척함에 있어서 차등을 두었다. 예컨대 참하관에서 출육(出六)을 하기까지 극히 청화(淸華)한 자리로 노론은 대교, 소론은 한림, 남인과 북인은 주서(注書)를 주어 이것으로 높낮이를 두었으며, 다른 관직도 마찬가지였다. 매양 대과 합격자의 어창(臚唱)을 보고 빈을 경우 노론이면 '친구'라 하고, 소론이면 '지 쪽(彼邊)'이라 하고, 남인이나 북인이면 '그놈(厥漢)'이라 했다.

고종이 이처럼 당색을 차별한 데는 대원군에 대한 반감이 작용했다고 볼 수 있다. 황현은 대원군이 본래 인평대군의 후예로서 사도세자의 셋째 아들인 은신군의 손자에게 양자로 들어갔으니, 그 뿌리로 보나 속마음으로 보나 완전히 남인이었다고 했다. 따라서 대원군은 권력을 잡자마자 "남대문을 높여 3층으로 만들겠다"라고 하여 남인 우대 방침을 공공연히 밝힌 바 있었다. 그런데 이제 정권이 바뀌자 남인들은 숙청의 대상이 되고, 노론 중에서 민씨척족이 권력의 중심부로 진입했다.

황현은 이러한 상황을 당쟁의 재연이자 세도정권의 연속이라고 보았다. 하여, "당화(黨禍)의 극단은 반드시 망국에 이르고 말았다"라든가 "우리나라를 망치는 놈은 노론이다"라는 격한 문구가 나온다(오하/671·694). 대원군이 그의 섭정기에 당쟁과 세도정권을 종식시켰어야 했는데, 그렇지 못한 것이 고종 친정 후 다시 옛날로 되돌아갔다는 것이다. 황현이 대원군을 호되게 비판했던 것도 여기에서 비롯된다.

황현의 그러한 시각과 비판이 과연 당대의 역사를 제대로 본 것이냐에 대해서는 논란이 있을 수밖에 없다. 그렇지만 한 가지 분명한 것은 《매천야록》이 그 시대를 살았던 사대부들, 특히 권력으로부터 소외되었거나 억압을 받았던 이들의 여론을 반영하고 있었다는 점이다. 이를테면 이건창의 《당의통략》이라든가 김택영의 《한사경》에서도 기본적으로 황현과 같은 문제의식이 드러난다. 《매천야록》을 독해할 때 우리는 이 점에 유의해야 할 것이다.

고종과 민비의 공동 집권체제는 갑오년(1894)이 분기점이 된다. 《매천야록》의 제1권과 2권도 갑오년에서 나뉘었다. 이 해는 한국뿐만 아니라 동아시아의 근대 역사에서도 중요한 시기였다. 동학농민운동에서 촉발된 청일전쟁이 동아시아 3국의 역사를 갈라놓았기 때문이다. 같은 한자문화권이자 유교문화권에 묶여 있었던 한국과 중국 그리고 일본 세 나라가 서세동점을 배경으로 하여 각각 식민지, 반(半)식민지, 제국주의로의 경로를 밟아 나갔다. 이때 일본은 청일전쟁을 대륙 대 해양, 야만 대 문명 간 대결로 분식했다. 중국 중심의 세계관과 문명관이 담겼던 중화(中華)라는 용어에는 '야만'의 이미지가 덧칠해졌다. 서양문명을 앞장서 받아들인 일본이 이제 아시아의 중심으로 떠올랐다. 한반도는 열강의 각축 속으로 끌려 들어갔다.

황현은 이 당혹스러운 상황에서 국망의 위기를 감지하면서 그의 시대를 역사적인 기록으로 남기고자 했다. 《매천야록》의 제2권이 이렇게 시작되었다. 이제 그 내용을 살펴보기로 하자.

(1) 고종·민비 공동집권기, 제1기(1874~1893)

이 시기는 황현의 서울살이(1878~1888)와 겹친다. 따라서 《매천야록》의 이때 기록은 그의 서울 체험에 바탕을 두고 있다고 볼 수 있다. 황현이 서울에 처음 올라온 것은 일본과의 강화도조약 체결 후 2년이 지나는 시점이었다. 이후 그가 과거를 통한 입신양명의 꿈을 접고 낙향하기까지 10년 동안, 서울은 외세의 침투를 배경으로 하여 소위 수구파(친청파)와 개화파(친일파) 간의 갈등과 대립 그리고 충돌이 벌어졌다. 임오군란(1882)과 갑신정변(1884)이다. 이 두 번의 사태에서 가장 큰 피해를 본 것은 민비와 그의 친정 세력이었다. 공교롭게도 민씨척족은 이때 수구와 개화 모두로부터 표적이 되었다. 이런 가운데 고종의 개혁정책은 표류하다가 실종되었다. 그 결과가 동학농민운동의 발발이있다. 이들은 '권귀진멸(權貴盡滅)'을 표어로 내걸었는바, 여기서 '권귀'로 지목된 것 또한 민씨척족이었다. 국정 운영의 모든 실패가 민비에게로 향했다. 고종은 그런 비판과 공격에서 벗어나는 듯하지만, 이것은 왕을 표적으로 삼았을 때 역모로 몰릴 수 있는 두려움 때문이었을 뿐이다. 황현은 이때 실정의 근원과 책임이 고종과 민비 두 사람에게 있다고 보았다. 황현이 서울살이에서 얻은 결론이 그러했다.

이 시기의 구체적인 내용을 살피기 전에 '개항' 후 서울의 모습이 달라지는 것부터 보기로 하자. 다음은 《매천야록》에 나오는 기사이다(상/186).

> 일본 공사 궁본수일(宮本守一)이 녹천정을 점유했다. 이 정자는 남산 자락 주동 머리에 있었는데, 소나무와 천석이 그윽한 곳으로, 예전에 양절공 한확의 별장이었고, 근래는 전 판서 김상현이 살고 있었다. 일본인들이 임오군란 이후 다시 와서 소리치며 능멸하는 것이 전에 비해 몇 배나 되었다. 조정에서는 그들의 비위를 거스를까 염려하여 마지못해 따랐던 것이다. 마침내 녹천정을 빼앗아 그들의 공관으로 삼았으니, 이로부터 제멋대로 차지하여 주동·나동·호위동·남산동·난동·장흥방에서, 서쪽으로 종현·저동에 미치고, 옆으로 이현(진고개) 일대에까지 뻗쳐, 상남촌(上南村)의 5분의 4를 그들의 범위 안에 집어넣어 10여 리 땅이 모두 왜촌(倭村)이 되었다.

황현은 서울에 올라와서 남산 자락에 거처를 정했기 때문에 이러한 사정을 자세히 알 수 있었다. 임오군란 후 일본인만 서울에 들어온 것이 아

망국—무엇이 문제였는가

니었다. 청국은 군란 진압을 명분으로 3,000명의 병력을 파견했고, 청국 상인들이 그 뒤를 따라와서 청계천 부근에 집단적으로 거주했다. 서대문 안쪽의 정동에는 미국 공관이 들어선 후 서양 각국의 공관과 선교사들이 한데 모여 살았다. "이에 성안이 온통 이색인(異色人)들로 넘쳐났으며, 도성 사람들이 두려워하며 요란을 떠니, 분위기가 스산하여 난을 피해 사방으로 떠나는 이들이 많았다."

황현은 이런 변화의 시기에 개화와 척사 어느 쪽에도 분명하게 서지 않았다. 대체로 말하면 사태를 관망하는 편이었다. 황현이 서울에서 교류한 사람들은 세 부류였다. 그가 먼저 '선생'으로 모신 강위는 개화에 적극적인 인물이었다. 무반 출신인 그는 1870년대와 1880년대 초 중국과 일본을 오가면서 세상이 어떻게 돌아가고 있는지를 나름대로 파악하고 있었다. 갑신정변을 일으킨 김옥균이나 박영효와도 친분이 있었다. 그런데 이 정변이 일어나기 직전에 세상을 떴다.

강위 다음으로, 황현이 사귄 이건창은 전주이씨로서 소론 명문가의 자제였다. 그의 할아버지 이시원(1790~1866)은 고종이 즉위한 후 대사헌, 좌참찬, 예조판서, 이조판서 등을 역임하고 정헌대부에 올랐다. 그는 집안 대대로 살아오던 강화도가 병인양요로 함락되자 아우 이지원과 함께 유서를 남기고 음독 자결했다. 이시원을 발탁했던 대원군은 그에게 충정(忠貞)이라는 시호를 내리고 영의정에 추증했다. 이건창이 열다섯 살의 나이에 과거에 합격할 수 있었던 것도 이시원의 음덕이 작용했다고 볼 수 있다. 어떻든 이런 가문을 배경으로 하여 성장했던 만큼, 이건창은 개화와는 일정한 거리를 유지할 수밖에 없었다. 이건창은 황현과 마찬가지로 강위를 스승처럼 모셨으나, 이는 어디까지나 시문(詩文)에 한정된 것이고 시대 인식에 있어서는 강위와 달리 보수적이었다.

황현은 서울에서 그런 이건창과 함께할 수 있었던 것을 자기 생애에서
가장 의미 있는 일 중의 하나라고 생각했다. 이건창은 고종으로부터 몇 차
례 부름을 받아 벼슬길에 올랐다가 뜻이 맞지 않아 물러나곤 했다. 나중에
는 벼슬을 사양했다가 유배까지 갈 정도였다. 향리인 강화도에서 그가 숨
을 거두자, 《매천야록》에는 이렇게 기록했다. 1898년의 일이다(상/551).

> 전 참판 이건창이 졸했다. 그는 성품이 청렴 개결하여 악을 증오하
> 였으며 시류에 영합하지 않았다. 벼슬길이 순탄치 않아 과거 급제
> 한 지 40년[30년]이 되어서야 비로소 가선대부의 품계에 올랐다.
> 갑오년 6월에 통곡하고 고향으로 돌아가 다시는 서울에 올라가지
> 않았다. 이때에 이르러 중풍으로 강화도의 시골집에서 죽었다. 나
> 이가 47세였다. 이 소식을 들은 이들은 모두 애도를 표하였다. 이
> 건창은 문장이 고아하여 홍석주와 어깨를 견줄 만하였다.

《매천야록》에 오른 인물 중에는 흠결이 없는 사람을 찾아보기가 어려
운데, 이건창과 그의 집안만큼은 예외였다. 황현은 평생의 지기인 이건창
을 그만큼 아끼고 소중하게 생각했다. 이는 그의 인품과 학문을 존중한
데서 비롯되었다고 볼 수 있다.

황현이 서울에서 교류한 세 번째 부류는 개화와 척사의 중간 어디엔
가 있으면서 시무에 종사했던 사람들이다. 흔히 온건 개화파로 분류되는
김윤식(1835~1922)이 대표적인 예이다. 황현이 언제 어떤 경로로 김윤
식과 가까워졌는지는 알 수 없지만, 《매천야록》에 그에 관한 기사가 여러
군데 나온다. 다음은 그중 한 대목이다(상/263).

김윤식을 면천군으로 유배 보냈다. 그는 외무에 익숙하고 시국에도 마음을 두고 있었으나 재간과 국량은 부족하였다. [중국] 천진에서 돌아온 뒤에 연거푸 중용되어 강화 유수로 나갔다가 병조판서가 되었으며 겸하여 외무독판도 맡게 되었다. 원세개(袁世凱)와 가까이 지냈는데, 그는 임금(고종)이 사리에 어둡고 못난 것을 민망히 여겨 한번은 김윤식을 대하여 이렇게 말했다. "국왕의 덕이 고쳐질 가망이 없으니, 내선(內禪)을 하여 대원군이 보좌하게 하고 민씨들의 세력을 물리쳐 백성의 소망에 부응한다면 혹 국정이 좋아질 수도 있지 않겠는가?" 이 말은 들은 김윤식은 땀을 흘리며 덜덜 떨고 감히 대답하지 못하였다. 명성후는 새어 나온 말을 듣고 크게 노하여, 김윤식이 나랏일을 들추어 해를 끼친다 하여 유배를 보내도록 엄명을 내리고, 아울러 원세개도 몹시 증오하여 그와는 기밀을 논하지 않았다. 김윤식은 8년 동안 귀양살이를 하다가 갑오년(1894) 여름에야 비로소 석방되었다.

이 기사는 1880년대의 시대 상황을 살피는 데 요긴하다. 고종은 개항 후 서양 문물과 제도의 도입이 불가피하다고 생각하고 1881년에 일본과 중국에 각각 시찰단을 파견한 바 있다. 이때 김윤식은 영선사(領選使)로서 중국 천진(天津)으로 갔다. 그에게 부여된 임무는 두 가지였다. 하나는 신무기 기술을 배우는 것이고, 다른 하나는 연미사(聯美事), 즉 미국과의 수교를 위한 사전 교섭이었다. 이듬해 서울에서 임오군란이 발생했다는 소식을 들은 김윤식은 청국에 파병을 요청하고 그들 군대와 함께 귀국했다. 군란 수습 후 중용된 김윤식은 청국에서 조선 내정을 '감독'하기 위하여 파견한 원세개와 가까워져서 그로부터 '고종 폐위' 운운하는 이야기를 듣게 되었던 것이다. 그런데 이 말이 새어나가 민비에게 전해지자 김윤식은 유배를 가게 되었다. 이때가 1887년이었다.

황현은 나중에 귀양 간 김윤식을 찾아가는데, 그때 그런 말을 직접 들은 듯하다. 《매천야록》에는 또 이런 기사가 나온다(상/221).

원세개가 김윤식에게 이런 말을 했다. "귀국은 정사가 어지러워진 지 오래되었으니 크게 경장을 하지 않으면 유지될 수 없다. 10월에 났던 정변[갑신정변]은 정당성이 없다고 볼 수 없다. 김옥균 무리가 만약 나에게 [미리] 알렸다면 나는 응당 중립을 지키고 일이 이루어져 가는 것을 관망했을 것이다. 그런데 일이 너무나 뜻밖에 일어났기 때문에 견제를 했던 것이다." 나는 이 이야기를 김윤식에게 들었다.

앞서 인용한 기사와 같은 맥락의 이야기이다. 주지하듯이 원세개의 '고종 폐위' 음모는 갑신정변 후 청국의 공공연한 내정 간섭에 반발한 고종과 민비가 러시아와 가까워지려고 하는 데 대한 일종의 견제책이었다. 항간에 퍼지는 조러밀약설에 원세개는 고종폐위론으로 대응했던 것이다. 외무독판이었던 김윤식은 그 사이에 끼었다가 6년 가까이 유배의 고초를 겪었다. 그는 청일전쟁 후 다시 조정에 복귀하여 외무대신을 지내지만, 이번에는 을미사변에 연루되어 제주도로 귀양을 갔다. 그 후 지도(智島)로 옮기는데, 이때 황현은 김윤식을 찾아가 만났다는 기록이 《매천야록》에 나온다. 두 사람의 관계가 예사롭지 않았음을 말해 준다.

한편, 황현은 원세개(1859~1916)라는 인물에 대하여 호의적이었다. 임오군란 후 청국 군대 인솔자의 한 사람으로 서울에 왔던 그는, 갑신정변 진압 후 주차조선총리교섭통상사의(駐箚朝鮮總理交涉通商事宜)로 임

망국—무엇이 문제였는가

명되어 조선 내정에 깊숙이 개입했다. 하여, 감국대신(監國大臣)으로 불리기도 했다. 《매천야록》에서는 이런 그에 대하여, "사람됨이 명민하고 조숙하여 서울에 온 지 1년여만에 크게 서울 사람들의 마음을 얻었다"라고 했다.

이와 같은 평가는 황현이 당시 중국의 속방화 정책에 대하여 크게 마음을 쓰지 않았음을 보여 준다. 그런데 달리 생각하면, 이때 황현이 중국의 힘을 빌려서라도 국정을 쇄신하는 것이 좋지 않겠는가 하는 속마음을 드러냈던 것으로도 볼 수 있다. 황현이 서울에서 보고 듣고 느낀 바는 고종과 민비가 계속 통치하는 한 조선은 몰락의 구렁텅이로 떨어질 수밖에 없다는 것이었다.

《매천야록》의 1880년대 기록은 그러한 상황 인식을 보여 준다. 몇 대목을 살펴보기로 하자(상/123).

> 임금이 친정한 이래 날마다 유흥을 일삼아 매일 밤 연희를 열고 질탕하게 놀아, 광대·무당과 악공들이 어울려 노래하고 연주하느라 궁정 뜰에 등촉이 대낮과 같았다. 새벽에 이르도록 쉬지 않고 놀다가 인시나 묘시, 진시가 되어서야 비로소 휘장을 쳐서 창을 가려 어둡게 하고 잠자리에 들어 곯아떨어졌다. 해가 기울어서야 일어나니 이런 일이 일상사가 되어 세자는 어릴 때부터 익숙히 보아 일상으로 생각했다. 매일 아침 햇살이 창가를 비추면 양전의 옷을 잡아당기면서, "마마, 주무시러 가십시오" 하였다. 이로 말미암아 주무를 맡은 자들이 해이해졌다.

이러한 '유흥' 기록은 다분히 과장된 것이지만, 언제부터인가 고종은 낮이 아니라 밤에 정사를 보았다. 다음 장에서 보게 될 윤치호는 1883년 5월부터 대궐에 드나드는데, 거의 대부분 늦은 저녁 또는 새벽에 고종과 민비를 알현한 것으로 되어 있다. 따라서 윤치호는 대궐 내의 공사청에서 잠을 자다가 양전을 뵙곤 했다.

왜 그랬을까? 다음의 기사를 보자(오하/695). "[고종과 민비는] 임오년과 갑신년의 변란을 겪은 이후로 늘 어두운 밤에 화가 일어난 것을 두려워하여 대궐 안에 매일 밤마다 전기등 수십 촉을 밝혀서 아침까지 환하게 하였다. 등 한 촉의 값이 3천 민(緡)이나 되었다. 그 밖에 허다하게 소모한 경비는 일일이 다 기록할 수 없을 지경이었다." 그러니까 두 차례 정변을 겪은 후 신변 안전을 도모할 겸 주로 밤에 정사를 보게 되었다는 것이다.

문제는 이로 말미암아 국정 운영이 정상적으로 이루어질 수 없었다는 점이다. 윤치호의 경우 밤에는 대궐 안에 있다가 낮에는 미국 공관에서 통역 업무를 맡아야 했으니, 집에 들어가는 날이 드물었다. 그는 이때 스무 살이 안 된 미혼이었으니 이런 불규칙한 생활을 견딜 수 있었다지만, 대신과 그 이하의 관료들은 어떠했겠는가! 황현은 이 일을 두고, 그냥 '주무'를 맡은 자들이 해이해졌다고 말했다.

이런 가운데 왕실에 대한 이런저런 뒷말들이 나왔다. 다음은 《매천야록》에 나오는 일화이다(상/292).

승지 이최승은 월사 이정귀의 후손으로 오래도록 가주서(假注書)로 궐내에서 당직을 하였다. 그가 나에게 이런 얘기를 들려주었다. 한번은 밤이 깊었는데 노래하며 악기를 연주하는 소리가 들려 액례(掖隷)를 따라 소리를 찾아가 한 전각에 이르고 보니 휘황하기가 대낮처럼 밝은데 양전이 편복으로 산만하게 앉아 있는 것이 보였다. 섬돌 아래에는 머리띠를 하고 팔뚝을 드러낸 채 노래하고 북 치는 자들이 수십 명인데 잡된 소리로 노래하는 것이었다. "오는 길 가는 길에 만난 정 즐거워라, 죽으면 죽었지 헤어지기 어렵더라." 음란하고 비속해서 듣는 자들이 모두 얼굴을 가렸으나 명성후는 넓적다리를 치면서, "좋지, 좋아"하며 칭찬을 하였다.

이 글에 나오는 가주서란 승정원에 속한 정칠품 벼슬로서 주서가 그의 직무를 할 수 없을 때 그 일을 대신 맡도록 정원 이외로 둔 직책이었다. 그리고 액례란 내시부의 액정서에 소속된 구실아치들이었다. 왕실 내부의 은밀한 이야기들은 밤낮으로 당직을 서는 그런 사람들을 통하여 세상에 알려지곤 했다.

다음은 그 유명한 진령군(眞靈君)에 대한 기사이다. 이미 많이 알려졌지만, 자료적인 가치가 있기에 그대로 소개한다(상/193).

중전이 [임오군란으로] 충추로 피신했을 때 한 여자 무당이 찾아와서 배알했다. 그 무당에게 환궁할 때를 점쳐 보도로 했는데 날짜가 틀리지 않았다. 그래서 중전은 그 여자를 신통하게 여겨서 데리고 환궁하였다. 무릇 몸이 좋지 않을 때 그 무당이 손으로 아픈 곳을 만지면 증세가 금방 덜해지곤 하였다. 매일 중궁을 가까이 모시게 되어 그의 말이라면 들어주지 않는 것이 없었다. 무당은 드디어 드러내 말하기를 자신이 관성제군(關聖帝君)의 딸이라면서 마땅히 신당을 세워 받들어야 한다고 주장하였다. 중전은 이 말을 그대로 따르고, 무당을 진령군으로 봉해 주었다. 무당은 거리낌 없이 궁전을 들락거리며 때로는 융복(戎服)으로 단장을 하였는데, 양전은 손으로 가리키며 "참으로 군(君)이 되었구나!" 하며 웃었다. 상으로 하사받은 금은보화가 헤아릴 수 없을 정도였으며, 사람들의 화복이 그 여자의 말 한마디에 달려 있었고, 지방 수령과 감사, 병사·수사 등이 왕왕 그 손에서 나왔다. 이때에 부끄러움을 모르는 경재(卿宰)들이 다투어 그 여자에게 아부하여 어떤 이는 무당을 누이라고 부르고, 혹은 그 아들이 되기를 원하는 자들도 있었다. 조병식, 윤영신, 정태호 등이 그중에서도 심한 자들이었다.

이리하여 '요무(妖巫)'를 당장 처단해야 한다는 여론이 일고 상소가 올라왔지만, 고종과 민비는 끄덕도 하지 않았다. 오히려 상소를 올린 사람들이 처벌을 받았다. 개항 후 밀어닥친 내우외환의 위기 속에서 초조해진 왕실은 무언가 초인적인 힘에 의존하고 싶어 했던 것이 아닐까 하는 생각마저 하게 된다. 궁중에서 자주 열었다는 '연회'도 잠시나마 무거운 현실에서 벗어나고 싶은 충동에서 비롯된 일로도 볼 수 있다.

《매천야록》에는 진령군 외에도 무속과 관련된 이런저런 이야기들이 계속 나오는바, 왕실이 주술의 힘에 의존하면 할수록 국정 운영의 난맥상은 커질 수밖에 없었다. 그중에서도 가장 큰 문제는 재정이었다(상/86).

원자가 태어난 후 궁중에서는 한정 없이 기복하는 일을 하여 팔도의 명산에 두루 미쳤으며, 임금 또한 연회를 멋대로 열어 지불하는 돈이 헤아릴 수 없어 양전이 하루에 천금을 쓰니, 내수사의 경비로는 지탱할 수가 없었다. 마침내 공공연히 호조와 선혜청에서 끌어쓰는데도 재정을 담당한 신하는 한 사람도 반대하는 자가 없었다. 일 년이 지나지 않아 운현이 십 년 동안 저축해 둔 것이 탕진되었다. 벼슬을 팔고 과거를 파는 폐정이 이어서 생겨났다.

망국—무엇이 문제였는가

원자(순종)의 출생이 1874년인데, 이해에 고종의 친정이 시작되었다. 그리고 일 년 만에 대원군의 십 년 저축을 탕진했다고 한다. 이때는 나라의 씀씀이가 커지고 있었다. 무엇보다도 일본과의 수교 후 제도 정비와 개혁·개방 정책에 많은 비용이 들어갈 수밖에 없었다. 따라서 왕실은 최대한 내부의 씀씀이를 줄여야 했는데 오히려 국가의 재정 운영에 부담을 주고 있었던 것이다.

이제 바닥을 보이는 재정을 어떻게 메꾸어 나갈 것인가? 고종이 친정 후 당면한 과제였다. 그런데 이 일이 여간 어렵지 않았다. 다음의 기사를 보자(오하/695).

> 나라의 재정이 부족하여 비용을 마련한 길이 없자, 관직을 파는 것만으로는 부족하여 대소과(大小科)를 팔았고, 서리의 요직도 팔았다. 또 광산을 개발하여 석탄을 캐고, 어류·소금·구리·철을 전매하였으며, 시정의 여러 물화마다 모두 세금을 매겼다. 또 홍삼을 전매하여 민영익을 시켜 중국에 팔게 하였다. 이러고도 부족하여 양채(洋債)와 왜채(倭債)를 빌려 만만(萬萬)에 이르렀다. 무릇 재물을 마련하는 재간은 각기 맡은 바가 있었기에, 위로는 공경으로부터 아래로는 겸예(傔隷)와 상고(商賈)에 이르기까지 누구나 불러들여 만났다. 이들을 모두 '별입시(別入侍)'라고 일컬었다. 이에 별입시가 사오백 명에 이르렀으나, 끝내 재용을 넉넉하게 한 사람이 없어 모두 임금의 마음에 흡족하지 않았다. 민영준이 이를 헤아려 온갖 방법으로 끌어모아, 교묘히 취하고 강제로 빼앗는 것이 끝이 없었다.

여기에는 고종 친정 뒤에 궁핍한 재정을 조달하는 방법이 모두 담겨 있다. 매관매직, 과거 팔기, 세원 발굴과 전매사업, 외채 조달 등이었다.

이 가운데 가장 손쉬운 것이 앞에 나오는 두 가지였다. 《매천야록》에도 종종 그런 기사들이 나온다. 다음은 하나의 예이다(상/232).

> 이때 한 해 걸러 증광시를 치르고 한 달 걸러 응제시를 치르고 거듭 식년과를 치렀는데 열에 아홉은 돈 냄새가 나는 것이었다. 서울 부근으로부터 먼 시골에 이르기까지, 성균관과 사학(四學)의 학생들부터 일반 백성에 이르기까지 모두 생업에 힘쓰지 않고 바쁘게 쫓아다녀 바람들어 미친 것 같았다. 서울의 부상·대고들이 별계(荊契, 어음)를 담당하여 과거값으로 바칠 것을 마련해 주는데 새벽부터 밤중까지 세고 들어내가고 하느라 난리를 만난 것 같았다. 추가로 합격자를 뽑으라는 명이 또 내려오자, 민응식은 민망하게 여겨 임금에게 아뢰자 이런 대답이 돌아왔다. "여러 말 말라. 속담에 이르기를 '조선 말기에는 마을마다 급제자요, 집집마다 진사'라 했는데, 그대는 듣지 못했는가? 대운(大運)이 그러한데 어찌하겠는가? 내가 과거를 팔지 않는다 하여 어찌 나아지겠는가?"

여기서 이때라고 함은 1885년이다. 황현이 과거를 보기 위해 서울에 머물고 있을 때였다. 그런데 이와 같은 일이 벌어지고 있었다. '도깨비 나라의 미치광이들'이라는 말이 절로 나올 수밖에 없었다. 매관매직의 실태는 더욱 심각했다. 믿기지 않을 정도였다(상/278).

> 좌의정 김병시가 상소를 올렸다. "수령을 자주 교체하는 폐단으로 인해 지방에서 민요가 일어나고 있습니다. 수령은 하루라도 자리를 비울 수 없는데 후임자를 내려보내는 것이 지체되고 있으니 청컨대 빨리 가려서 내려보내소서." 이때 외직으로 감사·유수·병사·수

사와 진장(鎭將)에 이르기까지 으레 판매가 이루어져 돈이 많은 자라야 보임이 될 수 있었다. 어떤 자리에 1만 냥을 바치고 임명되었더라도 그 뒤에 몇천 냥을 더 내놓는 자가 있으면 먼저 임명된 자는 도태시켜 차함(借銜)이나 내려주는 등 밀어내고 긁어내고 하여 더 얻어낼 것이 없는 다음에야 그만두었다. 그래서 시골 사람으로 엽관하던 자가 간혹 파산을 하고 빈손으로 돌아가기도 하고, 부임하던 자가 중도에서 수레를 돌리기도 하며, 혹은 아문에 나아갔다가 금방 인끈을 풀어놓기도 하여 백성과 아전들이 수령을 맞이하고 보내느라 피곤해질 수밖에 없었다.

이리하여 영남의 어느 고을에서는 일 년 사이에 네 번이나 신관을 맞이하기도 했다. 그들은 교체되지 않는 몇 달 사이에 바삐 긁어모아야 했으니 조그마한 재산이라도 있으면 약탈당하지 않을 수 없었다. 이에 부자나 가난한 자나 모두 곤궁해져 백성들은 살 의욕을 잃었다고 했다. 특히 민씨척족의 토색질이 심했다. 다음의 기사를 보자(오하/708).

대개 민씨 성치고 탐학하지 않은 자가 없어 팔도의 큰 고을은 대체로 민씨가 수령을 하였으며, 평안도 감사나 통제사에 이르르는 민씨가 아니고는 하지 못한 것이 이미 10년이 되었다. 민형식 같은 자는 고금에 유래가 없어 백성들이 그를 '악귀(惡鬼)' 혹은 '미친 호랑이(狂虎)'라고 일컬었으니 그가 능히 사람을 생으로 씹어 먹었기 때문이다.

여기에 나오는 민형식(1859~1931)은 임오군란 당시 충주로 피신하는 민비를 호종한 후 벼슬길에 올랐던 인물이다. 무과로 출세했는데 파격적으로 발탁되어 나이 서른도 안 되어 삼도수군통제사에 임명되었다. 그가 통제영에 부임한 일 년 사이에 군교들이 사방으로 나가서 부유한 사람들을 잡아 가두니 농지 4, 5경을 하는 사람치고 구금되지 않는 자가 없어 묶여 가는 행렬이 수륙(水陸)에 연이어서 원한의 소리가 도로 위에 울려 펴졌다. 영남에서 호남에 이르기까지 여위어 죽어가는 자가 끊이지 않았는데, 돈꿰미는 언덕을 이루어 날이 오히려 부족할 지경이었다고 한다.

나중에 민영휘로 개명하는 민영준(1852~1935)의 경우, 평안감사로 있다가 선혜청 당상으로 자리를 옮기는데 이때 금송아지를 고종에게 바친 후 왕실의 금고지기가 되었다고 한다. 이를 빌미로 하여 재물을 모으기 시작한 민영준은 그의 전원에서 거두는 도조가 백 만석에 이르러서 '삼국(三國)의 갑부'라고 중국 신문에 오를 정도였다. 그의 재산은 아무리 헐값에 팔아도 3년 동안 군대와 국정을 운영하는 데 드는 비용을 충당할 수 있다고도 했다. 황현은 세도정치가 시작된 이래 민영준과 같이 추악한 인물은 없었다고 말한다.

왕실을 배경으로 한 민씨척족의 탐학에 백성들은 절망했다. 이에 팔도가 시끄러웠는데 아이들 노래나 많은 사람들의 소리가 온통 "왜 난리가 나지 않느냐"는 것이었고, 혹은 길게 탄식하며 "무슨 좋은 운수라고 난리를 보겠는가"라고 했다. 황현은 이러한 백성의 절규가 결국 '동학란'이라는 화변을 낳고, 이것이 망국으로 나아가는 길이 되었다고 보았다. "아! 졸졸 흐르는 물이 끊이지 않으면 마침내 큰 강물을 이루게 되나니, 국가가 장차 망하게 되면 권신인들 어찌 홀로 보존할 수 있겠는가!"《오하기문》에 나오는 이야기다.

(2) 고종·민비 공동집권기, 제2기(1894~1895)

이 시기에는 세 가지 굵직한 사건이 거의 동시에 얽히며 진행되었다. 첫 번째는 호남 지방에서 일어난 동학농민운동이요, 두 번째는 동아시아를 무대로 한 청일전쟁이며, 세 번째는 서울의 군국기무처에서 추진한 갑오개혁이다.

지리산 자락에 은거하던 황현이 직접 보고 들을 수 있었던 것은 첫 번째 사건이었다. 그가 지역적 연고를 지녔던 남원, 광양, 구례는 동학농민운동이 휩쓸던 지역이었다. 특히 남원은 농민군을 이끌던 지도자 중 가장 과격했던 것으로 알려진 김개남이 둥지를 튼 곳이었다. 황현은 1880년대 후반 구례에 정착한 후 서울에서와 마찬가지로 시문을 매개로 하여 지역의 지식인들과 폭넓은 교류를 해 왔다. 이들과의 인적 연결망은 동학 '비도(匪徒)' 또는 '적당(賊黨)'들의 활동을 파악하고 그들이 발포하는 각종 포고와 격문 등을 입수하는 데 큰 도움이 되었다. 한편으로는 지방 수령들과의 접촉을 통하여 정부의 반응과 대책을 전해 들을 수 있다. 《오하기문》이 이렇게 해서 나올 수 있었다.

세 번째 사건인 갑오개혁은 주로 법령 제정과 공포에 의하여 일반에 알려졌던바, 이것은 《조보(朝報)》, 나중에는 《관보》를 보면 바로 알 수 있었다. 그런데 이 《조보》 편집을 맡은 사관이 황현의 지기인 김택영이었다. 그는 《한사경》의 서문에서 이렇게 말했다. "지난날 내가 조선의 사관(史官)으로 일한 3년은 한국이 개혁을 하던 초창기라 어수선하였다. 그리하여 한 시대에 이리저리 흩어져 없어져 버린 옛일은 다 쓰지도 못하였고, 다만 수십 년간의 《조보》만을 간추려 정리하였을 뿐이다."

여기서 말하는 《조보》란 조선 중기 이래 승정원에서 발행하던 소식지로서, 그 안에는 국왕의 전교나 윤음, 관리에 대한 인사 발령, 유생과 관료들의 소장과 이에 대한 국왕의 비답, 중앙 및 지방의 각 관서로부터 국왕에게 올리는 보고서 등 다양한 내용이 담겼다. 왕조시대 동치의 보조적 수단으로 활용되었던 《조보》는 갑오개혁 시기에 그 제호가 《관보》로 바뀌면서 정부의 제반 개혁을 홍보하는 기관지로서의 성격이 좀 더 뚜렷해졌다. 김택영은 이런 과도기에 '사관'으로 재직하면서 지난날의 《조보》 정리와 새로운 형태의 《관보》 발행에도 관여했다. 황현이 지방에 있으면서 고종시대의 역사 집필에 착수한 시점과 김택영이 중앙정부의 '사관' 일을 맡게 되었던 시기가 일치하는 것은 그냥 우연이라고만 보기에는 어려운 구석이 있다. 개항 이후, 특히 갑오개혁이 진행되던 시기에는 모든 일이 서울을 중심으로 하여 돌아가고 있었다는 사실을 간과해서는 안 된다.

황현은 동학농민운동의 발발과 진행 과정에 대해서는 현지에서 보고 듣는 것으로, 거의 같은 시기 서울에서 진행되고 있던 갑오개혁에 대해서는 《관보》와 같은 소식지로 전해 들을 수 있었다. 문제는 청일전쟁에 관한 것이었다. 이 전쟁의 발발 배경과 진행 과정은 지리산 자락의 향촌 지식인이 보고 듣고 이해할 수 있는 범위를 넘어선 것이었다.

어떻게 이 사건에 접근할 것인가? 황현은 그 방법을 찾아냈다. 《중동전기본말(中東戰紀本末)》이라는 문헌자료의 입수였다. 이 책은 중동전쟁, 즉 청일전쟁의 자초지종을 기록한 일종의 자료집이자 평론서였다. 청말 중국에서 활동한 미국인 선교사 알렌(Young J. Allen, 林樂知, 1836~1907)과 중국인 채이강(蔡爾康, 1852~1921)이 함께 펴낸 이 책은, 1896년 상해의 광학회(廣學會)에서 초판 8권이 나왔고, 1897년에 속편 4권, 이어서 1900년에 3차로 4권이 나왔다. 총 16권으로 글자 수만 대략 100만에 이른다는 거질의 저작이었다. 당대는 물론 오늘날에도 청일전쟁을 연구하는 중요한 참고문헌인 만큼 1950년대 중국사학회에서 편찬·정리한 《중국근대사자료총간》에도 수록되었다.

청일전쟁과 그 이후의 사태까지 다룬 《중동전기본말》은 출간 이래 중국 지식인들에게 커다란 영향을 끼쳤을 뿐만 아니라 주변 인접국에도 유입되어 번역서까지 나옴으로써 당시 국제사회의 주목을 받았다. 이것은 그 책의 발행 목적이 전통을 고수하고 변화를 두려워하는 중국, 나아가 동아시아 지식인들의 각성을 촉구하는 데 있었기 때문이다.53

한국에서는 현채(1856~1925)에 의하여 국한문 혼용의 발췌 번역본인 《중동전기》(상·하, 황성신문사, 1899)가 나와 일반에 널리 알려졌다. 이 책의 발문에서는 이렇게 말한다.

> 중동전쟁은 우리로 인해 일어난 것이므로 한국 선비들은 중·일·한 세 나라의 관계가 어떻게 전쟁으로 연결되고 어떻게 화의로 끝났는지, 또 어떻게 이기고 어떻게 졌는지를 알지 못하면 안 된다. 이리하여 승리한 이유를 본보기로 삼고 패배한 원인을 교훈으로 삼아 자수자강을 도모함으로써 우리 대한 또한 쇠퇴한 나라에서 부강한 나라로 바꾸어 서구의 독일, 동양의 일본과 어깨를 나란히 할 수 있을 것이다.

여기서 한국 '선비'를 콕 집어 말한 것은 아직도 중화주의적인 세계관, 문명관에서 벗어나지 못하는 그들의 각성을 촉구하려는 의도에서였다. 이런 서문 다음에는 조선의 궁내부대신 이재순이 편자(林樂知, 알렌)에게 보내는 감사의 편지가 실린다. 여기에는 대군주폐하(고종)께서 그 책을 열람한 후 크게 칭찬하고 수놓아 만든 병풍(繡屏)을 하사하셨다는 이야기가 들어 있다. 이 편지는 알렌이 상해에서 발행하는 《만국공보(萬國公報)》

(1897년 8월호)에 전문이 실린 바 있는데, 현채의 번역본에 전재된 것이다. 어떻든 《중동전기본말》은 출판되자마자 국내로 유입되어 고종을 비롯한 조정 대신들이 열람했음을 알 수 있다. 그들이 이 책을 보면서 조선의 형편에 대하여 어떤 생각을 했는지는 알 수 없다.

그렇다면 황현은 《중동전기본말》을 보면서 어떤 생각을 했을까? 그가 이 책을 입수한 시점이나 경위는 알 수 없지만, 한 가지 분명한 것은 현채의 번역본이 나오기 전에 원본을 먼저 보았다는 사실이다. 이것은 《오하기문》과 《매천야록》에서 그 원문을 직접 인용한 것으로써 확인된다. 황현이 중국에서 나온 《중동전기본말》에 대한 정보를 얻는 데는 역시 김택영의 존재를 빼놓고는 생각하기가 어렵다. 김택영은 임오군란 후 서울에 들어온 중국 관리 장건(張謇, 1853~1926)과 친분을 맺었고, 그 인연으로 나중에 중국으로 망명하여 정착할 수 있었다. 김택영과 장건 사이에 다리를 놓은 것은 김윤식이었다. 황현이 김윤식을 알고 지내게 된 것도 이 무렵일 수 있다. 임오군란은 뜻하지 않게 한국과 중국의 지식인들이 서로 교류할 수 있는 장을 제공했던 것이다.

이제 《매천야록》으로 이야기를 옮겨보자. 이 책의 제2권은 갑오년(1894, 고종 31년, 청 광서 20년, 일본 명치 27년)으로부터 시작된다. 첫 기사는 고부 '민란'에 대한 것이다. 이어서 중국 상해에서 벌어졌던 김옥균 암살사건에 대한 기사가 나오는데, 이때부터 《중동전기(본말)》를 인용한 문장들이 나오기 시작한다. 그런 다음에 청일전쟁으로 이야기가 옮겨가는데, 이 사이에 아주 흥미로운 기록이 등장한다. 잘 알려져 있듯이 청일전쟁의 발단은 조선 정부에서 '동학란'을 진압하기 위하여 청국에 원군을 요청한 데 있었다. 여기서 문제가 되는 것은 과연 누가 그 이야기를 먼저 꺼냈느냐 하는 점이다. 이는 학계에서도 오랫동안 논쟁이 되어 온 주제이기도 한데, 주로 조선 조정이나 아니면 '감국대신'을 자처했던 원세개에게 시선이 쏠려 왔다. 그리고 조선 조정을 지목할 때, 고종인가 아니면 당시 척족 정권의 중심에 서 있던 민영준이었는가에 대한 의견이 분분했다.

이런 학계의 논쟁은 공식적인 기록이 제대로 갖추어지지 못한 데 있었다. 다음은 《고종실록》에 나오는 기사인데, 이것은 갑오년 청병(請兵)에 관한 조선 정부 측의 유일한 공식기록이다. 고종 31년 5월 1일 조에 나온다. 양력으로는 1894년 6월 4일이었다.

> 이때에 전주가 이미 함락되고 적(동학농민군)의 세력이 성해지니 정부에서 비밀리에 원세개와 의논하고 청나라에 구원을 청하였다. 청나라 조정에서는 제원, 양위 두 군함을 파견하여 인천과 한성에 가서 청나라 상인을 보호하게 하는 동시에 제독 섭지초(葉志超)와 총병 섭사성(聶士成)으로 하여금 세 군영의 군사 1,500명을 인솔하고 아산에 와서 상륙하게 하였다.

이 기사만으로는 당시 누가 청병의 최초 제안자였는지 알 수 없다. 다만 조선 정부에서 비밀리에 원세개와 의논했다고만 되어 있다.

그런데 《매천야록》에는 그 '비밀'에 가려져 있던 이야기가 나온다. 사태의 중요성을 감안하여 관련 기사를 그대로 옮겨 본다(상/340). 당시의 상황을 이해하는 데 많은 도움을 준다.

> 청국에 원군을 요청하였다. 이때 적의 기세가 날로 확대되니 여러 성읍들이 연이어 함락되는데 백성들은 도리어 기뻐하는 기색이었

다. 동학이 패했다는 말이 있으면 모두들 믿지 않고 마음속으로 그럴 리가 없다고 하였으며 오히려 관군이 패했을 것이라고 말하였다. 서울의 큰 벼슬아치들도 시골 사람을 만나 적의 소식을 듣고는 모두 한숨을 쉬면서, "어찌 그렇지 않을 수 있겠는가?" 하였다. 이원회가 순변사(巡邊使)로 내려가고 나서, 서울에서는 유언비어가 돌아 사람들이 놀랐는데, 혹은 전주가 이미 함락되었다고도 하고 혹은 적이 이미 금강을 건넜다고도 하여 사방으로 피난을 갔다.

이 글에서 '적'이라 함은 동학농민군을 가리킨다. 황현은 이들을 조선왕조의 지배체제와 신분 질서를 어지럽히는 도적 떼로 보았지만, 민심이 그들에게 향하는 것을 부정하지는 않았다. 농민군의 기세는 관군을 압도했다. 이런 소식은 서울 장안을 혼란에 빠트리고 조정을 놀라게 했다. 이어지는 문장을 보자(상/341).

또한 적이 홍계훈에게 보낸 정문(呈文)에 "국태공에게 올립니다"라는 구절이 있어서 홍계훈은 역마로 임금에게 보고하였다. 양전은 크게 두려워하며 적을 빨리 평정하지 못하면 점차 말하기 어려운 일이 발생할 것이라고 생각하여, 민영준을 불러 계책을 정하고, 전보를 보내어 중국에 원군을 요청하라고 했다. 그러자 민영준이 아뢰었다. "지난해에 체결한 천진조약에 청일 양국이 조선에 파병하는 일이 있으면, 쌍방이 통지하도록 되어 있습니다. 청국은 진실로 우리의 우방이니 우리를 보호하는 데에 악의가 없다고 보겠으나 왜국이 오래도록 틈을 엿보던 터이니, 만약 [그] 조약을 핑계 대고 부르지 않는데도 온다면 형세가 매우 위태로울 것입니다. 어떻게 해야 하겠습니까?" 중궁은 적의 정문을 꺼내놓고 꾸짖었다. "못난 놈!

내가 차라리 왜놈의 포로가 될지언정 임오년의 일은 당하지 않겠다. 또 내가 망하면 너희들도 씨가 마를 것이니, 여러 말 말라." 민영준은 마침내 원세개에게 구원을 청하여 원세개가 이홍장에게 전보를 치니, 이홍장은 답서를 보내어 허락하였다.

이 기사에 따르면, 청국에의 파병 요청은 '양전'에서 비롯되었고, 특히 민비가 단호한 태도를 보였음을 말해 준다. 그 이유인즉 동학농민군이 '국태공'(대원군)을 추대하여 임오군란 때와 같은 일이 벌어질지 모른다는 공포감 때문이었다. 군란 당시 반란군은 민비를 처단하려고 했고, 대원군의 생각 또한 그러했었다. 따라서 청국에의 원병 요청 문제를 놓고 민영준이 주저하자 민비가 질책했다는 것이다. 내가 차라리 '왜놈의 포로(倭俘)'가 될지언정 임오군란과 같은 일은 다시 당하고 싶지 않다. 그리고 내가 망하면 '너희들(汝輩)'도 함께 망할 것이다. 민비는 자기의 생사에 척족 정권의 운명이 달려 있음을 지적했다. 이런 민비의 태도에 놀란 민영준은 청국의 출병으로 일본과의 전쟁이 촉발되면 조선의 형세가 매우 위태로울 수 있다는 것을 뻔히 알면서도, 결국 원세개에게 파병을 요청하지 않을 수 없었다. 이것은 나라의 위태로움보다는 정권의 안위를 우선시한 것이었다.

황현은 그들의 이런 행태에 분노했다. "아아! 그다지 넓지도 않은 좁은 지역에서 소인배가 일으킨 버짐처럼 하찮은 일로 말미암아 온 나라가 흔들거리는데 아무런 대책도 없이 끝내 잇달아 만 리 밖의 외국에 도움을 요청했으니, 이는 천하가 비웃을 만한 일이다. 외국에 도움을 요청하는 일은 종묘사직과 백성의 안위가 걸린 막중한 일인데도 방안에서 수군거리며 마치 심부름꾼을 부르듯이 처리하고 말았다. 아하! 10년 개화가 추구한 부강의 결과가 이렇다니 비웃을 수밖에 없다. 비록 조정에 인재들이 몰려 있다고는 하지만, 나라의 위기를 해소할 제대로 된 계책조자 내놓은 사람이 없으니, 나는 소용없는 줄 알면서도 흐느껴 울며 슬퍼하노라!"[54]

친정 이후 고종과 민비는 나름대로 개혁과 개방 정책을 추진했지만, 임오군란과 갑신정변을 치르면서 이렇다 할 성과를 내지 못한 채 흐지부지되고 말았다. 그 후 청나라의 공공연한 간섭 아래 '잃어버린 10년'을 보냈다. 두 차례의 정변을 청국 군대가 진압했던 만큼, 어떻게 보면 그들의 간섭은 피할 수 없는 일이기도 했다. 이러한 수모를 받고서도 고종과 민비는 '동학란'이 일어나자 다시금 청국에 원병을 요청했던 것이다. 그들은 정권에 위기가 닥치면 청국에 의존하고, 정권이 좀 안정되는 듯하면 청국의 간섭에서 벗어나려고 했다. 청병 문제를 놓고 민영준과 접촉했던 원세개는 이렇게 말했다. "귀국의 임금과 신하는 어째서 이다지도 사람답지 못합니까?"[55]

여기서 한 가지 궁금한 것이 있다. 황현이 청병 문제와 관련하여 '비밀'에 부쳐졌던 그 뒷이야기를 어떻게 알 수 있었는가이다. 이 문제와 관련하여 짚이는 인물이 있다. 황현이 서울살이 할 때 그와 더불어 고금의 시문을 비평하고 천하와 당대 변화에 대해서도 이야기를 나누었다는 신정희(1833~1895)이다. 그는 일본과의 강화도조약 체결 시에 접견대신을 지낸 신헌의 아들로서, 아버지의 뒤를 이어 서울 도성의 치안과 강화도 수비를 책임지는 자리에 올랐었다. '동학란'이 일어난 직후에는 양호순무사(兩湖巡撫使)로서 농민군 토벌에 동원되기도 했다. 그런데 청국에의 원병 요청 문제가 오가던 시점에 신정희는 성기운과 더불어 군무사(軍務司)를 맡으라는 명을 받게 된다. 이 인사 발령은 앞서 인용한 《고종실록》 기사와 함께 나온다. 따라서 신정희는 청병에 대한 왕실의 태도와 입장이

망국―무엇이 문제였는가

무엇이었는지를 파악할 필요가 있었다. 이렇게 본다면, 신정희는 민영준 또는 원세개를 통하여 그 뒷이야기를 듣게 되고, 이것이 황현에게 전해졌다는 추론을 해 볼 수 있다.

황현은 그냥 앉아서 《오하기문》과 《매천야록》을 써내려 갔던 것이 아니다. 그는 취재할 내용이 있으면 관련 인물을 만나기 위하여 서울 또는 유배지로 찾아가거나 때론 현장 답사를 하기도 했다. 이를테면 전라도의 한 섬(지도)으로 귀양 갔던 신정희라든가 김윤식을 만나러 험한 바닷길을 마다하지 않는가 하면, 청국과 일본 군대가 아산과 인천에 각각 상륙한 후 처음 격돌했던 성환을 직접 찾아가 살펴보고 지역 주민들의 이야기를 들어 보았다는 기록도 나온다. 그는 재야의 역사가였지만, 정부의 사관 못지않게 '사실을 있는 그대로 쓴다(以實直書)'는 원칙을 지키고자 노력했던 인물이었다. 따라서 야사 또는 야록이라고 하여 그가 쓴 저술의 사료적 가치를 가볍게 보아서는 안 될 것이다.

1894년 8월 1일, 일본은 이날 청국에 선전포고했다. 그러나 전쟁은 이미 그전에 시작되었다. 7월 23일 새벽에 일본은 군대를 동원하여 경복궁을 점령한다. 이는 사실상 조선에 대한 선전포고였다. 고종과 민비는 포로와도 같은 신세가 되었다. 민씨척족들은 모두 도망쳤다. 그리고 일본군에 업힌 대원군이 경복궁으로 들어왔다. 민비가 가장 두려워하고 경계하던 일이 벌어졌다. 《매천야록》에서는 당시의 상황을 이렇게 전한다(상/370).

[일본 공사] 대조규개(大鳥圭介)는 이날 새벽 병사를 지휘하여 경복궁에 접근, 문을 부수고 뛰어들어 별전에 이르니, 호위하는 병사와 시종하는 신하들은 모두 도망치고 오직 양전만 남아 있었다. 흰 칼날이 에워싸자 양전은 벌벌 떨며 어찌할 바를 모르고 그들에게 영

문을 물어보려고 했으나 곁에 통역할 만한 자도 없었다. 이때 마침 안경수가 들어왔는데, 그는 일본말에 능했다. 임금은 반가워하며 그를 시켜 통역하도록 했다. 대조규개는 칼을 빼들고 고함치며 말했다. "국태공이 아니면 오늘의 일을 주관할 사람이 없다. 국태공을 맞아오도록 해라" 하였다.

일본은 이때 조선 왕실 내의 해묵은 권력 투쟁을 이용하여 그들의 경복궁 불법 점령을 가리려 했을 뿐, 대원군에게 권력을 맡길 생각은 없었다. 대원군도 일본이 자기를 믿지 않는다는 사실을 잘 알고 있었다. 따라서 그는 남쪽에서는 동학농민군을 끌어올리고 북쪽에서는 청국군을 불러들여 서울 도성의 일본군을 내치고 자신이 권력을 장악하려는 계책을 꾸몄지만, 이 또한 헛된 시도에 지나지 않았다. 조선 왕실은 청나라와 마찬가지로 메이지 시대 일본이 꿈꾸고 준비해 온 '대륙진출'의 구상을 전혀 알지도 이해하지도 못하고 있었다. 고종과 민비, 대원군 세 사람 모두 내부의 권력 투쟁에만 골몰할 뿐, 서세동점 이후 동아시아의 정세가 어떻게 변하고 있는지에 대하여 제대로 알려고 하지 않았다. 따라서 그런 변화에 대한 대비책도 마련될 수 없었다. 이리하여 조선은 국망의 사태를 피할 수 없었다.

황현의 경우, 그의 사고가 조선왕조의 지배체제와 이를 지탱해 온 유교라는 테두리를 크게 벗어나지는 못했지만, 갑오년에 벌어진 일련의 사태를 보고 더 없는 위기의식을 갖게 되었다. 이대로 가다가는 나라가 없어진다는 것을 깨닫게 되는바, 이런 인식은 앞서 언급한 《중동전기(본말)》을 구해 보면서 더욱 절박해졌던 것으로 보인다.

먼저 황현의 대외정세 인식부터 살펴보자. 그는 청국과 일본 사이에

망국—무엇이 문제였는가

오고 간 한반도 '출병' 문제를 기술한 후 이렇게 말한다(상/349).

논자들을 말하기를, 이홍장(李鴻章)이 외교에 실책하여 동국(東國, 조선)을 잃게 만들었다고 한다. 그러나 사실은 일본이 청국을 얕본지 오래이고, 우리나라 보기를 바깥에 있는 창고로 여겨 반드시 취하고야 말 것이라고 생각했기 때문이다.

요컨대 일본의 한반도 출병은 조약이나 외교상의 문제가 아니라 일본이 강화도조약 체결 이후 꾸준히 준비해 온 것에 지나지 않는다는 것이다. 동학농민군의 봉기는 때마침 일본에 청일전쟁의 '구실'을 만들어 준것에 불과하며, 일본은 청국을 이길 수 있다는 확신을 갖고 있었기에 서슴지 않고 전쟁을 일으켰다고 보았다. 조선을 '바깥에 있는 창고'로 여겼다는 것은, 일본이 그들의 부국강병을 위하여 조선을 희생양으로 삼고자했다는 것을 말해 준다.

한편, 일본은 경복궁 점령 후 친일 내각을 구성하여 그들이 청일전쟁의 명분으로 내건 내정개혁에 나섰다. 이른바 갑오경장이다. 이 개혁을 추진한 군국기무처는 7월 말부터 10월 말까지 3개월 동안 210건에 달하는 의안을 심의한 뒤 발표했다. 황현은 그들 법령 중 특히 세법 개정에 주목했다. 즉, 농지에 부과되는 결세(結稅)와 각 가호에 부과되는 호세(戶稅)의 경감과 금납화 조처였다. 그리고 결세와 호세 말고는 어떤 명목으로든 세금을 거둘 수 없도록 했다. 《매천야록》에서는 이런 세제 개편에 대해 기술한 다음 이렇게 말한다(상/425).

이때에 이르러 새 법령이 한번 반포되니 백성들이 모두 기뻐 날뛰고 손뼉 치면서 그것이 서양에서 나왔건 일본에서 나왔건 불문하고 모두 좋아라 하며 다시 태어난 것 같았다. 갑오년 이후 몇 년 동안 조정에서는 근심이 넘쳐났으나 먼 시골이나 가난한 사람들은 배부르고 따뜻하여 태평한 세상을 만난 듯 여겼다.

그러면서 황현은 무자년(1888)에 큰 기근이 들었을 때 항간에 떠돌던 세 구절의 참요를 인용한다. "곡식은 없는데 풍년이라니 첫 번째 모를 일이요, 글은 못하는데 선비는 많으니 두 번째 모를 일이요, 임금은 없는데 태평하니 세 번째 모를 일이다." 여기서 첫 번째 모를 일은 기축년(1889) 봄부터 여름 사이에 환자가 흔해져 곡식값이 떨어진 것을 말한다. 두 번째 모를 일은 갑오년 동학도들이 서로를 접장이라고 불렀는데, 여기서 접장이란 세속에서 문사(文士)를 일컫는 말이었다. 세 번째 모를 일은 청일전쟁 시기 일본에게 견제를 받아 임금이 없는 것과 같은 상태가 되었는데 백성은 오히려 생업을 즐거워한다는 것이었다.

황현은 시골에서 농사를 지으며 살았기에 갑오개혁에서 나온 세법 개정이 백성들에게 어떻게 받아들여지고 있는지를 잘 알고 있었다. 유교적인 왕정 체제에서 말하는 민본주의란 결국 백성들이 먹고살 수 있도록 해주는 것이 아닌가? 그런데 고종의 친정 시기에 백성들의 삶은 대원군의 섭정 때보다도 훨씬 더 팍팍해졌다. 위에서는 정치가 문란해지고, 아래로는 백성들에 대한 수탈이 가중되었기 때문이다. 이것은 동학농민군의 봉기가 일어날 수밖에 없는 이유이기도 했다. 황현은 그들을 '동비(東匪)'라고 불렀지만, 그렇다고 이런 민란의 발생 배경과 동기를 외면했던 것은 아니었다. 문제는 해결책인데, 엉뚱하게도 그것이 조선 왕실과 정부가 아니라 일본 측에서 요구한 '내정개혁'에서 나왔다는 데에 황현은 당혹스러웠다. 여기서 "임금은 없는데 태평하니 모를 일이다"라는 참요가 인용되었다.

　이런 갑오개혁에 대한 평가는 오늘날에도 여전히 논쟁적이다. 한편에서는 일본의 강압에 의한 타율적인 개혁으로써 일본의 조선 침탈을 용이하게 했다는 주장이 있는가 하면, 다른 한편에서는 개혁의 주체가 '친일' 정권이었다고 해서 그들이 추진하고자 했던 개혁의 내용과 성과마저 모두 부정하는 것은 잘못이라는 논리를 편다. 비록 정권은 친일적이었다고 해도 개혁은 자율적으로 이루어질 수 있었다고 보는 것이다.

　그렇다면 황현의 생각은 어떠했을까? 그는 갑오개혁을 추진한 정권의 친일적 성격은 인정하면서도, 그 개혁의 당위성과 자율성에 대해서는 높게 평가하는 편이었다. 삼남 지방을 휩쓸고 있는 민란을 잠재우기 위해서도 누군가는 앞장서서 해야만 할 일이었다는 것이다. 《매천야록》에서는 당시 영의정이자 군국기무처 총재로서 '친일' 정권을 이끌고 있던 김홍집에 대하여 이렇게 기술한다(상/382).

　　시속의 교활한 무리들은 기꺼이 신법에 찬동하여 청국을 배반하고 일본에 빌붙지 않는 자가 없었다. 오직 김홍집은 과감히 감당하여 매일 붓을 잡고 정부에 앉아 노심초사하였다. 무릇 새로 실시하는 바에 그 실효를 얻기를 힘쓰면서 동료 관속에게 말했다. "우리들이 이미 '변법(變法)한 소인'이 되어 청의(淸議)에 죄를 지었다. 또다시 나라를 그르치는 소인이 되어 후세에 거듭 죄를 질 수는 없다. 일시의 부귀는 생각지 말고 힘써 각자 노력하자." 이로 인해 많은 사람이 그를 용서하였다. 혹자는 상유한(桑維翰)에 비기고, 혹자는 왕안석(王安石)에 비기기도 하였으나, 그를 미워하는 자는 '왜국 대신'이라고 불렀다.

대단히 조심스럽지만, 김홍집의 입장에서 갑오개혁을 바라보고자 하는 황현의 태도를 읽을 수 있다. 일단 '진일' 정권에 발을 들여놓은 이상 세간의 비난을 피할 수는 없다. 그렇지만 제대로 된 개혁을 추진하여 실효를 거둘 수 있도록 최선을 다하자. 사람들은 이러한 김홍집의 모습을 보고 '용서'했다는 것이다. 중간에 나오는 '변법한 소인'이란 중국 북송 시대에 '신법' 제정을 통하여 제반 개혁을 밀어붙였던 왕안석(1021~1086)을 가리킨다. 남송 시대의 성리학자들은 왕안석에게 북송 멸망의 책임을 묻고자 하여 그에게 '간신' 또는 '소인'이라는 낙인을 찍었다. 그런데 누군가 해야만 하는 개혁이라면 욕을 먹더라도 할 수밖에 없지 않았느냐는 것이 황현의 생각이었다.

갑오개혁이 추진되는 동안 권력의 밖으로 밀려났던 고종과 민비는 틈을 보아 권좌에 복귀하려고 했다. 뜻하지 않게 그 기회가 왔다. 청일전쟁에서 승리한 일본이 만주로까지 세력 범위를 넓히려다가 러시아가 주도한 삼국간섭에 의하여 제동이 걸렸다. 민비는 이제 러시아를 끌어들여 일본을 견제하려고 했다. 한반도와 만주까지 넘보다가 둘 다를 놓치는 상황에 맞닥뜨린 일본은 소위 '일도양단(一刀兩斷)'의 비상 수단을 취했다. 러시아에 손을 내민 민비를 시해했다. 이른바 을미사변이었다. 벌거벗은 힘이 판치는 제국주의 시대에도 그 유례를 찾기 어려운 만행이었다. 황현은 이 사건을 담담하게 기술한 후 이렇게 썼다(상/459).

왕후는 기민하고 권모술수가 많았는데 정치에 간여한 20년 동안 점차 망국에 이르게 하더니 마침내는 천고에 없던 변을 당하게 된 것이다.

당대는 물론이고 오늘날에도 조선의 망국과 민비와의 관련성을 이렇게 간단하게, 그리고 냉정하게 평가한 글을 찾기란 쉽지 않다. 《매천야록》을 읽다 보면, 고종의 친정 이후 국정 운영을 주도한 것은 고종이 아니라 민비 쪽으로 기울고 있음을 알 수 있다. 여기에는 이유가 있다. 민비에게는 언제든 그의 수족처럼 부릴 수 있는 친척들이 있었고, 이들은 중앙은 물론이고 지방의 요직을 꿰차고 있었다. 고종은 좋든 싫든 이들 척족을 통하여 국정을 운영할 수밖에 없었다. 친정(親政) 이후 아버지인 대원군과 등을 졌기 때문에 고종에게는 그의 왕권을 뒷받침할 자기만의 세력이 없었다. 이 장의 제목을 고종과 민비의 '공동' 집권기라고 했던 것도 이러한 사정을 감안한 데 따른 것이다.

을미사변 후 2년이 지나는 시점에서, 고종은 대한제국을 선포하고 민비에게 명성황후라는 시호를 내린다. 이때 발표된 조서에는 이런 문장이 들어간다(상/534).

> 황후는 경서와 역사에 두루 통하고 고사와 의전에 익숙하여 짐의 안으로의 다스림을 보좌하여 도와줌이 크고 많았도다. 거듭 어려운 시절을 만나 우환과 시련을 두루 겪었으되 변고에 처하여 정도(正道)와 권도(權道)로 적절히 대처하니 의절에 허물이 없었으며, 위기를 돌려 태평으로 인도하고 큰 기틀을 안정시켰으니, 거룩하고 아름답도다!

그러면서, "돌아보건대 오늘날 대업을 다시 넓혀 자주권을 세움에 실로 황후의 도움이 컸도다"라고 했다. 대한제국의 선포에도 명성황후의 음덕이 작용했다는 의미가 담겨 있다. 사실 임오군란이나 갑신정변이 일어날 때 민비의 기지와 임기응변이 아니었다면, 고종은 권좌에서 스스로 물러나거나 축출당할 수 있었다. 이후에도 안팎으로 고종의 권력은 위태로웠고, 그때마다 민비가 '적절히 대처'하여 위기를 넘길 수 있었다. 그리고 최후의 을미사변은 일본의 강압적인 대한 정책을 파탄으로 몰고 갔고, 그 결과 대한제국이 선포될 수 있었다.

4.
고종 일인통치기
(1896~1907)

고종 재위 44년 중 마지막 12년은 그의 일인(一人) 통치기라고 말할 수 있다. 소위 아관파천부터 일본의 강압에 의한 양위에 이르기까지이다. 이 시기에 고종은 대한제국을 선포하고 스스로 황제의 자리에 올랐다. 그리고 〈대한국국제〉를 제정·공표하여, 대한제국은 '무한한 군권'을 지닌 황제가 다스리는 전제국가임을 대내외에 천명했다. 이제 고종의 권력을 넘볼 세력은 없었다. 그와 권력을 함께했던 민비(명성황후)도, 그의 권좌를 늘 불안하게 만들었던 대원군도 세상을 떠났다. 왕권을 제약할 만큼의 권신도 붕당도 존재하지 않았다. 고종이 재위에 오른 지 30년이 넘었기에 그는 누가 자기의 명령에 충실히 따를지를 잘 알고 있었다. 아관파천 후 한반도를 둘러싼 국제정세도 고종에게는 우호적인 것처럼 보였다. 러시아와 일본이 세력 균형을 이루는 가운데 어느 나라도 대놓고 한국의 내정에 간여할 수 없었다. 대한제국의 선포가 가능했던 데는 이런 대내외적인 요인이 작용하고 있었다. 망국의 순간이 다가오고 있었지만, 고종은 태평스럽게 황제의 지위를 누리며 절대 권력을 행사하고자 했다.

고종보다 세 살 아래였던 황현은 그와 같은 시대를 살면서도 세상을 바라보는 시선은 달랐다. 고종이 친정 후 좁은 궁궐 안에서 자리보전에 전전긍긍할 때, 서울에 올라온 시골 선비 황현은 왕실과 척족의 전횡과 권력 투쟁에 대하여 비판적인 지식인들과 교류하고 있었다. 이때의 경험은 그의 가치관, 시국관을 형성하는 데 결정적인 영향을 미쳤다. 그리고 동학농민운동이 일어난 후 본격적으로 그의 시대를 기록하기 시작했다. 갑오년 이전의 기록이 서울 체험에 바탕을 둔 회고조의 인물 열전이라면, 갑오년 이후는 전대에 볼 수 없던 사건들의 연속에 대한 현장 기록이었다. 이들 기록에서는 정부의 공적 기록에서 찾아볼 수 없는 흥미와 긴박감을 느낄 수 있다. 황현의 숨결이 배어 있기 때문이다.

그런데 아관파천 이후가 되면 《매천야록》의 기사들은 어떤 뚜렷한 주제나 줄거리가 없이 단편적인 사실들의 나열인 것처럼 보인다. 따라서 전체적으로 볼 때 산만하고 때론 쓸쓸한 느낌마저 든다. 황현만의 독특한 시선이나 숨결을 찾아보기가 어려운 것이다.

왜 이렇게 되었을까? 몇 가지 짚이는 점은 있다. 먼저 생각해 볼 수 있는 것은 유교적인 지식인이 갖는 한계이다. 동학농민운동과 청일전쟁 그리고 갑오개혁의 삼각파도가 몰아친 1894년은 한국사의 분수령이었다. 어떻게 보면 그것은 전근대에서 근대로의 전환기였다. 중화문명에 물들었던 구시대가 지나고 서양문명이 세계를 지배하는 시대가 도래했다. 문명의 패러다임이 바뀌었다. 이제 서구식 근대화는 피할 수 없는 대세가 되었다. 이 흐름에 거슬리는 것은 곧 식민지 또는 반(半)식민지로의 전락을 의미했다. 청일전쟁이 그 본보기를 보여 주었다.

황현이 '친일' 정권의 개혁을 인정할 수밖에 없었던 것도 시대가 바뀌고 있다는 것을 감지했기 때문이다. 이제 개화냐 척사냐의 문제가 아니었다. 이른바 문명개화의 물결이 한국 사회를 덮쳤다. 유교는 낡은 학문으로 치부되었다. 과거제도도 폐지되었다. 서울 한복판에 교회와 성당이 들어섰다. 신학문을 가르친다는 학교들도 여기저기 들어섰다. 황현은 이런 시대가 서글펐지만, 그렇다고 마냥 부정할 수는 없었다.

다음은 《매천야록》에 나오는 기사이다. 세기말인 1899년의 이야기이다(하/14).

이때 나라 안에 양교(洋敎)에 물든 자가 4만 명에 이르렀다. 못된 백성들이 선동하여 한결같이 야소교에 가탁했는데 부군(府郡)에서는 감히 손댈 수가 없었다.

[서울] 남부의 종현은 명동과 저동 사이에 있는데, 지대가 높고 트여 조망이 좋았다. 윤정현의 옛집이 그 마루턱에 자리 잡고 있었는데, 10년 전에 서양인이 사들여 집을 헐어낸 다음 땅을 평평하게 고르고 교당을 세웠다. 6년 만에 공사가 끝났는데 우뚝이 산을 깎아놓은 듯한 모양으로 거의 수만 명을 수용할 만하였다. 세상에서 종현학당(鐘峴學堂)이라고 일컫는 곳이다. 영세를 받은 남녀들이 밤낮으로 몰려들어 마치 저자에 사람이 몰려드는 것 같았다. 고로(故老)들이 지나가다가는 지팡이를 세우고 바라보며 탄식하고 발길을 돌리지 못하였다.

여기에 나오는 종현학당이란 오늘날 명동성당을 가리킨다. '6년간의 역사, 6만 불의 비용'을 들였다는 대성당의 낙성식은 1898년 5월 29일에 뮈텔(Gustav Charles Marie Mütel) 주교의 집전으로 거행된 바 있다. 종탑 높이가 47미터에 달해 '뾰족집'으로 불린 성당은 대번에 장안의 명물이 되었다. 이 성당에 몰려드는 인파를 보고 탄식을 쏟아냈다는 '고로'들 중에는 황현도 끼어 있었음 직하다. 이 무렵 그는 서울에 올라올 일이 있었다.

　시대의 변화는 참으로 빨랐다. 불과 30년 전만 해도 '사교'에 물든 천주학쟁이들은 형장으로 끌려갔다. 이 때문에 병인양요가 일어났고, 전국 곳곳에 척화비가 들어섰다. 황현은 대원군의 섭정을 호되게 비판했지만, 그의 천주교 탄압만은 '통쾌한 일'이라고 평가했었다. 불과 4년 전 동학 농민군을 '도적 떼'로 몰아붙인 사람도 황현이었다. 그는 동학을 '서학의 찌꺼기'라고 했다. 그런데 이제 '서학'의 원조 격인 천주교가 버젓이 서울 한복판을 점령했다. 어느덧 조선왕조를 지탱해 온 유교의 시대가 저물고 있었다. 사대부들이 설 자리도 점점 좁혀졌다. 《매천야록》의 기록이 후반부로 갈수록 쓸쓸해지는 데는 그러한 시대의 변화를 외면하지도 따라가지도 못하는 황현의 멈칫거림이 있었다.

　다음으로 생각해 볼 것은 문자와 정보 유통의 혁명적인 변화였다. 갑오개혁이 거둔 성과 중 하나로 꼽을 수 있는 것은 '언문'이었던 한글이 '국문'으로 인정받게 되었다는 점이다. 이제는 모든 국가 기록에 한글이 들어갔다. 국한문 혼용의 시대가 열렸다. 이어서 한글 전용의 신문이 발행되기 시작했다. 《독립신문》에 이어 《매일신문》이 나왔다. 후자는 서재필에게서 배운 배재학당 학생들이 주동이 되어 발행한 것이었다. 《매일신문》은 얼마 후 《제국신문》으로 제호를 바꾸었다. 조선왕조 내내 지식과 정보 유통에서 소외되었던 백성들은 이런 신문을 통하여 세상이 어떻게 돌아가는지를 알게 되었다. 그리고 정부에 목소리를 내기 시작했다. 독립협회와 만민공동회 운동이 그 시발점이었다. 이에 뒤질세라 '개신' 유학자들은 국한문 혼용의 《황성신문》 발행에 나섰다. 《매천야록》에서는 이 신문에 호의적인 반응을 보였다(상/545쪽).

　　　　　　　　　　　　　　　　망국─무엇이 문제였는가

《황성신문》이 창간되었다. 국문과 한문을 연결지어서 글을 만들었는데, 시정(時政)을 공격하고 인물을 비판하는 데 거리끼는 바가 없어서 사방에서 다투며 서로들 사보려고 했다.

흥미로운 것은 《황성신문》보다 앞서 발행되었고 일반 백성에게 영향력이 컸던 한글 신문에 대한 기록이 《매천야록》에는 나오지 않는다는 점이다. 왜 그랬을까? 다음의 기사를 보면 이해가 된다(상/424).

갑오년(1894) 이후로 시무를 추종하는 자들은 언문을 대단히 받들어 국문이라 일컫고, 진서를 구분 지어 외국 것으로 취급하여 한문이라고 불렀다. 이에 국한문이라는 말이 용어가 되었고 진서나 언문이라는 말은 드디어 없어지게 되었다. 경박한 자들이 한문은 응당 폐기해야 한다는 주장을 폈으나 형세가 막혀서 제지되었다.

'진서'인 한문에 익숙했던 황현은 국한문 혼용이 못내 아쉬웠다. 그는 관보와 감영의 공문, 심지어 고을의 문서들에서까지 모두 한문과 언문이 뒤섞여 뜻은 통하나 문장이 '품격'을 잃어 걱정스럽다고 했다. 따라서 그는 국한문 자료를 채록할 때 한글을 한문으로 바꾸어 '초안'을 삼았다. 황현에게는 한글 사용이 영 불편했다.

그런데 이보다 더 큰 문제는 민간 신문의 시대가 열리면서 매일매일 새로운 소식과 정보가 쏟아져 나온다는 점이다. 1896년 이전에는 상상조차 할 수 없는 일이었다. 1880년대에 《한성순보》와 《한성주보》가 잠시 발행된 적이 있지만, 이들 신문은 그동안 정부에서 발행해 온 《조보》를 확장하는 수준에 그쳤다. 따라서 황현은 이들 신문에 나오는 인사 발령외에는 크게 주의를 기울이지 않았다. 그런데 1896년을 넘어서면 신문을 통하여 유통되는 정보의 양은 물론이고 질적인 측면에서도 확연히 달라졌다. 황현의 말대로, 이때의 민간 신문들은 "시정을 공격하고 인물을 비판하는 데 거리끼는 바가 없었다." 이리하여 정부 정책이라든가 정치 및 사회문제에 대한 일반의 관심이 크게 높아졌다.

이런 민심의 흐름이 독립협회와 만민공동회 운동으로 표출되었다. 이 운동을 바라보는 황현의 시선은 어떠했을까? 다음은 《매천야록》에 나오는 기사이다(상/556).

> 이때 서울의 군민(軍民)들이 정부에 대해 이를 갈면서도 적당한 기회를 타지 못했는데 독립협회가 공론을 세우고 있음을 듣고 남에게 뒤질세라 무리 지어 달려들어 양반으로부터 여항의 사람들에 이르기까지 무릇 뜻을 잃고 울분에 차 있던 자들이 온통 달라붙어 헐뜯으니, 그 세력이 마침내 크게 형성되었다. 윤치호는 일곱 신하를 공격하고, 고영근은 조병식·민종묵·유기환·이기동·김정근을 다섯 원흉으로 지목하여 6차에 걸쳐 상소를 올려 빨리 극형에 처할 것을 요구하였다. 수많은 대중이 대궐 앞에 지키고 서서 일제히 함성을 질러 땅이 울렸으며, 종로 거리에 큰 목책을 설치하고 집결하여 흩어지지 않았다. 임금이 엄한 비답과 부드러운 회유로 누차 해산할 것을 명했으나 끝내 듣지 않았다. 난을 일으킬 형세가 이미 나타난 것이다.

소위 '김홍륙 독차사건'으로 말미암아 갑오개혁 때 폐지되었던 연좌제가 부활될 조짐을 보이자 독립협회에서 이에 반대하는 상소를 올리면서 '7대신' 또는 '5대신' 탄핵 운동이 벌어졌는데, 황현은 이 운동에 참여한 사람들이 하나의 큰 세력을 이루어 변란을 일으킬 형세를 보였다고 했다. '동학란'과는 또 다른 차원에서 전개된 만민공동회마저 황현은 부정적으로 바라보았다. 그는 조선왕조의 지배체제와 신분 질서를 바꾸려는 시도를 선뜻 받아들일 수 없었다. 유교적인 전통에 기반한 사대부로서의 자각이 너무도 뚜렷했기에 일반 민중이 무리를 이루어 정치에 간여하려는 상황 자체가 못마땅했다. '조선의 마지막 선비'인 황현의 한계가 여기에 있었다,

이와 동시에 역사가로서의 황현의 한계도 드러났다. 민간신문의 시대가 열리면서 당대의 기록을 남기려는 그의 노력이 빛을 잃을 수밖에 없었다. 시중의 일간신문을 대체할 만큼의 풍부한 기록을 남길 수도 없고, 그렇다고 이들 신문에 나오지 않는 정보를 수록할 만큼의 취재원이 따로 있었던 것도 아니었다. 1880년대에 그와 교류했던 사람들도 이즈음 하나둘 세상을 떠났다. 이건창, 신정희, 김병덕 등이 그러했다. 또는 정국의 급변 속에서 벼슬이 떨어지거나 귀양을 갔다. 김윤식, 정만조 등이 그러했다. '동학란'이 일어날 때 황현은 그 혼란스러운 현장에 있었기에 나름의 관찰 기록을 남길 수 있었지만, 독립협회와 만민공동회 운동이 펼쳐질 때는 간접적으로 전해 듣는 것이 전부였다. 이 운동이 서울이나 평양과 같은 대도시에서만 일어났기 때문이다. 이제 당대에 벌어진 일들을 기술한다는《매천야록》의 사료적 가치는 현저히 떨어졌다. 다만 시국의 변화에 대한 황현이 관심이 어디에 있었고, 또 그의 생각이 어떻게 변하고 있었는지를 살피는 데는 여전히 요긴하다.

세 번째는 조선왕조의 몰락에 대한 체념이다. 제국주의 시대가 절정에 이른 19세기 말에 이르면,《매천야록》의 기록들은 절망적이고 무기력해 보이기도 한다. 망국이 점차 현실이 되고 있지만, 이를 되돌리거나 극

복할 만한 어떤 방안이나 대안도 찾지 못했기 때문이다. 그래서 더욱 쓸쓸하다. 고종과 대한제국을 바라보는 황현의 시선은 차갑고 냉소적이었다. 고종에게서는 대원군과 같은 과단성이나 추진력도 민비와 같은 재치나 기민함도 찾아보기가 어려웠다. 그저 임금의 자리를 보전하고 일신의 편안함만을 쫓는 것처럼 보였다.

《매천야록》에 나타나는 고종의 모습이 그러했다. 몇 가지를 소개한다. 다음은 고종의 성품과 군신 관계를 보여 주는 일화이다. 갑오년 이전의 이야기이다(상/301).

> 임금은 왕위에 있은 지 오래되어 여러 신하의 능력을 잘 알아보았으나, 사정(私情)에 이끌려 사람을 쓰고 버리는 것을 공정하게 하지 못하였다. 다만 일이 얽히고설켜 도저히 풀 수 없는 경우를 만난 뒤라야 인물을 제대로 뽑아 썼다. 예컨대 함흥민란에 서정순을 감사로 써서 진정시켰고, 북청민란에 이규원을 남병사로 삼아 진압시켰는데, 이번에 제주 또한 그러하다. 임금은 성질 또한 스스로 잘났다고 하여 사람들이 영합하는 것을 좋아하였다. 이 때문에 대신 중에 지모가 있는 김홍집이나 김병시 같은 이들은 능력 있는 사람을 곧바로 천거하지 아니하고 반드시 임금이 택하도록 유도하여 사람을 잘 알아본다는 말이 돌아가도록 하였다. 아! 이는 신하의 도리가 아니라 장사꾼의 도리인 것이다.

이런 기사도 나온다. 역시 갑오년 이전의 기사이다(상/203).

> 임금은 자신을 불세출의 자질을 지닌 웅재(雄才), 대략(大略)으로 자부하여 권력의 벼리를 한 손에 쥐고 한세상을 분주하여 외국과 외

교 관계를 맺어 오대주로 연계하게 되니, 위로 역대의 훌륭한 임금과 비교하여 못하지 않을 뿐 아니라 동방이 개창된 이래 처음 나온 군주가 될 만하다고 생각했다.

고종이 친정 후 일본에 이어 서구 열강과 국교를 맺으면서 자신감이 붙었을 때의 이야기이다. 이때 자기 스스로 뛰어난 재능과 원대한 지략을 지닌 불세출의 군주로 생각했다는 것이다.

고종의 이런 마음을 읽은 신하들은 드디어 고종을 '황제'로 추대하기로 했다. 1897년 10월 1일, 의정부 의정 심순택과 특진관 조병세 등이 백관을 거느리고 조정에 나아가 칭제할 것을 아뢰었다(상/529).

우리 성상의 총명과 용기와 지혜는 여러 제왕들 중 으뜸이며, 타고난 자질은 천지에 부합하며 현모한 덕은 신명에 통하오니, 삼황(三皇)의 도를 계승하시고 오제(五帝)의 마음을 전해 받으셨습니다.

고종이 중국 전설상의 성군인 삼황오제에 비견될 만하니 당연히 황제의 자리에 올라야 한다는 것이었다. 그러면서 재위 34년 동안에 이룬 고종의 공적과 덕화는 주나라의 성세(盛世)나 요순시대에 비견할 만하다고 했다. 이리하여 대한제국이 선포되고 고종은 황제의 자리에 올랐다.

《매천야록》에 따르면, 이때 고종은 신하들의 주청에 못 이겨 받아들인 것처럼 했으나, 실은 고종이 신하들을 부추겨 일을 꾸몄다고 했다(나중에 보겠지만 윤치호도 이런 이야기를 한다). 만고에 보기 어려운 을미사변과 아관파천이라는 변란이 있은 지 2년도 채 안 된 시점에서 스스로 황제의 자리에 오르기가 부담스러웠던 고종은 신하들과 짜고서 일을 벌였던 것이다. 이리하여 '극장국가' 대한제국이 탄생했다. 이것은 외형만 제국의 형태를 갖추었을 뿐 그 속은 텅 빈 것이었다. 아관파천 후 환궁을 요구하는 상소가 수레에 가득하자 고종은 경복궁이 아니라 별궁이었던 경운궁을 수리하여 이곳으로 옮겼다. 이는 또 다른 변란이 생길 때 러시아 또는 미국 공사관으로 피신할 것을 염두에 둔 행차였다. 고종은 국가의 체모나 백성의 안위보다는 자신의 신변 보전이 늘 우선이었다.

이런 통치자를 바라보는 황현의 마음은 거칠고 메말라 갔다(오하/698·701). "대체로 임금의 병폐는 스스로 성인으로 여기는 것보다 더 참람한 것이 없고, 신하의 병폐는 임금의 총명을 가리는 것보다 더 중대한 것이 없다." 또 이런 말도 했다. "예로부터 나라가 망국에 이른 때는 있었지만, 백 년 동안 역린을 건드린 대간이 하나도 없고, 임금에게 대들며 간언한 재상이 한 사람도 없었던 시대가 있었던가?" 황현은 탄식했다. 스스로 잘난 줄 아는 고종, 이런 그에게 제대로 된 직언 대신 아부하기에 급급한 신하들, 이런 임금과 신하가 나라를 다스리니 망하지 않고 배길 수 있겠는가!

고종과 그런 신하들 사이에 공통점이 하나 있었다. 그것은 자기들에게 주어진 권력을 공공의 이익이 아니라 사적인 이익을 극대화하기 위해 사용한다는 것이었다. 동학농민운동이 일어났을 때 고종에게 폐정 개혁을 요구하는 상소를 올린 이설(1850~1906)은 이렇게 말했다(상/359).

무릇 병의 원인은 참으로 한 가지가 아니지만, 그 근본은 '사(私)'라는 한 글자에 있습니다. 사심(私心)을 버리지 못하면 공도(公道)가 행해지기 어려운 법입니다. 자고로 나라를 다스리는 사람이라면 누군들 인심을 감복시키려 하지 않겠습니까마는, 능히 그렇게 하지

망국—무엇이 문제였는가

못하는 것은 무엇 때문이겠습니까?

그러면서 말하기를, 임금은 자기에게 직언을 할 사람보다는 그 인물됨이 나약하고 물렁해서 평소에 정색하고 바른말하지 못하는 사람을 취하는 경향이 있다고 했다. 이는 결국 자기의 마음에 드는 사람을 곁에 두고 자기가 원하는 대로 하려는 '사심'에서 비롯되는 일이니, 고종이 그렇다는 것이었다.

황현은 이런 상황에 대하여 말하기를, "지금 임금이 서양과 개항을 하고 나서 전래의 제도를 편협하다고 여겨 변통하여 넘어서려는 생각에 드디어 파격으로 사람을 쓰는 의론이 있게 되었다"고 했다. 이리하여 벼슬길에서 소외되었던 서얼들이 등용되기 시작하는데, 갑오년 이후에는 그들이 조정 자리의 5분 3을 차지할 정도가 되었다. 그런데 이들이 정말로 그 재주와 덕망이 있어서 뽑힌 것이 아니라 임금의 사사로운 선택을 받았다고 했다. 이를테면 조정에서 나라를 위해 일할 관료가 아니라 오직 임금의 뜻에 따라 부릴 수 있는 '사인(私人)'을 골라 뽑았다는 것이다. 이리하여 정치는 위에서 어지러워지고 풍속은 아래에서 무너져 종묘사직이 허물어졌다고 했다.

이러한 사례에 딱 들어맞는 것이 대한제국기 고종과 이용익(1854~1907)의 관계였다. 함경도 명천 출신의 이용익은 임오군란 때 충주로 피신한 민비와 민영익 사이를 발 빠르게 오가며 비밀연락을 맡았었다. 이후 민영익의 천거로 출세의 길을 잡았다. 단천 감역(監役)에 제수되어 금광을 관리하면서 이재의 능력을 인정받은 이용익은, 대한제국의 출범과 더불어 내장원경의 자리에 올라 황실 재정을 도맡게 되었다. 그야말로 파격적인 인사였다. 고종은 이때 황실 재정 확충에 온 신경을 쓰고 있었다.

황권의 안정과 강화를 위해서는 무엇보다도 자기가 마음대로 쓸 수 있는 자금의 확보가 우선이라고 생각했던 것이다.

황현은 그러한 고종의 태도가 못내 못마땅하고 걱정스러웠다. 다음은 《매천야록》에 나오는 신축년(1901) 기사이다(하/103).

> 이 무렵, 탁지부는 재정이 부족하여 오래도록 백관들의 봉록을 주지 못하였다. 마침내 내장원에 비축된 돈을 가져와 지출하였다. 머지않아 공납전은 조금씩 바닥이 났다. 임금이 탁지부에 명을 내려 내장원에서 가져간 돈을 갚으라고 독촉하였다. 대개 임금은 탁지부의 소관은 공물(公物)로 여기고, 내장원의 소관은 개인의 사적인 돈으로 여겨, 마치 진나라와 월나라처럼 전혀 관계가 없는 것으로 본 것이다.

국가(정부)와 왕실을 구분하여 왕실의 권한을 축소하고 왕권을 제도화하려는 노력은 갑신정변 때 일차 시도되었고, 그 후 10년이 지난 갑오개혁 시기에 법제화된 바 있다. 그 목적은 종실과 외척의 정치 관여를 금지하고 왕실 사무와 국정 사무를 분리하려는 것이었다. 이에 따라 왕실 사무를 전담하는 궁내부와 왕실 재정을 담당하는 내장원이 만들어졌다. 그런데 대한제국기에 황제권이 강화되면서 궁내부가 오히려 국정 운영의 핵심기구로 떠오르고, 내장원에서 관리하는 자금 규모가 탁지부를 넘어섰다.

고종은 이러한 내장원을 황제의 '사적' 금고로 여기고, 그 관리를 이용익에게 맡겼다. 오직 황제에게만 충성을 다하는 이용익은 고종의 기대를 저버리지 않았다(하/123).

망국─무엇이 문제였는가

이용익은 청렴하고 재간이 있어 식사할 땐 고기반찬을 즐기지 않았고, 해진 도포에 찢어진 사모를 썼으며, 성색(聲色)으로 받드는 일이 없었다. 임금은 그가 홀로 행동하며 청렴 검소하면서도 매양 토색할 일이 있으면 백만을 즉시 모아들이므로 신임하였으니 좌우의 측근 정도가 아니었다. 그러므로 온 세상에서 그의 살을 씹어 먹으려고 했지만 임금은 끝까지 그를 비호해 주었다.

고종으로서는 황실 재정을 관리하고 확장하는 데 있어 이용익만큼 재간 있고 충성스러운 인물을 찾기가 어려웠다. 그가 특정 당색이나 당파가 없다는 것도 고종에게는 반가운 일이었다. 한미한 출신인 데다 자기편도 없는 이용익은 오로지 고종의 신임에 매달릴 수밖에 없었다. 고종은 이런 이용익을 끝까지 지켜주었다. 그를 대체할 인물을 달리 찾을 수 없었기 때문이다.

문제는 이런 '사적' 관계가 정부와 백성에게는 결코 바람직한 것이 아니었다는 점이다. 《매천야록》의 기록을 보자(하/122). "그[이용익]는 임금의 사탕(私帑)을 관리하였는데 전매로 매매하고 착취하면서 백성들의 원성을 돌보지 않았다. 이해[1902] 가을 탁지부 서리가 되어 부(府)·군(郡)의 포탈된 세금을 거두어들이는데, 당사자는 물론 처자식까지 가두어 진신(縉紳)을 욕보였다. 이에 조정에서는 모두 이를 갈아 자신의 원수인 양하였다." 여기서 사탕이라 함은 고종의 개인 금고를 가리킨다.

그렇다면 고종은 이용익이 억척스레 끌어모았던 자금을 어디에 썼을까? 《매천야록》의 기록만을 보면, 나라를 위해서 쓴 돈보다는 황실의 위엄을 드러내고자 하는 의식이나 경비를 위하여 쓴 돈이 더 많았던 것 같다. 대표적인 사례로 두 가지를 소개한다, 다음은 명성황후를 위한 홍릉

조성 기사이다(상/537).

원래 임금은 명성후의 능을 굉장하게 꾸미고자 하여 사람을 청국 남경에 보내어 명나라 고황후(高皇后)의 효릉을 그려오게 하였다. 그리하여 살펴보니 계단이며 난간이 모두 문옥(文玉)으로 조각한 것이어서 우리나라 국고의 일 년 경상 수입을 셈해 보아도 그 경비의 십분의 일에 미치지 못하니 드디어 그만두었다. 힘껏 줄여서 간소하게 한다고 했으나 [홍릉에] 전후 들어간 비용이 이루 헤아릴 수 없어 역대 산릉 중 으뜸이었다.

그 후에도 고종은 능자리를 바꾸어 정한 것이 여러 차례였고, 이에 따라 면례(緬禮) 날짜를 바꾼 것 또한 셀 수 없이 많아서 공연히 '국고의 반'이나 소모하였다. 고종이 이렇게 재물을 들이면서 신중에 신중을 기한 이유는 장차 그곳에 자신도 묻히고자 해서였다.

임인년(1902)이 되자 황실이 들썩였다. 다름 아닌 고종의 등극 40주년과 망륙(望六, 51세)이 겹쳤기 때문이다. 조정에서는 그해 9월 17일로 날을 잡아 경길일(慶吉日)로 일컫고 청국·일본·영국·독일·러시아·프랑스 등지에 주재하는 우리 공관을 통하여 경축 사절을 파견해 달라고 요청했다. 그런데 이렇게 경축 사절을 받으려면 보내는 것이 있어야 했다. 공교롭게도 같은 해 6월 영국에서 에드워드 7세의 대관식이 예정되어 있었다. 고종은 종친인 이재각을 특명 대사로 하는 사절단을 구성하여 영국으로 보냈다. 다섯 명으로 구성된 사절단은 지구를 반 바퀴 돌아 런던에 도착했으나 대관식 일정이 연기되자 그냥 돌아와야 했다. 고종의 경길일 행사도 고종이 엄비와의 사이에 낳은 아들(이은)이 천연두에 걸리자 기약 없이 뒤로 미루어졌다. 이로 말미암아 미리 도착한 외국 사절단의 경비를 모두 갚아 주어야만 했다. 가뜩이나 나라 재정이 취약한데 헛된 행사에 큰돈만 들어갔다.

20세기 초 《황성신문》에 실린 한 논설은 개항 이래 20여 년 동안 우리나라가 이웃인 일본, 중국뿐만 아니라 서구 열강과 차례로 국교를 열어 겉으로는 화려해 보이지만 나라의 실속은 전혀 챙기지 못하는 겉치레 외교라고 꼬집은 바 있다. 그러면서 내치가 제대로 갖추어진 후에야 외교의 이익을 함께 누릴 수 있다는 점을 강조했다(1901년 12월 16일 자 논설 〈내치수외교돈(內治修外交敦)〉). 내치가 뒷받침되지 않는 외교의 허망함을 정면으로 비판한 것이니, 이는 사실상 고종에 대한 경고의 메시지이기도 했다.

당시 발행되던 신문 중 다소 보수적인 입장을 취했던 《황성신문》이 그런 비판에 나섰던 것은 중국 내 '의화단 사변'으로 촉발된 동북아 정세가 심상치 않게 돌아가고 있었기 때문이다. 일본과 서구 열강의 중국 출병과 러시아의 만주 점령, 그리고 이를 배경으로 한 영일동맹의 체결은 러일전쟁이 임박했음을 알리는 신호탄이었다. 그런데도 고종과 그의 조정은 의례적인 국제 행사에만 신경을 쓰고 있었다. 전쟁의 위기가 닥쳤음에도 불구하고 그 위기를 인식하지 못하는 데서 진정한 위기가 싹 트고 있었다.

영국에 파견된 경축사절단의 수행원으로 세계 일주를 하고 돌아온 이종응(1853~1920)은 그가 지은 기행가사에서 이렇게 읊는다.[56]

서양국이 좋다한들 고국산천 같을소냐
동방제국 만천년에 일월이 명랑하다

여기에서 동방제국이라 함은 대한제국을 가리킨다. 이 가사는 "황제 폐하 만세태평"을 기원하는 것으로 끝을 맺는다. '세계'가 어떻게 돌아가고 있는지를 보고 와서도 대한제국의 현실에 안주하려는 모습이 역력하다. 이것은 비단 이종응만의 이야기가 아니었다. 고종을 비롯한 지배층은 엄중한 현실을 잊으려는 듯 하루하루를 무사하게 보내면, 그것이 곧 태평이라고 생각했다.

그러는 사이에 러일전쟁이 터졌다. 고종과 조정은 허둥댈 뿐 아무런 대비책도 없었다. 그냥 '국외중립'을 선포하지만, 일본은 보란 듯이 그들의 군대를 서울로 들여보냈다. 청일전쟁 때와 다를 바 없이 일본군은 한반도를 거쳐 만주로 들어갔다. 주변 해역에서 전쟁이 벌어지는 것도 마찬가지였다. 달라진 것은 황해전투 대신에 동해전투에서 러시아의 발틱함대가 궤멸하면서 전쟁이 끝났다는 것이다.

이제 일본은 거칠 것이 없었다. 고종이 마지막까지 버텨 보지만 을사조약의 체결을 막을 수는 없었다. 《매천야록》에서는 이 조약의 체결 경위에 대하여 비교적 자세하게 기록한 후 이렇게 말한다(하/251).

이때부터 온 도성 안은 기가 땅에 떨어졌고, 방방곡곡에서는 수백 수천 명이 무리를 지어, "나라가 이미 망했으니 우리들이 어떻게 살아간단 말인가!" 하고 부르짖었다. 미친 듯 취하여 비통해 부르짖고 몸 둘 곳이 없는 듯 움츠러들었으며, 밥 짓는 연기가 오르지 않아 그 정경의 참담함은 바로 전쟁을 치른 듯하였다.

황현은 그의 동생(황원)에게 편지를 보내 자기의 심정을 토로했다. "아아, 통탄스럽구나! 하늘도 가엾게 여기지 않아 이런 큰 변고를 만났도다.

나 같은 이가 어찌 일찍 충의를 예전부터 간직했던 자이랴마는 이 소문을 들은 후 나도 모르게 주르르 눈물이 흘렀다. 안절부절 비분강개하고 멍멍한 채 갑자기 인간 세상에 살 마음이 없으니 그런 연유를 모르겠다. … 아득하고 아득한 하늘이여, 나는 어떤 사람인가?"[57]

이런 사태를 예견하고 황현에게 함께 중국으로 건너가자고 권유했던 김택영은, 조선시대 통사를 다룬 《한사경》에서 '망국'의 원인을 이렇게 설명한다.[58]

> 태상황(고종)이 이 10년의 틈[청일전쟁과 러일전쟁 사이]을 타고 와신상담하여 조심스럽게 다스렸더라면 일본이 장차 어찌하겠는가? 관작을 파는 것, 신에게 제사 지내는 것, 연극을 보는 것 따위를 제외하면 한 가지도 아는 것이 없었으니, 온갖 중요한 사무들이 날마다 어지럽고 망하는 길로 나아가는데도 황제는 오직 아라사인의 눈치만을 보면서 실오라기 같은 목숨을 연명하고자 하였다. 아아! 아라사인들 그 홀로 일본인과 같은 속셈이 없었겠는가? 그러므로 말하기를, "한국이 망한 것은 아라사가 일본에 패한 까닭이 아니고 오직 우리가 스스로를 치고 스스로 망하게 한 것일 뿐이다"라고 해야 한다. 아아! 절통하다.

대한제국은 스스로 망한 것이니, 그 누구도 탓할 수 없다는 것이다. 고종은 나라를 보전할 수 있는 마지막 기회라고 할 수 있는 10년마저 그냥 흘려보냈다. 일본이건 러시아이건 한국에 눈독을 들이기는 마찬가지였지만, 고종은 그저 러시아의 눈치만을 살폈을 뿐이다. 따라서 망국에 이르게 한 장본인은 고종 그 자신이었다고 했다.

김택영의 이러한 시각과 평가는 황현의 그것과도 같다. 다만 다른 것이 있다면, 황현은 처음부터 고종에 대하여 큰 기대를 걸지 않았다는 점이다. 거창하게 대한제국의 시대를 연 고종과 그 끝을 장식한 순종, 이 두 인물에 대한 《매천야록》의 마지막 평가는 매몰차다(하/431).

> 태황제(고종)는 비록 어둡고 용렬했지만 그래도 능히 일의 가부를 판단할 수는 있었다. 지금 임금(순종)은 어리석고 암약하여 배가 고픈지 부른지, 날씨가 추운지 따뜻한지도 분간하지 못했다. 군소배들의 야유가 미치지 않는 곳이 없어, 심지어 김홍집을 설원(雪冤)하기에 이르러서도 윤허할 따름이었다.

참담한 전쟁을 겪은 것처럼 온 국민을 절망과 비통에 빠트린 망국, 이에 대한 숨길 수 없는 원망이 고종과 순종에게 향하고 있음을 보여 준다. 끝에 이름이 나온 김홍집은 청일전쟁 발발 후 출범한 '친일' 내각의 수반으로서 명성황후 시해사건을 축소, 은폐한 혐의를 받고 있었다. 아관파천 직후 고종은 김홍집을 잡아 죽이라고 명했다. 김홍집은 재판도 받지 못한 채 타살되고, 그의 시신은 광화문 거리에 걸리어 사지가 찢겨졌다. 소위 '왜대신'의 비참한 최후였다. 세자 시절 고종보다는 자기에게 엄하게 대한 명성황후를 더 두려워했던 순종은 황제 즉위 후 김홍집을 사면, 복권해야 한다는 상소가 올라오자 그대로 윤허했다. 불과 10년 사이에 모든 것이 뒤집히고 있었다. 망국이라는 사태는 누구라 할 것 없이 모두 허둥대고 갈피를 잡을 수 없게 만들었다. 무엇이 맞고 틀린 것인지, 무엇이 옳고 그른 것인지 종잡을 수 없는 세상이 되고 있었다. 그 중심에 황실이 자리 잡고 있었다.

망국—무엇이 문제였는가

5.
망국의 풍경(1)

1909년 가을, 황현은 서울로 올라갔다. 이해 봄, 중국으로 떠났던 김택영이 잠시 서울로 돌아왔다. 조선왕조의 역사에 대하여 쓸 자료를 모으기 위해서였다. 김택영은 이때 황현에게 귀국했다는 기별을 보냈는데, 황현의 상경이 좀 늦어졌다. 그 사이에 김택영은 중국으로 돌아가 버렸다. 상심한 황현은 시를 지었다. 다음은 그중 한 구절이다.59

　　나는 이미 유혹을 버리고 중국 땅 잊었는데,
　　그대는 응당 조선을 향해 눈물 흘리겠지

이제 다시 김택영을 만나기는 어려웠다. 서로 다른 하늘을 볼 뿐이었다. 황현은 강화도로 발길을 돌렸다. 그곳에는 먼저 세상을 뜬 이건창의 묘소가 있었다. 황현은 이렇게 읊었다.60

　　십이 년 동안 형의 죽음 통곡해 왔는데
　　이제 가을 산 봉분이 낮아졌네
　　......
　　무덤 속 혼자 누워 외롭다 말 것이

생전에도 이미 무리들 떠나 있었지요

　　그랬다. 이건창은 일찍 벼슬에 올랐지만 한 번도 제 뜻을 펴지 못했다. 그리고 어디에도 마음을 두지 못했다. 오직 시와 문장만이 그의 외로움을 달랠 수 있었다. 황현과 김택영이 그의 친구가 될 수 있었던 것도 이 때문이었다.

　　황현은 이건창의 동생(이건승)과 함께 서울로 돌아왔다. 그리고 한때 남사(南社)의 동인이었던 정만조(1858~1936)의 초대를 받아 그의 집에서 떠들썩하게 놀았다. 그런데 마냥 즐겁지만은 않았다. 황현은 그날 이렇게 읊었다.[61]

　　　남산의 가을 색 다함을 근심스레 바라보며
　　　술동이 앞에서 이날의 즐거움을 다하네

　　서울의 풍경은 황현이 머물던 1880년대와는 확연히 달라졌다. 특히 남산과 그 주변은 일본인들의 집단 거주지로 바뀌었다. 그 중심에는 통감부와 통감 관저가 자리 잡고 있었다. 남산 샌님들이 살던 곳이 어느덧 일본 침략의 본거지가 된 것이다. 황현과 함께 시를 짓던 동인들 가운데는 친일로 기우는 사람들이 생겨났다. 정만조도 그런 부류에 속했다. 이런 세태를 바라보는 황현의 마음은 착잡했다. 그는 이렇게 말했다. "나는 강한 자가 약자를 삼키는 것을 원망하지 않는다. 약자가 강한 자에게 먹히는 것이 그저 서러울 따름이다."[62]

　　황현이 서울에서 마지막 들른 데는 천연당(天然堂)이라는 사진관이었다. 조선 말기 서화가이자 최초의 사진사였던 김규진이 운영하던 곳이었

　　　　　　　　　　　　　　　망국—무엇이 문제였는가

다. 그는 이곳에서 독사진을 찍고 그 옆에다 다음과 같은 자찬(自贊)을 써 넣었다.63

> 일찍이 마음의 광명을 펴 세상과 섞여 살지 못했고
> 또한 슬픈 노래 부르며 비분강개하지 않았네
> 책 읽기를 좋아해도 문원에 끼지 못했고
> 멀리 여행하기를 좋아해도 발해를 건너가지 못했네
> 다만 뜻이 커 '옛사람, 옛사람' 하며 찾았도다
> 묻노니, 그대 한평생 가슴 속에 무슨 회한지녔는가

황현도 그의 벗 이건창처럼 세상과 어울리지 못했다. 물론 황현의 뜻 또한 컸었다. 위의 글 가운데 나오는 '옛사람(古之人)'이란 세상 경륜의 뜻을 품은 유교적 지식인을 일컫는다. 황현은 한때 이렇게 말했었다(오하/667).

> 유자(儒者)가 소중하게 여겨지는 까닭은 격물(格物)·치지(致知)·성의(誠意)·정심(正心)하여 치국평천하(治國平天下)를 이루는 데 있다. 그 마음인즉 한 사람이라도 은택을 입지 못하면 자신이 큰 거리에서 매를 맞는 듯 부끄럽게 여겨야 하며, 그 예절인즉 임금의 부름을 받으면 수레를 기다릴 사이도 없이 달려가야 하며, 그 의리인즉 임금의 면전에서 과감히 간언하여 과오를 바로잡고, 탐욕스러운 사람을 청렴하게 만들며, 나약한 사람이 뜻을 세우도록 하는 풍모가 있어야 할 것이다.

이 글의 첫 문장은 《대학》의 근본 가르침이다. 황현을 어렸을 때부터 유교 경전을 읽으면서 그 이야기를 귀가 닳도록 들어 왔다. 그런데 듣고 배운 대로 실천에 옮기지 못했다. 자기가 섬길 수 있는 군주도, 자기가 본받아야 할 신하도 없었기 때문이다. 임금이건 신하건 모두 권력과 재물을 탐할 뿐 백성의 궁핍한 삶은 안중에도 두지 않는 것처럼 보였다. 이러한 세태를 황현은 "도깨비 나라의 미치광이들"이라고 표현했었다. 그는 이렇게도 말했다(오하/670).

> 오늘날 유학의 성세는 극도에 다다랐다 하겠으나 참다운 실학(實學)이 있는 사람은 침체하고 말라빠져서 드디어 온 세상에 단 한 명의 참 도학자도 없게 되었다.

그러면서 말하기를, "유림에 그 사람이 없음으로써 천하의 도(道)는 궤멸되었다"고 했다. 이런 지적은 황현이 자기 시대를 얼마만큼 어둡게 보고 있었는지를 말해 준다. 하여, 그의 가슴속에는 바위덩어리처럼 단단히 굳어진 '응어리(礙礴)'가 얹혀 있었다. 이것은 어떻게 풀어헤칠 수 없는 것이었다. 오직 세상을 버릴 때만이 자유로울 수 있었다.

일본의 조선 병합 소식이 지리산 골짜기에까지 전해지자 황현은 가족에게 다음과 같은 유언을 남겼다.[64]

> 나는 조정에 벼슬하지 않았으므로 사직을 위해 죽어야 할 의리는 없다. 허나 나라가 오백 년간 사대부를 길렀으니, 이제 망국의 날을 맞아 죽는 선비 한 명이 없다면 그 또한 애통한 노릇 아니겠는가! 나는 위로 황천에서 받은 올바른 마음씨를 저버린 적이 없고 아래로는 평생 읽던 좋은 글을 저버리지 아니하려 한다. 길이 잠들려 하니 통쾌하지 아니한가. 너희들은 내가 죽는 것을 슬퍼하지 말라.

망국—무엇이 문제였는가

황현은 이민족의 통치 아래 구차하게 목숨을 이어 가는 것보다는 조선 왕조의 운명과 함께하는 것이 오백 년간 사대부를 길러 준 나라에 대한 선비의 도리라고 생각했다. 그는 죽음과 마주하는 순간에도 괴롭거나 슬퍼하지 않았다. 오히려 죽지 못하는 것이 선조와 후대에 죄를 짓는 것이라고 생각했다. 망국에 이르는 역사를 기록해 온 사람이 그 이후에도 살아남는다면 얼마나 치욕스러운 일인가. 스스로의 선택에 의하여 길이 잠드는 것, 이것은 망국의 치욕에서 벗어나는 길이자 그가 평생 품어 왔던 한으로부터도 자유로워지는 길이었다. 그러니 통쾌할 수밖에 없었다.

윤웅렬·윤치호 부자(일본 도쿄, 1882년 추정)

윤치호의 삶에 가장 큰 영향을 끼친 사람은 그의 아버지였다. 서얼 출신으로 하급 무관직에서 대신의 자리에까지 올랐던 윤웅렬(1840~1911)은 조선에서 살아남기 위해서는 무엇보다도 '벼슬'이 중요하다고 생각했다. 갑신정변 후 10년 동안 해외에서 '유학' 생활을 하고 돌아온 아들에게 그가 한 첫 마디는 밖에서 배운 것 다 잊고 조선에서 '행세'하는 법을 배우라는 충고였다. 윤치호는 이런 아버지의 태도와 강요에 내심 반발하면서도 거역하지는 못했다. (사진 출처: 김상태, 《윤치호일기》)

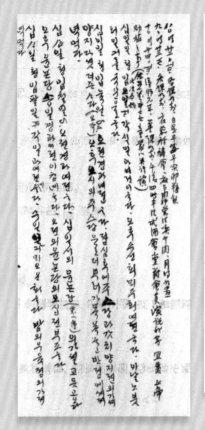

윤치호의 한문/국문/영문 일기

1883년 1월 1일 한문으로 시작된 그의 일기는 1887년 11월 25일부터 한글로 바뀌고, 1889년 12월 7일부터는 다시 영문으로 바뀐 뒤 1943년 10월 7일까지 그대로 간다. 윤치호에게 일기는 그의 반려이자 분신과도 같았다. 우리는 이런 일기를 통하여 망국에서 식민지 시대로 이어지는 어둠 속에서 빛을 찾고자 애썼던 한 지식인의 내면을 들여다볼 수 있다. 그는 우리에게 국가란 무엇인가, 민족이란 무엇인가, 또 문명이란 무엇인가라는 물음을 던진다.

1.
윤치호,
내면의 기록을 남기다

(1) 한국 최초의 근대적 지식인

황현(1855~1910)과 윤치호(1865~1945), 조선왕조-대한제국의 몰락을 함께 지켜보았던 이 두 사람의 삶과 처신 그리고 생각은 여러모로 대조적이었다. 이를테면 황현이 조선의 마지막 선비였다면, 윤치호는 한국 최초의 근대적 지식인으로 일컬어진다. 여기서 근대라고 함은 서양 주도의 자본주의 체제를 말한다. 18세기 산업혁명과 계몽사상에서 촉발된 이 체제는 유럽에서 시작되어 전 세계로 퍼져 나갔다. 동아시아 3국 또한 '개항'이라는 방식을 통하여 세계자본주의 체제로 편입되었다. 이것은 선택의 문제가 아니었다. 자발적인 근대로의 이행에 실패하면 어떤 나라이건 식민지 또는 반식민지로 편입되었다. 이리하여 세계는 제국과 식민지로 나뉘었다. 제국은 근대화 또는 문명화라는 명분을 내세워 그들의 침략과 식민 지배를 정당화했다.

유교적 지식인이었던 황현은 서양 주도의 근대화와 그들 중심의 세계 질서를 거부했다. 그는 조선을 망국으로 이끈 세도 정권(여기에는 대원군의 섭정과 민씨척족 정권도 포함된다)과 이들에 영합하는 유학자들을 비판했지만, 유교 본래의 왕도정치와 민본주의의 이상을 저버리지는 않았

망국―무엇이 문제였는가

다. 말년에 그가 서양 문물을 일부 수용하는 듯한 태도를 보였다고 하지만, 그렇다고 유교 자체를 포기하는 것은 아니었다. 망국의 순간, 그가 죽음을 택한 것도 유교와 이에 바탕을 둔 왕조 체제 이외에 다른 대안을 찾을 수 없기 때문이었다. 그가 마지막까지 지키고자 한 '의리'가 바로 그것이었다.

한편 윤치호는 10대 후반부터 서양문명의 세례를 받기 시작했다. 일본 도쿄에서 처음 유학 생활을 할 때부터였다. 그 기간은 짧은 2년(1881~1883)에 그쳤지만, 이때의 충격과 생생한 체험은 그의 평생을 지배했다. 그 후 국내로 돌아왔다가 갑신정변을 겪고 난 후 중국 상해로 건너갔다. 이곳에서는 4년(1885~1888)을 보냈다. 그리고 다시 미국으로 갔다. 이곳 남부의 테네시주와 조지아주에서 5년(1888~1893)을 보냈다. 해외에서 공부하면서 보낸 시간은 모두 11년이었다. 그는 20대를 온전히 외국에서 보냈다. 도쿄에서는 중등 교육기관인 도진샤(同人社), 상해에서는 미국 남감리교 선교사가 설립한 중서서원(中西書院, Anglo-Chinese School), 미국 남부에서는 밴더빌트대학교(Vanderbilt University)와 에모리대학교(Emory University)를 다녔다.

그런 윤치호가 남긴 일기를 통해 그의 삶을 들여다보았던 김상태는 이렇게 말한다.65

결국 윤치호는 예나 지금이나 한국과는 불가분의 관계에 있는 일본, 중국, 미국 등 3개국에서 총 11년 동안 공부한 셈이다. 외국어, 특히 영어를 완벽하게 익히고, 신학 인문학 등 제반 학문을 두루 익힌 것은 큰 수확이 아닐 수 없었다. 조선인 최초로 미국남감리회 신자가 된 것도 그에게는 크나큰 '은총'이었다. 그러나 가장 중요한 것은 일본과 미국에서 직접 생활하면서 견문을 넓히고 근대를 체험했다는 점이다. 그는 세계사의 흐름을, 다시 말해서 과학기술의 발달과 자본주의의 성장을 바탕으로 한 제국주의 시대의 약육강식, 적자생존의 논리를 직접 체득할 수 있었던 것이다.

이제 우리는 다음의 두 가지 문제에 대하여 아주 조심스럽게 접근해야 한다. 먼저 윤치호에게 '유학'이라는 것이 그가 처음부터 원하고 또 차분하게 계획과 목표를 세워 시작한 것이 아니었다는 점이다. 일본에는 이른바 조사시찰단(일명 신사유람단)의 수원으로 갔다가 도쿄에 눌러앉은 것이었고, 중국 상해로 건너갈 때는 갑신정변에 연루되어 황급히 떠난 망명객 신세였다. 이때는 언제 어떻게 조선으로 돌아올지도 모르는 처지였다. 이를테면 갑신정변의 주모자인 김옥균처럼 밖에서 떠돌다 최후를 맞이할 수도 있었다. 공교롭게도 김옥균이 상해에서 암살당할 때, 윤치호 또한 이곳에 있으면서 서로 연락을 취하고 있었다. 김옥균과 만나기로 한 날에 암살 소식을 듣게 된 윤치호는 다음은 자기 차례가 아닐까 하는 두려움에 떨어야 했다. 청일전쟁이라는 돌발 상황이 발생하지 않았다면, 윤치호는 계속 해외를 떠돌 수밖에 없는 신세였다. 기약 없는 '유학' 생활이란 시간이 흐를수록 육체적, 정신적으로 힘들고 지칠 수밖에 없도록 만든다. 이 시기 때때로 그의 일기에 자포자기적인 심정을 드러냈던 것도 이런 절망적 상황의 반영이었다.

다음으로 윤치호가 일본과 미국에서 생활하면서 '체험'했다는 '근대'란 것이 과연 무엇이었는가 하는 점이다. 도대체 그는 해외(여기에는 서구 열강의 각축지였던 중국 상해도 당연히 포함된다)에서 무엇을 보고 듣고 배웠던 것일까? 이 문제에 대해 여러 가지를 이야기해 볼 수 있다. 도교에서는 메이지 일본이 '문명개화'라는 한 방향으로 달려가는 것을 목도할 수 있었다. '근대인'으로서의 윤치호의 삶은 이곳에서 시작되었다. 그리고 중국과 미국에서 20대의 청춘을 보내면서 근대적인 지식인의 면모를 갖추었다. 이때는 그의 외모뿐만 아니라 내면까지도 완전히 바뀌었다. 무엇보다도 그는 조선 전래의 유교를 버리고 서양문명의 정신적 바탕이라는 기독교(개신교)를 받아들였다. 이러한 체험은 그의 개인적인 신앙생활에 그치는 것이 아니라 국가적, 민족적인 차원으로 확장되었다. 조선과 조선인의 기독교화가 그의 삶의 목표가 되었던 것이다.

한편, 윤치호는 중국 상해에서 공부할 때부터 조선의 미래를 어둡게 봤다. 미국으로 건너가서는 그러한 생각이 더욱 깊어졌다. 그는 조선이 외국의 지배 아래 놓일 수밖에 없다는 결론에 이르렀다. 국가나 민족이 아닌 '문명'이라는 차원에서 보면, 조선과 조선인을 위해 그것도 나쁘지 않다고 생각했다. 한 가지 전제는 조선을 서양과 같은 근대화의 길로 이끌 수 있는 나라여야 했다. 그는 이때 영국을 선호했다. 러시아도 그의 선택에 들어갔다. 일본은 아직 아니었다. 청일전쟁을 치른 후에야 일본이 그의 시야에 들어왔다. 러일전쟁을 거치면서 서양보다는 일본이 낫다고 생각했다. 문명에 인종이 덧붙여진 데 따른 판단이었다.

다음의 일기를 보자(1893/11/01). 이때 윤치호는 도쿄에 잠시 머물고 있었다. 미국에서의 유학 생활을 청산하고 중국 상해로 가는 길이었다. 그는 망명객의 신세라 조선으로는 갈 수 없었다.

> 만약 내가 내 마음대로 내 나라를 선택할 방도만 있다면, 일본을 고르게 될 것이다. 나는 지독한 냄새에 찌든 중국이나 끔찍한 인종적 편견과 차별이 판치는 미국, 또는 지긋지긋한 정권이 지속되는 한

조선에서도 살고 싶지 않다. 오, 축복받은 일본이여! 동양의 낙원이
여! 세계의 동산이여!

10대 후반을 도쿄에서 보냈던 윤치호에게 일본은 마음의 고향과도 같
았다. 그는 조선의 '기독교화' 다음으로 중요한 것이 '일본화'라고 믿었
다. 그러기 위해서는 조선과 조선인이 일본과 일본인을 배우고 따라야 한
다는 것이 그의 지론이었다.

윤치호가 서양의 신문물과 신사상을 전면적으로 받아들이게 된 동기 또
는 배경과 관련하여 우리가 간과해서는 안 되는 문제가 있다. 바로 그의 출
생과 신분에 대한 의식이다. 이미 알려진 것처럼 윤치호는 해평윤씨(海平尹
氏)로서 이름 있는 가문의 후예이지만, 그의 고조부(尹瀁, 1726~1798) 때
부터 서계(庶系)로 이어져 내려왔다. 아버지인 윤웅렬, 그리고 윤치호 자신
도 서자였다. 이른바 서얼인 것이다.

황현의《매천야록》에는 이런 기사가 나온다(상/250). "세속에서 서얼
을 일컫기를, 초림(椒林)이라고 하니, 이는 산초의 맛이 얼얼하기 때문이
다. 또 '일명(一名)' 편반(偏班), 신반(新班), 건각(蹇脚), 좌족(左族), 점족(點
族, 넉점배기)이라고도 하니, 모두 비천하게 여겨 붙여진 이름이다. 아무
리 정승 판서의 집에서 나왔어도 품계의 등급은 겨우 중인과 같이 취급되
어서 통칭 '중서(中庶)'라고 한다. 벼슬길은 이미 막혀 있어서 한갓 먹고
사는 것만을 영위할 뿐이다."

여기서 벼슬길이 막혔다는 것은 양반 중 문반을 말하며, 무반은 서얼
에게도 열려 있었다. 하여, 윤치호의 아버지 윤웅렬도 무과를 통하여 하
급 무관직에 오르기 시작했다. 그러다가 개항 후 수신사 김홍집의 수원
(별군관)으로 일본을 다녀온 후 '신식' 군대인 별기군 창설에 앞장서면서

고종의 눈에 들었다. 갑신정변 후에는 급진 개화파와 연루된 혐의로 전라도 능주로 유배되었다가 청일전쟁이 일어나자 풀려났다. 그 후 서울의 치안을 책임지는 경무사, 전라남도 관찰사, 군부대신 등의 요직을 맡으면서 대신의 반열에 올랐다.

황현은 앞서 서얼과 관련한 기술에서 이렇게 말한다(상/251). "지금 임금(고종)이 서양과 개항을 하고 나서 [서얼과 관련된] 전래의 제도를 편협하다고 여겨 변통을 하여 넘어서려고 생각하고, 드디어 파격으로 사람을 쓰는 의론이 있게 되었다. 서자 중에 문과로 청환을 한 경우는 이조연으로부터 시작하여 이범진, 김가진, 민치헌, 민상호, 민영기 등과 이윤용, 윤웅렬, 안경수, 김영준 등으로 이어져서 이들 부류는 갑오년 이후 모두 번갈아 대관에 올랐다."

이른바 갑오경장 후 고종의 인사정책에서 두드러졌던 것이 바로 윤웅렬과 같은 서얼 등용이었다. 특정 당파나 정파에 속하지 않았던 이들은 오직 임금에 대한 충성만으로 출세의 길에 들어섰다. 한편으로 그들은 조선 왕실에 영향력을 행사할 수 있던 일본이나 미국 또는 러시아와 같은 외세를 적절히 활용할 줄 알았다. 윤웅렬은 1880년대 초부터 친일적이었다가 을미사변 후 친미·친러적인 태도를 취했다. 그러다가 러일전쟁 발발 후 다시 친일로 돌아섰다.

소위 을사조약이 체결된 뒤 통감부 측에서 작성한 〈한국 관인의 경력 일반〉이라는 문건 중 윤웅렬에 관한 기록을 보면, "원래 장사(壯士)로 운현궁의 대원군에게 근접하다가 대원군의 실세 후에는 민영익에게 붙어서" 출세의 길에 들어섰고, 전라도 관찰사를 지내면서 '거만(巨萬)의 부'를 이루었다고 한다. 그리고 법부대신과 군부대신을 지낸 후에는 "이용익을 소효(疏効)하여 내장원경에 임명되는 등 항상 경선궁(慶善宮, 순빈

엄씨)에 부수(附隨)하여 처신이 교묘하였고 경제의 이재(理財)에 통하여 저축하는 마음이 강하였다"고 했다. 단편적인 기록이지만, 윤웅렬의 입지전적인 성공의 이면을 들여다볼 수 있게 해 준다.66

윤웅렬이 만 16살의 윤치호를 일본에 보내 공부시켰던 것도 그의 아들이 서얼이라는 한계에서 벗어날 수 있기를 바랐기 때문이다. 이런 시도는 성공적이었다. 윤치호는 도쿄에서 일본어와 영어를 배웠고, 그 덕분에 초대 주한미국공사를 따라 귀국한 뒤 통리교섭통상사무아문의 주사로 임용될 수 있었다. 이때 외아문(外衙門)의 주사 자리는 서얼이나 중인(주로 역관) 출신들의 등용문과도 같았다.

윤웅렬의 처세관은 갑신정변 후 해외로 나갔다가 10년 만에 귀국한 아들 윤치호와 대면한 자리에서 잘 드러난다. 윤치호는 이때의 상황을 다음과 같이 일기에 남겼다(1895/02/22).

저녁 식사 후의 가족회의에서 아버지와 숙부가 내게 한바탕 설교했다. 능숙한 "행세(haingsei, 行世)" 또는 세상 살아가는 일의 중요성에 관한 것이었다. 두 분은 번갈아 가며 기염을 토하셨는데, 나의 비현실적인 생각들이 조선 사회에서는 나를 아무 쓸모없는 사람으로 만들 것이라고 했다. 두 분의 말씀은 벤저민 프랭클린의 격언처럼 영리한 교훈으로 가득 찼다. 내 아버님은 분명 더없이 뛰어난 분이시다. 예리한 관찰력, 강인한 의지, 그리고 놀라운 기민함이 어떤 사회에서나 그를 거부하지 않고 받아들이도록 했을 것이다.

이날의 '가족회의'는 갑신정변 후 해외를 떠돌다 귀국한 윤치호가 앞으로 조선 사회에 어떻게 적응해 나갈 것인가에 대해 논의하는 자리였

망국—무엇이 문제였는가

다. 중국과 미국에서 서양의 인문학과 신학을 두루 공부했던 윤치호는 아마도 교육과 선교 분야에서 일하고 싶다고 말했을 것이다. 그러자 그의 아버지와 숙부(윤영렬)가 번갈아 가며 훈계했다. "무슨 소리냐! 네가 밖에서 배운 것은 조선 사회에서 아무 쓸모가 없다. 그러니 모두 버려라. 이제부터는 오직 조선 사회에서 행세할 수 있도록 처신하고 그 방법을 찾아야 한다." 윤웅렬·윤영렬 형제에게 그 길은 단 하나였다. 다름 아닌 관직에서 성공하는 것, 다시 말하면 높은 벼슬자리로 나아가는 것, 그것이었다. 이 길만이 조선 사회에서 권력과 명예 그리고 재물을 안겨 준다. 그러니 엉뚱한 생각 말고 이 길로 매진하라는 것이었다.

그날 밤잠을 설친 윤치호는 다음 날 일기에 이렇게 썼다(1895/02/23). "아버지는 조선에서 다른 누구보다도 행세가 지닌 문제점들을 잘 알고 계신다. 이를테면 행세가 개인과 국민의 성격에 끼치는 해악과 재앙적 영향이라든가, 행세하기 위해 사람들이 정직과 정의 그리고 고귀한 이상 및 목적들과 결별해야 한다는 것을 알고 있으면서도 아버지는 여전히 내가 그렇게 하기를 고집하고 계시다. 내가 행세하기를 원한다면, 나는 명예와 도덕심에 수반되는 모든 원칙을 던져 버려야 한다. 아버지 자신은 정직과 명예심이 행세와 어울리지 않는다고 말씀하신다. 행세가 추구하는 것은 오직 출세와 이득뿐이다. 그 목적의 달성, 즉 벼슬을 얻기 위한 수단보다 더 비루하거나 사악한 것은 없다."

윤치호는 임오군란에서부터 갑신정변에 이르던 시기, 조선 왕실과 미국 공사관을 연결하면서 민씨척족과 고위급 관료들의 행태를 속속들이 들여다본 적이 있었다. 그때로부터 10년이 지났지만, 조선의 관료 사회는 달라진 것이 없었다. 아니, 청일전쟁을 배경으로 하여 더욱 혼탁해지고 있었다. 윤치호는 이제 시험대에 올랐다. 아버지의 훈계를 따라 벼슬길에 오를 것인가, 아니면 그가 원래 계획한 바대로 교육과 선교 사업에 뛰어들 것인가 하는 갈림길에 선 것이다. 이때 윤치호는 진자, 즉 관료로서 성공하는 길로 나아갔다.

이리하여 그는 의정부 참의, 학부협판, 외부협판 등을 지낸 후 러시아 특파사절단의 수원으로 나갔다. 그리고 돌아와서도 계속 관직에 있고자 했으나 여의치 않자 독립협회와 만민공동회 운동에 참여하여 지도자의 자리에 올랐다. 그런데 만민공동회의 급진 소장파들이 고종 및 수구파와 정면으로 충돌하자 윤치호는 한발 물러서서 타협적인 태도를 보이다가 민회 금압령이 내리자 지방관으로 내려갔다. 이는 고종의 회유에 따른 것이었다. 러일전쟁 발발 후 윤치호는 다시 외부협판에 임명되지만, 얼마 후 대한제국의 외교권은 일본으로 넘어갔다. 이로써 윤치호의 관직 생활도 끝이 났다.

여기서 우리는 이런 물음을 던지지 않을 수 없다. '한국 최초의 근대적 지식인'으로서 윤치호가 우리 역사에 남긴 것은 무엇일까? 이 문제에 대해서는 두 시기로 나누어 생각해 볼 수 있다, 이른바 개화기(1876~1910)와 식민지 시대(1910~1945)인데, 일단 개화기에만 한정해서 말한다면 조선왕조-대한제국의 근대화에 그가 직접적으로 기여한 바를 찾기가 쉽지 않다는 점이다. 이 문제에 접근하는 하나의 방식은 윤치호와 마찬가지로 '한국 최초의 근대적 지식인'으로 분류될 수 있는 유길준(1856~1914)이나 서재필(1864~1951)의 행적과 비교해 보는 것이다. 이 세 사람은 1880년대에 일본과 미국에서 공부를 했다는 공통점을 지니고 있다. 그리고 청일전쟁 발발 후 서울에서 각자 자기의 역할을 맡아 활동을 펼쳤다.

이를테면 유길준은 청일전쟁 발발과 동시에 수립된 '친일' 내각에 들어갔다. 그는 외아문 참의 겸 군국기무처 회의원, 의정부 도헌, 내각총서,

내무협판 등을 지내면서 갑오·을미개혁의 이론적 기초를 제공했던 것으로 평가받고 있다. 그리고 국한문혼용체의 《서유견문》을 출판하여 서양의 근대 문명을 소개하고 조선의 현실에 맞는 자주적인 개화, 이른바 '실상개화(實狀開化)'의 필요성을 제시했다.

서재필은 한국 최초의 민간 신문인 《독립신문》을 창간하고 독립협회를 창설하여 근대적인 계몽운동의 시작을 알렸다. 이 점에 주목한 한 학자는 그를 '한국의 볼테르'로 평가하기도 했다. 서재필의 업적 중 또 하나 간과할 수 없는 것은 만민공동회라는 대중 집회를 개최하여 본격적인 민권 운동을 전개했다는 점이다. 이것은 유교적인 민본주의에서 한 단계 더 나아간 것이었다. 이리하여 군주나 신하가 아닌 인민이 권력의 출처로서 정치 무대에 등장하는 인민주권의 개념이 생겨났다.

윤치호는 청일전쟁 후 유길준처럼 관직에 발을 들여놓았지만, 그 시기가 늦었을 뿐 아니라 당시 김홍집과 박영효로 대표되는 두 정파 중 어디에도 속하지 않음으로써 갑오·을미개혁의 진행에 어떤 영향력도 미칠 수 없었다. 고립된 개인으로 그저 자기에게 주어진 직무에 충실할 뿐이었다. 이것은 한 치 앞을 내다보기 어려운 국내외 정세 변화 속에서 일신의 안전을 도모하기 위한 방책이기도 했다. 그는 또 결정적인 시기에 국내보다는 국외에 머무는 것을 선호했다. 아관파천 후 러시아 특파사절단에 포함되었던 그는 이 임무가 끝난 후 홀로 떨어져서 파리에 3개월간 체류했다. 오직 프랑스어를 배우기 위해서였다. 그 후 국내로 돌아왔다가 다시 상해로 건너가서 몇 달을 가족과 함께 보냈다. 그의 부인은 중국인이었다. 윤치호의 관직 생활에서 두드러지는 것은 뚜렷한 목적의식과 열정의 결핍이었다. 그 이면에는 조선의 미래에 대한 비관적인 전망이 자리 잡고 있었다.

윤치호는 종종 이런 삶을 꿈꾸었다. 다음은 아관파천 후 혼란스러웠던 시기에 쓴 그의 일기 중 한 내목이다(1896/10/01). "내 질실한 소망은 조선에서 사랑하는 사람들, 아버지와 어머니, 아내와 아이들에 둘러싸여 조용하고 안락한 가정을 꾸리는 것이다. 정선된 책들로 가득 찬 넓은 서재, 화려하지는 않지만 사랑스러운 꽃이 있는 예쁜 정원, 서로 성격이 다르지만 거칠지 않은 친절한 벗들을 갖고 싶다. 읽고 쓰는 것을 즐기지만, 내가 믿고 느끼는 것만을 쓰고 읽고 싶다."

이런 모습은 김옥균과 같은 혁명가도, 서재필과 같은 개혁가도, 박영효와 같은 정치가도 아닌, 자연을 즐기며 자족하는 문필가의 삶에 가까웠다. 험난한 시대를 살았던 윤치호는 현실에의 적극적인 참여자가 아니라 대세를 살피는 관찰자이며 때론 방관자이자 기회주의적인 면모를 드러내기도 했다. 그의 일기가 이렇게 탄생했다.

(2) 일기의 구성과 특징

윤치호는 생동하는 10대 후반부터 일기를 쓰기 시작했다. 처음에는 한문으로, 그러다가 한글로 바꾸고, 나중에는 영어로 썼다. 중간에 더러 거르기는 했지만, 1883년부터 1943년까지 60년 동안 일기를 써내려 갔다. 때론 격정적으로, 때론 담담하게, 때론 자책하고 후회하면서 하루를 정리했다. 힘들고 어려운 시기에 일기를 쓰는 일은 어쩌면 그에게 유일한 위안일 수 있었다. 이런 그의 기록을 통하여 우리는 복잡하게 뒤엉켰던 한국 근대사의 한 줄기를 캐낼 수 있다. 또 가는 데를 알 수 없는 시대의 격랑 속에서 자기 자신과 가정만은 어떻게든 지켜 내려고 했던 한 지식인의 내면을 들여다볼 수 있다. 신이 아닌 인간으로서 겪어야만 하는 고통과 혼란, 그 속에서 자신의 선택과 행위에 대한 변명과 정당화의 유혹까지 담고 있는 윤치호 일기는 한 개인의 삶과 그의 시대를 살필 수 있는 하나의 소중한 자료가 되는 것이다.

따라서 학계에서는 일찍부터 윤치호와 그의 일기에 관심을 기울이며 여러 방면으로 연구하고 평가해 왔다. 다음의 예시는 그의 일기가 지니는 가치나 의미에 관한 이야기들이다.

> 윤치호는 학벌과 명망과 재력을 두루 갖춘 '귀족'이었고 말년에 친일행각을 벌이기도 했지만, 사실은 '청교도적'인 인간형에 가까운 사람이었다. … 그가 장장 60년 동안 일기를 쓸 수 있었던 원동력이 바로 이 점에 있었다. 일기야말로 그의 '분신'이자, 그의 삶 자체였던 것이다.67

> 일기에는 자서전이나 회고록, 혹은 전기와 구분되는 몇 가지 특성이 있다. 일기는 무엇보다도 기록자가 대중이 아니라 자기 자신을 위하여 쓴 글이어서 개인적이고 직접적일 뿐만 아니라 순간적이다. … 일기의 역할 중에서 가장 중요한 것은 자유롭게 자신의 감정을 발산할 수 있으며, 나아가 '위험한 생각들'을 표현할 수 있게 한다는 점이다. 일기를 쓰는 행동은 일종의 '작은 저항'의 행동이 된다는 뜻이다.68

> 윤치호는 서구 '중심부'의 '문명'이라는 신기루를 쫓아가다 어느덧 주체를 상실해버린 '주변부' 지식인의 허구의식을 보여 주고 있다. 서구 문명에 압도당한 나머지 그것을 추진하는 주체인 국민국가의 역할을 제대로 보지 못하고 덫에 빠진 것이다.69

윤치호와 그의 일기에 대한 흥미로운 해석들이다. 그런데 이런 연구에서 미처 세내로 짚지 못한 문제들이 남아 있다. 먼저 《윤치호일기》에 대하여 흔히 말하기를 60년간(1883~1943)의 기록이라고 하지만, 지금까지 공개된 그의 일기만을 놓고 보면 의외로 빈 부분이 많다는 점을 말하지 않을 수 없다. 이를테면 1906년 8월부터 1915년 12월까지의 일기는 완전히 공백으로 남겨져 있다. 따라서 경술국치를 전후한 시기에 윤치호가 과연 어떤 생각으로 세상을 살아가고 있었는지를 알 수가 없다. 물론 그는 을사조약이 체결될 때에 대한제국의 운명이 다했다는 것을 알고 있었다. 그렇지만 '일한병합'이 발표될 때, 그가 이 사건을 어떻게 받아들였는지에 대해서는 궁금할 수밖에 없다. 병합과 동시에 일제가 공표한 '조선귀족령'에 따라 그의 아버지(윤웅렬)가 남작의 작위와 은사금을 받았다는 점에서 더욱 그러하다. 중일전쟁 발발 전후인 1936년과 1937년, 그리고 태평양전쟁 발발 이듬해인 1942년의 일기들도 통째로 빠져 있다.

요약하면 지금까지 공간된 《윤치호일기》의 시작부터 끝에 이르는 60년의 기간 중 12년치 일기가 아예 없는 것이다. 그중 소위 105인사건으로 인한 3년간의 투옥기(1912.2~1915.2)를 빼면 9년인 셈인데, 이 시기에 윤치호가 아예 일기를 쓰지 않았던 것인지 아니면 그가 썼는데도 없어진 것인지는 알 수 없다.[70]

《윤치호일기》는 1943년 10월 7일(목)에서 멈춘다. 이날 일기는 딱 세 문장이다. 다음은 원문과 그 번역이다.

> Wife 梅麗's elder sister passed into eternal rest 1 this morning. She is rather to be congratulated than lamented. She had nothing to live for.

망국—무엇이 문제였는가

아내 매려의 언니가 이날 새벽 1시 영면에 들었다. 그녀는 애도보다는 오히려 축하를 받아야 한다. 그녀는 살아야 할 아무런 이유가 없었다.

이것으로 《윤치호일기》는 끝난다. 그런데 무언가 허전하다. 윤치호는 과연 그날 이후로 일기를 쓰지 않았던 것일까? '장장 60년'을 이어 온 그의 일기를 이렇게 끝냈을까? 무언가 석연치 않다. 윤치호는 1945년 4월 3일에 일본 제국의회 귀족원 의원(칙선)이 되었다. 이로부터 4개월 뒤에 벌어진 일본의 패망과 조선의 해방, 이 사태를 윤치호는 어떻게 바라보았을까? 그는 그해 12월 6일에 뇌일혈로 세상을 떴다. 만 80세였다.

윤치호가 마지막 남긴 글은 〈한 노인의 명상록(An Old-Man's Rumi-nations)〉이었다. 그가 미군정과 이승만에게 보냈다고 하는 이 글은 이렇게 시작된다. "듣자니 조선인이 민주 정부 운영에 관해 거론한다는데, 내게는 마치 여섯 살 난 어린아이가 자동차 운전이나 비행기 조종에 관해 거론하는 것처럼 들립니다." 이런 말들도 들어간다. "친일파라는 비난을 받고 추방당한 사람 중에는 유능하고 유용한 이들이 적지 않습니다." "이른바 그 '해방'이란, 단지 연합군 승리의 한 부분으로 우리에게 온 것뿐입니다." "사소한 개인적 야심과 당파적인 음모와 지역 간의 증오심일랑 모두 묻어 두고, 고통을 겪고 있는 우리나라의 공익을 위해 다 함께 협력해야 합니다."[71]

한편, 《윤치호일기》에는 연(年) 단위가 아니라 월(月) 단위로 빠진 때도 적지 않다. 우리가 살펴볼 개화기에만 한정한다면, 그의 지방관 재직 시기(1899.2~1904.2)에 특히 그러했다. 만 5년의 기간 중 44개월, 그러니까 3년 8개월 치가 빠져 있다. 이때는 아예 쓰지 않았다. 윤치호는 그의 관직 생활 중 절반을 지방관으로 보냈지만, 이 시기에 그는 백성을 보살피는 일보다 중앙 정치 쪽에 관심이 쏠려 있었다. '목민관'으로서의 소임과 책무에 소홀했던 것이 아닌가 하는 비판이 나올 만하다. 독립협회와 만민공동회 활동이 절정에 달했던 1898년 후반기에도 대단히 소략한 기록만이 남아 있다. 그것들은 일기라기보다는 메모에 가깝다. 그는 이때 독립협회의 최고 지도자(회장)의 자리에 있었지만, 황실(고종) 및 정부와의 정면충돌을 두려워했다. 그리고 자기 자신과 가족의 안위를 무엇보다도 중요시했다. 갑신정변이 일어날 때 '개화당'에 몸담았던 그는 자칫 멸문지화를 당할 수 있었다. 스무 살이 되던 해에 겪었던 트라우마가 그의 삶을 지배했는지도 모른다.

《윤치호일기》는 특정 시기에 한 개인이 자기 일상에 대하여 남긴 기록이다. 따라서 그가 어떤 상황에서 어떤 생각을 하고 어떤 일을 했는가에 대한 이해가 선행되어야만 그의 일기를 제대로 살필 수 있다. 앞의 지적들은 그런 문제를 분명히 해 두려는 것일 뿐이다.

1906년까지의 시기만을 놓고 본다면, 《윤치호일기》는 황현의 《매천야록》과 대비되는, 따라서 서로의 빈자리를 메꾸어 줄 수 있는 역사적인 기록물로서 가치가 있다. 이를테면 황현이 조선 왕실(대한제국 황실)과 관료 사회에 대한 외부적 관찰자였다면, 윤치호는 그 안에서 들여다본 내부적 참여자이자 관찰자였다. 특히 윤치호는 10대 후반부터 통리교섭통상사무아문의 주사이자 미국 공사관의 통역으로 있으면서 대궐에 자유롭게 출입했다. 시기적으로 보면, 1883년 5월부터 1884년 12월까지 1년 7개월 동안 고종과 민비를 이틀 또는 사흘마다 한 번꼴로 알현했다. 저녁에 입궐했다가 대궐의 공사청에서 그냥 자는 날도 적지 않았다. 그의 코 고는 소리가 침전에까지 들렸다 하여 화들짝 놀란 일도 있었다. 고종과 민비는 이때 윤치호를 친조카처럼 대했다는데, 이는 왕실과 미국과의 관계를 고려한 것이기도 했다.

황현은 구중궁궐이라는 은밀한 공간에서 벌어지던 일들을 가끔 그의 지인들을 통하여 듣는 소문 정도에 그쳤지만, 윤치호는 직접 왕과 왕비를 알현하고 개인적인 일부터 국가의 중대사인 외교 문제에 이르기까지 서로 말들이 오갔다. 주로 양전(兩殿)이 물으면 윤치호가 답변하는 형식이었지만, 때론 윤치호가 작심하고 내정과 외교 문제에 대하여 진언하는 일도 있었다. 이럴 때는 양전이 그냥 듣고만 있거나 "네 말이 옳다"라고 하여 장단을 맞춰 주기도 했다. 윤치호와 그의 집안이 출세할 수 있었던 배경에는 이런 왕실과의 친분이 있었다. 실제로 윤치호는 함경남도 병마절도사로 나갔던 윤웅렬에 대한 탄핵이 들어오자 자기 아버지의 억울함을 고종에게 직접 호소하기도 했다. 이리하여 윤웅렬은 심각한 위기에서 벗어날 수 있었다.[72]

《윤치호일기》가 지니는 가장 큰 장점이자 특징은 당시 밖에서는 알 수 없는 왕실의 내부를 들여다볼 수 있다는 것이다. 이 기록에는 고종과 민비의 일상이나 두 사람의 성품과 통치 방식의 단면을 엿볼 수 있는 이야기들이 담겨 있다. 황현의 《매천야록》과 같은 개인 저술은 물론 《승정원일기》라든가 《고종실록》과 같은 관찬 사서에서도 찾아볼 수 없는 그런 기록을 통하여 우리는 고종 시대가 망국으로 나아갈 수밖에 없었던 상황과 그 까닭을 헤아려 볼 수 있다. 이리하여 자기 시대를 객관화하여 담담하게 써내려 간 《매천야록》과는 또 다른 측면에서 우리는 망국의 문제에 접근할 수 있는 것이다.

《윤치호일기》가 《매천야록》과는 여러 면에서 대조적이지만, 한 가지 공통점이 있다. 그 결이 다르기는 하지만 어떻든 망국의 과정을 지켜본 당대 지식인들의 분노와 절망 또는 체념의 기록이었다는 것이다. 윤치호의 분노는 한때 자기를 아껴 준 고종과 민비에게로 향한다. 그의 절망감은 외세의 지배를 축복으로 받아들인다. 그는 자기 자신을 제외하고는 누구도 믿지 않았다. 오직 일기만이 그의 외로움을 달래고 분노를 삭여 주었다. 이렇게 보면 일기는 그의 반려이자 분신이었다고 말할 수 있다. 오늘날 《윤치호일기》 없는 윤치호를 생각하기 어려운 이유가 여기에 있다.

망국—무엇이 문제였는가

(1) 도쿄살이: '문명개화'의 마법에 홀리다 [73]

일본이 아시아 대륙으로부터 선진 문물을 받아들일 때, 일본 열도의 배후에 자리 잡은 도쿄(東京)는 후진 지역이었다. 도쿄의 옛 이름인 에도(江戶)는 그 한자 표기가 말해 주듯이 스미다강이 바다로 흘러 들어가는 출구이자 태평양의 바닷물이 육지로 밀려오는 입구이기도 했다. 이곳은 갈대와 참억새가 우거진 벌판이었다고 한다. 여기에 세워졌던 '쇼군(將軍)의 도시'가 '제국(帝國)의 도시'로 성장할 수 있었던 것은 바다를 통하여 일본에 밀려든 '문명개화'의 물결 덕분이었다. 그 침식 작용은 동양의 옛 것, 낡은 것을 파괴하고 서양의 새것, 좋은 것을 받아들이도록 했다. 도쿠가와막부를 대체한 천황제 국가 권력이 그 중심에 있었다.

메이지 시대 서양문명의 도쿄로의 유입은 요코하마(橫濱)-신바시(新橋)-긴자(銀座)-츠키지(築地)의 동선으로 이루어졌다. 미국에 의하여 개방된 요코하마는 태평양에서 아시아로 들어오는 관문이었다. 요코하마와 샌프란시스코 사이에는 1869년부터 정기 여객선이 다녔다. 개항장 요코하마와 수도 도쿄의 현관인 신바시 사이에는 1872년에 철도가 놓이면서 57분 만에 두 도시를 연결했다. 이 무렵 화재로 잿더미가 된 긴자는 서양과 같은 불연도시를 만들기 위하여 벽돌 건물이 즐비한 거리로 탈바꿈했다. 이것은 도쿄 최조의 도시계획이었다. 긴자와 연결되는 츠키지는 외국인 거류지였다. 요코하마로 들어온 외국인과 물자들은 철도를 통해 신바시역에 다다른 뒤 긴자의 벽돌거리를 거쳐 츠키지의 상점이나 여러 시설로 옮겨졌다.

이리하여 벽돌거리/거류지/철도역이라는 3개의 중심점이 서양/근대를 향한 창이 되어 하이칼라 취향의 사람들을 매혹시켰다. 그들에게 문명이란 서양의 근대문명을 가리키는 것이었고, 문명개화라는 슬로건은 곧 서양의 근대로 나아가는 마법의 주문처럼 여겨졌다. "잔기리 머리를 두들겨보면 문명개화의 소리가 난다"라고 할 정도였다. 여기서 잔기리(散切り)란 메이지 초년에 문명개화의 상징이 된 남자의 단발한 모습을 일컫는 말이다.[74]

메이지 도쿄는 조선 사람들도 홀렸다. 아직도 그 정체를 알 수 없는 이동인이라는 '개화승'이 앞서 나갔다. 그는 1879년 6월경 부산에서 밀항하여 일본으로 들어간 후 교토를 거쳐 도쿄에 이르렀다. 이곳에서 일본의 변화하는 모습을 살피고 조야의 정치가들과도 접촉했다.[75] 때마침 제2차 수신사 김홍집 일행이 도쿄에 도착했다. 이들 일행은 도쿄에 한 달 정도 체류하면서 강화도조약 체결 후 외교 현안으로 부상한 인천 개항이라든가 쌀 수출 및 해관 세칙 개정 등의 문제를 놓고 일본 정부와 교섭을 벌였다. 그렇지만 별다른 성과를 거두지 못했다. 대신에 그들은 일본의 고위 관료와 정계 지도자들 또는 도쿄에 체류 중인 외교 사절들과 접촉하면서 세계정세를 바라보는 시야를 넓히고 이런저런 정보를 얻어올 수 있었다. 그중에는 청국 공사관으로부터 얻은 《조선책략》과 《이언》이라는 책도 포함되어 있었다. 주지하듯이 이 두 책은 조선의 개혁과 개방 정책

망국―무엇이 문제였는가

이 나아가야 할 방향을 가리키고 있었다.

그런데 김홍집 사절단에는 우리가 주목해야 할 인물이 한 사람 끼어 있었다. 다름 아닌 윤치호의 아버지 윤웅렬이었다. 소위 별군관(別軍官)의 자격으로 도쿄에 온 윤웅렬은 일본의 근대적인 군대 조직과 훈련을 주의 깊게 살폈다. 그리고 귀국한 이듬해에 소위 '왜별기(倭別技)'라는 별기군 창설에 적극 나서 좌부령관(左副領官)에 임명되었다. 그 과정을 지켜본 서울의 일본공사관은 본국 정부에 보고하기를, "작년에 수신사[김홍집] 수행원으로 왔던 군관 윤웅렬은 그 성품이 충실하고 무사(武事)에 돈독한 뜻이 있어 국왕[고종]도 신임하고 친히 그 말을 듣는 인물이며 일본과 결속하기를 바라는 무리"라고 했다.76

한편, 윤웅렬은 도쿄 체류기에 이동인의 소개로 주일영국공사관의 사토우(Ernest M. Satow) 서기관을 방문한 적이 있었다. 사토우는 이때의 회견을 그의 일기에 기록해 놓았다(1880/09/02). 그 내용인즉 이동인이 윤웅렬을 데리고 찾아와서 점심을 함께 했다는 것, 윤웅렬은 서툴지만 일본 말을 조금 할 줄 안다는 것, 보아하니 그는 '진보당(the liberal party)'에 속한다는 것, 그리고 자기가 외국인을 방문한 사실이 일본 언론에 보도되지 않을까 두려워한다는 것 등이었다.77 여기서 진보당이라고 함은 당시 조선의 개화파(또는 '개화당')를 가리켰다.

초기 개화파에게 메이지의 발전상을 한눈에 볼 수 있게 만든 도쿄는 곧 조선이 나아가야 할 방향과 목표를 알려 주는 '문명개화'의 산실과도 같았다. 특히 서얼과 하급 무관이라는 신분의 벽을 뛰어넘고자 했던 윤웅렬은 도쿄 체험을 통하여 자기 자신은 물론이고 아들인 윤치호의 진로까지도 멀리 내다볼 수 있었다. 이리하여 윤치호는 소위 조사시찰단(朝士視察團, 일명 신사유람단)의 일원으로 일본에 건너온 뒤 도쿄에 그대로 머물면서 조선 최초의 일본 유학생이 될 수 있었다. 이것은 과거(문과)를 통한 관직 진출이라는 전통적인 엘리트 코스에서 이탈하여 '분명개화'라는 마법이 통하는 미지의 세계로 뛰어든 것이었다. 일본으로 건너갈 때 윤치호는 만 16세로 조사시찰단(조사 12인 포함, 총 62명) 중 최연소자였다.

　윤치호는 1881년 5월부터 1883년 5월까지 2년간 도쿄에 머물렀다. 처음 3개월은 조사시찰단과 같이 움직였다. 그들은 12개 반으로 나누어 일본 정부의 각 기관들(즉 내무성·외무성·대장성·문부성·공부성·사법성·농상무성·세관 등)과 포병공창을 비롯한 각종 산업시설, 기타 도서관이라든가 박물관 등 문화시설까지를 두루 살폈다. 메이지유신 후 일본 정부와 민간이 합세하여 밀붙였던 서구식 근대화의 실상을 들여다보고자 했던 것이다. 이리하여 동·서 문명의 역전기에 메이지 일본은 조선이 따라잡아야 할 하나의 모델로서 떠올랐다.[78] 바야흐로 도쿄에서 발원한 문명개화의 열풍이 한반도로 밀려오기 시작했는바, 그 경로는 부산이나 원산·인천과 같은 개항장을 거쳐 수도인 한양으로 올라왔다. 그 바람을 몰고 온 사람들을 일컬어 우리는 '급진' 개화파라고 한다. 그들은 한시라도 빨리 조선을 메이지 일본과 같이 바꾸어 놓으려는 열망에 들떠 있었다.

　윤치호도 그런 개화파의 일원이었다. 일본 국정 전반을 살폈던 조사시찰단이 귀국길에 오른 뒤 네 사람이 도쿄에 남았다. 그들 중 윤치호와 유길준은 각각 도진샤(同人社)와 게이오기주쿠(慶應義塾)에 들어갔다. 두 학교는 당대 일본을 대표하는 계몽사상가 나카무라 마사나오(中村正直)와 후쿠자와 유키치(福澤諭吉)가 세운 것이었다. 문명개화라는 말도 이 두 사람을 통하여 일본 사회에 널리 퍼졌다. 윤치호는 나중에 회고하기를, "우리는 우선 일본말부터 배워야 신문명을 가장 가까운 일본에서 수입할 수가 있으리라는 선견이라 할는지 [그런] 생각을 가졌던 것이오"라고 했다.[79] 윤치호와 유길준은 이렇게 일본 유학생이 되었다. 유길준은 이때 윤치호보다 9살이 많은 20대 중반의 청년이었다.

아직 10대 후반인 윤치호의 도쿄살이는 어떠했을까? 이 물음에 대해서는 그의 〈임오일기(壬午日記)〉를 참고할 만하다. 이 일기(漢文)는 음력으로 임오년, 그러니까 1882년 11월 22일부터 12월 8일까지의 기록이다. 양력으로는 1883년 1월 1일부터 1월 16일까지이다. 보름 남짓한 기간의 짧은 일기이지만, 윤치호의 도쿄 생활을 이해하는 데 매우 유용하다. 이 일기는 식민지 시대에 《개벽》(1934/11)이라는 잡지에 수록되어 일반에 알려졌었다. 이때 기사 제목에는 "한말외교비록"이라는 부제가 붙여졌다. 개인 일기에 공적인 가치를 부여하여 공개했던 것이다.

〈임오일기〉는 이렇게 시작된다. 다음은 《(국역)윤치호일기》에 수록된 것을 그대로 옮겨 놓은 것이다. 여기에서는 양력을 앞에 내놓고 음력은 괄호 안에 넣었다.

> 1883년(명치 16) 1월 1일(1882년 11월 22일, 월, 맑고 춥다)
> 관직·빈부·귀천을 막론하고 모두 국기를 달았고, 사녀(士女)와 아동들은 새 옷으로 화사하게 차려입고 세배를 다닌다. 울긋불긋한 색깔이 거리에 가득하여 한층 번화하게 보이는데, 상점은 모두 문을 닫고 사람들이 한가로이 나다닌다. 그 태평한 기상이 우리들로 하여금 부러움을 금치 못하게 한다.
> 이날 오후 4시에 다나까 다다요시(田中忠義)를 찾아가다. 도소주(屠蘇酒, 약재를 배합하여 빚은 술로 정월 초하룻날 마신다) 석 잔을 마신 후에 그의 처자들이 모두 와서 인사를 한다. 다까후지(高藤)가 찾아오다. 술과 저녁을 마친 뒤 고우(古寓, 고우 김옥균의 거처)로

돌아오다. 시간은 저녁 7시경이다.

이날 고오베(神戶)로부터 선보가 왔는데, 사행(使行, 일본에 파견된 수신사 박영효 일행을 가리키는 듯)이 오늘 아침에 출발했다고 한다. 또 시모노세키(馬關)의 민공(関公, 민영익)으로부터 전신이 왔는데 내일 출발한다고 하였다. 밤에 비 오다.

이 일기의 첫 문단에 나오는 '우리들'이란 당시 일본에 체류 중이던 김옥균이라든가 서광범·박영효 등의 '개화당', 즉 급진 개화파를 일컫는다. 윤치호는 이때 그들과 함께 움직이고 있었다. 이들에게 메이지 16년 (1883), 새해를 맞이하는 도쿄의 거리 풍경과 도시민들의 모습은 번화하고 태평스럽게 보였다. 조선의 수도 한양과는 다른 활기와 여유로움이 느껴졌을 듯하다. 아직 소년티를 벗지 못한 윤치호는 그런 일본이 부러웠다. 조선과 조선인도 일본과 일본인처럼 바뀌어야 한다고 생각했다. 이런 소망은 그의 평생을 지배했다.

두 번째 문단에는 윤치호가 설 명절에 일본인의 집을 방문한 장면이 나온다. 이어서 다른 일본인을 만났다. 다나까 다다요시와 다까후지의 신원은 확인되지 않지만, 설 명절에 만나는 것으로 보아 가까이 지내던 친구로 보인다. 윤치호는 이들과 자연스럽게 술자리를 함께하고 있었다. 그런 다음에 김옥균의 처소로 돌아왔다. 갑신정변의 주역인 김옥균은 1881년부터 일본을 드나들었는데, 이때는 도쿄에 장기간 체류하고 있었다. 그는 1851년생이었으니, 윤치호보다 열네 살이나 위였다. 윤치호는 그의 일기에 김옥균을 '고우 어른(古愚丈 또는 古丈)'이라고 했다.

세 번째 문단에서는 항구도시인 고베와 시모노세키로부터 온 전보문을 통하여 박영효 사행과 민영익이 귀국 길에 오르고 있음을 보여 준다.

이들은 임오군란의 사후 처리와 일본 국정을 살피기 위하여 도쿄에 3개월 정도 체류한 바 있었다. 윤치호는 민영익을 '민공'이라고 했는데, 이는 민비의 친정 조카인 민영익을 예우하기 위한 호칭이었다. 다른 데서는 민영익을 '청년 재상'이라고도 했다. 그는 1860년생으로 윤치호보다 다섯 살 위였다. 박영효는 1861년생으로 철종의 딸(영혜옹주)과 결혼하여 정일품 금릉위(錦陵尉)에 봉해진 바 있었다. 이처럼 조선 정계에서 촉망받는 청년들이 도쿄에 들러 메이지 일본의 실상을 살피고 조선의 진로를 탐색하고 있었다.

윤치호의 〈임오일기〉를 보면, 박영효 일행과 떨어져 도쿄에 남았던 김옥균의 동정이 일부 포착된다. 그가 윤치호를 통역 삼아 데리고 다녔기 때문이다. 1월 3일 자 일기를 보면, 윤치호는 김옥균과 함께 바쁜 일정을 보내고 있음을 알 수 있다.

> 이날 오전에 고우장(古愚丈)과 같이 가미츠키(上月)를 방문하였으나 만나지 못하였다. 다시 오자와(小澤)를 방문하다. 인사를 나눈 뒤 고우장이 물었다. "지금 귀국의 병대는 모두 얼마나 되는가?" 하니, 오자와가 대답하기를 "상비(常備), 예비(豫備), 후비(後備)를 합하여 10만 명 가량이나, 상비병은 4만이다"라고 하였다. … 이날 오자와 씨에게 가친(윤웅렬)의 사진을 주었다. 부친의 명이 있었기 때문이다.

여기에 나오는 오자와란, 당시 현역 육군 소장으로 육군 교도단장을 맡고 있던 오자와 다케오(小澤武雄, 1844~1926)를 가리킨다. 그는 2년 후 중장으로 승진하고 육군사관학교 교장과 참모본부장을 지냈다. 김옥균은 이런 인물을 상대로 일본의 군비 상황과 병제에 대하여 알아보고자 했다. 흥미로운 것은 두 사람의 대담이 끝난 뒤, 윤치호가 오자와에게 자기 아버지의 사진을 주었다는 점이다. 임오군란 후 일본으로 도피한 윤웅렬이 일본 군부 요로에 선을 대고자 했음을 엿볼 수 있다.

그날 윤치호는 김옥균과 함께 도진샤의 설립자인 나카무라 마사나오의 집을 찾아가서 한인 박명화의 입학을 부탁하고 한담을 나누었다. 그 뒤 처소로 돌아와서 잠시 쉬었다가 오후 4시에 외무경 이노우에 가오루(井上馨)를 방문했다. 이때 김옥균은 임오군란 후 조선에 대한 청국의 종주권 강화가 향후 조선의 개방과 국제적 지위에 미칠 영향에 대하여 이노우에와 의견을 교환했다. 이노우에는 이렇게 권고했다. "조선이 비록 중국의 속국이라고 하나 그 내치와 외교는 자주하고 있다. 따라서 조선은 중국의 간섭이나 개입을 배제하고 열국과 직접 교섭할 수 있는 방도를 찾을 필요가 있다. 이를테면 조·일간 외교적 현안인 통상장정 체결 문제를 서울이 아닌 도쿄에서 논의하게 된다면, 중국인들이 어떻게 할 도리가 없다."

이노우에의 권고에 김옥균은 이렇게 답했다. "그것은 내가 미처 가르침을 듣지 못한 것이다. 나도 또한 이와 같은 생각이 있어서 우리 조정에 발의한 바 있으나 친청파 무리들의 방해와 희롱을 입어 일이 마침내 이루어지지 않아 내가 매우 마음 상해하는 바이다." 이후에도 두 사람은 얼마간 담소를 이어 갔다. 그 뒤 처소로 돌아왔다가 곧바로 다카모토(高本)라는 사람에게 저녁을 대접하기 위해 나섰다. 윤치호와 김옥균은 이렇게 하루를 함께 보냈다.

그 후 윤치호는 종기로 심한 통증을 앓으면서 사나흘을 집에서 보냈다. 그 사이에 김옥균이 문병을 왔다. 1월 13일에는 윤치호가 바삐 움직

　　　　　　　　　　　　　망국—무엇이 문제였는가

였다. 아침에 외무성으로 미야모토(宮本)를 찾아가 한인 생도에 관한 일을 부탁하고는 게이오기주쿠로 갔다가 후쿠자와 유키치 '선생'을 만났다. 선생은 대뜸 말하기를, "귀국의 일은 지금부터 큰일을 할 만하게 되었다"라고 했다. 그 이유인즉, 조미수호조약이 미국 상원의 비준을 받음으로써 청국의 종주권 주장을 무력화할 수 있게 되었다는 것이다. 이 말은 들은 윤치호는 곧장 김옥균에게 달려갔다. 김옥균은 크게 기뻐하며 뛰어 일어났다. 때마침 서광범이 왔다. 세 사람은 미국 공사관을 찾아갔다. 그러자 빙햄(John A. Bingham) 공사가 이렇게 말했다. "이번에 우리나라 상원에서 귀국과의 조약에 합의했으니 이미 조약이 체결된 것이다. 내가 생각건대, 이 조약의 성립은 귀국을 위하여 크게 경하할 일이다." 김옥균이 사의를 표했다. 이어 두어 시간을 담론했다. 이날의 일과는 밤 10시가 되어서야 끝났다.

윤치호의 〈임오일기〉는 1월 16일로 끝난다. 그는 이날 도쿄에서 요코하마로 거처를 옮겼다. 이곳에서 영어를 배우기 위해서였다. 그 계기는 김옥균의 권고였다. 다음은 식민지 시기에 《동아일보》에 실렸던 〈풍우(風雨) 20년—한말 정객 윤치호의 회고—〉에 나오는 이야기이다. 이 회고담은 개화기 윤치호의 행적을 살피는 데 적지 않은 도움이 된다. 그의 일기에서 끊긴 대목을 이어 주기 때문이다.

조선에서 임오군란이 나던 1882년에 동남개척사(東南開拓使)로 있는 김옥균 씨가 사신으로 일본에 와서 나를 보고 일본말만 배우지 말고 영어를 배워야 일본을 경유치 않고 태서(泰西) 문명을 직수입할 수 있다고 권고함으로 일본어는 그만큼 하고 영어를 배우기로 결심하였소. 그러나 선생이 없어 두루 구하던 차에 횡빈(橫濱, 요코하마)에 있는 화란(和蘭, 네덜란드) 영사관 서기관이 한국을 연구할 의향을 가지고 한국말을 배우고자 선생을 구하던 차라 피차간 알게 되어 1883년 1월부터 5월까지 다섯 달 동안 매일 한 시간씩 배웠소.[80]

1880년대 초반 김옥균이 일본에 드나들면서 추진하고자 했던 일들 가운데 가장 중요한 것은 차관 도입이었다. 조선 정부에서 개화 정책을 추진하려고 해도 그를 받쳐줄 자금이 없었다. 김옥균은 고종으로부터 동남제도개척사겸관포경사(東南諸島開拓使兼管捕鯨事)라는 직함을 부여받고 일본 정부를 상대로 차관교섭을 벌이지만 여의치 않았다. 그가 목표로 하는 금액은 300만 원이었는데, 일본의 국책은행으로부터 빌린 돈은 17만 원에 그쳤다. 그것도 매우 불리한 조건으로 빌렸다. 사실 이때 일본 또한 막대한 외채를 빌려 제반 사업을 추진하고 있었던 만큼 여력이 없었다.

이렇게 되자 김옥균은 미국으로 눈을 돌렸다. 그가 윤치호에게 영어를 배우라고 권했던 것도 장차 일본을 넘어서야 할 것을 깨달았기 때문이었다. 일본이 조선의 개화를 부추기는 속내 또한 모를 바 아니었다. 10년 전만 해도 일본 조야에서는 정한론을 외치지 않았던가! 이 무렵 김옥균은 알성문과에서 장원급제하여 관직에 발을 들여놓고 있었다. 그동안 국내외 정세 변화에 누구보다도 민감하게 반응했던 인물 중 한 사람이 김옥균이었다. 윤치호가 김옥균을 믿고 따랐던 것도 그의 인품과 판단에 대한 나름의 확신에 따른 것일 수 있다.

윤치호의 영어 배우기는 그의 인생을 바꾸어 놓았다. 다음은 앞서 나온 회고의 연속이다.

다섯 달 동안 영어가 무엇이 변변하였겠소.《프레마(Primer)》제1권을 겨우 뗐을 때에, 조선으로 나오는 미국 공사 푸트 씨가 영어 통역을 구하게 되었소. 아무리 구하나 영어 하는 우리나라 사람이 있어야지요. 그래 필경은 내가 후보자로 되었던지 일본 정부 외무경 이노우에 씨와 후쿠자와 씨가 번갈아 가며 친히 나를 불러 승낙을 권고하므로 응낙을 아니할 수가 없었소.

이때 미국이 조선에 파견한 푸트(Lucius H. Foote, 1826~1913)의 공식직함은 특별전권공사였다. 미국은 조선과 국교를 맺은 후 청국이나 일본과 동등한 자격으로 대했다. 이러한 미국의 태도는 조선 왕실과 관료들, 특히 청국의 종주권을 배격하려던 급진 개화파에게 무척 고무적이었다. 윤치호는 서울에 부임하는 푸트 부부와 함께 귀국길에 올랐다. 이때가 1883년 5월이었다.

10대 후반, 2년간의 도쿄살이는 윤치호에게 무엇을 남겼을까? 무엇보다도 그는 일본과 일본인을 좋아하게 되었다. 때론 일본인으로 태어나지 못한 것을 후회할 정도로 그랬다. 조선으로 돌아올 때, 그는 이런 다짐을 했다. 한시라도 빨리 조선을 일본과 같은 나라로 만들어야 하겠다. 그런데 조선은 예전과 다를 바 없었다. 아니 훨씬 더 나빠졌다. 제물포에서 서울을 들어오는 길목에는 청국 군대가 주둔하고 있었다. 자그마치 3천 명이었다. 한양 도성 안에는 청국 상인들이 활보하고 있었다. 임오군란 후 조청상민수륙무역장정이 체결된 결과였다. 그 전문에는 조선이 청국의 '속방'이라고 명시되었다. 청국인들은 조선인의 상전인 듯 행세하고 다녔다. 도쿄와는 전혀 딴판이었다. 세상에서 가장 하대받는 것이 청국과 청국인들이 아니었던가!

윤치호는 귀국 후 일 년이 훌쩍 지났을 때 고종과 민비에게 이렇게 아뢰었다(1884/07/22).

> 법을 제정함에 있어서는 백성의 이익이 주가 되어야 하며 옛것만을 지키어 지금의 것을 잘못되었다고 할 필요는 없습니다. 청국은 사람이 많고 땅이 커서 일본의 11배나 됩니다. 그런데 일본은 30년 내외로 경장(更張), 진작(振作)하여 문명과 부강을 사람들이 일컫게 되었고 60여 년이나 외국과 더불어 통상한 청국보다 백배나 더 낫습니다. 그것은 무슨 까닭입니까. 청국은 옛것만을 지켰으나 일본은 능히 옛것을 고쳐 새것을 본받았기 때문입니다. 우리나라에는 이 두 개의 본보기가 있습니다. 새것을 쫓고 옛것을 지키는 이익과 손해가 분명하여 의심할 바가 없는 것입니다.

여기서 옛것이란 동양의 낡은 전통과 문명, 낡은 제도와 질서를 가리킨다. 한편 새것이란 서양 본위의 신문명, 신제도, 신질서를 가리킨다. 일본은 서양에 문호를 개방한 후 옛것을 버리고 새것을 적극 받아들여 '문명 부강'의 길로 들어섰다. 그런데 중국은 아직도 옛것에 집착하여 일본에 훨씬 뒤처지고 있다. '백 배나' 차이가 난다고 했다. 그렇다면 조선은 중국과 일본, 옛것과 새것 가운데 어느 것을 선택할 것인가? 윤치호가 보기에 그 이익과 손해는 너무도 분명하여 의심할 바 없다고 했다. 고종과 민비는 윤치호의 말을 듣고 "옳다"고 했다. 윤치호는 그것이 빈말임을 눈치챘다. 이즈음 윤치호는 고종과 민비에 대한 기대를 접고 있었다.

(2) 임오군란과 갑신정변에 대한 평가

윤치호의 〈임오일기〉는 1883년 1월 16일로 끝났다. 그가 다시 일기를 쓰기 시작한 것은 같은 해 10월 19일부터였다. "대조선은 이로부터 다사(多事)하여 일기를 계속하다"라고 하여, 개인적인 것보다는 국가 차원의 공적인 기록의 필요성에 기인한 것임을 밝혔다. 이때부터 갑신정변이 일어나던 1884년 12월까지 14개월 동안의 기록은 윤치호의 전체 일기 중에서 가장 흥미롭고 사료적인 가치 또한 크다. 임오군란이 끝난 후 조선이 처했던 상황과 지배층의 내밀한 동향을 보여 주기 때문이다.

먼저 임오군란을 바라보는 윤치호의 시각과 평가부터 살펴보기로 하자. 1882년 7월 19일부터 24일까지 서울의 하급 군관들이 주도하고 도시 빈민들이 가세한 임오군란은 개항 후 외세(주로 일본)의 침투와 이를 배경으로 한 고종과 민비 주도의 제반 개혁 시책에 대한 반발의 성격이 컸다. 이를테면 윤치호의 아버지(윤웅렬)가 창설에 공을 들인 별기군은 '구식' 군인들이 반란을 일으키게 된 직접적인 계기이자 동기가 되기도 했다. 윤웅렬은 군란이 일어나자 일본으로 피신해야만 했다.

이때 도쿄에서 공부하고 있던 윤치호는 임오군란 발발과 대원군의 정권 '탈취' 소식을 듣고 유길준과 함께 일본 정부에 〈연명 상서(上書)〉를 제출했다. 그 요지인즉, (1) 대원군은 조선 인민과 일본 공동의 적이다, (2) 군란의 책임은 조선 정부가 아니라 대원군에게 있다, (3) 일본이 조선에 대병(大兵)을 파견하는 것은 소기의 목적을 달성한다 해도 동양 평화에는 해롭다, (4) 일본은 먼저 군함을 인천에 파견하여 조선 국왕을 구하고 다소의 병력으로 대원군을 타도해 달라는 등이었다.[81] 윤치호나 유길준은 대원군의 권력 장악이 조선의 개방과 개혁을 좌초시킬 것이라는 우려와 불안감이 컸기에 일본의 힘을 빌리는 것에 대해서는 별다른 경계심을 보이지 않았다. 그들에게 일본은 조선의 개혁을 도와줄 '우방'으로 인식되고 있었다.

한편, 당시 청나라에 머물고 있던 김윤식과 어윤중은 그들 나름의 대책을 세우고 있었다. 그것은 청국이 일본 출병에 앞서 대병력을 조선에 파견하여 대원군의 '난당(亂黨)'을 진압해야 한다는 것이었다. 이러한 요청을 받자 청국 정부는 곧바로 3,000명의 병력을 서울로 보내 군란을 진압하고 대원군을 납치함으로써 고종과 민비를 다시 권좌에 올려놓았다. 그런 다음 마건상(馬建常)과 독일인 묄렌도르프(Paul Georg von Möllendorf, 穆麟德)를 정치와 외교 고문으로 서울로 보내 조선의 내정에 개입하기 시작했다. 청국은 이때 조선을 명실상부한 중국의 속방으로 만들려고 했다. 이것은 조선의 내치와 외교에서의 자주권을 인정해 왔던 전통적인 종주권을 변질시켜 근대적인 의미의 제국과 식민의 관계로 만들려는 것이었다. 이른바 제2차적 제국주의였다.[82]

1883년 5월, 그러니까 임오군란이 끝난 후 10개월이 다 되어 가던 때 윤치호는 미국 공사 부부와 함께 서울로 돌아왔다. 청·일 양국의 대립과 무력 충돌의 가능성이 상존한 가운데 미국이라는 새로운 변수가 생겨났다. 고종과 민비에게는 여간 반가운 일이 아닐 수 없었다. 미국이 조선의 독립을 지지하고 국제적인 분쟁이 발생할 때 호의적인 중재를 해 줄 수 있기를 기대했던 것이다. 고종은 윤치호에게 통리교섭통상사무아문의 주사라는 벼슬을 내렸다. 과거도 치르지 않은, 그리고 아직 10대에서 벗어나지 못한 윤치호에게 정6품의 관직을 내린 것은 파격에 가까운 배려였다. 윤치호는 이제 조선 왕실과 미국 공사를 연결하는 다리이자 통로의 역할을 맡았다. 이리하여 왕실과 가까워진 그는 조정 대신이나 민씨척족과도 교류할 수 있었다. 이 시기 윤치호의 일기를 눈여겨보아야 하는

망국─무엇이 문제였는가

이유가 여기에 있다.

참고로 윤치호에 대한 왕실의 '총애'를 엿볼 수 있는 그의 일기 한 대목을 소개한다(1884/02/08). "밤에 입시하다. … 곤전(坤殿)께서 수놓은 주머니와 수놓은 약주머니를 내리다. 수놓은 주머니는 곤전께서 쓰시던 것이고, 수놓은 약주머니는 대전(大殿)께서 쓰시던 것이다. 성은이 황감하고 또한 송구하다." 또 곤전께서 하교하시기를, "생일이라기에 너의 금년 길흉을 점쳤더니 과연 대단히 길(吉)하다"면서, 점서(占書)에 "만리에 구름은 개고 대붕(大鵬)은 높이 나른다"라고 한다. 이날 윤치호는 대궐 안 공사청(公事廳)에서 잤다.

윤치호의 일상이 그러했다. 낮에는 미국 공사관에서 업무를 보다가 저녁이 되면 대궐로 들어갔다. 고종과 민비는 주로 밤에 정사를 보았다. 그가 입시할 때면 양전이 늘 함께 있었다. 윤치호는 주로 민비의 눈치를 살폈다. 그녀가 조금이라도 불편한 기색을 보이거나 말을 돌리면 윤치호는 불안해졌다. 중요한 일에 대한 결정은 민비가 내리는 듯했다. 고종도 민비의 심기를 거슬리려고 하지 않았다. 민비에게는 그의 친정 세력이 있었지만, 아버지인 대원군과 등진 고종은 왕실에서도 조정에서도 외로운 처지였다. 국정 운영의 주도권이 민비와 척족 세력에게 넘어갔다. 고종에게는 그의 아버지와 같은 카리스마도, 그의 왕비와 같은 기지와 영민함도 찾기가 어려웠다. 다음은 고종에 대한 윤치호의 평가이다(1884/01/18).

상(上)께서 비록 그 좋은 것을 알고 또 행하려고도 하나 주저하고 의심이 많아 잠시의 편안함만을 얻으려 하며, 소간(小奸)들에게 현혹되어 능히 결단하는 것이 별로 없다. 그러니 일의 성과는 얻기 어렵고 꾀하는 것은 많으나 실적은 없게 된다. 아아 사람으로는 어찌

할 수가 없는 것을 하늘의 명이라 하니, 이것이 하늘의 명인가!

윤치호는 고종이 국왕인 그에게 주어진 역할과 책무를 다하지 못함으로써 안으로는 민씨척족의 전횡, 밖으로는 청국의 압제를 불러들였다고 보았다. 임오군란과 그 이후에 벌어진 모든 일들이 따지고 보면, 고종의 유약한 기질과 제때 결단을 내리지 못하는 실기와 실책에서 비롯되었다고 생각했다.

윤치호는 갑신정변이 일어나던 해인 1884년을 맞이하면서 착잡한 마음을 억누를 수가 없었다. 하여, 새해 첫날 일기가 무척 길어졌다. 그중에 몇 대목을 나누어 소개한다.

> 아아, 지난날 우리나라와 청국과의 관계는 고사하고라도 청국인 스스로 중간에 서서 미국·영국·독일 각국을 우리나라에 천거하여 자유롭게 조약과 세칙을 정하게 한 이상, 비록 청인이 외인(外人)에게 조선이 외교와 내치를 자주한다고 알리지 않는다고 하더라도 우리나라의 자유는 의심할 수도 없고 족히 더 말한 것도 없는 것이다.

여기에서 말하고자 하는 바는, 조선과 청국 두 나라의 관계가 어떠하든, 조선이 이미 청국의 소개로 서양 열국과 수교를 맺은 이상 조선은 자주독립국일 수밖에 없다는 것이다. 따라서 조선은 누구의 눈치도 보지 말고 당당하게 홀로 설 수 있어야 한다는 것이 윤치호의 생각이었다.

> 그런데 불행히 임오년(1882) 여름에 척족 민씨들이 덕을 잃고 이친(李親, 대원군)이 모진 일을 마음대로 하는 데다가 임금은 약하고

백성들은 어리석어 어찌할 바를 몰랐던 것이다. 수년 이래 청국이 우리나라가 점차 강보(襁褓) 밖으로 나가는 것을 보게 되자 탈액(脫軛)하는 폐단이 있을까 우려하여 기회를 노려 손을 써서 겸륵(鉗勒)을 단단히 하려고 했다(이는 떡국으로 농간하는 것이라고 말할 만하다). 그러던 차에 임오군란이 일어나자 청국은 이런 기회를 다시 얻기 어렵겠다는 생각에 그 느리고 둔한 정략으로 군대를 동원하여 마치 주머니 속의 물건을 찾듯 역괴(逆魁)를 체포하고 곤전을 호위하여 돌아오게 했던 것이다.

윤치호가 보기에, 임오군란은 민씨척족의 '실덕(失德)'과 대원군의 정권욕에서 비롯된바 고종이 이때 어찌할 바를 모르고 허둥대는 바람에 청국이 그 틈을 타서 들어 왔다는 것이다. 이리하여 개항 후 조선이 그들의 영향력에서 벗어나는 것을 우려하던 청국이 군대를 파견하여 다시금 조선에 대한 고삐를 바짝 죄게 되었다. 이 대목에 이르면 윤치호의 탄식이 절로 나온다.

아아, 우리나라에 본래 실정이 없었다면 병요(兵擾)가 어찌 일어날 수 있으며, 인민이 편안했다면 돈병(豚兵)이 무슨 일로 나왔겠는가. 안으로 민요(民鬧)가 있고 밖으로 외인들의 제어를 받는 것은 모두 우리 정부의 죄악이 가득한 데서 나온 것이다.

여기서 '돈병'이란, 청국 군대를 말한다. 청국에 대해서는 '돈미(豚尾)'라고 했다. 돼지 꼬리라는 비칭이다. 윤치호는 도쿄 시절에 일본과 구미 열강이 청국과 청국인을 얕잡아 본다는 것을 알고 그도 자연스럽게 그런 인식과 태도에 물들었다. 귀국한 다음에는 청국이 조선의 내정과 외교에 공공연히 간섭하고 조선인들을 함부로 대하는 것을 직접 보고 겪게 되자 청국에 대한 석개심까지 생겨났다. 윤치호는 이제 청국의 굴레에서 벗어나지 않는 한 조선의 자주독립은 있을 수 없다고 판단했다. 사실, 고종과 민비도 청국의 간섭으로부터 자유롭고 싶어 했지만, 그렇다고 하여 그들로부터 완전히 떨어져 나올 생각은 하지 못했다. 조선의 왕실과 지배층에게 '사대'의 굴레란 스스로 벗어날 수 없는 운명과도 같았다.

여기에서 윤치호는 다시 탄식한다. "조선과 같은 '천승(千乘)의 나라'도 영토가 적지 않으므로 덕을 닦아 왕 노릇을 할 수 있다. 그런데 위로 왕과 왕후, 정부는 이를 도모하지 않고, 군신은 잠시 쉬는 것으로 평안하려 하고, 상하는 작은 편안함만을 즐겨 하고 있다. 정령(政令)은 임오군란 전과 비교해 볼 때 오히려 더욱 나빠지고만 있다. 비단 떨쳐 일어나려 하지 않을 뿐 아니라 심지어는 움직이는 것조차 남에게 의지하고 있다. 내정이 이처럼 한심스러우니 독립하여 외인을 물리친다는 말은 막막하여 아무런 뜻도 없는 것이다."

윤치호의 새해 첫 일기는 이렇게 끝을 맺는다. "대저 선을 알면서 행하지 않고 악을 알면서 버리지 못하면, 천자는 그 천하를 지키지 못하고, 제후는 그 나라를 지키기 어렵고, 대부(大夫)나 사서(士庶)는 그 집안과 몸을 지키기 어려운 법이다. 아아, 누가 조선 이씨 조정의 운이 이와 같이 군색하리라고 생각했겠는가!"

이 무렵 윤치호만 그런 절망감에 빠졌던 것은 아니었다. 그는 대궐에서 밤늦게 나올 때면 청계천 주변의 장통방으로 발길을 옮겼다. 이곳에는 초기 개화파의 스승이자 백의정승으로도 불리는 유홍기(1831~ ?)가 살고 있었다. 윤치호는 그의 호를 따서 대치장(大致丈) 또는 치옹장(痴翁丈)이라고 불렀다. 한약방을 했다는 유홍기의 집은, 윤치호의 표현을 빌

리면, '우리 개화당'의 사랑방이자 연락처였다. 윤치호는 유홍기가 '교시'
한 바를 고종께 아뢰기도 했다. 윤치호는 이때 고종과 개화당을 연결하
는 다리이자 통로이기도 했다.

그런데 정작 가장 중요한 일, 즉 갑신정변을 꾸미는 일에서 윤치호는
제외되었다. 물론 그 낌새를 몰랐던 것은 아니다. 윤치호는 갑신정변을
한 달 앞둔 시점에 이런 일기를 남겼다(1884/11/03).

> 아침에 가친을 찾아뵙고 개화당의 급진이 옳지 않음을 이야기하였
> 다. 돌아오는 길에 대치(유홍기)를 방문하여 시사를 의논한다. 서로
> 시기가 중요하므로 기다리지 않으면 안 되고 개화당은 마땅히 근신
> 하면서 시기를 기다려야 한다는 것 등을 말하였다.

아직 때가 아니라는 것이 윤치호의 생각이었는데, 이는 그가 몸담
고 있던 미국 공사관 내의 일치된 견해이기도 했다. 다음의 일기를 보
자(1884/11/19).

> 낮에 고우(김옥균)를 방문하다. 들으니 운야(芸也, 민영익)가 원세
> 개(袁世凱)와 합치었다고 한다. 이날 박춘고(朴春臯, 박영효)와 홍금
> 석(洪琴石, 홍영식)이 미국 공사를 내방하다. 춘고가 우리나라는 시
> 사가 위급한데도 정부는 제대로 서지 않고 인민은 핍박받고 있다
> 는 것 등을 말하였다. 저녁 때 춘고는 먼저 돌아가고 홍금석은 남아
> 서 저녁을 들면서 미국 공사와 더불어 안온히 의논하다 돌아갔다.

이날 홍영식은 푸트 공사에게 우리는 미국을 '형제'처럼 생각하고 매

사를 의뢰해 왔다면서 최근 나랏일이 날로 어그러지고 있음을 통탄했다. 그런 다음에 이런 물음을 던졌다. "지금 여기에 한 기름 등이 있어 불빛이 매우 밝으나 밖의 물건에 가리워져 안의 빛이 능히 밖을 비추지 못하고 밖의 물건은 능히 안의 빛을 받지 못하고 있다. 어떤 사람이 그 가리운 것을 걷어서 그 빛을 내보내려고 하나 가리운 물건이 너무 뜨겁고 단단하여 순하게 걷을 수가 없다. 하여, 부득이 그 가리운 것을 깨뜨려 그 빛을 사방으로 전하려 하고 있다. 옆에서 보건대, 이것이 쾌한 일이라 하겠는가, 또는 망령된 일이라 하겠는가?"

여기서 기름 등이란 국왕인 고종을 빗댄 것이다. 그의 '밝은 불빛'이 백성에게 닿지 않는 것은 그 주변을 에워싼 척족과 권신들 때문이다. 서로 단단하게 결속한 이들을 깨뜨리지 않고서는 조선의 미래가 어두울 수밖에 없으니, 이제 비상한 수단을 써서 그들을 제거하려고 한다는 뜻이었다. 홍영식은 이에 대한 미국 공사의 의견을 듣고자 했다.

푸트는 다음과 같이 답했다. "귀공의 물음에는 큰 뜻을 포함하고 있어 가볍게 대답하기 어렵다. … 요행히 손으로 깨뜨리는 것이 순조롭게 이루어진다면 그만이지만, 만약 일이 이루어지지 않는다면 손을 델 수도, 옷을 태울 수도 있어서 그 위태로움을 측량할 수 없다. 혹 역적의 이름으로, 국폭(國暴)의 이름으로 돌아갈 수 있으니, 어찌 위태롭지 않으며 어찌 삼가지 않겠는가. 이런 까닭으로 나는 조용히 기회를 보아 그 스스로 깨어짐을 기다리는 것이 옳은 계책으로 생각한다."

이날 홍영식과 푸트가 서로 마음을 트고 나눈 대화는 윤치호의 통역으로 이루어졌다. 따라서 윤치호는 조만간 무언가 큰일이 터지리라는 것을 알 수 있었다. 그런데 윤치호는 그 거사에 참여할 의사가 없었다. 이로써 윤치호는 '우리 개화당'에서 빠져나온 것이나 다름없었다. 그는 개혁의

망국—무엇이 문제였는가

필요성을 인정하지만, 이를 위해 혁명가가 될 생각은 없었다. 여기서 문제는 민비를 배후에 둔 척족의 전횡과 언제든 군대를 동원할 수 있는 청국의 압제 속에서 과연 조선의 자주적인 개혁이 가능했겠는가 하는 점이었다. 김옥균과 박영효, 홍영식 등이 주도하는 '개화당'은 그것이 불가능하다는 판단을 내렸다. 이제 남은 것은 비상한 방식, 즉 무력행사였다. 이름하여 갑신정변이었다.

1884년 12월 4일, 드디어 운명의 날이 밝았다. 이날 저녁 윤치호는 미국 공사와 함께 우정국에서 벌어진 연회에 참석했다가 민영익이 가장 먼저 자객에게 당한 모습을 지켜보았다. "그는 귀에서 볼까지 찔리어 떨어질 만큼 쪼개져 있었다." 한때 친구이자 동지라고도 생각했던 민영익의 처참한 모습은 충격적이었다. 윤치호는 다음 날 새벽에 경우궁으로 거처를 옮긴 삼전(三殿)을 알현했다. 12월 4일 자 일기에는 이때의 상황이 묘사되어 있다.

> 얼마 안 있어 상께서 나를 어실(御室)로 들어오도록 명하였다. 천안(天顔)을 절하여 뵈었는데 번뇌하는 기색이 얼굴에 가득하다. 곤전께서는 옷을 바꾸어 입고 시녀들이 앉아 있는 속에 섞여 있었다. 동궁께서는 탕건과 두루마기 차림으로 왔다 갔다 하는 데, 시녀들이 그를 에워싸 모시고 있었다. 근심스러운 빛이 방에 가득하고, 창황 처참한 광경은 눈물이 흘러 옷을 적시게 하니 목이 메어 말을 할 수가 없었다.

김옥균을 위시한 개화당은 국왕인 고종을 내세워 일본의 메이지유신과도 같은 급진적인 개혁을 이루려고 했다. 그런데 정작 고종 자신은 개

혁에 대한 확고한 의지와 비전을 갖고 있지 못했다. 그는 개화당에 끌려
다니는 듯한 모습을 보였다. 임오군란 낭시 죽을 고비를 넘겼넌 빈비는
시녀들 틈에 끼어 앉았다. 동궁은 아무 생각도 없었다. 여기서 정변의 실
패는 예견되어 있었다. 개화당과 왕실 사이에 어떤 공감도 없었다. 도로
로 몰려나온 사람들은 개화당을 '왜당(倭黨)'으로 보았다. 임오군란 때와
같은 상황이 재연될 수 있었다. 청국 군대는 공격 태세를 취했다. 그들은
수적으로 일본군을 압도하고 있었다.

이리하여 갑신정변은 삼일천하로 끝나고 말았다. 그 마지막 날에 윤웅
렬은 그의 아들 윤치호에게 정변이 실패할 수밖에 없는 여섯 가지 이유
를 들었는데, 그 분석이 놀랄 만하다. 다음은 윤치호 일기에 나오는 이야
기이다(1884/12/06).

(1) 군주를 위협한 것은 이치를 따른 것이 아니라 거스른 것이다.

(2) 외세를 믿고 의지하였으니 반드시 오래가지 못할 것이다.

(3) 인심이 불복하여 변란이 안으로부터 일어날 것이다.

(4) 청병(淸兵)이 곁에 앉아 있는데, 이들이 처음에는 연유를 몰라
    가만히 있으나 알게 되면 반드시 병대를 몰아 들어갈 것이다.
    일본병이 어찌 그들보다 많은 청병을 대적할 수 있겠는가.

(5) 설령 김옥균·박영효 등이 능히 순조롭게 그 뜻을 이룬다 해도,
    이미 민씨와 주상께서 친애하는 신하들을 죽였으니, 이는 건
    곤전(乾坤殿: 왕과 왕비)의 의향에 위배된다. 군부모(君父母)의
    뜻을 거스르고서 능히 위세를 지킬 수 있겠는가.

(6) 만약 김[옥균]·박[영효] 등 여러 당인(黨人)이 조정을 채울 수 있
    을 만큼 많다면 혹 할 수 있는 길이 있다고 하겠다. 그러나 두
    서너 사람이 위로는 임금의 사랑을 잃고, 아래로는 민심을 잃

고 있으며, 곁에는 청인(淸人)이 있다. 또 안으로 군부모의 미움을 받고, 밖으로 붕당의 도움이 없으니, 능히 그 일이 순조롭게 이루어짐을 꾀할 수 있겠는가? 일이 반드시 실패할 터인데 도리어 스스로 깨닫지 못하고 있으니 어리석고 한스럽다.

윤웅렬이 이런 이야기를 조목조목 윤치호에게 한 것은, 정변이라는 비상한 상황에서 그들 부자의 거취를 정해야 할 필요가 있었기 때문이다. 바로 전날 개화당이 발표한 내각 명단에는 윤웅렬이 형조판서로, 윤치호가 참의교섭통사무로 들어가 있었다. 윤치호는 이 소식을 듣고, "우리 부자를 끌어들여 같은 무리로 삼으려 하니 두렵다"라고 했다. 정변이 실패하여 역적으로 몰리면 멸문지화를 당할 수 있었다. 이런 위급한 상황에서 "부자는 서로 통탄하고 삼가고 경계함을 상책으로 삼자"고 했다. 다행스럽게도 윤치호에게는 든든한 피신처가 있었다. 그가 자기 집처럼 지내던 미국 공사관이었다.

한편 고종과 민비는 정변 후 험악해진 청·일 관계의 안정을 위하여 미국의 도움이 절실했다. 윤치호는 이때의 상황을 다음과 같이 말했다 (1884/12/13).

근일 여론은, "능히 일본인으로 하여금 싸우게 할 수 있는 자는 미국 공사요, 또 능히 일본인으로 하여금 화해하게 할 수 있는 자도 미국 공사이다. 그런데 능히 미국 공사로 하여금 우리나라를 위하여 강화하게 할 수 있는 자는 윤치호이다"라고 하였다.

소위 말하는 통역정치의 위력이 이러했다. 긴박했던 청·일 관계가 '화해'의 분위기로 돌아설 무렵 윤치호는 중국으로 떠났다. 그 명목은 유학이지만, 실제로는 망명이었다. 고종과 민비는 윤치호를 보고 왕실에 대한 그의 '충정'을 믿는다고 말했지만, 언제 그들의 마음이 돌아설지 알 수 없었다. 윤치호는 궁중에 드나들면서 "매사를 능히 스스로 결단하지 못하는" 고종의 유약함과 자기의 허물을 조정에 돌리는 무책임한 태도를 종종 지켜보았다. 이런 고종을 '암군(暗君)'이라고 평하기도 했다. 개화당에 속한 인물들과 동지적 관계를 맺었던 윤치호에게 자기의 신변 안전을 위해서는 조선을 떠나는 것 이외에 다른 선택지가 없었다.

1885년 1월 중순, 윤치호는 일본을 거쳐 중국 상해로 건너갔다. 이곳에 도착하여 마음의 안정을 찾게 되자 그는 갑신정변을 되돌아보는 기록을 남겼다. 2월 14일 자의 일기인데, 그 서두에 이렇게 썼다. "무엇을 가지고 한 해를 꿈결 속에 지냈다고 하는가. 시사의 변함이 황홀하여 꿈결 같음을 이르는 것이다." 꿈인 듯 현실인 듯, 그는 도쿄에서 서울로, 서울에서 상해로 왔다. 그가 바랐던 것은 조국이 태평하고 문명화의 길로 나아가는 것이었다.

그런데 이런 소망이 물거품이 되었다. 왜 그렇게 되었는가? 이에 대한 윤치호의 생각은 다음과 같았다.

> 개화당은 비록 수는 많지 않았으나 옥(玉, 김옥균), 영(英, 홍영식), 영(泳, 박영효), 재(載, 서재필), 광(光, 서광범) 등의 여러 사람은 문벌 좋은 집안 출신이어서 가히 큰 지도자가 될 만하였다. 더욱 약간의 시무에도 통달하고 있어서 나라에 희망을 주는 사람들이었으며 그 수가 가히 하나의 당을 이룰 만하였다. 문견을 넓히고 알지 못하는 것을 깨우치기를 날로달로 더하여 인민들이 밝은 것을 취하고

망국―무엇이 문제였는가

어두운 것을 버리는 보람을 볼 수 있게 되었다. 그러나 4~5인이 개화의 총도자(總導者)가 되어 갑자기 격패(激悖)한 일을 저질러 나라를 위태롭게 만들고, 청인들로부터 억압과 능멸을 받음이 전날보다 배는 더하게 되고, 이른바 개화에 관한 말을 땅에 발라 흔적도 없게 하리라는 것을 어찌 뜻하였는가.

윤치호는 개항 후 폐쇄적인 조선에 비록 더디고 머뭇거리지만 문명화의 길로 나아가려는 기운이 일고 있었는데, 개화당의 지도자 몇 명이 갑자기 '격패'한 일을 도모하는 바람에 그 기운이 꺾이고 이제는 개화라는 말조차 입 밖에 내기가 어렵게 되었다고 한탄했다. 정변을 겪은 후 조야에서는 한목소리로 "소위 개화당이라고 하는 것은 충의를 모르고 외인과 연결하여 나라를 팔고 겨레를 배반하였다"라고 말한다는 것이다.

한편 《매천야록》의 기사를 보면, 갑신정변 주모자들이 다음과 같은 일을 꾸미려고 했다는 소문이 떠돌았다(상/213). 이를테면 "임금을 인천으로 유인하여 선박에 싣고 일본으로 내보낸 후에 태서(泰西)의 민주제를 본떠, 박영효 이하가 모두 차례로 [국정을] 맡기로 했다"든가 "[조선] 8도를 분할하여 여러 역적 놈들이 각각 한 도씩 맡아 왕 노릇을 할 것이다"라든가 "청국과 단절하고 일본을 끼고서 임금을 대황제로 높인다"라고 했다는 것이다. 그러면서 황현은 정변이 실패로 끝난 것이 하늘의 도움이라고 했다. 그는 정변 주모자들이 도덕적으로 타락했을 뿐 아니라 외세에 기대어 자기들의 이익만을 탐하는 무리라고 비난했다. 이로써 1880년대 초반 개화파들이 앞장섰던 개혁운동은 좌절되고 그 전망마저 불투명해졌다.

그 후 조선왕조는 '잃어버린 10년'을 보내고 동학농민운동과 청일전쟁이라는 안팎의 도전에 직면하게 된다. 전자가 조선왕조의 지배층에 대한 전면적인 항거였다면, 후자는 천년 넘게 동아시아를 지배해 온 중화체계와 질서를 흔들어 놓았다. 그 결과 중국은 반(半)식민지로, 조선은 식민지로, 일본은 제국주의의 길로 각각 나아갔다. 물론 이때 조선이 망한 것은 아니었지만, 그 주체가 왕실이 되었든 개화파가 되었든 인민이 되었든 자력에 의한 근대화의 가능성이 크게 좁혀졌음은 부정할 수 없는 사실이었다. 그 배경과 원인을 거슬러 올라가 보면, 급진 개화파의 갑신정변이 등장한다. 윤치호의 말대로 성급한 '정변'으로 말미암아 그 이후의 개혁이 더욱 어려워졌다는 결과론적 해석이 가능한 이유다.

3.
외국 망명과 수학기
(1885~1894)

(1) "잃어버린 10년"

고종의 재위(1863~1907) 기간은 44년에 달한다. 그중 처음 10년은 흥선대원군의 섭정기이고, 마지막 4년은 러일전쟁 발발 후의 국권 상실기였다. 따라서 고종이 온전히 왕권을 행사한 기간은 30년 정도였다. 친정(1874) 후 처음 10년 동안, 고종은 민비와 더불어 독자적인 개방정책을 추진하는 데 힘을 쏟았다. 이는 아버지인 대원군과 차별화함으로써 그의 영향력에서 벗어나고자 했던 노력의 일환이기도 했다. 고종은 이때 대외적으로 일본 및 서양 열국과 수교를 맺음으로써 조선을 근대적인 조약체계에 편입시키는 한편, 대내적으로는 새로운 개방체제에 대응하기 위한 정부제도 개편과 해외사절단 파견에 나섰다. 먼저 일본에 두 차례 수신사를 파견한 데 이어 대규모 조사시찰단을 보내 일본 국정 전반을 살피도록 했다. 중국에는 영선사를 파견하여 무비자강책의 일환으로 각종 무기 제조법을 배워 오도록 했다. 서양 열국 중 처음으로 문호를 개방한 미국에는 보빙사를 파견하여 근대 서양문물을 직접 살피고 오도록 했다.

이리하여 본격적인 개방·개혁정책을 펴 나가려고 할 즈음에 임오군란과 갑신정변이라는 예기치 않은 돌발 상황이 벌어졌다. 임오군란이 고종의 개혁정책에 대한 보수 세력의 반발이었다면, 갑신정변은 임오군란 후 조선 내정에 대한 청국의 개입과 이로 인한 고종의 개혁정책 부진과 후퇴에 대한 급진 개화파의 반발이었다.

그 후 청일전쟁이 일어날 때까지 조선의 시계는 멈추어 섰다. 앞으로도 나아가지 못하고 뒤로도 물러나지 못하는 정체의 시기를 맞이했다. 이를 일컬어 우리는 "잃어버린 10년"이라고 한다. 나아가야 할 때 나아가지 못함으로써 조선은 위기 상황에 맞닥뜨리게 되었으니, 소위 동학란과 청일전쟁 발발이 그것이었다. 밑으로부터의 변혁 요구와 외세의 개입이 한데 맞물리면서 조선의 앞날은 누구도 장담할 수 없었다. 이제는 정권 차원의 위기가 아니라 국가의 존립 자체가 흔들리는 사태로 내몰렸다. 고종 통치 30년은 그 중간에 "잃어버린 10년"의 간극을 메꾸지 못함으로써 결국 망국에 이르렀다고 볼 수 있다.

그 "잃어버린 10년"은 윤치호에게도 시련의 시기였다. 갑신정변이 실패로 끝난 후 그는 중국과 미국에서 10년을 보냈다. 언제 고국으로 돌아갈 수 있을지, 귀국한다면 어떤 일을 해야 하고 또 할 수 있을지를 예측할 수 없는 채 하루하루를 보내야 했다. 자기의 미래를 설계하며 활기차게 보내야 할 20대를 그렇게 보냈다. 윤치호를 다룬 글들에서는 이 시기를 종종 '유학기'라고 부르는데, 이는 분명 오해의 소지가 있는 표현이다. 유학이라고 한다면, 사전에 충분한 준비와 계획이 있어야 한다. 어느 나라로 가서 어떤 공부를 하며, 돌아와서는 무슨 일을 할지 등등, 한두 가지가 아니었다.

그런데 윤치호는 전혀 그런 준비 없이 황급히 국내를 떠나야만 했다. 그가 '개화당'의 일원이었던 만큼, 언제 그에 대한 탄핵이 들어올지 알 수 없었다. 당장 그의 아버지(윤웅렬)에게는 근신과 유배형이 내려졌다. 갑

망국—무엇이 문제였는가

신정변의 주모자들은 말 그대로 멸문지화를 당했다. 그중의 일부, 이를테면 김옥균·박영효·서광범·서재필 등은 간신히 자기 몸만 빼내 일본으로 달아났다. 이들과 비교한다면, 윤치호와 그의 가족은 훨씬 나은 형편이었다. 갑신정변에 직접 가담하지 않았기 때문이다. 그렇다고 연루 혐의에서 벗어날 수 있는 것은 아니었다. 정변 당시 발표된 내각 명단에는 윤웅렬과 윤치호의 이름이 올라가 있었다. 이 때문에 유배 중에도 윤웅렬에 대한 탄핵이 끊이지 않았는데, 고종이 이를 물리쳤기에 윤웅렬은 목숨을 건질 수 있었다.[83]

고종은 왜 그랬을까? 무장인 윤웅렬의 쓰임새와 충성심을 높이 샀던 것일까? 고종과 민비 주변에는 윤웅렬을 대신할 무장이 적지 않았다. 그런데 이들이 갖지 못한 것을 윤웅렬은 갖고 있었다. 1880년대 초반 일본을 드나들며 그곳의 관계 또는 정계 인물들과 인연을 맺었던 그는 서울에 있는 일본공사관의 보호를 받을 수 있었다. 청일전쟁 후 윤웅렬이 유배에서 풀려나 다시 관직에 오를 수 있었던 것도 이 때문이었다.

윤웅렬이 일본의 보호를 받았다면, 윤치호는 미국의 보호를 받았다. 갑신정변 후 윤치호가 신변에 위협을 느끼고 있을 때, 고종은 특별히 그의 '외유'를 허락했다. 1885년 1월 9일, 윤치호는 한국을 떠나는 미국공사 푸트 부부와 함께 배에 올랐다. 그리고 나가사키에서 이들과 눈물의 작별을 한 윤치호는 중국 상해로 가는 배로 갈아탔다. 이곳에 도착한 후, 윤치호는 푸트의 소개장을 들고 미국총영사를 찾아갔고, 그의 알선으로 중서서원(中西書院, Anglo-Chinese College)에 발을 들여놓게 되었다. 이 학교는 미국 남감리교회 선교사 영 알렌(Young J. Allen, 林樂知)이 1882년에 세운 이른바 미션스쿨이었다. 8년제(2-4-2)로 중등교육에서부터 고등교육 단계로 올라갈 수 있도록 학제가 짜였던 듯한데, 실제로 그렇게 운영되었는지는 알 수 없다.

윤치호는 3년 반(7학기) 동안 중서서원을 다녔다. 이 시기에 _그_가 관심을 가지고 열심히 배웠던 것은 영어, 중국어, 역사, 성경 등이었다. 그는 나중에 이 학교에서 보낸 시절을 다음과 같이 회고한다(1896/07/11).

나의 지난 이력을 되돌아볼 때, 내 개성은 1885년에서 1886년 사이가 가장 빛났다. 그때 나는 열광적인 진리의 추종자였고 지식의 탐구자였다. 내 영혼에 쓰라림은 없었다. 부모의 나라를 떠난 망명객으로서의 비애가 있었다면, 그것은 순결하고 고상한 그런 것이었다. 나는 모두를 사랑하고, 모두를 믿고, 모두를 신뢰했다. 자연이나 과학 또는 종교에서 얻은 모든 새로운 지식에 대해 나는 기대에 부풀고 행복해하며 감사했다. 그렇다, 상해 중서서원의 보잘것없는 방들에서 보낸 나의 학창 생활은 내 삶의 황금기였다. 그 시기의 성취에 대해 나는 본넬 교수와 알렌 박사에게 감사한다.

모든 추억은 아름답다고 했던가! 윤치호는 10년이 지난 시점에서 중서서원에서 보냈던 초기 시절을 그의 삶에서 '황금기'였다고 회고했는데, 이는 살벌한 국내 정치에서 벗어난 데 따른 안도감과 새로운 환경에 적응하기 위한 학구열 덕분이었다.

그런데 시간이 흐를수록 망명객으로서의 비애는 점점 더 커졌다. 특히 국내의 소식을 전해 들을 때마다 윤치호는 우울해졌다. 조선 정부의 무능과 부패, 청국의 내정 간섭, 조러밀약설과 영국의 거문도 점령 소식 등은 상해에서도 뉴스가 되고 있었다.

망국─무엇이 문제였는가

과연 조선은 독립된 왕국의 지위를 유지할 수 있을까?

윤치호는 이 문제를 생각할 때마다 점점 회의적으로 변해 갔다. 다음의 일기를 보자. 그가 상해에 도착한 후 반년이 지날 때였다(1885/06/26).

조선의 지금 사세는 위로 임금의 얼굴에 근심이 가득하고 아래로 쓸모없는 사람이 조정에 가득하다. 백성들의 어려움은 물이 말라버린 곳에 있는 고기와 같고 도적의 횡행함은 숲속에서 벌떼가 일어나는 것과 같다. 군대는 있으나 이는 단지 오합(烏合)의 무리이며 재물이 없어 개미둑만 한 준비도 되어 있지 못하다.

이처럼 내정과 국방은 엉망인데 한반도를 둘러싼 외세의 움직임도 심상치 않았다. 위의 일기의 연속이다. "북쪽의 독수리[러시아]가 힘을 길러 곧 기회를 기다려 날개를 떨치려 하고 있고, 서쪽의 사자[영국]가 탐욕을 내어 이미 문으로 들어와 방을 엿보고 있다. 사방 이웃에게 잠식될 염려가 눈앞에 나타나 있어 팔성(八成, 8도-조선)의 계란을 쌓아놓은 듯한 위태로움을 말로 다 할 수가 없다. 더욱 돼지 꼬리(豚尾, 청국)의 수모를 받음이 날마다 심해지고 있다. 진실로 사람의 마음을 가진 인사라면 걱정하고 한탄하지 않을 수 없을 것이다."

조선의 불투명한 미래는 그의 진로에 대한 설계조차 어렵게 했다. 중서서원에서 학업을 마칠 무렵, 윤치호는 일본으로 건너가 도시샤(同志社)에서 공부할 생각이었으나 조선 정부의 허가 없이는 입학이 어렵다는 통보를 받았다. 갑신정변 후 고종과 민비는 일본으로 망명한 조선인 정객들의 송환을 끈질기게 요구하고 있었고, 일본 정부는 이 일로 골치를 앓고 있었다.

윤치호는 미국으로 방향을 바꾸었다. 숭서학원의 학장 알렌과 본넬 교수의 주선, 그리고 감리교회의 후원을 받아 미국 남부 테네시주에 위치한 밴더빌트대학교 신학과에 들어갔다. 윤치호는 이곳에서 3년 만에 학부 과정을 마친 후 에모리대학교로 옮겨 계속 학업을 이어 갔다. 조국으로 돌아갈 수 없었기 때문이다. 5년간 미국에 머무는 동안, 윤치호는 신학에서부터 인문학, 사회과학, 자연과학 분야를 두루 공부했다. 그가 특히 관심을 기울였던 것은 언어와 역사 및 문학 방면이었다. 학문의 실용성보다는 인간과 사회를 이해하는 데 초점이 맞추어졌던 것이다. 이는 그의 미래가 불투명했던 것과도 무관치 않았다고 볼 수 있다.

한편, 윤치호는 미국에서 새로운 문제에 맞닥뜨렸다. 인종차별이었다. 그가 태평양을 건너 샌프란시스코에 도착한 것은 1888년 10월 26일이었다. 이어서 기차를 타고 목적지(내쉬빌)로 가는 도중 캔자스시티에 내렸다. 이곳 '주막'에 갔더니 그를 청국인으로 알고 들이지를 않았다. 그는 정거장에서 밤을 지새워야 했다. 이후 그는 인종 문제에 예민해질 수밖에 없었다. 황인종 중 서양인들이 인정해 주는 것은 일본인뿐이었다. 윤치호는 조선인이라는 것이 한없이 부끄러웠다. 다음의 일기를 보자(1891/02/02).

온종일 축 처져서 기분이 좋지 않았다. 오후 4시, 기분 전환을 위해 시내에 갔다.

요시오카와 나의 주관주의, 그러니까 혼자 사색하는 것을 좋아하고 사람들과 어울리기 싫어하는 것에 대해 이야기를 나누었다. 나로 하여금 사람들과 교제하는 것을 역병처럼 피하게 만드는 것은 무엇인가? 자주 나를 우울하게 만들고 홀로 명상에 잠기게 하는 것은 무엇인가? 종종 나를 완전한 상실감에 빠트리는 것은 무엇인가? 아주 사소한 무시나 경멸에 대하여 나를 극히 예민하게 만드는 것은 무엇인가? 내 민족의 불명예와 수치심에 대한 의식, 바로 이것이다.

이 무렵 윤치호는 기약 없는 해외 생활과 불투명한 미래에 지쳐 가고 있었다. 우울, 불안, 신경과민이 그를 덮치곤 했다. 나중엔 이런 일기를 남겼다(1896/07/11). "나는 지금 얼마나 다른 존재인가! 지난 10년 동안 기후도 다르고 환경도 달랐던 여러 곳에서 내가 쌓은 경험은 세속적인 의미에서 나를 더 지혜롭게 만들었지만, 그렇다고 더 나아지거나 행복해진 것은 결코 아니었다. 나는 더없이 상냥한 미소들 속에 감추어진 비관주의와 회의주의 그리고 불만투성이의 씁쓸한 상념들에 맞서 얼마나 자주 싸워야만 하는가! 주 예수여, 죄인인 제게 자비를 베푸소서!"

현실에서 힘들고 지친 윤치호를 위로해 준 것은 신에 대한 믿음이었다. 그는 중서학원에 들어간 후 예배당에 나가고 성경을 배웠다. 그리고 세례를 받아 기독교인이 되었다. 1887년 4월 3일이었다. 그는 일기(한문)에 이렇게 썼다. "이날부터 나는 삼가 교를 받들고 주 믿을 것을 맹세했으니, 가히 일생에 있어 제일 큰 날이라 하겠다(自是日 余謹誓奉教信主 可謂一生第一大日也)."

그 후 윤치호는 기독교를 개인의 영혼 구제로부터 구국의 종교로까지 밀고 나갔다(1889/03/30). "일국의 흥망성쇠는 그 인민의 지각과 기상에 달린 것이다. 그러나 우리나라 백성이 수백 년 남의 노예가 다 되어 지각과 사내다운 기상은 조금도 없고, 또 세상에 비할 데 없는 모진 정부에게 오백 년 압제를 받아 상하 관민이 남에게 매여 구차히 목숨 보전하기만 도모하고 있다. 지금 우리나라 형세로 독립을 어찌 바라며 독립한다 해도 어찌 후폐(後弊)를 방비하며 국가를 보전하리오. 까닭에 딩금 우리나라 급무는 국민의 지식과 문견을 넓히며 도덕 신의를 가르치며 애국심을 기르는 데 있으나, 정부가 그같이 더럽고 썩었으니 무슨 나라를 위하여 장대한 도략(道略)이 있겠는가. 우리나라 교육을 도와주며 인민의 기상을 회복시킬 기개는 예수교밖에 없으니 내 나라를 위해서나 내 한 몸을 위해서나 성교(聖敎)에 온몸의 심력을 다 들여, 위로는 구세주의 공덕을 갚고 아래로는 내 영혼 행복을 온전히 함이 나의 대망(大望)이로다."

이러한 기독교 구국론은 청일전쟁 후 동서 문명의 역전, 그러니까 중화문명의 쇠퇴와 함께 서양문명이 조선 사회로 급속히 유입되면서 널리 퍼지게 된다. 이 점에서 윤치호는 앞장서 나갔다고 말할 수 있다.

(2) 조선왕조의 미래에 대한 전망

윤치호는 십 년 동안 해외를 떠돌면서도 조국에 대한 생각을 끊을 수 없었다. 아니 더 간절해졌다. 그것은 단순한 향수가 아니었다. 유학생이 아니라 망명객으로서의 그의 삶은 조국의 미래와 연동되어 있었다. 따라서 중국에 있을 때나 미국에 있을 때나 그는 국내 소식에 귀를 기울였다. 상해에서는 이곳을 심심치 않게 방문하는 조선인들(주로 전·현직 관료)이 있었기에 이런저런 소식을 직접 들을 수 있었지만, 태평양 건너편의 미국, 그것도 동양인의 인적이 드문 남부에서는 가끔 신문이나 선교 잡지를 통해서만 국내 소식에 접할 수 있었다. 그런데 그 대부분은 부정적인 기사였다.

한 가지 예를 들어 보자. 다음은 윤치호가 밴더빌트대학교에 다닐 때 쓴 일기이다(1889/12/14). 《선교월보(Missionary Monthly)》에 실린 한국 관련 부분을 읽었다. 밝은 것이라고는 아무것도 없었다. 정부는 형편없고, 인민은 가난하며, 집들은 초라하고, 거리는 불결하다고 했다. 어떤 이는 '한국인은 아시아의 최고 거짓말쟁이들이다'라고 말한다, 또 다른 이는 한국에 사역자로 가느니 차라리 목매달겠다(!!!)고 말한다. 물론 나는 그들을 비난하지 않는다."

   그 후 윤치호는 조선왕조의 향후 진로에 대하여 자신이 생각하는 바를 정리하여 일기에 남겨 놓았다. 해외 생활이 6년째 접어드는 때였다. 그는 경우의 수로 다섯 가지를 들었는데, 영어로 쓴 각 조목을 우리말로 옮겨 본다(1890/05/18).

   첫째, 평화적 자기 개혁이다. 잘 훈련된 군대의 조직, 정부 개조, 아무짝에도 쓸모없는 하급 관리들의 일소, 출판 및 언론의 자유, 교육. 이런 것들이 자기 개혁을 위해 필요한 몇 가지 조치이다. 그런데 민비와 그 일족의 이기심, 그리고 고종에게 자문해 줄 훌륭한 신하들이 없기 때문에 현재로서는 그런 개혁이 조선에서 일어날 것이라고 기대할 수 없다!
   둘째, 내부 혁명이다. 이 일은 현존하는 모든 권력 남용과 허튼짓을 청산한 다음, 견고하고 개명된 기반 위에 새로운 체계의 정부를 건립하려는 지혜롭고 활기찬 정신을 가진 이들에 의해 수행되어야 한다. 그러나 외국 세력들의 존재와 그들의 이권 개입 때문에 나는 그런 건전한 혁명이 일어날 것이라는 어떤 희망도 품을 수 없다.
   셋째, 현 상황의 지속이다. 정부를 보면, 무능하고 억압적이며 잔학하며 전제적이다. 인민을 보면, 무지하고 미신적이며 빈곤하여 비참한 상황에 빠져 있다. 국가를 보면, 수치와 불명예 속에서 간신히 연명해 가고 있을 뿐이다.

넷째, 중국에 예속되는 것이다. 이것은 조선이 맞이할, 아주 실현 가능성이 높은 운명이다. 이런 일이 일어나는 순간 조선은 고통에 빠진다. 만약 그렇게 된다면, 이것은 마지막 선택보다 더 나쁠 것이다. 다섯째, 영국 또는 러시아의 지배이다. 이것은 분명히 세 번째나 네 번째보다 훨씬 나은 선택이 될 것이다. 인민은, 하나의 민족으로서, 많은 고통으로부터 벗어나는 대신 많은 이득을 누리게 될 것이다. 그런데 지금까지만을 놓고 볼 때, 나는 러시아보다는 영국의 지배를 선호한다.

　윤치호는 이상 다섯 가지의 진로 예측 가운데 처음의 두 가지, 즉 (1) 평화적 자기 개혁 또는 (2) 내부 혁명이 '최선의 길'이라고 보았다. 그런데 윤치호는 그 어느 쪽도 현실성이 없다고 말했다. 이렇게 판단하는 데는 국내에서 그가 직접 겪었던 고종과 민비 그리고 척족 정권에 대한 실망감과 갑신정변의 실패에서 비롯된 바 크다. 따라서 '최악'이지만 어떻든 가능한 대안들을 모색하지 않을 수 없다고 했다.

　이렇게 해서 나온 것이 다음 세 가지였다. 즉, (3) 현 상황의 지속, (4) 중국에의 예속, (5) 영국 또는 러시아의 지배이다. 윤치호는 이들 중 (3)과 (4)를 도저히 받아들일 수 없다고 했다. 참을 수가 없다는 것이다. 특히 중국에의 예속은 조선에 고통을 더할 뿐이라고 했다. 그는 상해에서 공부할 때 이런 일기를 남겼다(1885/08/08). "아아, 나는 청인을 가증스럽고 완고한 노비로 생각하는 터인데 이 같은 호노(胡奴)의 종이 되는 것을 스스로 영광스럽게 생각하여 떨쳐 일어나려 하지 않는 자를 어찌 가히 사람이라 이르겠는가? 까닭에 조선이 여러 나라에게 버림을 당하여 금수나 야만으로 보이는 것이 어찌 족히 괴이하다 하겠는가."

이제 조선이 나아갈 길은 단 하나만이 남았다. 그것은 영국 또는 러시아의 지배인데, 윤치호는 그중 영국을 선호한다면서 이렇게 말했다.

이 마지막 선택을 바라는 나는 절망적이다!

조선왕조의 미래에 대한 윤치호의 비관주의적 전망은 여기서 절정을 이룬다. 그는 조선의 지배층과 인민 모두를 불신했다. 지배층에 대해서는 무능, 부패, 잔인, 압제와 같은 단어들이 사용되었다. 인민에 대해서는 무지, 미신, 빈곤, 고통의 단어들이 쓰였다. 이런 표현들은 당시 서양인들이 동양인들을 평가할 때 종종 썼던 것들이다. 윤치호는 그런 서양인의 시각과 평가를 그대로 받아들였다. 이른바 오리엔탈리즘에 빠져든 것이다.

윤치호는 이제 '문명'의 관점에서 서양인의 동양 지배를 바라보았다. 다음은 1889년 5월 25일 자 일기인데, 한글로 되어 있다.

오전 오후에 소나기 오다. 오후에 서늘하다. 매콜리(Macaulay)가 쓴 〈워런 헤이스팅스의 인도정략(Warren Hastings' Indian Policy)〉을 읽고 약육강식하는 일을 탄식하다. 만약 인도 정부가 튼튼하여 능히 그 인민을 보호하면 어찌 영국인이 횡행하리요. 또 그때 인도 내정이 몹시 어지러워 사방에서 영웅이 일어나 인도 강산을 쟁록(爭鹿) 하는 때라. 먼저 얻는 자가 왕이 되는 즈음에 영국이 천하 강국으로 어찌 수수방관하리오. 이로 보면 영국이 인도를 차지한 일이 그를 것 없다. 또 영국이 주인 된 뒤 인도 내란이 진정되고, 외우(外憂)도 침식(寢息)하여 인민의 생명 재산을 잘 보호하며, 학교를 베풀어 인재를 배양하며, 학문을 권면하여 전날보다 태평을 누리니, 실상 인도를 위

하여 말하면 영국이 그 은인이라 하여도 옳도다. 아시아 여러 나라
가 다 잔약하여 그 권리를 보전 못하여 서양 사람의 수중에 드는 니
라 많으니, 강함을 믿고 약자를 능멸하는 서양 정략이 옳지는 않으
나, 아시아 여러 나라가 그 포악한 정치로 그 인민을 잔약하게 하여
외환을 스스로 청하는 허물을 어찌 면하리오.

여기에 나오는 워런 헤이스팅스(1732~1818)는 영국의 인도 식민지
행정관으로 20년 넘게 인도를 통치하면서 영국 지배의 기틀을 다졌던 인
물이지만, 귀국 후 인도 통치 시기의 부패와 혹정을 이유로 의회의 탄핵
을 받은 바 있다. 윤치호는 이런 헤이스팅스의 '인도정략'을 다룬 에세이
를 읽고 난 뒤에 위와 같은 논평을 남겼다. 그 요지는 두 가지이다. 첫 번
째는 인도가 스스로 내우외환을 다스리지 못함으로써 영국의 식민 지배
를 받게 되었다는 것이고, 두 번째는 영국의 통치 이후 인도는 태평한 시
대를 맞이하게 되었으니 영국은 인도의 은인이나 다름없다는 것이다. 윤
치호는 이러한 영국과 인도의 관계를 서양과 동양으로 확대하여 설명하
고자 한다.

참고로, 헤이스팅스에 대한 에세이를 썼던 매콜리(Thomas B. Macaulay,
1800~1859)는 그의 하원의원 시절 대영제국이야말로 "야만에 대한 이성의
평화로운 승리"이며 "온갖 쇠퇴의 자연적 원인들로부터 자유로운 제국,
우리의 기예와 도덕과 문학으로 이루어진 불멸의 제국"이라는 자긍심을
드러낸 바 있다.

한편, 윤치호는 영국 런던에서 1880년에 출판된 로버트 맥켄지(Robert
Mackenzie)의 《19세기의 역사》 중 〈우리의 인도 제국〉이라는 한 장을 읽
고 다음과 같은 논평을 남겼다(1891/05/12).

영국은 인도와 그의 모든 속국의 학교장이다. 미국도 흑인과 인디언에게 마찬가지다. 모든 인종의 궁극적인 향상이 [신의] 섭리의 목표다. 강한 인종이 약한 인종을 자치하도록 훈련하면서 범하는 어리석은 행위와 범죄들이란, 인간 본성을 고려할 때, 그와 같은 큰일을 함에 있어 불가피한 필요악으로 간주되어야 한다.

여기에서는 서구 중심의 문명론적 시각에 인종적인 관점까지 더해지면서, '강한 인종'(백인종)의 '약한 인종'(황인종, 흑인, 인디언)에 대한 지배를 '[신의] 섭리'로 정당화하고 있다. 윤치호는 제국주의시대의 정의는 오직 '힘(power)'이라고 믿었다. 그는 제국과 식민지의 관계를 지배와 수탈의 관계로 보지 않고 문명화의 단계로 보았다. 이러하기에 그는 영국이 인도를 지배하면서 베푼 '은혜'가 조선에까지 미칠 수 있기를 바랐던 것이다. 그는 이 '마지막 선택'을 '절망적'이라고 하면서도, 그것을 피할 수 있는 어떠한 대안도 생각해 낼 수 없었다. 서양 문명을 보편적이며 절대적인 것으로 보는 '문명의 덫'에 빠졌던 것이다.84

4.
국내 활동기
(1895~1905)

(1) 국내 정세와 을미사변: 민비의 역할과 평가

1894년부터 1896년 사이, 그 짧은 2년 동안 한반도에서는 동아시아 국제질서, 나아가 세계열강의 판도마저 바꾸어 놓게 될 일련의 사태가 벌어졌다. 이름하여 동학란, 청일전쟁, 갑오경장, 삼국간섭, 을미사변, 아관파천 등이다. 한 편의 파노라마와도 같은 이런 변화의 소용돌이는 조선 왕실의 '오판'에서부터 시작되어 조선 왕실의 비극으로 끝이 났다. 고종은 국정을 함께했던 왕비를 잃고 자신은 외국 공관으로 도피하여 그들의 보호를 받아야만 하는 처지에 놓였다. 주권 국가로서는 어떻게 견딜 수 없는 불행이자 치욕이었다. 고종은 환궁 후 그 비극적인 기억을 지우고자 대한제국을 선포하지만, 그것은 물리적 힘이 뒷받침되지 않는 의례적인 제국에 지나지 않았다.

윤치호는 청일전쟁이 벌어질 때 중국 상해에 있었다. 이곳 중서서원에서 교편을 잡고 있던 그가 귀국 길에 오른 것은 1895년 2월이었다. 일본의 승리가 확정되면서 자기 신변에 대한 위협이 사라졌다는 판단에 따른 것이었다. 10년 만의 귀국, 나가사키를 거쳐 제물포에 도착한 윤치호의 감상은 이러했다(1895/02/12).

나의 조국이여 다시 한번, 10년 만의 귀국. 그리고 이 화창한 날씨! 지금 여기서 나는 당연히 행복해야 하고 또 그럴 수 있어야 한다. 언제 어디서든 그럴 수만 있다면 말이다. 그런데, 아아! 나는 지금처럼 슬픈 적이 별로 없었다. 여기저기 때가 묻은 채 희고 볼품없는 옷을 걸친 조선인 막노동꾼들, 땅에 바짝 엎드린 토착민의 가축 우리와도 같은 집들(이 집들은 청나라에서 가장 더러운 축에 속하는 오두막집마저 궁전처럼 보이게 한다), 사방의 쓰레기 더미에서 풍기는 끔찍한 냄새, 저 지독히 가난하고 무지하며 어리석은 사람들, 볼썽사납게 벌거벗은 산들(슬프게도 이 산들은 조선처럼 방어 능력을 상실한 국가를 연상시킨다), 이 모든 풍경은 나라를 사랑하는 어떤 조선인이라도 그들의 속을 메스껍게 만들기에 충분하다. 나는 절망의 미소밖에 지을 수 없다.

윤치호의 이런 시선은, 지난 10년 동안 나라 밖에 머물면서 조선의 현재와 미래를 어둡게 바라보았던 인식에 바탕을 둔 것이었다. 이제 그에게 남겨진 희망의 불빛이란, 종교적인 구원과 외부의 압력에 의한 개혁이었다. 전자는 한국인의 기독교화이고, 후자는 청일전쟁의 승자인 일본에 대한 기대감의 반영이었다. 전자가 장기적인 과제이자 목표였다면, 후자는 현재 진행형이었다. 일본이 청국과의 전쟁을 선포하면서 내세운 명분이 조선의 '내정개혁'이었기 때문이다.

윤치호는 서울에 도착하자마자 국내의 정세 파악에 나섰다. 이를 위해 그는 세 부류의 사람들을 만났다. 첫 번째는 조선인 관료들이다. 여기에는 김홍집(총리대신), 박영효(내부대신), 서광범(법부대신), 유길준(의정부 도헌) 등이 포함되었다. 김홍집과 유길준이 갑오개혁(1894)을 주도했던 인물이었다면, 박영효와 서광범은 을미개혁(1895)에 앞장섰던 인물이었다. 윤치호는 이들을 '구파'와 '신파'로 구분했다. 구파가 온건 개화파였다면, 신파는 급진 개화파로서 갑신정변의 주역들이었다. 윤치호는 구파와 신파 양쪽으로부터 입각 제의를 받는데, 그는 학부에서 일할 수 있기를 바랐다. 일본을 모델로 한 교육 개혁이 그의 꿈이었기 때문이다.

두 번째는 서양 선교사들이었다. 제중원의 의학당 교사이자 새문안교회 설립자인 언더우드(Horace G. Underwood), 배재학당과 정동교회를 설립한 아펜젤러(Henry G. Appenzeller), 육영공원 교사를 지낸 후 배재학당 부속 삼문출판사(Trilingual Press)의 책임을 맡고 있던 헐버트(Homer B. Hulbert) 등이었다. 윤치호는 이들 선교사와 우호적인 관계를 맺었지만, 그들과 함께 선교 사업에 나설 생각은 없었다. 나라 밖에서 공부할 때는 선교를 중시했지만, 귀국하고서는 관료로서의 삶이 윤치호의 일차적인 관심이자 목표가 되었다. 이는 조선에서 '행세'하려면 무엇보다도 벼슬이 우선이라는 그의 아버지의 권고를 따른 것이기도 했다.

세 번째는 서울에 주재하고 있던 외교관들이었다. 윤치호는 미국공사관 서기관인 알렌(Horace N. Allen)을 만난 데 이어서 일본의 특명전권공사 이노우에 가오루를 찾아갔다. 메이지 정부의 실권자 중 한 사람으로 일찍부터 외무대신을 지냈던 이노우에는 이때 조선을 영국의 이집트와 같은 보호국으로 만들 속셈을 갖고 자원하여 서울로 왔다. 윤치호는 10대 후반의 도쿄 시절 이노우에의 알선으로 도진샤에 입학했고, 또 그의 권고로 초대 주미공사 푸트의 통역관을 맡아 귀국한 바 있었다. 이런 인연 때문인지 이노우에는 아직 아무런 관직도 받지 못한 윤치호의 방문을 허락했다. 이노우에와 만난 날 윤치호는 이런 일기를 남겼다(1895/02/14).

오후 1시에 이노우에 백작을 방문했다. 예상했던 대로 그는 매우 거만했다. 그는 내가 고국을 떠나 있는 동안 무엇을 했는지를 알고 나자 박영효와 서광범의 면전에서 느닷없이 이런 말을 꺼냈다. "당신은 당신 아버지의 불만스러운 투덜거림에 영향을 받지는 않았소? 그저 한 노인의 생각일 뿐인데." 이 대목에서 이노우에의 목소리는 알아듣기 어려운 중얼거림으로 바뀌었다. 그의 그릇이 작지 않은가? 박영효와 서광범 그리고 김가진이 국정 의논 차 거기 온 것을 알아챈 나는 수치스러움과 비통함을 느끼며 자리를 떴다. 여기서 수치란 왕[고종]과 정부가 사실상 일본 공사의 손아귀에 있는 꼭두각시라는 것이고, 비통함이란 이런 수치와 위기조차도 나라를 위해 대신들을 하나로 묶지 못한다는 것이다.

이노우에는 갑신정변 후 10년 동안 나라 밖을 떠돈 윤치호나 나라 안에서 귀양을 갔던 그의 아버지(윤웅렬)에 대하여 탐탁지 않게 생각했던 듯하다. 달리 말하면 이노우에는 그의 조선 '개혁' 구상에 이 두 사람의 쓰임새가 마땅치 않다고 본 것이다. 이런 이노우에의 태도에 자존심이 상한 윤치호는, 그가 오만하고 포용력이 없다는 인상평을 남겼다.

한편으로 윤치호는 고종과 정부 관료들이 이노우에의 뜻에 맞춰 자기 살길만을 찾는 데서 참담함을 느꼈다. 다음은 이노우에와의 회견 뒤에 쓴 일기의 한 대목이다(1895/02/16).

이들 사실을 종합해 볼 때 현 상황은 이러하다. 모두가 제각각 자기의 이익을 쫓고 있다. 대원군은 자기와 다른 길을 가는 사람이면 그가 누구든 모두 제거하려고 한다. 왕후는 권력 장악이라는 목적을 이루기 위해 어떤 비열한 수단과 방법이라도 동원하려고 한다. 박영효는 독재자가 될 만한 강력한 자질도 없으면서 권력을 독차지하려고 애쓴다. 자기의 개인직, 그리고 국가적 이익을 위해 상황을 개선해 나갈 수 있는 유일한 사람은 이노우에 백작이다. 그는 속담에 나오는 황새와 조개와의 싸움에서 이익을 취하는 어부와도 같이 행동한다[漁父之利를 취한다]. 조선의 정치는 그들의 거주지만큼이나 더럽다. 부끄럽다! 부끄럽다! 부끄럽다!

이 일기에서 주목할 점은 당대 조선의 정치 상황을 그리는 데 있어서 대원군, 민비, 박영효 세 사람만이 언급되고 있을 뿐 고종이 보이지 않는다는 것이다. 왕(고종)의 존재가 왕비(민비)에 의하여 가려진 것이다. 적어도 윤치호는 그렇게 생각했다. 일본은 청일전쟁 후 민비를 권력의 중심에서 밀어내고 대원군을 앞세웠다가 박영효로 바꾸었다. 이리하여 구성된 것이 김홍집-박영효 연립내각이었다. 이노우에는 이러한 권력 구조 개편을 통하여 조선 정부를 장악하고, 나아가 조선을 일본의 보호국으로 만들려고 했다.

그런데 전혀 예기치 못했던 사건이 밖에서 터졌다. 이른바 삼국간섭이었다. 일본은 1895년 4월 17일 청국과 시모노세키조약을 체결하여 2억만 냥의 배상금과 요동반도를 할양받았는데, 이 발표가 나온 지 엿새 만에 러시아·프랑스·독일 3국이 공동으로 일본에 압력을 넣어 요동반도를 청국에 돌려주도록 했다. "요동반도를 일본이 소유하는 것은 청국의 수도를 위태롭게 할 우려가 있고 나아가 조선의 독립까지도 유명무실하게 만드는 결과를 초래하는바, 이는 장래 극동의 영구적인 평화에 장애가 될 수 있다"라는 것이 그 명분이었다. 일본은 3국의 공공연한 압력에 굴복할 수밖에 없었다. 동아시아의 패자였던 중국을 꺾은 일본이었지만, 그들이 서양 열강과 대등한 지위에 오르지는 못했던 것이다.

이러한 상황을 지켜보던 조선의 왕실은 재빠르게 움직였다. 청일전쟁 발발 후 권력에서 소외되었던 고종과 민비는 러시아를 끌어들여 일본의 압력에서 벗어나고자 했다. 소위 인아거일(引俄拒日)의 방책이었다. 이에 초조해진 일본은 조선의 왕비를 시해하는 극단적인 방법을 쓰고자 했다. 언제부터 일본이 그런 구상을 했는지는 알 수 없지만, 불길한 조짐은 있었다. 그것은 조선 주재 일본 공사의 교체였다. 이노우에 가오루가 서울을 떠나고 육군 중장 출신인 미우라 고로(三浦梧樓)가 왔다. 그리고 한 달 뒤 을미사변이 일어났다. 일본 정부가 이 사건에 어느 정도 개입했는지는 알 수 없지만, 현지 상황에 따른 미우라의 '임기응변적'인 결정만은 아니었을 것이다. 노련한 정치가이자 외교관이기도 했던 이노우에가 조선 문제에서 손을 뗐다는 것은 평화적인 수단만으로는 한계가 있었다는 것을 말해 준다.

윤치호의 일기를 보자(1895/08/05). "이노우에 백작이 그의 대조선 정책에서 매우 색다른 방침을 내걸었다. '불간섭'이란 표어이다. 그는 며칠 전 내게 말하기를, 자신은 폐하[고종]를 둘러싼 의혹의 구름을 걷어내기 위하여 최선의 노력을 다해 왔고 앞으로도 그럴 것이라고 했다." 또 이런 이야기도 나온다. "이노우에는 어떻게 [조선] 왕실의 환심을 샀을까? 일본 정부는 청국에서 받은 배상금 중 300만 달러를 조선에 제공하기로 결정한 바 있었다. 이노우에는 이 돈을 미끼로 폐하에게 다가가 환심을 샀다." 그런데 이런 모든 노력은 수포로 돌아갔다. 일본에 대한 고종과 민비의 불신이 그만큼 크고 깊었다.

윤치호 또한 그러했다. 앞의 일기의 연속이다. "나는 왜 일본인에게 넌더리를 내는가? 이곳에 왔던 일본의 공사와 영사들은 그들이 한결같이 조선의 유일한 친구라고 공언하면서도, 실제로는 모든 관심 사항에 있어 일본의 이기적인 요구를 위해 언제나 조선의 이익을 희생시켜 왔다. 그들(일본인 외교관들)은 예전에 유럽인들이 일본에서 했던 온갖 못된 장난을 한국에서 벌이고 있다. 일본인들의 경우 더 심술궂고 쩨쩨하게 행동할 뿐이다."

그런데 조선에서 일본의 퇴각이 불가피하다고 생각되던 바로 그 시점에, 누구도 예상치 못했던 일이 벌어졌다. 소위 을미사변이다. 이 사건이 일어났던 날, 윤치호는 일기에 이렇게 썼다(1895/10/08).

> 왕후가 맞이한 그 잔혹한 운명에 신경이 너무 예민해져 밤에 잠조차 이룰 수 없었다. 나는 세상에서 왕후의 집권 시기가 좋은 것이었다고 인정하는 마지막 사람이 될 것이다. 왕후가 그녀의 음모와 사악한 총신들을 포기하도록 달리 어떻게 조처할 수 없다면, 나는 그녀의 폐위를 지지할 수도 있었다. 그러나 일본인 자객들에 의한 왕후의 잔인한 살해는 결코 용인할 수 없다. 외국인들은 한 사람의 예외도 없이 그런 행위를 저질은 무리(조선인과 일본인들)에게 혐오감을 느끼고 있다.

윤치호는 귀국 당시만 해도 청일전쟁에서의 일본의 승리가 조선의 내정개혁으로 이어질 수 있으리라는 전망과 기대감을 지니고 있었다. 미국에서의 수학기 그가 차선책으로 생각해 오던 외부의 압력에 의한 조선의 문명화였다. 일본 또한 이를 명분 삼아 청국과 전쟁을 벌였었다. 그런데 서울에 와서 보니 일본은 내정개혁을 빌미로 자기들의 이익만을 챙기고 있었다. 삼국간섭 후 이러한 행태에 제동이 걸리자 일본은 서슴지 않고

망국—무엇이 문제였는가

조선의 왕비를 살해했다. 이는 제국주의시대의 절정기 '문명'이라는 가면 뒤에 숨겨진 야만성을 유감없이 드러낸 사건이었다. 힘이 곧 정의로 치장되는 시대에 어떡하든 서양 열강을 따라잡으려는 일본이 하지 못할 일은 없었다.

일본의 맨얼굴을 본 윤치호는 그의 일기에 이렇게 적었다(1895/11/17). "이것이 일본이 북치고 색색의 깃발을 휘날리면서 조선에 앞장서 도입하려고 했던 개혁과 문명의 꽃인가?" 또 이렇게도 썼다. "이제 조선과 일본 사이에는 조선 왕후의 피로 물든 불신과 편견의 어두운 물줄기가 흐르는 건널 수 없는 장벽만이 가로놓여 있다."

윤치호는 일본의 만행에 희생된 왕후 민씨에 대하여 애통함을 느끼면서도, 그의 권력욕과 통치 행위에 대해서는 냉정한 평가를 내렸다. 1895년 12월 11일 자 그의 일기에는 민비에 대한 몇 가지 단상이 기록되어 있다. 첫 번째는 민비와의 개인적인 인연에 관한 것이다.

왕후를 마지막으로 본 것은 시해되기 일주일 전 즈음의 밤이었다. 왕후는 편치 않아 보였다. 왕후는 자애로운 미소를 지으면서 말하기를, 민상호가 서기관으로 워싱턴 [공관]에 보내질 것이라고 했다. 나는 왕후에게 저를 유럽의 어느 나라로 보내 주실 수 없느냐고 여쭈었다. 왕후는 웃으면서, "이 말썽꾸러기 녀석"이라고 하셨다. 왕후는 신하들에게 이런 이야기들을 들려주며 즐거워하곤 했다. 내가 왕태자에게 얼마나 《삼국지》를 잘 읽어 주었는지, 내가 [알현을 기다리며] 대기실[공사청]에서 어떻게 졸았는지, "나인들"(궁녀들)이 나를 얼마나 좋아했는지, 왕후가 나를 조카처럼 얼마나 아꼈는지 등등.

윤치호는 1895년 2월에 귀국한 후 의정부 참의, 내각총리대신 비서
관 겸 내긱 참서관, 학부협판, 외부협판 등의 관직에 임명된 바 있는데,
그해 9월에는 종2품으로 품계가 올랐다. 이때 윤치호는 그의 일기에서
"폐하가 요즈음 나를 잘 대해 주신다"라고 했다. 얼마 후 윤치호는 민비
를 알현했는데, 위의 일기는 그때를 떠 올리면서 쓴 것이다. 이 무렵 고종
과 민비는 러시아 쪽으로 기울면서 서방 세계의 사정에 밝은 윤치호의 쓰
임새를 저울질하고 있었던 것 같다. 윤치호에 대한 민비의 살가움도 그
런 측면에서 바라볼 수 있다. 민비가 말한 윤치호에 대한 '즐거운' 기억들
은 갑신정변이 일어나기 직전, 그러니까 윤치호가 주한 미국공사관의 통
역으로 있을 때의 일들이다. 이때 민비는 윤치호를 '조카'처럼 아꼈다고
했는데, 이 말은 앞으로 그가 왕실에 충성을 다해야 한다는 격려이자 경
고이기도 했다. 그날 일기의 두 번째 대목을 보자.

왕후는 나를 다정하게 대했지만, 나는 그녀 앞에서 늘 두려움에 사
로잡히곤 했다. 30년간의 파란만장한 통치기에 왕후는 결코 "쓰러
뜨릴" 수 없는 적(foe)과 마주친 적이 없었다. 그 상대가 대원군이
든 박영효든 또는 이노우에든. 오직 죽음만이 왕후를 이겼다. 왕후
가 그의 출중한 재능을 자신의 이기적인 목적을 위해 썼던 만큼 나
라의 이익을 위해 쏟았다면 조선에 얼마나 큰 축복이 되었겠는가!

이어서 윤치호는 이렇게 말한다. "지나친 이기심은, 왕후이건 막노동
꾼이건, 때때로 그에 상응하는 처벌을 받는다. 지각이 있는 사람이라면
왕후의 통치가 오랜 시기에 걸친 억압과 잔혹 그리고 부패의 연속이었음
을 부인할 수 없을 것이다." 이로 말미암아 소수의 사람은 부유하고 행복

망국—무엇이 문제였는가

해졌을지 모르지만, 그 대신 수백만 명이 추위와 굶주림 속에서 비참하게 되었다. 따라서 사람들이 왕후의 죽음에 대하여 그다지 슬퍼하지 않는 것도 놀랄 일이 아니라고 했다.

요컨대 왕후의 '지나친 이기심'이 그 자신은 물론 왕실, 나아가 조선이라는 나라까지 위기에 몰아넣었다는 것이다. 민비가 그녀의 '출중한 재능'을 가지고 지키고자 했던 것은 오직 삼전(三殿), 즉 왕과 왕비 그리고 왕세자 세 사람의 안위와 행복뿐이었다. 이를 위협하는 사람이라면, 그가 누구이든 제거해야 할 '적'이었다. 여기에는 고종의 친정 이후 줄곧 대립해 왔던 대원군을 비롯하여 갑신정변의 '수괴'로서 일본에 망명했다가 청일전쟁 발발 후 일본의 위세를 빌어 귀국한 박영효, 그리고 그런 박영효를 앞세워 조선에 대한 지배력을 강화하려 했던 이노우에 가오루가 포함되었다.

민비는 그 세 사람을 차례로 쓰러뜨렸다. 박영효가 이른바 '음도불궤(陰圖不軌)'의 죄목으로 다시 일본으로 망명해야 하는 사건이 터진 직후에 윤치호는 이런 기록을 남겼다(1895/07/08).

> 온갖 소문과 추측이 떠도는 혼돈 속에서 전체 사태의 진실을 파악하기란 불가능하다. 그러나 박영효의 몰락에 왕비의 능란한 손길이 있었음을 분명히 느낄 수 있다. 왕후는 대원군을 연금시키는 데 박영효를 이용했다. 왕후는 김홍집과 그 일당을 전복시키는 데에도 박영효를 이용했다. 왕후는 마지막으로 박영효를 축출하는 데 김홍집을 이용했다. 다음에는 누가 몰락할 것인가?

그다음은 이노우에 가오루였다. 그는 민비의 이이제이 방책에 당했다.

삼국간섭 후 민비가 러시아를 끌어당기면서 이노우에의 고압적인 대조선 정책은 파탄에 직면했다. 그는 서울을 떠날 때 총리대신 김홍집이 마련한 송별연에서 조선 각료에게 이런 말을 남겼다. "귀하들은 내각에서 태풍을 맞지 않기를 바랍니다!" 이노우에는 자기가 서울을 떠나면 조선의 '친일' 내각에 한바탕 숙청의 바람이 몰아칠 것임을 예고했던 것이다.

을미사변은 그러한 사태를 막기 위한 '비상 조처'였는바, 김홍집 내각은 이 사건이 터진 후 그 진상을 은폐하고 나아가 민비 폐위 조칙까지 내렸다. 일본과 '친일' 내각은 마치 한 몸처럼 움직였다. 외부대신인 김윤식은 민비 시해 당일 그 소식을 전해 들은 후 크게 안도하면서 이렇게 말했다. "아, 대사가 이루어졌다(大事成矣)!" 민비가 살아 있는 한, 그의 정적들은 단 한 순간도 마음을 놓을 수 없었다. 윤치호는 그의 일기에서 이렇게 말한다(1896/01/21).

> 물론 그 어떤 것도 왕후의 시해를 정당화할 수는 없을 것이다. 그러나 조선 정계에서 그녀의 영향력을 제거하고자 했던 사람들은 그런 방법 외에는 달리 할 수 있는 일이 없었다. 나는 종종 외삼촌[이건혁]에게 말하기를, 만약 민씨 일파에게 또 다른 공격이 가해진다면 왕후는 피할 방도가 없을 것이라고 했다. 그녀의 적들은 하나같이 오랜 경험에 의해 그녀를 어떻게 상대해야 하는지 알고 있었다. 그 대책은 극단적이었다. 그런데 내 마님은 절망적인 병폐였다.

마지막 문장에서 '내 마님'이란 왕후 즉 민비를 가리킨다. 그녀는 조선을 절망적인 상황으로 몰고 간 병폐의 근원이었다는 것이 민비 시해에 가담한 적들의 판단이었고, 윤치호도 이 점에 동의하고 있었다.

       망국─무엇이 문제였는가

윤치호는 을미사변 직후 민비를 폐위하려 한다는 소식을 듣고 바로 외부대신인 김윤식을 찾아가서 강력하게 항의했다. 이때 이런 대화가 오갔다(1895/10/09).

> 윤치호: [서울의] 외국인 사회는 왕후의 비열한 시해에 대해 매우 분노하고 있습니다. 그러므로 만일 … (김윤식이 여기서 윤치호의 말을 끊고 들어온다)
>
> 김윤식: 그러나, 외국인들은 정당하지도 공정하지도 않습니다. 그들은 단지 왕후가 그들에게 포도주를 나누어 주거나 그들과 악수를 하곤 했기 때문에 그렇게 생각할 뿐입니다. 그들 가운데도 공정한 생각을 지닌 사람이라면 왕후가 나빴다는 것을 인정합니다.
>
> 윤치호: 예, 그것은 사실입니다. 제가 왕후 통치의 악행에 대해 함께 이야기를 나누었던 외국인들은 누구나 그녀가 이 나라를 망치고 있다는 점을 부인하지 않았습니다. 그러나 그녀가 맞이한 가장 참혹한 죽음은 외국인들의 동정과 분노를 불러일으키고 있습니다.

이 대화에서 드러나듯이 윤치호는 서양인들의 입을 빌어 "왕후가 나라를 망치고 있다"라고 했다. 이렇게 본다면 민비의 죽음은 나라를 위한 일일 수도 있었다. 다만 윤치호가 문제 삼았던 것은 민비 시해에 외세(일본)가 개입했다는 것, 그리고 조선 정부가 참혹한 시해의 진상을 은폐하려는 것이었다. 윤치호는 이제라도 내각이 민비 서거를 공식 발표하고 최대한 예우를 갖추어 그녀의 장례를 치른다면 외국인들의 공분을 무마할 수 있다고 보았다. 김윤식은 이런 윤치호의 건의를 내각총리인 김홍집과 의논해 보겠다는 것으로 두 사람의 대화는 끝을 맺었다. 이때 윤치호는 외부협판이라는 직책을 맡고 있었으니 그 또한 내각의 일원이었다.

을미사변은 비극적인 사건이었다. 그것은 제국주의 시대에 외세의 개입과 내부 정쟁이 낳은 처참한 현장이자 조선왕조의 종말을 예고하는 사건이기도 했다. 그 중심에는 민비가 있었다. 그녀는 죽음으로써 그의 생애를 관통한 권력 투쟁으로부터 자유로울 수 있었다. 그러나 죽음이 곧 안식과 평화는 아니었다. 대한제국이 그녀를 명성황후로 소환하면서 이 제국의 몰락을 지켜보아야 했기 때문이다.

(2) 아관파천과 대한제국 선포: 고종의 역할과 평가

을미사변 후 고종은 일본과 친일 정권의 포로가 되었다. 외부와의 연결은 차단된 채 언제 어떤 일을 당할지 알 수 없는 상황에 놓인 것이다. 적막한 궁궐 속에 혼자 남겨졌다는 외로움과 공포감이 고종을 덮쳤다. 이런 가운데 친일 내각은 군주의 존호 변경이라든가 왕후 간택, 그리고 단발령을 서둘렀다. 민비 시해에 쏠린 시선을 돌리려는 조처들이었다.

한편, 서울에 주재하는 각국 외교관과 선교사들은 시해 사건의 진상부터 밝혀야 한다면서 고종 알현을 요구하고 나섰다. 윤치호는 이때까지 자신이 입수한 모든 정보로 미루어볼 때, 유길준과 스기무라 후카시(杉村濬, 일본공사관 서기관)가 그 음모의 '최초 제안자들(the originators)'이었을 가능성이 높다고 보았다. 유길준은 자기 자신이나 내각총리인 김홍집이 시해 사건에 연루되었다고 외국인들이 의심하는 것은 부당하다고 말했다. 그러면서 윤치호에게 자기의 결백을 서양인들에게 알려 달라고 부탁했다. 이 무렵 윤치호는 유길준이라는 인물을 대단히 부정적으로 바라보고 있었다.

윤치호는 또 이런 일기를 남겼다(1895/11/17). "폐하와 왕태자의 안전이 매우 우려스럽다. 두 분은 새 내각과 함께할 수 없다. 두 분의 운명은 내각의 냉혹한 자비에 달려 있다. 자기들의 성공[민비 시해]에 대담해진 일본과 그 추종자들은 그들의 목적에 도움이 된다면 언제든지 망설이지 않고 군주를 살해할 것이다."

이러한 상황 판단에서 고종과 왕태자를 구출하려는 시도가 일어났다. 이른바 춘생문사건(1895.11.28)이었다. 을미사변에 분개한 친미·친러적인 관리와 군인들, 그리고 서양인 선교사들까지 가담했던 그 거사는 실패로 끝났다. 사전 준비와 보안 모두 소홀했다. 다분히 충동적인 거사였다. 윤치호의 아버지 윤웅렬도 이 거사에 가담했다가 중국으로 도피했다. 윤치호는 미국 공사관으로 피신했다가 언더우드 집에 머물면서 상황을 지켜보았다. 조선을 수중에 넣으려는 일본의 의지는 확고했고, 그들의 지원을 받는 내각은 견고해 보였다. 윤치호는 낙담하지 않을 수 없었다.

그런데 반전이 일어났다. 아관파천(1896.2.11)이었다. 고종이 왕태자를 데리고 러시아 공사관으로 피신한 것이다. 이날 윤치호는 다음과 같은 일기를 남겼다.

오후 6시쯤 이완용으로부터 러시아 공사관으로 와 달라는 암호와 통행증을 받았다. 공관의 중심 건물에 위치한 가장 편리한 방들은 조선 관리들이 차지하고 있었다. [러시아 공사] 웨베르 부부가 침실로 썼던 방은 폐하와 왕태자의 임시 거처가 되었다. 폐하는 나를 매우 다정하게 대해 주었다.

이완용은 춘생문사건에 연루된 후 미국공사관으로 피신해 있었다. 그가 아관파천에서 어떤 역할을 맡았는지는 알 수 없다. 윤치호는 모든 것이 이범진의 '작품'이라고 했다. 바야흐로 친미·친러파의 시대가 열렸다. 윤치호는 학부협판으로 임명되었다. 그의 아버지는 중국에서 돌아와 중추원 일등 의관과 친위대 제1연대장을 거쳐 군부협판의 자리에 올랐다.

윤치호는 고종이 '그의 적지(the land of his enemies)'를 벗어난 것은 환호할 만한 일이지만, 조선의 실질적인 안녕은 변화에 의해서만 증진될 수 있는 만큼 고종이 이제 개혁의 시험대에 올랐다고 보았다. 과연 그는 조선에 꼭 필요한 개혁을 추진할 의지와 비전을 갖고 있는가? 그의 친정 이후 그와 함께 국정을 운영해 온 민비가 부재한 상황에서 고종은 과연 홀로 설 수 있는가? 이제 조선왕조의 운명은 오롯이 고종에게 달려 있었다.

그런데 전체적인 상황은 점차 비관적으로 흘러갔다. 아관파천 직후 윤치호가 고종에게 먼저 아뢰었던 것은 하루빨리 러시아 공사관에서 나와야 한다는 것이었다. 비록 '오두막(hut)'이라고 할지라도 '조선인의 집(a Korean house)'으로 거처를 옮겨야 한다고 성의를 다해 진언했다. 나라의 체면만이 문제가 아니었다. 러시아 공관에 있는 한 러시아의 간섭으로부터 자유로울 수 없다는 것이 더 큰 문제였다. 그런데 고종에게는 나라의 위신이나 주권보다는 그 개인의 안전이 우선이었다. 이것이 담보되지 않는 한 그는 러시아 공관에서 나올 생각을 하지 않았다.

이러는 사이에 국정 운영은 엉망이 되어 갔다. 아관파천으로부터 2주째 되는 날, 윤치호는 그동안에 일어난 일들을 12개 항목으로 정리하여 일기에 남겼다(1896/02/25). 그중 몇 대목을 소개한다(1~3항 생략).

(4) 이범진과 이재순 그리고 김홍륙은 나라를 망치거나 아예 끝장 내려고 한다. 김[홍륙]은 러시아어 통역관이다. 그는 교활한 악

망국—무엇이 문제였는가

당이다. 가장 나쁜 것은 그가 [전임공사] 웨베르와 [신임공사] 스페이에르 부부의 완전한 신임을 받고 있다는 점이다.

(5) 폐하는 진작부터 고위 관직을 그가 총애하는 자들에게 그들의 자질과는 상관없이 주어 왔다. 어제 아침에는 폐하가 총리대신을 통해서 내게 명하기를 주석면을 학부의 서기관으로 임명하라고 했다. 이 사람은 러시아 공사관에서 비열하게 아첨을 일삼는 자이다. 그는 다른 아무런 이유 없이 오직 이범진의 호의에 힘입어 관직을 받았다.

(6) 지난밤 집에서 러시아 공사관으로 돌아왔을 때 나는 그 더럽고 야비한 통역관 김홍륙이 외부협판으로 임명되리라는 소식에 벼락을 맞은 듯 큰 충격을 받았다.

(7) 아니다, 아니다! 사태가 점점 꼬여 가고 있다. 왕은 그 사람의 말을 존중하고 신하들은 그 사람의 불쾌함을 두려워해야 할 정도의 강력한 외국인 고문을 두어야만 한다. 군대는 훌륭한 조직자를 필요로 하며, 재정은 유능한 감독의 통제 아래 놓여야 한다.

윤치호는 러시아 공사관이라는 협소한 공간 안에서 고종을 싸고도는 몇 사람이 국정을 농단하며 나라를 망치고 있다고 생각했다. 이제 남은 방법은 고종과 조정 신하들이 두려워서라도 그의 말을 들어야 하는 '강력한' 외국인 고문을 고종 곁에 두도록 하는 것이다. 이와 더불어 군대와 재정 분야에도 유능한 책임자를 둘 필요가 있다. 윤치호는 이들 또한 외국인일 수밖에 없다고 보았다. 요컨대 고종과 그의 총신들에게 더 이상 나라를 맡겨 둘 수 없다는 것이었다.

흥미로운 것은 그 자신이 통역으로 관직에 발을 들여놓았던 윤치호가 '통역정치'의 폐단을 심각하게 인식하고 있었다는 점이다. 김홍륙이 대표적인 사례인데, 비단 그에게만 국한된 일이 아니었다. 윤치호는 그의 일기에서 이렇게 말한다(1896/03/30).

"누구에게나 한번은 운이 따른다(Every dog has his day)." 청국인의 세력이 조선에서 우세할 땐 중국어를 할 줄 아는 의주에서 온 조선인들이, 일본인이 득세할 땐 일본어를 할 줄 아는 부산에서 올라온 '온갖 개자식들(all the dogs)'이 제 세상을 만난 듯 활개를 쳤었다. 그런데 이제 러시아인들의 영향력이 최고조에 이르니 블라디보스토크 거리에서 온 '온갖 잡배들(all wretches)'이 러시아 공관에 있는 고종의 접견실로 몰려들어 그들 자신과 상전의 이익을 챙기려 한다고 했다. 조선의 주권자인 고종은 그들이 원하는 것을 얻어내는 데 더없이 좋은 통로가 될 수 있었다. 문제는 고종이 러시아 공관에 머무는 한 그들의 요구를 마냥 뿌리칠 수 없다는 것이었다. 그런데 고종은 자기의 신변 안전이 보장되지 않는 한 러시아 공관을 떠날 생각이 없었다.

아관파천 후 고종은 두 가지 일에 몰두했다. 첫 번째는 러시아와의 관계를 돈독히 하여 그들의 원조와 보호를 받는 일이었다. 이 목적을 이루기 위하여 고종은 민영환을 전권대사로 하는 사절단을 모스크바로 파견했다. 그 명목은 니콜라이 2세의 대관식을 축하한다는 것이었다. 이 특파 사절단에 윤치호도 포함되었다.

지구를 반 바퀴 돌아 사절단이 모스크바에 도착한 때는 1896년 5월 20일이었다. 민영환은 보름 뒤 외무대신 로바노프를 만나 다섯 가지를 요청했다. 이때 통역을 맡은 윤치호는 이런 기록을 남겼다(1896/06/05).

  (1) 조선군이 믿을 만한 군대로 훈련될 때까지 국왕 보호를 위한 경비대.

망국─무엇이 문제였는가

(2) 군사 교관들.

(3) 고문단: 국왕 측근의 궁내부 고문 1명, 정부 부처 고문 1명, 광산·철도 등의 업무 담당 고문 1명.

(4) 조선과 러시아 양국에 이익이 되는 전신선 연결—전신 업무 전문가 1명.

(5) 일본 빚 청산 용도의 3백만 엔 차관.

이런 요청들에 대해 로바노프는 서면 답변을 보냈다. 윤치호는 그 요지를 일기에 남겼다(1896/06/30).

(1) 국왕은 그가 원하는 한 러시아 공사관에 머물 수 있다. 환궁한다면, 러시아 정부는 국왕의 안전에 대해 책임질 것이다. 일단의 경비대는 서울 주재 러시아공사의 재량에 따라 공사관에 남게 된다.

(2) 군사 교관들에 대해, 러시아 정부는 경험 있는 고위급 장교를 서울에 파견하여 그 문제를 조선 정부와 논의하게 될 것이다. 예상되는 그의 첫 번째 임무는 국왕을 위한 조선 경비대 조직이 된다. 또 다른 전문가가 조선의 경제 사정을 조사하고 필요한 재정 조치들을 강구하기 위해 파견될 것이다.

(3) 비밀리에 파견되는 이 두 관료는 서울 주재 러시아공사의 지휘를 받는 고문으로 활동하게 된다.

(4) 차관 문제는 조선의 재정 상황과 그 필요성에 대하여 충분히 알게 되었을 때 고려될 것이다.

(5) 러시아는 조선과 러시아의 육로전선을 연결하는 데 동의하며, 그 사업의 실현을 위해 가능한 모든 지원을 제공할 것이다.

이상의 답변을 놓고 볼 때, 러시아 정부는 조선 정부가 요청한 5개 조항 중 단 1개(5항의 육로전선 가실)에 대해서만 동의하고 나머지 4개에 대해서는 유보하거나 까다로운 조건을 붙였다. 우선 300만 엔의 차관 문제는 유보(사실상 거절)되었다. 군사 교관들과 정부 고문단 파견 요청에 대해서는 조선의 실태 파악을 위한 군사 장교와 재정 전문가 각 1명만을 파견한다고 했다. 그런 다음에 조선 정부와 구체적인 논의에 들어가겠다는 것이었다.

마지막으로 고종의 최대 관심사였던 환궁 후 그의 신변 보호를 위한 러시아 경비대의 파견은 거절되었다. 이 문제는 당장 일본이나 영국의 반발을 불러올 수 있는 예민한 문제였다. 따라서 러시아 정부는 외교적인 언사로 고종의 안전을 '책임'진다고 했을 뿐이다. 어떻게 책임을 질 것인가에 대한 이야기는 빠졌다. 러시아 정부는 이때 고위급 장교를 서울에 파견하여 그의 책임 아래 왕궁 보호를 전담할 '조선경비대'를 조직하는 것이 바람직하다고 보았다.

한편, 러시아의 재무대신 비테는 민영환과의 회견에서 이렇게 말했다. "경비병 문제에 대하여, 만약 조선 국왕이 스스로를 지키려는 굳은 성품을 갖고 있지 않다면 어떻게 다른 사람들이 그분을 보호해 줄 수 있겠습니까? (들으세요, 들어 보세요!) 내가 만일 그의 자리에 있다면 대원군을 비롯한 나의 모든 적을 처벌할 것입니다." 이런 이야기 안에는 명색의 군주가 자기 나라 안의 적들도 제압하지 못하는데, 어떻게 다른 나라 사람들이 그를 외부의 적들로부터 지켜줄 수 있겠느냐는 질책이 담겨 있었다.

이때 통역을 맡은 윤치호는 비테의 말을 들으면서 굴욕감을 느꼈다. 그의 일기를 보자(1896/06/07). "그렇다. 참으로 그렇다! 만일 국왕이 자기 안에 용기와 사내다운 기백(manhood)을 갖추고서 과감하게 뛰쳐

망국—무엇이 문제였는가

나와 자기 백성들의 충성심에 스스로를 내맡긴다면, 백성들은 그를 위해 헌신하려는 것을 보게 될 것이다. 그런데 그렇게 많은 쓰라린 경험에도 불구하고 그[고종]는 조금도 사리분별력이 나아지지 않은 채 여전히 자기 시간과 정력을 이런저런 음모를 꾸미거나 여인들, 내시들, 그리고 줏대 없는 자들과 적당히 즐기는데 낭비하고 있다. 그러면서 그는 자기 자신만의 안전을 위해 외국 경비병의 보호를 간청하고 있는 것이다!"

아관파천 후 고종이 몰두한 또 다른 일은 갑오개혁 때 일본의 압력으로 내각에 넘겨야만 했던 권한들을 회수하여 절대 왕권을 구축하는 것이었다. 이리하여 대한제국이 선포되고 고종은 황제의 자리에 올랐다. 윤치호는 그 의도하는 바와 일이 진행되는 과정에 대하여 시종 비판적이었다. 그는 중국에 잠시 체류 중 고종이 황제 칭호를 사용하려고 한다는 신문 보도에 접하고는 이런 소감을 일기에 남겼다(1897/05/27).

지금 전하가 자기 자신을 황제로 격상시키려 하다니, 이 얼마나 우스꽝스러운, 아니 부끄러운, 아니 수치스러운 일인가! 그렇게 해서 무엇을 얻겠다는 것인가? 공허한 호칭과 뻔한 경멸밖에 없다, 조정의 그 많은 멍청이 가운데 누가 이런 애처로운 생각을 전하의 머리에 주입했는지 궁금하다.

대한제국의 선포를 바로 앞두고는 이렇게 썼다(1897/10/03).

지난 2주 동안 왕과 그의 신하들은 왕조를 제국으로 만들려는 계획에 빠져들었다. 일주일 전, 왕은 권재형에게 은밀하게 명하기를 왕께서 황제의 칭호를 수락해 주시기를 간청하는 상소를 올리라고 했다! 총리대신은 지난 금요일부터 전 왕국의 성심 어린 소원과 기도에 응해서 왕께서 황제의 칭호를 받아들여 주십사 하는 일련의 상소를 올리기 시작했다!

성가신 것은 이런 우스꽝스러운 청원을 올릴 때면 정부와 관련된 모든 이들이 모습을 보여야 한다는 것이다. 지난 3일 동안 오후 3시부터 6시까지 관복을 입은 신하들이 모두 궁궐 뜰에 무릎을 꿇고 있었다. 오늘 9번째 상소를 올리자 전하는 이것을 마지못해(!) 받아들였다. 이리하여 왕은 나라 전체의 간절한 소망에 응하여 자신을 황제라 칭하는 것을 수락하셨다! 양쪽 다 눈속임이다!

고종은 청일전쟁 발발 이후 끝없이 추락한 왕실의 위신과 왕권을 되살리기 위해 '제국'을 선포하려는 열망에 들떴고, 조정 신료들은 그러한 고종의 의지를 받들어 '황제' 추대 운동을 벌임으로써 온 나라, 온 백성이 이를 성심으로 지지하는 것처럼 만들었다. 그것은 한 편의 연극이었지만, 누구에게도 감동을 줄 수 없는 씁쓸한 것이었다. 일주일 뒤 환구단에서 황제 즉위를 알리는 예식에 참석한 윤치호는 이런 의문을 남겼다 (1897/10/11). "이 세계의 역사에서 황제의 칭호가 이렇게 수치스러운 적이 있었을까?"

그런데 대한제국의 선포만으로 모든 일이 끝난 것은 아니었다. 한 가지 이벤트가 더 남아 있었다. 그것은 민비를 명성황후로 추존하고 그녀의 성대한 장례식을 치르는 일이었다. 다섯 차례나 연기되었던 국장은 1897년 11월 22일에 이르러서야 치러졌다. 민비 서거 후 2년 2개월이 다 되어 가던 때였다. 그녀의 빈전에 시호를 올릴 때 고종은 "권강(權綱)을 자주(自主)하게 된 것은 실로 곤도(坤度, 황후)가 도와주었다"고 했다.

대한제국의 탄생에 황후의 덕이 크게 작용했다는 것이다. 실제로 그러했다. 고종은 민비의 참혹한 죽음에 대한 국민적 애도를 왕권 강화의 명분으로 삼았다. 이리하여 제국이 선포되었지만, 고종이 홀로 황제의 자리를 감당하기에는 너무도 버거웠다.

　일국의 군주로서 고종의 자질과 능력에 절망감을 느낄 때면, 윤치호는 민비에 대한 생각을 떠올리곤 했다. 다음은 그녀의 서거 일주기가 되던 날의 일기이다(1896/09/26).

> 음력으로는 오늘이 조선의 왕후가 승하하신 날이다. 휘몰아치는 폭풍이나 허리케인과도 같았던 그녀의 삶과 죽음! 그녀는 참으로 놀라운 여성이었다. 민영환이 내게 말하기를, 20년 전 오라비[민승호]가 폭사한 후 그녀는 밤에 잠을 이룰 수가 없었다고 한다. 그녀는 오전 11시쯤 일어나 두세 시간 휴식을 취한 뒤에는 사사로운 편지들을 읽고 쓴다거나, 국가의 모든 공문서를 살펴본다든가, 서리나 서기 임명부터 외국과의 조약 협상에 이르기까지 모든 국정 업무를 챙기며 하루 시간을 보냈다. 그녀는 중국 고전을 해독하고 그 고전들에 나오는 주요 구절까지 암송할 수 있었다. 그녀는 한국과 중국의 역사에도 해박했다.

　윤치호의 이 회상은 고종의 '친정' 이후 조선의 국정을 이끌어 온 것은 고종이 아니라 민비였음을 보여 주고 있다. 비단 이때의 회상만이 아니다. 윤치호는 그의 일기 곳곳에서 민비가 사실상 조선 통치의 주역이었음을 내비치곤 했다.

　《매천야록》에서도 그러했는데, 민비의 '총명'함과 관련하여 황현은 한 가지 흥미로운 에피소드를 남겼다. '변법'(갑오개혁)을 시행한 당초에, 장차 태묘(太廟)에 사유를 고하기 위하여 임금이 궁내부로 하여금 글을 찬술하도록 했다. 정만조가 참서관으로 지어 올렸는데, 그 첫 구에 '하늘이 종사를 보우하사(天祐宗祀)'라는 구절이 있었다. 이때 윤치호가 고종에게 이렇게 아뢰었다. "우리나라가 천주교를 섬기지 않는 것은 천하에 알려진 사실입니다. 지금 '하늘이 보우한다'에 나오는 하늘을 서구인들이 지목하여 '조선 또한 천주교를 믿는 나라'라고 하면 어찌하겠습니까?" 그러자 민비가 크게 웃으며 손가락을 꼽아 헤아려가면서 이렇게 말했다(상/386).

> 《시경》에 "하늘의 뜻은 믿기 어렵도다(天難諶斯)" 하였는데, 이것이 천주란 말이냐? 《서경》에 "하늘은 밝고도 두렵도다(天明畏)"라고 하였으니, 이것이 천주란 말이냐? 그리고 《주역》에 "하늘의 운행은 강건하다(天行健)" 하였는데, 이것이 천주란 말이냐?

민비는 이외에도 여러 고서를 두루 인용한 후 "네가 참으로 무식하구나!"라고 하니, 윤치호가 얼굴을 붉히며 대답하지 못했다는 것이다.

을미사변 후 고종은 그런 민비의 빈자리를 메꾸지 못했다. 또 그녀를 대신할 사람도 찾지 못했다. 엄상궁이 '제2의 민비'를 자처하고 조정 한편에서는 그런 엄상궁을 황후의 자리에 올려놓으려고 했지만, 고종은 전혀 그럴 생각이 없었다. 그에게 왕비(황후)는 단 한 사람 민비였다. 고종은 때론 무당을 통하여 죽은 민비를 불러들이곤 했다. 이런 행위는 일종의 주술 통치였다. 명성황후의 혼령이 고종과 대한제국을 지켜주리라는 것이다.

망국─무엇이 문제였는가

(3) 독립협회-만민공동회 활동과 평가

독립협회와 만민공동회는 한국 근대사에서 독특한 위치를 차지한다. 이를테면 이런 것이다. 갑신정변과 갑오개혁이 위로부터의 개혁 운동이고, 동학농민운동이 밑으로부터의 변혁 운동이었다면, 독립협회와 만민공동회는 도시 중간층의 개혁 운동이었다고 볼 수 있다. 갑신정변과 갑오개혁이 일본의 지원을 받으며 일본식의 문명개화를 추구해 보려는 것이었다면, 독립협회와 만민공동회에서는 서양, 그중에서도 기독교에 바탕을 둔 '세계 제일의 문명 부강국' 미국이라는 나라가 새로운 모델로 떠오른다. 이것은 '서학'에 맞서 '동학'을 기치로 내걸었던 농민운동과도 대조를 이룬다. 운동의 주체에 초점을 맞춘다면, 갑신정변과 갑오개혁은 왕실 권력을 내각으로 옮기려는 소수의 개화파였고, 동학농민운동은 말 그대로 동학교도와 농민들의 연합체였다. 그런데 독립협회와 만민공동회 단계에 이르면, 그전에는 볼 수 없었던 도시의 신지식인 계층이 운동의 주체로 들어온다.

여기서 신지식인이라고 함은, 갑오개혁 후 과거제도의 폐지와 신식 학제의 도입에 따라 서양의 신문물과 신교육 수용에 적극적이었던 청년층(주로 학생들)을 일컫는다. 이들에게는 오백 년 조선왕조를 떠받쳐 온 유교가 시대에 뒤떨어진 '낡은 학문'으로 인식되기 시작했다. 그 계기는 청일전쟁이었다. 이 전쟁에서 청국의 패배는 곧 중국 중심의 세계관과 문명관의 몰락을 의미했다. 이제 '문명'의 중심이 중국에서 서양으로 옮겨졌다. 반세기 전 아편전쟁에서 이미 서양의 헤게모니가 확인된 바 있지만, 그것을 받아들이기 주저했던 조선의 지배층과 지식인들은 한반도와 주변 해역에서 벌어진 청일전쟁의 현장을 목격하고는 더할 수 없는 충격과 혼란에 빠졌다.

이제 우리는 어디로 가야 하는가? 또 무엇을 어떻게 해야 하는가?

이때 조선이 나아가야 할 방향과 목표를 설정하고 그 경로를 새롭게 보여 주고자 한 인물이 등장했다. 서재필(1864~1951)이었다. 그의 교육과 활동 이력은 그보다 한 살 아래였던 윤치호와 겹치는 부분이 적지 않았다. 10대 후반의 일본 유학과 갑신정변 참여, 외국으로의 망명과 수학, 청일전쟁 발발 후 귀국 등이 그러하다. 다른 점들도 있었다. 서재필은 만 18살에 과거(문과)에 급제한 후 일본 도쿄로 건너가서 도야마(戶山) 육군학교에서 1년간 군사학과 교련을 배웠다. 그리곤 갑신정변에 참가했다가 대역죄인으로 몰리어 미국으로 망명했다. 서울에 있던 그의 가족들은 음독자살하거나 처형당했다.

서재필은 미국에서 새로운 삶을 개척했다. 미국인 독지가의 후원을 받아 펜실베이니아주의 해리 힐맨 아카데미(Harry Hilman Academy)에 입학했다. 사립인 이 학교는 학생들을 미국의 명문대학에 진학시킬 목적으로 세워진 예비교였다. 서재필은 이 학교에서 3년간 인문계 교육을 받으면서 서구의 시민사상을 배우고 익힘으로써 '미국인' 필립 제이슨(Philip Jaisohn)으로 다시 태어났다. 그 후 컬럼비아 의과대학(Columbia Medical College, 현 조지워싱턴대학교 의과대학)을 졸업하고 미국 철도우편사업의 창설자 조지 암스토롱의 딸 뮤리엘 메리 암스트롱(Muriel Mary Armstrong)과 결혼했다. 미국 시민권도 획득했다. 윤치호가 언젠가의 귀국을 염두에 두고 외국에서 공부했다면, 서재필은 조선과의 인연을 끊고 미국인으로 살고자 했던 것이다.

이런 서재필이 조선으로 돌아오게 된 계기는 청일전쟁이었다. 이 전쟁으로 성립된 조선의 개화파 내각이 서재필을 불러들였다. 이리하여 역적의 죄명에서 벗어난 그에게 외부협판의 자리가 주어졌다. 1895년 12월 26일, 서재필은 서울에 모습을 나타냈다. 그의 변신은 장안의 이목을 끌었다. 단발, 양복, 구두, 안경, 자전거, 그리고 함께 온 미국인 부인의 존재 등이 그러했다. 황현은 그의《매천야록》에서 서재필이 고종을 알현한 후 안경을 쓴 채로 궐련을 피우면서 뒷짐을 지고 나오니 이를 본 조정 대신들이 매우 분통하게 여겼다고 했다. 서재필은 미국에서 타고 다니던 자전거를 갖고 왔는데, 이 또한 장안의 화젯거리였다. "그가 서양에 가서 양인의 축지법을 배워가지고 하루에 몇백 리 몇천 리를 마음대로 다닌다"라는 소문이 날 정도였다. 그는 말하거나 연설할 때 서양 사람들처럼 제스처를 취했다. 당시 서재필의 외모와 행동거지는 조선에서 처음 보는 '극(極)모던'이었다. 서재필은 개화기 서양을 동경하는 신지식인들의 우상이 되었다.85

서재필은 귀국 후 국내 보수세력의 온존과 정계의 불안함을 직감했다. 아니나 다를까, 민비시해사건과 단발령에 이은 아관파천으로 말미암아 그를 불러들인 개화파 내각이 무너졌다. 서재필은 고종과 정부에 대한 기대를 접었다. 대신에 '지식도 없고 깨달음도 없는(無知沒覺)' 백성들의 계몽에 나섰다. 그가 내세운 화두는 '독립'이었다. 그는 한글로 된《독립신문》을 창간하고, 독립협회를 조직하며, 독립문을 세우고, 독립관을 짓고, 독립공원을 만들었다. 러시아 공사관의 보호를 받게 된 고종은 친일 내각을 무너뜨리고 친러·친미적인 사람들을 등용했다. 이들을 일컬어 '정동파(貞洞派)'라고 했다. 그들은 서재필의 계몽사업을 지지하고 후원했다. 고종도 '독립'을 앞세우는 서재필을 물리치기는 어려웠다. 무엇보다도 그는 고종의 힘이 미치지 않는 미국인이었다.

이리하여 조선에서도 계몽의 시대가 열렸다. 서재필은 자기가 미국에서 배운 근대 시민사상을 조선인에게 주입하여 그들 한 사람, 한 사람이 낡은 전동과 신분에 구속받지 않는 주체적인 인간으로 설 수 있기를 바랐다. 그래야만 국가의 독립도 굳건해질 수 있다고 보았다. 인민 주권의 개념도 생겨났다. 이것은 백성을 통치의 객체이자 시혜의 대상으로 보아 왔던 유교적인 민본주의를 넘어서는 것이었다. 일단 인민주권이라는 개념이 생성되면, 국가와 인민의 관계가 근본적으로 달라질 수밖에 없었다. 인민이 스스로 정치에 참여하려는 욕구가 나날이 커지기 때문이다. 우리는 이러한 현상을 만민공동회에서 볼 수 있다.

한편으로 서재필은 귀국 후 자신과 인민 사이에 중간 다리를 놓을 수 있는 '신식' 학생층에 주목했다. 이들은 갑오·을미 개혁기에 반포된 신식 학제에 의하여 탄생한 새로운 계층이었다. 이들은 신문물을 받아들이고 신학문을 배우려는 열의에 차 있었다. 서재필이 학생층에 주목하게 된 계기는 배재학당의 학당장 아펜젤러의 요청에 따라 실시한 특별 연속강의였다. 1896년 5월부터 매주 한 차례, 일 년 이상 계속된 이 특강에서는 세계의 지리와 역사, 그리고 정치학을 다루었다. 서재필은 미래의 조선을 이끌 학생들에게 지금 세계가 어떻게 돌아가고 있고, 조선은 어디로 나아가야 하는지를 알려 주고자 했다. 학생들은 얼마 후 협성회(協誠會)라는 단체를 조직하고 정기적인 토론회를 개최하면서 사회 참여 의식을 키워 갔다. 이들은 나중에 일간 신문을 만들고 만민공동회의 연사로 등장하면서 서울 장안을 떠들썩하게 했다.

한편, 청일전쟁 후 귀국한 윤치호는 서재필과는 다른 경로를 걸었다. 그는 민중 계몽이나 선교 사업보다는 관직 생활에 더 큰 매력을 느꼈다. 그의 아버지 윤웅렬은 윤치호에게 말하기를, 10년간 외국에서 배운 것은 모두 다 잊고 오직 '행세'할 수 있는 벼슬자리에 신경 쓰라고 했다. 조선에서는 벼슬만이 권력과 명예 그리고 재물을 가져다줄 수 있다고 했다. 윤치호는 이런 아버지의 처세관에 선뜻 동의하지 않았지만, 결과적으로 볼 때 그는 아버지의 충고를 따랐다. 갑신정변 후 고종과 민비로부터 멀어졌던 윤웅렬과 윤치호는 청일전쟁 후 다시 그들의 '총애'를 받게 되었다. 유배에서 풀려난 윤웅렬은 경무사에 이어 경상좌도 병마절도사로, 밖으로 떠돌던 윤치호는 귀국 직후 의정부 참의로 임명되었다. 모두 당상관의 자리였다. 윤치호는 이때 그의 일기에 쓰기를, "진실로 주께 감사하지 않을 수 없었다"라고 했다. 그의 아버지는 "신의 기적이 이루 말할 수 없이 위대하다"라고 말했다(1895/03/01).

그런데 윤치호의 관직 생활은 순탄치 않았다. 그는 이후 학부협판과 외부협판을 지내다가 춘생문사건 후 미국인 선교사 집으로 숨었다. 아관파천 후에는 다시 학부협판에 임명되지만, 2개월 만에 민영환이 이끄는 러시아 특파사절단에 '수원(隨員)'으로 합류했다. 그런데 민영환은 러시아 측과 비밀 교섭을 벌일 땐 윤치호를 따돌리고 러시아어 통역인 김도일(3등 참서관)을 데리고 갔다. 윤치호는 러시아에 체류하는 내내 민영익과 이런저런 갈등을 빚었다. 윤치호는 귀국 길에 혼자 떨어져 나와 프랑스로 갔다. 그리고 파리에 3개월 정도 체류하면서 프랑스어를 배우다가 귀국길에 올랐다. 귀국 후에는 다시 중국 상해로 건너가 그곳에 있는 가족들과 지내다가 1897년 6월이 되어서야 서울로 돌아왔다. 그리고 다시 관직에 복귀하려고 했지만, 이때는 그의 뜻대로 되지 않았다.

그러자 윤치호는 서울에서 차츰 영향력을 넓히고 있던 독립협회와 관계를 맺기 시작했다. 다음의 일기를 보자(1897/07/25). 이날은 일요일이었다.

오전 내내 폭우가 쏟아졌다. 오후 4시에 독립협회에 갔다. 이 협회의 서명한 인사들이 다수 나왔다. 음력 7월 16일(양력, 8월 13일)은 조선왕조의 개국일인데, 이날을 기념하기 위한 준비위원회가 구성되었다.

독립협회는 하나의 소극(笑劇, farce)이다. 그것은 서로 용납하기 어려운 요소들의 복합체이다. 당분간 서로의 이해관계 때문에 한데 묶여 있는 이완용과 그의 일파들이 있는가 하면, 대원군파라든가 러시아파, 일본파, 왕당파 등등이 있다. 각 정파가 여기저기 무리 지어 있는데, 나와 같은 국외자(an outsider)는 어디 낄 자리를 찾지 못하고 있다.

이 일기는 여러모로 흥미롭다. 먼저 독립협회가 당시 '저명한 인사들'의 집합체인데, 그 안에는 성격을 달리하는 여러 정파가 서로의 이해관계 때문에 한데 얽혀 있다는 것이다. 이들은 언제든 한데 모였다가 흩어질 수 있었다. 윤치호는 어디에도 끼지 못하는 '국외자'였다.

그런데 독립협회에서만 그랬던 것이 아니다. 윤치호는 일본 유학기에 '개화당'에 합류한 때를 빼고는 어떤 당파나 정파에 들어가는 것을 꺼렸다. 나라 안과 밖이 소란스러운 때에 잘못하다가는 큰 화를 당할 수 있다는 생각에 그는 늘 경계심을 갖고 사람을 대했다. 김홍집-박영효 연립내각에 들어가서도 윤치호는 중립적인 입장을 취했다. 아관파천 후에는 친러파가 득세하지만, 이들과도 일정한 거리를 유지했다. 서울에 있는 각국 외교관들도 두루 알고 지냈지만, 어느 한 편에 서지는 않았다. 갑신정변 때에 자칫 멸문지화를 당할 수 있었기에 윤치호는 그때의 두려운 기억을 간직한 채 살아갔다. '국외자'인 그가 보는 세상은 한편의 '소극'과도

망국—무엇이 문제였는가

같았다. 비단 독립협회만이 그런 것이 아니었다.

그런데 '고위 관료들'의 사교장과도 같았던 독립협회가 일반 민중과의 접촉면을 넓히면서 계몽단체로 변해 갔다. 이러한 변화에는 윤치호도 일조했다. 그는 서재필에게 건의하기를, 독립협회를 강의실과 도서관 또는 박물관을 갖춘 일종의 학회(General Knowledge Association)로 만들어 나가고자 했다. 서재필은 이에 동의했다. 그 후 독립협회에서는 토론회를 열기 시작했다. 배재학당에서 성공한 사례를 본뜬 것이었다. 윤치호가 생각한 것은 여기까지였다.

그런데 서재필은 거기에서 한 단계 더 나아갔다. 그는 독립협회 안이 아니라 밖에서 시국 문제를 갖고 인민들이 자유롭게 의사를 발표하고 중지(衆智)를 모아 대정부 건의까지 할 수 있는 대중 집회를 개최해 보려고 했다. 이것은 한국 최초의 광장정치 구상이었다.

이 대목은 윤치호의 일기에 나온다(1898/03/10). 이때 독립협회 회장은 이완용이고, 윤치호는 부회장이었다. 서재필은 고문이었다. 이 3자 간에 오간 대화 내용을 정리한 기록이다. 좀 길지만 역사적인 만민공동회가 누구의 구상이고 또 어떻게 개최될 수 있었는지를 밝히는 것이기에 세 단락으로 나누어 소개한다.

오늘 아침에 이완용 씨가 나를 찾아와서 이런 이야기를 했다. 자기와 제이슨(Jaisohn, 서재필)이 종각 근처에서 대중 집회를 열기로 결정했다는 것, 독립협회는 이 집회의 전면에 나서지 않고 조용히 지켜보기만 한다는 것, [그 대신] 다수의 연사가 앞에 나서서 러시아 고문들과 관련된 현 상황에 대하여 인민에게 설명한다는 것, [그 후] 인민 대표단이 정부 대신들에게 파견되어 러시아 교관들의 철수를 촉구한다는 것, 만약 이 요구가 수용되지 않는다면 인민은 정부를 정부로 인정하지 않겠다는 것이었다.

앞서 보았듯이, 아관파천 후 고종은 러시아에 특파사절단을 보내 군사 교관들과 정부 고문단 파견을 요청한 바 있다. 이에 신중한 입장을 보였던 러시아는 1897년 후반 10여 명의 군사 교관과 함께 재정 고문까지 파견하여 조선에 대한 군사적, 경제적인 영향력 확대에 나섰다. 이뿐만 아니라 러시아는 부산의 절영도 조차까지 들고나왔다. 한러은행의 설립도 추진되었다. 외세의 내정 간섭과 이권 요구에 반대 의사를 밝혀 왔던 독립협회는 이때에 인민의 힘을 빌어 러시아 측의 요구를 물리쳐보고자 했다. 하여, 서재필과 이완용은 서울 한복판인 종로에서 대중 집회를 개최하기로 결정했던 것이다.

이완용으로부터 그런 이야기를 전해 들은 윤치호는 깜짝 놀라면서 다음과 같은 우려를 드러냈다.

나는 이[완용]에게 이런 대중 집회에는 심각한 위험들이 도사리고 있다고 말했다. [조선] 인민들은 의회 규칙 또는 다른 어떤 종류의 규칙에 대해서도 무지하다. 연사들은 그럴듯한 이야기로 대중들의 격앙된 감정에 호소하려고 할 것이다. 이를테면 김홍륙을 죽이라고 한다든가 전하를 옛 궁으로 돌아가시도록 해야 한다든가 하는 말을 꺼낼 수 있다. 인민들은 곧 폭도로 돌변할 것이고, 당국은 당연히 그들을 범법자로 처벌할 수 있다. 러시아인들은 이러한 사태를 빌미로 전하를 위협하여 앞으로 벌어질 어떤 대중 집회도 바로 진압하도록 명할 것이다. 이런 내 말에 수긍한 이[완용]는 나에게

망국—무엇이 문제였는가

제이슨을 만나 보라고 했다.

윤치호는 거리에서의 대중 집회가 폭동으로 변했을 때의 '심각한 위험들'에 대하여 경고했던 것이다. 그러자 눈치 빠른 이완용은 한 발 빼면서 윤치호에게 서재필을 만나 직접 설득해 보라고 말했다. 다음은 앞에서 이어지는 문단이다.

제이슨을 찾아가서 그에게 내가 우려하는 바에 대하여 말했다. 그러자 제이슨은 웃으면서 말하기를, 조선 인민들은 정부 당국에 맞서 일어설 용기를 전혀 갖고 있지 않다고 했다. 하지만 그는 대표단이 인민들을 대신하여 정부를 위협하도록 해서는 안 된다는 나의 의견에 동의했다. 나는 최선을 다해 오늘 집회에 참석하는 사람들에게 대중 통제에 나서줄 것을 촉구했다.

이상의 대화 내용을 종합해 볼 때, 거리에서의 대중 집회 개최를 처음 제안하고 밀어붙인 사람은 '제이슨'이었음을 알 수 있다. 윤치호가 서재필을 '제이슨'이라고 부른 것은 그가 한국인이 아닌 미국인임을 강조하려는 의도가 담겨 있었다. 실제로 그랬기에 서재필은 과감할 수 있었다. 반면에 윤치호와 이완용은 가슴을 졸일 수밖에 없었다. 혹시라도 대중 집회가 폭동으로 돌변한다든가 그 집회에서 선출된 대표들이 정부 관리들을 협박하는 일이 벌어지면, 독립협회의 지도자인 두 사람에게 책임 추궁이 돌아올 수 있었다. 그들은 고종뿐만 아니라 러시아를 두려워하지 않을 수 없었다.

이런 우려와 불안감 속에 1898년 3월 10일 오후 2시 종로 종각 부근에서 대중 집회가 개최되었다. 이름하여 제1차 만민공동회였다. 당시 서울 인구가 대략 20만 명, 그중 1만 명 정도가 광장 집회에 참여했다면, 이것은 놀라운 일이었다. 서울에 사는 평범한 사람들의 정치 참여 욕구가 그만큼 대단했던 것이다. 이날 집회에서 연사로 등장한 사람들은 배재학당 또는 경성학당에 다녔거나 다니던 학생들이었다. 그중에 이승만·문경호·현공렴·홍정후 등은 서재필이 지도하는 협성회의 조직과 토론 활동에 활발히 참여했었다. 그들은 협성회에서 "우리 회원들은 인민을 위하여 가로 상에 나가 연설함이 가함"이라는 주제를 가지고 토론한 바 있었다. 이렇게 본다면 제1차 만민공동회는 서재필의 구상과 연출, 그리고 학생들이 배우로 깜짝 등장한 한 편의 연극이었다. 관객은 서울의 일반 시민들이었다. 그들은 무대 위에서 열변을 펼치는 학생들에게 아낌없는 지지와 환호를 보냈다.

제1차 만민공동회에서는 이승만·장붕·현공렴 세 사람을 총대위원(總代委員)으로 선출했다. 그들은 이날 집회의 결의사항인 러시아 재정 고문과 군사 교관의 해고를 요구하는 공한을 작성하여 외부대신(민종묵)에게 발송했다. 러시아 공사는 3월 17일에 자국 고문관 철수와 더불어 절영도 조차 요구까지 자진 철회했다. 그 이면에는 한국과 러시아, 러시아와 일본 사이에 복잡한 외교적 거래와 셈법이 있었지만, 표면적으로는 만민공동회의 요구가 관철된 것으로 보였다. 이러한 '성공'에 힘입어 서울 시내 각급 학생들이 만민공동회의 전면에 나서게 되었다. 그들은 이제 대중적 여론이 나라의 정치와 외교에 영향을 미칠 수 있다는 것을 깨달았다.

이런 과정을 지켜본 서재필은 의외의 성과에 뿌듯했을 것이다. 이완용과 윤치호는 안도의 한숨을 쉬며 가슴을 쓸어내렸다. 윤치호는 그의 일기에 이렇게 썼다(1898/03/10). "그 집회는 무사히 잘 끝났다. 독립협회

망국―무엇이 문제였는가

회원들은 누구도 연설에 나서지 않았다. 그들 대부분은 집회가 적절한 범위를 넘어서는 일이 없도록 하는 데 애를 썼다. 연사들은 주로 배재학당과 경성학당에서 온 학생들이었다. 정부에 군부와 탁지부에 있는 러시아 고문들의 해고를 촉구하기 위한 3인 위원회가 구성되었다."

제1차 만민공동회가 끝난 후 서재필·이완용·윤치호 세 사람의 진로가 달라졌다. 먼저 이완용이 지방관(전라북도 관찰사)으로 발령이 났다. 얼마 후에는 서재필이 한국을 떠나야만 했다. 사실상의 추방이었다. 독립협회와 만민공동회의 기세를 꺾기 위한 고종의 조처였다. 그는 서재필의 이름을 듣는 것조차 싫어했다. 결국 미국공사관의 동의를 얻어 서재필을 쫓아냈다. 이제 윤치호만이 서울에 남았다. 그는 독립협회의 회장이 되었다. 서재필이 운영하던 독립신문사도 윤치호에게 넘겨졌다. 윤치호는 심리적인 압박감을 느꼈다. 그는 지금껏 한 번도 책임 있는 자리에 오른 적이 없었다. 정부에서 그가 맡은 최고 관직은 협판이었다. 대신 자리에는 오른 적이 없었다. 개화당에서는 막내였고, 독립협회에서도 국외자로 있다가 부회장이 되었다. 그런데 이제 독립협회와 독립신문사를 동시에 떠맡게 된 것이다.

30대 중반에 접어든 윤치호, 그의 능력과 리더십이 시험대에 올랐다. 가장 중요하면서도 곤란한 문제는 독립협회와 만민공동회의 관계를 어떻게 설정할 것인가 하는 문제였다. 제1차 만민공동회가 성공적으로 끝난 후 대중들의 기대와 요구는 점점 커져갔다. 독립협회 내에서는 새로 들어온 소장파의 목소리가 커졌다. 윤치호는 밤잠을 설쳤다. 독립협회의 회장 자리에 오른 지 3개월이 지날 무렵, 그는 이런 일기를 남겼다(1898/07/03).

지난 월요일 이후로 비가 계속 내리고 있다. 평소처럼 교회와 독립협회에 나갔다. 독립협회는 자격 없는 인사를 관직에서 해고하고 국정을 운영할 때 사회적 여론을 참작하라고 간청하는 상소를 폐하께 올렸다.

지도자가 되기 위해서는 종종 아랫사람이 되기도 해야 한다. 전에 이런 글을 읽었지만, 지금에서야 그 말이 진리임을 절실히 깨달았다.

지도자로서 윤치호의 고충이 느껴지는 기록이다. 여기서 아랫사람이란 독립협회 내의 신진 소장파를 일컫는다. 이들의 급진적인, 때론 과격한 목소리를 어디까지 들어주어야 할까 하는 것이 윤치호의 고민이었다. 그는 대한제국의 황제로서 절대 군주가 되려는 고종의 존재를 의식하지 않을 수 없었다. 어느 날 고종은 사람(고영근)을 보내 윤치호에게 이렇게 물었다.

독립협회를 다루는 최상의 방책이 무엇이겠느냐?

그러자 윤치호는 두 가지 방책이 있다고 했다. 모두 그의 일기에 나오는 이야기이다(1898/07/10). 첫 번째는 폐하께서 그렇게 하실 수 있다고 생각하시면 칙령을 내려 독립협회를 폐쇄할 수 있다. 두 번째는 독립협회를 '폐하의 친구(his friend)'로 만드는 것이다. 여기서 후자가 더 좋은 방책이다. 폐하께서 인민들이 보기에 좋고 정당한 법률들을 제정하여 시행하는 것이 독립협회를 조용하게 만드는 최상의 방법이다. "나는 폐하에겐 이렇게 아뢰고 인민들에겐 저렇게 말할 수 없다." 윤치호는 고영근에게 이런 자기의 소신을 폐하께 아뢰어 달라고 했다.

망국─무엇이 문제였는가

그렇다면 고종은 독립협회나 만민공동회에 대하여 어떤 생각을 하고 있었을까? 그는 이들 '민회'가 백성이 원하는 바를 조정에 건의할 수는 있지만 나라의 정사에 직접 개입하려고 해서는 안 된다는 소신을 지니고 있었다. 오직 황제와 그의 신하들만이 나랏일을 의논하고 결정할 수 있다는 것이다. 고종은 인민 주권이라든가 참정권이라는 개념 자체를 아예 갖고 있지 않았다. 따라서 절대 왕권을 견제하려는 독립협회 및 만민공동회와는 충돌할 수밖에 없었다. 문제는 그 사이에 낀 윤치호였다. 그는 이러지도 저러지도 못하는 상황에 놓였다.

고종은 그런 윤치호를 어떻게 다룰 줄 알았다. 먼저 그의 아버지 윤웅렬을 서울의 치안을 책임지는 경무사에 임명했다. 윤웅렬은 이 자리에 오르자마자 독립협회의 초대 회장을 지낸 안경수가 벌였다는 '황제양위음모' 사건의 관련자들을 잡아들이기 시작했다. 그 진행 과정을 아버지로부터 전해 들은 윤치호는 독립협회가 해체되거나 해를 입지 않을까 하는 두려움에 빠졌다. 윤치호가 곧 체포될 것이라는 소문도 떠돌았다. 그의 어머니는 아들에게 이렇게 말했다. "네가 계속 위험한 상태에 있는 걸 보기보다는 차라리 미국에 가서 못 보는 편이 낫겠다. 이런 나라에서 똑똑하고 이름 있는 사람은 그저 위험과 불안에 떨 수밖에 없구나."

이 이야기는 1898년 7월 13일 자 일기에 나온다. 그 후 꽤 오랫동안 일기가 끊겼다. 자기 자신에게조차 털어놓지 못할 일들이 벌어지고 있었음을 말해 준다. 윤치호가 다시 일기를 쓰기 시작한 것은 그해 10월 31일이었다. 그 사이에 독립협회와 만민공동회의 대정부 투쟁은 계속되었다. 특히 9월 중순의 '김홍륙독차사건'(황제암살음모사건)을 계기로 노륙법(帑戮法, 죄인의 부자와 처까지 처벌하는 형벌)을 부활하려는 수구파 내각을 총사퇴시키고 박정양을 수반으로 한 개혁파 내각을 출범시키는 개가를 이루었다. 그리고 이 내각과 함께 역사적인 관민공동회를 개최하여 고종에게 올릴 국정개혁 6개 조항을 결의했다. 이른바 헌의육조였다. 그 요지는 황제와 정부의 자의적인 권한 행사를 막기 위한 입헌정치와 법치행정의 준수였다. 이를 위하여 명목상의 자문기관이었던 중추원을 서구적인 의회에 준하는 대의기관으로 만들기로 했다. 고종은 헌의육조를 재가했다. 이때가 바로 10월 31일이었다. 윤치호는 이날을 기념하려는 듯 일기를 다시 쓰기 시작했던 것이다.

그런데 고종과 수구파는 반격의 기회를 엿보고 있었다. 중추원이 민선 의관을 선출하기로 예정되어 있던 전날 밤(11월 4일), 윤치호 또는 박정양을 대통령으로 추대한다는 익명서 사건이 터졌다. 이것은 황제를 폐위하려는 대역 음모였다. 곧바로 독립협회에 해산령이 내려지고 박정양 내각은 붕괴했다. 그리고 독립협회 간부 17명이 구금되었다. 윤치호는 정동의 미국인 선교사 집으로 피신했다. 그는 자기의 일기에 고종에 대한 배신감을 토로했다(1898/11/05).

이분이 왕이시다! 아무리 감언이설로 남을 속이는 겁쟁이라도 이 대한의 대황제 또는 한국의 위대한 황제보다 더 야비한 짓을 저지르지는 않을 것이다!!!

그러면서 이렇게 적었다. "이제 정부는 친일 노예인 유기환과 친러 악당인 조병식의 수중에 있다. 러시아인과 왜놈들(Japs)이 모종의 탐나는 이권들을 챙기기 위하여 그들의 노예들을 후원하면서 이 일에 끼어들고 있는 것이다. 망할 왜놈들! 나는 그들이 한국의 마지막 희망인 독립협회를 분쇄하는 데 이처럼 러시아인들을 돕게 된 이유들을 곧 밝혀 주기를

망국—무엇이 문제였는가

진심으로 바란다." 윤치호는 독립협회를 탄압하려는 고종과 수구파의 배후에 러시아와 일본이 있다고 보았던 것이다. 그는 특히 일본에 대하여 분개했다. 러시아와 달리 일본은 한국의 개혁을 지지하리라는 믿음이 없지 않았기 때문이다.

독립협회의 간부들이 구금되면서 지도부에 공백이 생기자 신진소장파들이 곧바로 행동에 나섰다. 그들은 광화문의 경무청 앞에서 항의 시위를 벌이기 시작했다. 여기에 학생과 시민들이 가세하면서 자발적인 만민공동회가 성립했다. 이들은 수구파 대신 처벌, 독립협회의 복설과 간부석방, 헌의육조 실시 등의 요구 조건을 내걸고 철야 농성에 들어갔다. 고종과 수구 정권은 보부상까지 동원하여 만민공동회를 강제 해산시키려고 했지만, 오히려 시민들의 반발만을 불러일으켰다. 결국 고종은 광장에 모인 대중의 압력에 굴복했다.

1898년 11월 26일, 고종은 대소 신료과 각국 공사를 거느리고 덕수궁의 인화문 앞에 모습을 드러냈다. 이 자리에는 만민공동회 대표 200명, 보부상 대표 200명이 초치되었다. 고종은 그들 앞에서 현 사태의 모든 책임이 황제 자신과 정부 대신에게 있음을 시인하고 만민공동회의 요구 사항들을 수용하겠다는 '친유'를 내렸다. 인화문 앞에 모인 군중들은 환호했다. 황제의 공개적인 약속에 대한 믿음 때문이었다.

그런데 이 믿음에는 다시 배신으로 돌아왔다. 황제의 약속이 제대로 실행되지 않자 종로에서 만민공동회가 재개되었다. 이 대회에서는 급진적인 강경한 목소리들이 분출했다. 그중에는 대역죄로 일본에 망명 중인 박영효를 불러들여 정부 대신으로 기용토록 하자는 요구도 들어 있었다. 그러자 기다렸다는 듯이 '박영효 대통령설'이 항간에 유포되었다. 고종은 이 기회를 놓치지 않았다. 그는 곧바로 민회 금압령을 내리는 동시에 병력을 동원하여 만민공동회를 해산시켰다. 이로써 인민들의 기대와 흥분 속에 한동안 서울 장안을 떠들썩하게 했던 독립협회-만민공동회 운동은 막을 내렸다. 참으로 허망한 결말이었다.

왜 그렇게 되었을까? 먼저 윤치호의 이야기를 들어 보자. 그는 민회 금압령이 내려진 직후에 최근의 만민공동회에 대한 자기의 생각을 정리한 일기를 길게 남겨 놓았다(1898/12/27). 그 요지는 이러하다.

대중의 우호적인 여론에 힘입어 존재했던 그 집회들은 대중의 공감을 상실함으로써 실패로 끝났다.

그렇다면 왜 대중은 만민공동회에 등을 돌렸을까? 윤치호는 이렇게 된 가장 큰 원인으로 독립협회 내의 급진파가 들고나온 박영효 소환·서용 문제를 들었다. 그들은 나라의 '최고 반역자'인 박영효를 황제에게 데려다 쓰라고 강요함으로써 그들 또한 '반역자'라는 욕을 먹게 되었다고 했다. 이로 말미암아 서울 도시민을 상대로 한 인적·물적 동원이 어려워졌고, 결국 만민공동회는 내부적으로 와해될 수밖에 없었다는 것이다.

그렇다면 이제 어떻게 해야 하는가? 윤치호는 이렇게 말한다. "우리가 지금 대중 시위의 형태로 무엇을 하든 이로써 이득을 얻는 편은 일본인과 러시아인뿐이다." 또 이렇게 말한다. "만약 우리가 대궐 안으로 뚫고 들어가서 지금 폐하를 그르치는 악당들을 깨끗이 쓸어낼 수 없다면, 단순히 거리에서 벌이는 집회들만으로는 아무런 효과도 거둘 수 없다. 따라서 우리는 당분간 조용히 지내는 것이 이치에 맞다. 이렇게 함으로써 정부에게는 개혁을 하든 변형을 하든 그들 스스로 일할 수 있는 기회를 주고, 우리는 우리대로 정신 차리고 과열된 머리를 식힐 수 있는 기회를

망국―무엇이 문제였는가

얻게 될 것이다."

그 후 윤치호는 급진파의 만민공동회 개최를 적극 만류하고 나섰다. 한편으로 그는 정부로부터 개항장의 통상 사무를 관장하는 감리(監理) 직을 제안받았다. 서울을 떠나라는 이야기였다. 그가 내려갈 곳은 덕원(원산)이었다. 이렇게 되면 윤치호는 독립협회와 독립신문사에서 완전히 손을 떼야 했다. 그의 부모는 협박 반, 눈물 반으로 현 상황에서 아무 일도 할 수 없으니 이 '화산(volcano)' 지대를 속히 떠나라고 했다. 자칫 가족의 안전도 위협받을 수 있다는 것이다. 윤치호는 자신의 거취를 결정하기 위해 정부 대신들은 물론 외국 공사들과도 접촉했다. 그중에는 러시아와 일본 공사도 있었다. 이들 모두 서울을 떠나는 것이 좋겠다고 했다. 윤치호는 그들의 '권고'를 받아들였다.

이때가 1899년 2월 3일이었다. 민회 금압령이 내린 뒤 한 달이 좀 지난 시점이었다. 그 사이에 독립협회와 만민공동회를 이끌었던 주요 인물과 급진파들은 속속 검거 투옥되었다. 이제 더 이상 민회를 이끌 지도자는 존재하지 않았다. 윤치호는 정부의 탄압에 맞서 계속 투쟁하기보다는 잠시 조용히 있는 것이 좋겠다고 했는데, 이것은 곧 민회 활동의 종식을 의미했다. 그리고 역풍이 몰아쳤다.

고종은 1899년 8월 17일에 〈대한국국제〉를 발표했다. 그 제2조를 보면 다음과 같다.

> 대한제국의 정치는 이전으로 보면 오백 년 전래하시고 이후로 보면 만세에 걸쳐 불변하오실 전제정치이니라

이로써 고종은 대한제국이 존속하는 한 전제정치를 포기하지 않겠다

는 의지를 천명했다. 그는 '무한한 군권'을 향유하기에 이 군권을 침손할 행위가 있으면 그 이니 행한 것과 아식 행하지 않은 것을 물론하고 신민의 도리를 잃은 자로 인정할 것이라고 선언했다(위의 국제, 제3·4조). 대한제국을 선포할 때 고종이 내심 원했던 것이 바로 이와 같은 절대군주권이었다. 그런데 독립협회와 만민공동회가 공공연히 인민 주권이니 참정권이니 운운하며 황제의 권한에 제한을 가하려고 했으니 고종이 달가워할 리 없었다. 이제는 대한제국의 '국체'를 바꾸려는 어떠한 시도도 반역의 죄를 피할 수 없게 되었다. 역사의 흐름을 거꾸로 돌리려는 고종의 이러한 시도는 불과 6년 후 일본의 압력에 의한 국권 상실로 이어졌다.

윤치호는 지방관으로 내려가기 직전에 이런 일기를 남겼다(1899/02/10). "비참한 조선인에게는 더 나은 정부를 가질 자격이 없다. 조선에서는 밥 한 그릇과 김치 한 가닥이 가장 높은 이상이다. 그리고 나라 전체가 지옥 같고 아무리 부당한 전제군주 통치를 받아도 밥과 김치만 있으면 평화롭다. 그 왕에, 그 관료에, 그 백성이다. 다 잘 만났다."

(4) 지방관 체험: 제국의 생태와 먹이사슬

대한제국은 어떻게 살아 움직였는가? 이 물음에 대한 대답은 간단하다. 제국의 정점에 황제가 자리하고, 그의 대리인인 지방 수령들이 백성으로부터 세금을 거둬들여 황제와 제국을 먹여 살린다. 그렇다면 황제는 어떻게 지방 수령을 발탁하는가? 그는 종종 돈을 받고 뽑았다. 이른바 매관매직이다. 이 문제는 고종의 친정 이래 계속 제기되어 왔던 문제이다. 황현의《매천야록》에서 가장 많이 나왔던 이야기이기도 했다. 서울 주재 외교관들의 공식 기록이나 한국을 방문한 외국인들의 여행기에서도 쉽게 찾아볼 수 있다. 이들은 누군가로부터 그런 이야기를 전해 들었을 뿐이다.

그런데 윤치호는 그의 아버지(윤웅렬)를 통하여 매관매직의 실상에 접했다. 그리고 자기의 일기에 남겼다(1901/05/06). 생생한 증언인 셈이다.

> 내 아버님은 광주 관찰사 직을 얻기 위해 6만 냥(12,000달러)을 내야 했다. 아버님은 황태자의 생일 때 또 일만 냥(2,000달러)을 바쳤다. 궁에서는 아버님의 돈으로 2만 냥(4,000달러) 상당의 이런저런 가구를 주문하였다. 아버님이 관찰사로 임명된 지 채 4달이 지나지 않았는데, 그의 월봉은 겨우 200달러에 그친다. 그런데 아버님은 벌써 18,000달러를 지출했다. 이 돈은 4개월 치 봉급의 22.5배이다! 엄청나게 손해 보는 투자인 셈이다.

윤웅렬은 두 차례 '광주', 즉 전라남도 관찰사를 지냈다. 첫 번째는 1896년 8월부터 1898년 5월까지이고, 두 번째는 1901년 1월부터 1902년 1월까지였다. 위의 이야기는 두 번째에 해당한다. 윤웅렬은 이때 황제에게 18,000달러를 선금으로 냈지만, 그가 받은 총 급여는 1년치인 2,400달러에 그쳤다. 윤치호의 말대로 엄청나게 손해 보는 '투자(investment)'였다. 참고로 1902년부터 한국인들의 하와이로의 노동 이민이 시작되는데, 이때 그들이 한 달 받는 급료는 20달러 내외였다. 한편, 황현의《매천야록》에는 이런 기록이 나온다(하/79). "윤웅렬을 전라남도 관찰사로 임명하였다. 이때 바쳐야 할 돈이 8만 냥이었는데, 전 관찰사 조종필은 이를 마련할 수 없어 교체당했다."

윤치호가 직접 고종에게 돈을 건네려던 이야기도 그의 일기에 나온다(1897/08/17). 이때 윤치호는 관직에서 물러난 상태였고, 그의 아버지는 전라남도 관찰사로 지내고 있었다.

> 오후 5시에 궁으로 가서 9시에 폐하를 알현했다. 폐하의 탄신일 기
> 념으로 아버지가 보낸 500달러를 바쳤다. 폐하는 웃으면서 이렇게
> 말씀하셨다. "2년 전부터 이런 관행이 없어졌다. 네 아비는 언제나
> 구습에 집착하는구나. 이건 말도 안 된다고 아비에게 전하거라." 그
> 리고 필요한 일이 생길 때까지 네가 그 돈을 갖고 있으라고 말씀하
> 셨다.

윤웅렬은 지방관으로 있으면서 관례대로 고종에게 '탄신 선물'을 보냈
다. 이는 비단 윤웅렬만 그리했던 것은 아니다. 고종은 그런 관행이 '구습'
이라고 하면서도 그 돈(500달러)이 언젠가는 필요할 수도 있다는 말미를
남겼다. 고종은 이때 그 돈이 약소하다고 생각했을 수도 있다.

어떻든 지방관은 왕실(황실)의 경조사와 관련하여 이것저것 챙겨야 할
일이 많았다. 그런데도 수령 자리를 탐내는 사람이 많았다는 것은, 그것
이 '투자'할 만큼의 가치가 있었음을 말해준다. 황현의 《매천야록》을 보
자(하/107). "이때[1901]에 이르러 매관의 풍조가 갑오년[1894] 이전에
비해 훨씬 더 심해졌기에 아무리 종친이나 외척 혹은 임금과 가까운 자라
도 감히 한 자리도 은택으로 구할 수 없었다. 관찰사 자리는 10만 냥 내
지 20만 냥이었고 일등 수령 자리는 적어도 5만 냥 이하를 내려가지 않
았다. 부임하면 빚을 갚을 도리가 없어 다투어 공전을 낚아채어 상환하였
다. … 그러나 임금은 국고는 공물이라고 여겨 차거나 줄어드는 것을 상
관하지 않았으며 벼슬자리를 판 돈은 자기 재산으로 삼아 오직 손해 볼
까 걱정하여 조삼모사의 속임을 당하게 되는 줄을 알지 못했다."

이 말인즉, 지방 수령 자리를 얻으려는 사람들이 빚을 내어 상납했다가 임지에 부임하면 공금으로 자기의 빚을 가리니 국고는 텅 비어 가는데도 황제는 이를 개의치 않고 자신의 호주머니만 챙겼다는 것이다. 이렇게 하여 지방에서 쓸 수 있는 공금까지 바닥이 나면 수령들은 백성을 쥐어짤 수밖에 없었다. 민란은 그 비등점에서 발생했다.

다시 윤치호의 이야기로 돌아가자. 그는 1889년 1월 초 함경도의 덕원(원산) 감리 겸 부윤으로 임명된 후 그해 2월 원산으로 내려갔다. 이로부터 시작된 그의 지방관 생활은 이후 평안도의 삼화(진남포) 감리 겸 부윤, 다시 덕원 감리 겸 부윤, 이어서 천안 군수와 무안(목포) 감리를 지내는 등 5년 동안 계속되었다. 여기서 감리란 개항 후 통상 사무를 맡아보던 감리서의 우두머리였다. 윤치호는 벼슬살이를 십 년 정도 했는데, 그중 절반을 지방관으로 보낸 셈이었다.

윤치호는 나중에 이런 회고담을 남겼다. "나는 얼마 벼슬은 살지 않았으되 지방관이 가장 취미 있는 관직으로 알고 있소. 그것은 지방관이 사법·행정·경찰 같은 모든 권리를 혼자 맡았으므로 자기의 이상만 높으면 자기 뜻대로 모든 일을 해 나갈 수가 있는 까닭이오."[86] 요컨대 지방 수령은 그의 관할 구역 내에서 왕(황제)을 대신하여 전권을 행사할 수 있는 존재였다. 이처럼 주어진 권한이 많은 만큼, 그에 따르는 이권 또한 클 수밖에 없었다.

윤치호가 원산으로의 출발을 앞둔 시점에 그의 아버지 윤웅렬은 다음과 같은 '충고(advice)'를 했다. 1899년 2월 10일 자 일기에 나오는데, 이날은 전통적으로 한 해의 시작을 알리는 설 명절이었다.

가장 불쌍하고 가장 큰 나라의 짐을 지고 있는 자들은 소민(the

small people), 즉 평범한 농민들이다. [지방의] 아전, 유생, 그리고 서울에 자주 들락거리는 사람들은 엄격하게 통제되어야 한다. 이들은 평민들의 재물을 갉아먹는 근심거리이다. 하지만 현명한 사람이라면 그들에게 시비를 걸기 전에 한 번 더 생각해 보아야 한다. 사실 지방관의 인기라든가 [때론] 그의 안전조차도 가난한 백성들을 돕는 것보다는 아전 따위의 비위를 맞추는 데 달려 있다.

여기서 '서울에 자주 들락거리는 사람들(Seoul frequenters)'이란 중앙과 지방 관아의 연락 사무를 담당하던 경저인(京邸人)을 일컫는 듯하다. 이들은 종종 아전과 더불어 세납이나 공물과 관련된 지방 행정을 주무르며 자기 잇속을 차리던 사람들로 지목되곤 했다. 향촌 유생들도 그 지역의 유력자로서 면세나 면역과 같은 신분적 특권을 유지하고자 했다. 지방 수령의 골칫거리는 이들과의 관계를 어떻게 맺느냐 하는 것이었는데, 윤웅렬은 덕원 감리로 내려가는 자기 아들에게 아전이나 유생들의 '비위'를 맞추라고 충고를 하고 있는 것이다. 그러면서 윤웅렬은 자기가 경기도 남양부사와 함경도 북청병사로 재직했을 때의 경험담을 털어놓았다.

나는 남양부사로 있을 때, 아전 등으로부터 평민의 이익을 보호하기 위해 최선을 다했다. 나는 백성에 대한 나의 의무라고 믿는 것을 충실히 수행했다. 하지만 지방관으로서의 의무를 성실하게 이행해서 얻은 것은 아무것도 없었다. 아전들은 나를 싫어했고, 백성은 나의 봉사에 고마워하지 않았다! 그 뒤 북청에 병마절도사로 부임했을 때, 나는 아전과 서울에 들락거리는 사람, 그리고 유생에게 거슬리지 않으려고 했다. 나는 그들의 이권을 건드리지 않았고, 이로 말미암아 대민 행정에서는 남양에 있을 때보다 덜 공정했다. 그렇지만 나는 아전과 백성 양쪽의 신망을 받았다. 사실 인기 있는 지방관이 일반적으로 최상의 지방관은 아닌 것이다. 인기 있는 지방관이란 [지방] 토호들의 이기적인 이권을 존중하는 법을 아는 것에 달려있다.

여기에 이런 이야기를 덧붙였다. "조선인과 사귈 땐 다들 도둑이고 악한이라고 가정하고 사귀기 시작해라. 나중에 그 사람들이 도둑이나 악한이 아니라고 스스로 입증할 때까지 말이다. 그런데 도둑이나 악한이 아닌 조선인은 정말 드물다!" 윤웅렬은 이렇게도 말했다. "내가 먹지 않으면 다른 누군가가 먹을 것이다." 또는 "정직하지 않은 이런 세상(조선)에서는 나만 정직한 것이 아무 소용없다."

지방관 재직 시절, 아버지의 충고를 마음에 새긴 윤치호는 지방 유력자들과의 마찰을 최대한 피하면서도 그에게 맡겨진 소임, 즉 백성들의 삶을 보살피는 데 소홀함이 없도록 노력했다. 그가 스스로 내세운 치적 중에는, (1) 서양 선교사(신부)와 그의 위세를 믿고 따르는 불량 신도들의 횡포 근절, (2) 황실과 정부 고관들의 비호 아래 불법적인 세금 징수라든가 인신 구속 등의 행패를 부리는 보부상 엄징, (3) 백성들의 사행심을 부추기고 치안과 풍기를 어지럽히던 만인계(萬人契)의 금단, (4) 외국인 광산업자의 뒷배를 믿고 행패를 부리던 광꾼들의 단속 등이 들어가 있었다.

그런데 개항장에는 조선인 관리들이 어찌할 수 없는 치외법권 지대가 있었다. 원산항의 경우, 일본인 거류지가 10만 평에 달하고 인구는 1,600명 정도였다. 그런데 이들이 한국 정부에 내는 조차료는 매년 50달러에 지나지 않았다. 사실상 무상으로 제공한 것이나 다름없었다. 그들의 거류지에는 공회당, 병원, 학교, 은행, 기선회사, 우체국, 그리고 200명의 군인이 머무는 막사가 있었다. 윤치호는 그의 일기에서 이렇게 말한다(1899/12/31). "일본인의 지배나 압제 없는 한국의 항구란 햄릿이 나오시 않는 햄릿 연극보다 더 상상하기 힘들다. 일본인은 예전에 외국인으로부터 받은 모욕, 수모, 사기를 곱절로 조선인에게 돌려주고 있다. 일본인은 조선인의 희생을 통해 얻는 이익을 모두 움켜쥐고 독점한다."

개항은 조선인에게 새로운 상전들을 얹힌 모양새였다. 서양인이든 일본인이든 중국인이든 그들은 모두 조선 백성과 관리들을 우습게 보고 공공연히 자기들의 이익을 챙겼다. 때론 불법적인 행위와 폭력을 서슴지 않았지만, 그들을 제지할 사람은 없었다. 윤치호도 어쩔 수 없었다. 원산 시내에서 일본인 막노동꾼들에게 폭행을 당한 조선인이 감리서로 찾아와 도움을 요청했지만, 그가 할 수 있는 일은 아무것도 없었다고 고백했다. "나는 분노가 치밀어올랐다. 그렇지만 무엇을 할 수 있단 말인가? 결과는 뻔하다. 일본 영사에게 공식적으로 항의하는 수밖에 없고, 일본 영사는 나의 항의를 비웃을 것이다." 이렇게 되면 사람이 무기력해진다. "그렇다, 힘(might)은 어디에서건 언제나 옳다."

지방관으로서 윤치호가 느끼게 된 한계는 비단 그것뿐만이 아니었다. 황실과 중앙에서 수시로 내려보내는 관리들의 월권과 횡포 또한 만만치 않았다. 특히 황제와 관련된 일이라면 모든 것을 감수할 수밖에 없었다. '태조고황제영정행차(太祖高皇帝影幀行次)' 건이 그러했다. 이 사건의 개요는 이러하다. 함경도 영흥은 태조의 고향인데, 이곳 선원전에는 그의 실물 크기인 어진이 모셔져 있었다. 그런데 조선왕조가 대한제국으로 격상된 만큼, 태조의 어진도 왕이 아닌 황제의 격식에 맞추어 다시 그려져야 한다는 조정의 의론이 생겨나면서 영정을 서울로 모셔 오기로 결정했다. 이리하여 의정부의 최고위급 대신인 의정 이하 대소 신료와 그들의 하

인, 호송 일꾼, 군인 등 총 300명 이상의 인원이 서울에서 영흥까지 750
리 길을 오가게 되었다.

윤치호는 그들이 마치 무장한 강도떼처럼 사람들을 때리고, 손에 닿
는 것은 무엇이나 약탈하고, 지방 군수와 관료들로부터 돈을 뜯어냈다고
했다. 이뿐만이 아니었다. 서울과 영흥을 오고 가는 행차 비용은 지방 관
아가 각각 5,000냥에서 10,000냥씩 떠안았다. 그리고 이 부담은 고스란
히 백성들에게 전가되었다. 태조 영정을 옮기고 다시 그리는 데 들어간
비용은 최소 20만 달러였다. 그 과정을 지켜본 윤치호는 이렇게 한탄했
다(1900/12/14). "이 모든 것이 공포이고 웃음거리이자 수치스러운 일
이었다. 나는 덕원 부윤으로서 이리저리 뛰어다니며 도로를 수리하고 일
할 사람들을 찾아다니는 한편, 행렬의 대소 관료와 그들의 일꾼, 군인 숙
소 등을 챙겨야만 했다. 며칠 밤낮을 잘 수 없었다. 그야말로 골병드는 일
이었다. 조선은 진정 죽은 자들의 나라이다!"

1902년에는 고종 즉위 40주년 행사로 분주해졌다. 윤치호의 일기에
따르면, 이때 서울에서는 '대황제의 찬란한 업적'을 기리는 글을 새긴 석
조북(stone drum)을 건립하기로 의논이 모아졌다. 이 일을 위해서는 정
부의 모든 관료가 한 달 녹봉을 포기해야만 했다. 그런데 이것만으로도
충분치 않았기에 전 국민의 주머니까지 털렸다. 각도의 유지들은 '자발적
으로' 기부하라는 강요를 받았다. 함경남도는 25,000냥(5,000달러)을
내야 했다. 덕원에는 1,100냥이 할당되었다. 윤치호는 석조북에 새길 황
제의 '업적' 중에 다음과 같은 사실들이 반드시 들어가야 한다고 했다
(1902/09/07). 고종에 대한 그의 실망과 불신은 이제 분노를 넘어 냉소
적인 것으로 바뀌고 있었다.

1. 황제의 궁궐은 일본군에 의해서 세 차례 침범당했다
2. 일본인에 의한 황후의 암살
3. 황제와 그의 부친 간 비정상적인 다툼들
4. 일본의 은총에 의한 조선에서의 중국인 축출과 이에 따른 고
   종의 황제 등극
5. 황제의 러시아 공사관 피신
6. 조선의 가장 귀중한 권리와 이권들을 헐값으로 외국에 팔아
   넘긴 일
7. 황제가 습관적으로 만들고 저버린 개혁에 대한 수많은 훌륭
   한 약속들
8. 자의적인 세금 부과와 외국인에게 이권을 넘길 위험성을 지
   닌 정부 기구의 남설 등

지방관 재직 시절, 윤치호는 띄엄띄엄 일기를 썼다. 5년 동안 다섯 차
례 자리를 옮기고 한 번 파직을 당했던 지방 수령직은 그에게 매력적일
수 없었다. 한곳에 일 년 이상을 머물기 어려운 상황에서 도대체 무슨 일
을 할 수 있었겠는가! 언젠가는 서울로 올라가야 한다. 따라서 그의 주된
관심은 황제의 동태와 서울 정계에 있었다.

1903년 한 해 동안의 윤치호 일기를 보면, 1월에 며칠, 그리고 2월과
6월에는 각각 단 하루의 기록만을 남기고 있다. 다음은 6월 19일 자 일
기 중에 나오는 이야기이다. 그는 이때 서울에 올라와서 한 달째 머물고
있었다.

서울에는 오직 세 개의 계층이 있다. 첫 번째는 성공한 사기꾼이
고, 두 번째는 잠재적 사기꾼이며, 세 번째는 [그냥] 사기꾼이다. 부

정직한 것이 아주 오랫동안 아주 큰 이익을 안겨 주었기에 이 세상에 과연 정직이라는 것이 존재하는지를 조선인에게 확신시키는 일조차 거의 불가능하게 되어 버렸다.

동족(조선인)을 바라보는 시각에 있어 윤치호는 그의 아버지와 크게 다르지 않았음을 알 수 있다. 그렇다면 정의가 존재하지 않는 사회에서 살아남는 법은 과연 무엇일까? 윤치호는 그것을 벼슬이라고 생각했다. 러일전쟁 발발로 혼란스러웠던 시기에 남긴 그의 일기를 보자(1904/05/27).

[조선에서] 벼슬살이하는 것은 개인의 목숨과 재산을 지키는 유일한 수단이다. 아니 그 이상이다. 벼슬살이는 다른 사람의 재산, 심지어 목숨까지도 뺏는 수단이 된다. 이런 이득은, 그것이 긍정적이든 부정적이든, 모든 조선인이 관직을 향한 채울 수 없는 갈망을 갖게끔 유혹한다.

이처럼 모든 사람이 관직을 구하다 보니 수요에 비하여 공급이 턱없이 부족하다. 이리하여 수단과 방법을 가리지 않는 관직 쟁탈전이 벌어지면서 얼간이, 사기꾼, 추악한 인간들이 판치는 약육강식의 상황으로 빠져든다는 것이다.

이러한 제국의 포식자는 황제였다. 그는 먹이사슬의 최상층에 자리 잡고 있었다. 윤치호의 다음 일기를 보자(1903/06/19).

서울에서, 특히 이곳 서부나 남부 지역에서 어떤 조선인도 좋은 위치의 집터나 가옥을 가질 엄두를 내지 못한다. 황제는 그냥 그 소유주에게 내놓으라는 처분을 내린다. 이리하여 내 아버님은 남산의 저택을 외국인에게 내주어야만 했다. 이윤용 씨는 정동에 있는 그의 집을 황제의 총신에게 넘겨야만 했다.

윤웅렬이나 이윤용과 같은 대신들도 황제의 한마디에 자기의 집을 내놓아야만 했다는 것이다. 그들의 재산에 대한 처분권을 황제가 임의로 행사했다. 이런 사정을 잘 알고 있던 윤치호는 남대문 밖에 있는 자기 집을 외국인에게 빌려주고 아버지 집에 얹혀사는 불편함을 감수하기도 했다. "나는 강탈자(the grabber)의 손에서 내 집을 지키기 위해 외국인이 내 집에 머물도록 해야만 한다."

최고의 포식자인 황제는 공포의 대상이었다. 같은 날짜의 일기에서 윤치호는 이렇게 말한다. "조선인에게 남은 것이라고는 공포뿐이다. 나는 전차를 타서는 안 된다. 황제가 전기회사와 분쟁 중이기 때문이다. 나는 배재학당에 가서도 안 된다. 황제가 그 학당을 싫어하기 때문이다. 나는 일본인 주거지에 가서도 안 된다. 황제는 누가 그 주거지에 들어가는지 살피기 위하여 감시인들을 풀어놓았기 때문이다. 나는 대중 연설을 해서도 안 된다. 황제가 어떤 형태의 대중 연설도 싫어하기 때문이다. 나는 기분 전환이나 오락을 위해 휴양지에 가서도 안 된다. 자칫 황제의 귀에 들어갈 수도 있기 때문이다." 이어지는 문장은 다음과 같다.

얼마 전 어떤 조선인이 언더우드 박사에게 이렇게 말했다. "우리의 심장은 꽁꽁 얼어붙었습니다." 이는 정확한 지적이다. 우리는 서리로 뒤덮인 나무와도 같다. 오백 년 동안의 억압이 바야흐로 한겨울에 이르렀다. 과연 언제쯤 봄이 올 것인가?

망국―무엇이 문제였는가

그런데 윤치호가 그리던 봄은 찾아오지 않았다. 고종보다 더 큰 포식자인 일본이 대한제국을 덮쳐 송두리째 삼키려고 했기 때문이다. 윤치호는 이런 상황을 벌써 예견하고 있었다. 다만 언제인가 하는 시기만이 문제였을 뿐이다. 대한제국의 압제와 폭정에 대한 그의 절망감은 극단적이었다. 다음은 그의 일기의 한 대목이다(1902/12/31). "조선인의 뇌(brain)가 놀라울 정도의 적응력과 계략 그리고 비옥함을 보여 주는 유일한 기술은 바로 관료들의 쥐어짜고 착복하는 그것이다. 외부 세계의 새로운 영향력이 없다면, 조선인은 현재의 모습 그대로 최후의 심판일을 맞게 될 것이다."

5.
망국의 풍경(2)

1898년 말 독립협회-만민공동회가 해체된 후 지방관으로 전전하던 윤치호는, 1904년 2월 초 러일전쟁이 발발하자 중앙정계로 복귀했다. 5년 만이었다. 그에게는 외무협판이라는 직책이 주어졌다. 지방관 시절 띄엄띄엄 일기를 쓰던 윤치호는 서울에 올라온 뒤로 황실과 조정, 그리고 일본의 동향에 대하여 비교적 자세한 기록을 남겼다. 1904년 4월부터 1906년 7월 초까지의 일기가 그것이다.[87] 이것은 가히 '망국'의 기록이라고 말할 수 있다. 그 풍경은 황량하고 처참하다. 보는 사람들로 하여금 분노와 허탈감에 빠져 어찌할 수 없도록 만든다. 윤치호의 절망감이 그대로 전해져 온다.

첫 번째 풍경은 경운궁 화재에 관한 것이다. 1904년 4월 15일 자 윤치호 일기이다.

어젯밤 10시에서 11시 사이에 새 궁궐의 함원전에서 화재가 일어났다. 쉴 새 없이 부는 강한 동풍, 궁궐 안에 상자처럼 늘어서 있는 건물, 적절한 화재 진압 수단의 부재, 이런 요소들이 어우러져 화염은 궁궐 벽 안의 모든 것을 태워버렸다. 10년 동안 백성들로부터 착취해 쏟아부은 무의미하고 무용한 건물, 눈물 위에 세워지고 피로 흉

측하게 채색된 궁궐의 모든 것이 3시간 만에 잿더미로 변했다. 누군 가는 이것이 부패와 폭정의 종말이라고 말할 수도 있으리라.

그런데 궁궐이 화염에 휩싸인 동안 고종은 궁궐을 다시 짓는 문제를 논의하기 위해 측량가, 지관, 건축가들을 불러 모았다. 한편으로 고종은 신하들에게 궁궐의 재건축에 반대하는 사람은 누구든지 목을 벨 것이라 는 엄포를 놓았다. 언젠가는 황족인 이재완이 고종에게 '동궐'인 창덕궁 으로 옮기자는 제안을 했다. 그러자 고종은 발끈하며 이렇게 말했다. "내 가 죽거든 태자궁이나 데리고 가거라." 고종은 자신의 신변 안전에 대한 우려 때문에 옹색한 경운궁에서 한걸음도 뗄 생각을 하지 않았다.

윤치호는 그런 고종에 대하여 절망한다(1904/05/27). "황제는 [다시] 궁궐을 짓느라 분주하다. 무당과 점쟁이들이 있는 방 두 칸에서 시간을 보내는 황제, 난방을 한 곁방 밖으로 나와 한낮의 햇빛을 보거나 신선한 공기를 마시고 싶어 하지도 않고 그렇게 할 시간도 없는 황제, 권력이 일 상이고, 부패가 즐거움이고, 음모가 인생인 황제, 이 황제는 저주받은 나 라의 저주받은 백성들로부터 갈취한 몇백만 원의 돈을 불타버리거나 다 른 사람에게 빼앗길 쓸모없는 궁궐을 짓는 데 낭비하고 있다." 이 무렵 국가 세수는 간신히 1,000만 원을 넘기고 있었다.

두 번째 풍경으로 넘어가자. 다음은 1904년 5월 6일 자 윤치호 일기 이다.

오늘 일본인들은 이달에 구련성(九連城)을 함락시키자 러시아를 상 대로 처음으로 거둔 결정적인 지상전의 승리를 축하하고 있다. 영 광스러운 일본인들이다! 일본인들은 동궐인 창덕궁에서 개최한 가든파티에 한국 정부의 고위 관리들과 그보다 좀 더 낮은 관리들을 초대했다. 창덕궁의 후원에 있는 주합루에 가서 일본인들의 환성으로 가득 찬 아름다운 곳을 보았을 때, 눈물을 흘리지 않을 수 없었다. 황제가 [경운궁] 뇌보헌 같은 굴에서 지내기 위해 이렇게 아름다운 궁궐을 방치해야 했다니 정말 슬픈 일이다. 황제의 실정이 이 나라를 수치스럽게 만들고 붕괴시킨 것은 더 슬픈 일이다. 하지만 무엇보다 슬픈 일은 황제에게서도, 비굴하고 부패한 신하에게서도, 아니면 끔찍하게 생기를 잃은 대중에게서도 조선의 미래에 대한 아무런 희망도 발견하지 못한다는 점이다. 심신이 피곤해 휴식하러 영도사로 갔다. 오후 4시 30분까지 그곳에 있었다. 열이 오르고 오한이 나서 완전히 녹초가 되었다.

일본이 유라시아대륙에 걸친 '세계 제일의 육군국'에 도전장을 내밀 때, 그것은 그들의 국운을 건 도박과도 같았다. "과연 러시아에 이길 수 있을까, 이길 수 있는 희망이 있을까?" 하는 우려가 나올 정도로 힘에 부치는 전쟁이 예상되었다. 메이지 천황은 "갑자기 눈물이 뚝뚝 떨어진다"는 불안감에 휩싸이기도 했다.[88] 그런데 전쟁 개시 3개월 만에 한반도에서 만주로 넘어가는 교두보인 구련성 전투에서 승리를 거두었다. 이를 축하하는 '가든파티'가 신록이 우거지던 창덕궁 후원에서 열렸다. 이때 연회 장소로 사용된 주합루는 부용지 북쪽에 위치한 2층 누각인데, 1층은 정조대 개혁정치와 문예부흥의 산실인 규장각으로 사용된 바 있었다. 통감부가 설치된 후 주합루는 일본 관인들의 접대소로 바뀌었다.

세 번째 풍경은 황제의 일상이다. 고종은 하루를 어떻게 보내고 있었을까? 다음은 1905년 1월 1일 자 윤치호 일기이다.

망국―무엇이 문제였는가

화창한 새해 첫날이다.

황제가 자신이 편리하도록 시계 바늘을 움직이고 있다. 이를테면 어떤 행사, 그러니까 졸곡(卒哭)이 12시에 시작되도록 예정되어 있다고 하자. 황제는 오후 2시쯤 기상한다. 황제가 용변을 보고 식사를 하고 무녀 등과 잡담을 나누고 나면 오후 4시나 5시, 또는 6시가 된다. 황제는 시계 바늘을 12시에 맞춰 시계가 12번을 치도록 명령을 내린다. 즉 4시나 5시, 6시가 황제의 명령에 따라 12시가 되었다고 선포하는 것이다. 황제는 파렴치하고 거지 같은 허영심 덩어리다. 황제는 영원히 살 것인가? 아마 그렇지 않을까?

여기서 졸곡이란, 두 달 전 33살의 나이에 세상을 뜬 황태자비(순명효황후 추존)의 상례에 따른 것이었다. 윤치호는 그녀가 의사들이 여성 환자를 진료하지 못하게 하는 부당한 조선의 관습 때문에 강제로 죽음을 당한 것이라고 했다. 또한 그녀는 부부 사이에서나 가정에서 전혀 즐거움이나 행복을 느끼지 못한 삶을 살았다고 했다. 이런 애처로움 때문인지 고종은 전례에 어긋난다는 신하들의 반대에도 불구하고 일년상을 선포했다. 한국의 운명을 결정지을 전쟁이 벌어지고 있던 상황에서 고종은 오로지 황실의 안위와 존엄만을 내세우고자 했다. 그러면서도 막상 졸곡 시각은 자기 편한 때에 맞췄다. 시계 바늘을 돌려 그 시각에 딱 맞도록 했다. 이처럼 시간을 '지배'하니, 황제는 어쩌면 영원히 살 수 있을지도 모른다는 비아냥이 나왔다.

윤치호는 또 이런 일기를 남겼다(1904/07/31). "며칠 전 이상재를 방문했다. 그를 보니 무척 반가웠다. 그는 예전과 다름없이 활기차고 다정했다. 그는 자신이 감옥에 있는 동안 교회 신자가 되었다고 했다. 그러면

서 말하기를, 주님이 이씨 왕가에서 가엾고 불쌍한 사람 하나(a wretch)
를 키우신 다음 조선의 역대 왕 28[25]명이 저지른 모든 죄악을 징치하
기 위해 그[고종]에게 긴 통치 기간을 주었다고 했다."

　네 번째 풍경으로 넘어가자. 조정 대신들의 일상이다. 다음은 1904년
6월 6일 자 윤치호 일기이다.

　　한국 내각의 전형적인 대신의 심심풀이. 대신은 언제라도 오전 8시
　　에서 11시 사이에 일어난다. 대신은 침실에서 눈을 뜨자마자 긴 담
　　뱃대에 담배를 가득 채워 매우 흡족해하면서 뻐끔뻐끔 피운다. …
　　첫 담배나 두 번째 담배를 피우고 있는 동안 '손님'은 이미 대신의
　　귀에 무언가를 쑥덕거리고 있다. 어떻든 쑥덕거림은 조선인이 갖
　　고 있는 기술이자 조선인의 제2의 천성이다. … 출근은 낮 12시부
　　터 오후 4시까지 아무 때고 하면 된다. 그 뒤 다시 쑥덕거리는 이들
　　에게 시달린다. 그런 다음 궁궐로 들어가서 시간을 보낸 뒤 밤 10
　　시에서 새벽 4시 사이에 귀가한다. 황제가 취침하는 시간에 따라
　　퇴궐 시간은 달라진다.

　고종이 주로 밤에 정사를 보다 보니, 대신들도 그의 시간에 맞추어 하
루를 보냈다. 오전은 집에서, 오후는 관청에서, 저녁 무렵부터는 대궐(경
운궁)에서 지낸다. 언제 고종을 만날 수 있는지는 아무도 모른다. 궐내에
서 대기하고 있다가 고종이 부르면 들어가는 식이다. 어떤 때는 만나지
못할 수도 있다. 퇴궐 시간은 고종의 취침 시간에 맞추어져 있다. 모든 것
이 고종에게 달려 있다. 윤치호는 이렇게 말한다. "대신들은 아무것도 하
지 않는 멍청이들이다. 아니, 아무것도 하지 않는 것이 아니라 황제와 일

본인이 명령하는 일 따위만 하는 멍청이들이다. 그 일이 아무리 조선에 상처를 입힌다고 해도 말이다."

그런데 그런 대신들 가운데 윤치호의 아버지 윤웅렬도 끼어 있었다. 다음은 1904년 6월 28일 자 윤치호 일기이다.

> 군부대신·군무총장·내장원경, 이 세 개의 관직을 차지하고 있는 사람이 있다. 그 사람은 끊임없이 불평불만을 늘어놓는다. 그런 직위에 있으면서도 자신은 의미 있는 일을 할 수 없다고, 심신이 쉴 겨를이 없다고, 잘못된 정부 때문에 이 나라가 엉망진창이 되고 있다고 말한다. 하지만 마치 어린아이가 장난감 세트를 갖고 즐거워하듯, 그는 분명히 세 종류의 관직 생활을 상당히 즐기고 있다. 관직, 돈, 그리고 젊은 첩이 그가 열정적인 사랑을 쏟아붓는 대상이다. 이 세 가지만 주어진다면, 그 밖의 다른 일은 전혀 돌보지 않을 것이다.

여기에 나오는 '그 사람'이 바로 윤웅렬이었다. 《고종실록》에 따르면, 1904년 2월 23일에 군부대신 윤웅렬이 임시서리 내장원경 사무로 임명된 데 이어 다음 날 임시서리 원수부 검사국 총장 사무에 임명되었던 것으로 나온다. 원래는 고종의 최측근이었던 이용익이 탁지부대신 겸 내장원경 자리를 차지하고 있었다. 그런데 러일전쟁 발발 직후 이용익이 한일의정서 체결에 반대하다가 긴급 체포되어 일본으로 '압송'되었다. 바야흐로 친러파의 시대가 가고 친일파의 시대가 오고 있었다.

이제 군무와 재정을 총괄하게 된 윤웅렬, 그는 과연 어떤 일을 했을까? 1904년 4월 9일 자 윤치호 일기를 보자.

이용익에 반대하여 이 나라에서 저주받는 내장원을 폐지하고 적절한 토내 위에 군부를 재건해아 한다는 등의 내용을 덤은 싱소를 황제에게 올렸던 내 아버님, 그는 내장원과 군부 둘 다를 맡게 되었지만 무언가를 하고 있다는 최소한의 징표도 보이지 않고 있다. 그는 내장원의 수장이지만 이용익과 마찬가지로 황제의 기분을 상하게 하지 않으려고 신경 쓰느라 [무엇을 또는 어떤 부서를] 감히 폐지한다든가 축소한다든가 도입한다든가 개혁한다든가 하는 일들을 하지 못한다. 관직에 대한 열정이 지나치게 크기 때문에 그는 탐내던 자리를 차지하고 있는 한 수치심을 전혀 느끼지 못하는 것 같다.

이어서 덧붙이기를, "지금 내 아버님은 그저 하나의 본보기일 뿐이다. 그는 조정 대신들 가운데 비교적 공정하고 정직한 하나의 표본이다. [이들에게] 어떤 개혁을 바란다는 것은 부질없는 일이다!"라고 했다. 여기서 '비교적(comparatively)'이라는 말에 주목할 필요가 있다. 조정 대신들은 모두가 무능하고 부패했지만, 윤웅렬은 그나마 공정하고 정직한 편에 속한다는 뜻이다. 과연 그랬는지에 대해서는 알 길이 없다. 한 가지 분명한 것은 윤웅렬이 당대에 상당한 재력을 쌓았다는 점이다. 윤치호는 그의 아버지가 서울 여기저기에 집을 짓는 것을 취미로 안다고 했다. 또 그의 아버지는 종종 말하기를 "당신 자신은 관직에 아무런 야망이 없지만 오로지 우호적이지 않은 정부의 위협으로부터 나(윤치호)를 구하기 위해 어쩔 수 없이 관직을 맡는다"라고 했다.

윤치호는 그런 아버지의 후원과 보호가 있었기에 독립협회와 만민공동회 시절 황제의 눈 밖에 났음에도 불구하고 살아남을 수 있었다. 러일전쟁 발발 후에는 외무협판에 임명되었다. 대신은 아니지만 그에 준하는 자리였다. 실제로 윤치호는 외무대신의 직무를 수행하기도 했다. 이를 알려주는 역사적인 문건 하나가 남아 있다. 소위 제1차 한일협정서다. 1904년 8월 22일에 체결된 이 협약 문서에는 '외부대신 서리 윤치호'의 서명이 들어가 있다. 그 협약에는 대한제국이 일본 정부가 추천하는 재정과 외교 고문을 두도록 하고 있었다. 이것은 한국을 일본의 '보호국'으로 만들기 위한 준비 작업이었다. 윤치호는 이런 사실을 알았기에 조정 대신들이 그 협약 문건을 "적절한 절차에 따라 검토하고 통과시켜야 한다"는 주장을 폈다. 그리고는 참정 심상훈 이하 여섯 명의 대신에게 협약서에 대한 동의를 얻은 후에야 서명을 했다. 윤치호는 이때의 일을 자기의 일기에 남겨 놓았다(1904/08/23). 당대는 물론이고 후대에서 생겨날 비판을 피하려는 의도가 담긴 것이었다.

윤치호는 러일전쟁 발발 후 일본이 승리하는 것을 지켜보면서 일본의 한반도 지배를 피할 수 없다고 보았다. 다음은 1905년 10월 16일 자 일기이다.

> [러일]강화조약 전문이 오늘 [일본] 신문에 공개되었다. 러시아는 일본이 한국에서 지닌 중대한 정치적·군사적·경제적 이익을 인정하고, 일본이 한국의 내정을 지도·보호·감리하는 데 필요하다고 여기는 어떠한 조처도 방해하거나 간섭하지 않을 것을 약속했다. 러일전쟁은 이것으로 완전히 끝났다. 러시아는 그 전쟁에서 교훈을 얻었다. 일본은 그 전쟁에서 영예를 얻었다. 한국은 그 전쟁에서 최악의 것을 얻었다. 한국인은 분통 터지는 일본의 노예가 되어서야 자국 지배층의 폭정이 외국인 주인의 폭정으로 이어지는 디딤돌이었다는 사실을 깨닫게 될 것이다. 만약 일본인 압제의 불길에서 살아

남는다면, 한국인은 자신들이 존재하기에 적합하다는 사실을 입증하게 될 것이다. 그러나 굴복한다면 한국인은 하와이의 원주민처럼 존재할 가치가 없다. 오로지 미래만이 주어진 환경 속에서 한국인이 무엇을 할 수 있는지에 대하여 말해 줄 것이다.

윤치호는 미국에서 공부할 때부터 '문명화'라는 관점에서 서양 열강의 식민 지배를 인정해 왔다. 비록 나라의 주권을 빼앗겼을지라도 인민들의 삶은 좀 더 나아질 것이라는 기대감에서였다. 그런데 러일전쟁 발발 후 일본 정부와 군인들, 그리고 민간인이 한반도에서 벌이는 위압적 또는 야만적인 행태를 보고 실망을 넘어 위기감을 느끼지 않을 수 없었다. 그것은 장차 예상되는 일본의 '폭정(despotism)'과 '압제(tyranny)' 아래 '노예의 처지(slavery)'에 놓일 조선인이라는 종족이 과연 살아남을 수 있을까 하는 동족 보존의 위기의식이었다. 조선의 '문명화' 이전에 조선인의 '생존' 자체가 문제가 될 수 있다고 보았던 것이다.

이 문제와 관련하여 우리는 러일전쟁 발발 후 2개월이 지나던 시점에서 작성된 윤치호의 일기에 주목할 필요가 있다(1904/04/26). 영어로 3페이지 반이나 되는 분량인데, 당시 한국의 정치 상황과 일본과의 관계에 대하여 정리한 일종의 논평과도 같다. 그중 몇 대목을 소개한다.

> 황제의 정책: To rob the Korean people and to be robbed by other nationals(조선 사람의 것은 뺏고 타국 사람에게는 뺏기기. *이 문장에서만 한글이 같이 쓰임, 필자)
> 조선 대신들의 정책: 조선 사람을 억압하기 위해 누군가에게 의존하는 것.

일본인들의 정책: 조선을 일본에 의존하도록 만들기 위해 조선을 다른 나라로부터 떼어 놓는 것.

일본인이 좋은 조선인과 나쁜 조선인을 가르는 기준: 누가 일본인의 이익에 도움이 되는가? 일본인은 지금까지 자신들에게 복종만 하면, 아무리 부도덕하고 부패한 조선인이라도 그들을 지금까지 보호하고 고무시켜 왔다. 예를 든다면 권종덕, 현영운 등등.

이 글에서 먼저 영문 번역의 문제를 짚고 넘어가야 한다. 윤치호는 'the Korean people'을 '조선 사람'이라고 했다. 그런데 이 당시 한국의 국호는 '대한제국'이었고, 따라서 한국인을 '조선인' 또는 '조선 사람'이라고 부르는 경우는 드물었다. 해외(특히 미주)의 한인들은 이때 '대한인(大韓人)'이라고 부르며 스스로 긍지를 갖고자 했다. '대한인국민회'와 같은 단체 이름도 이렇게 생겨났다. '조선인'이냐 '대한인'이냐 하는 것은 단순히 호칭의 문제가 아니었다. 일본이 한국을 식민지로 만든 후 '조선'이라고 이름 붙였던 것도 '대한제국'에 대한 기억을 지우려는 의도에서였다. 한국이 일본과 같은 '제국'일 수는 없다는 것이었다.

일본과 마찬가지로 윤치호 또한 '대한제국'을 부끄러워했다. 그 어디에서도 '제국'다운 면모를 찾을 수 없다는 뜻에서였다. 특히 '황제'인 고종에 대해서는 조롱과 분노, 때론 배신감을 토로했다. 위의 일기에도 그런 표현이 나온다. '조선 대신'들에 대해서도 마찬가지이다. 그들은 한결같이 '조선 백성'을 우습게 보면서도 외세에 대해서는 비굴하리만치 굴종적이었다. 러일전쟁에서 일본이 승기를 잡자 그들은 일본에 기대어 무언가를 얻어 내려고 했다. 그것은 당장의 권력일 수도 있고 재물일 수도 있고 또는 헛된 약속일 수도 있었다. 일본인은 이런 '조선인'들의 심리를 이용하여 일본이 '조선'에서 원하는 것을 얻어 냈다. 그 예로 든 두 사람 중 현영운(1868~?)에 대하여 윤지호는 이렇게 말한다(1904/04/26).

> [주한 일본]공사관의 일본인 통역관인 고쿠부는 현영운과 첩을 공유하고 있다. 그녀는 고쿠부를 지배하고, 고쿠부는 [조선] 대신을 지배하며, 대신은 조선의 황제를 지배한다. 따라서 오늘날 조선 정계에서 권력의 출처는 현[영운]의 첩과 함께 쓰는 침대인 것이다.

이 일기는 일본이 소위 친일파를 앞세워 한국의 황제와 조정을 농락하고 있음을 생생하게 보여 주고 있다. 사실, 러일전쟁 발발 후 한국을 지배한 것은 현영운이나 그의 첩이었다는 배정자(1870~1952)가 아니라 그들의 배후에 있던 일본과 일본인들이었다. 이들은 통째로 한국을 집어삼키려 했다. 주한 일본공사관의 조선어 통역관인 고쿠부 쇼타로(國分象太郎, 1862~1921)는 하나의 예시일 뿐이다. 한국의 여느 백성은 물론이고 조정 대신들, 심지어 황제인 고종까지도 한반도에 발을 디딘 일본인들의 기세에 전전긍긍했다. 이제는 각자가 살아남을 방도를 찾아야 했다. 여기서 국가가 어떻고 민족이 어떻고 하는 이야기는 아무런 쓸모가 없었다.

윤치호는 그해가 저물자 일기에 이렇게 썼다(1904/12/23). "[러일]전쟁이 일어나기 전에 훌륭한 가옥이나 터를 가진 수많은 조선인은 자기 재산을 황제에게 빼앗길까 두려워 소유권을 외국인 명의로 옮겨 놓았다. 하지만 지금 일본인들은 황제보다 더 악랄하다. 내 집 맞은편 언덕에 아주 그럴듯한 부지를 보유한 박제순이 어젯밤 사람을 보내 묻기를, 어떻게 하면 자신의 토지를 일본인들에게 강탈당하지 않을지에 대한 최선의 방책을 알려 달라고 했다. 박제순은 일본인들이 적절한 군사적 필요성이라는

망국—무엇이 문제였는가

구실을 내세워 그의 토지를 잡아채지나 않을까 두려워하고 있다."

이 일기에 나오는 박제순(1858~1916)이 누구인가? 그는 조선조 세도 가문 중 하나인 반남박씨의 후손으로 대한제국 시기에만 농상공부대신, 내부대신, 외부대신, 의정부 찬정 등을 지낸 인물이었다. 그런데도 자기의 재산을 일본인에게 느닷없이 빼앗기지나 않을까 하는 걱정을 떨쳐 내지 못하고 윤치호에게 어떻게 하면 좋을지 자문을 구했다. 윤치호가 이때 어떤 방책을 제시했는지는 알 수 없다. 그냥 결과만을 놓고 본다면, 이후 박제순은 '을사오적'이라는 국민적 지탄을 받을 정도로 확실한 친일의 길을 걸었다. 그는 자기 나름의 생존 방식을 찾았던 것이다.

윤치호는 어떠했을까? 그는 소위 을사조약 체결 후 외무대신의 자리를 제안받지만 사양하고 관직에서 물러났다. 일본에게 국권이 넘어간 상황에서 허울뿐인 대신 자리를 차지하여 동포들의 비난을 받을 수는 없다는 판단에서였다. 그리고 고종에게 마지막 상소를 올렸다. 1905년 12월 1일이었다. 그 상소의 대체적인 내용은 이러했다.

지난 갑오경장 이후로 자주권과 독립의 기초를 남에게 의지한 적 없이 여유 있게 지켜 온 지 이제 10년이 되었습니다. 그런데 내정이 잘 다스려지지 않아 하소연할 데 없는 백성들이 모두 죽음의 구렁텅이에 빠졌고, 외교를 잘못하여 조약을 체결한 나라와 동등한 지위에 설 수 없게 되었습니다. 이것은 폐하께서 하찮은 소인들에게 눈이 가리어졌기 때문입니다. 궁실을 꾸미는 데 힘쓰게 되니 토목 공사가 그치지 않았고, 기도하는 일에 미혹되니 무당의 술수가 번성하였습니다. 충실하고 어진 사람들이 벼슬을 내놓고 물러나니 아첨하는 무리들이 염치없이 조정에 가득 찼고, 상하가 잇속만을 추구하니 가렴주구 하는 무리들이 만족할 줄을 모른 채 고을에 널렸습니다. 개인 창고는 차고 넘치는데 국고는 고갈되어있으며 악화가 함부로 주조되고 민생은 도탄에 빠졌습니다. 그리하여 두 이웃 나라가 전쟁을 일으키고 우리나라에 물자를 자뢰하니 온 나라가 입은 피해는 실로 우리의 탓이었습니다. 심지어 최근 새 조약[을사조약]을 강제로 청한 데 대하여 벼슬자리를 잃을까 걱정하는 무리들이 끝끝내 거절하지 않고 머리를 굽실거리며 따랐기 때문에 조정과 재야에 울분이 끓고 상소들을 올려 누누이 호소하게 되었습니다.

윤치호는 청일전쟁으로부터 러일전쟁에 이르는 10년이라는 기간이 조선이 자주적인 독립 국가로 나아갈 수 있는 마지막 기회였다고 보았다. 그런데 고종이 그 10년 동안 제대로 된 정사를 펼치지 않음으로써 일본의 '보호국'이 되는 국가적 치욕을 맞게 되었다. 윤치호는 이에 대한 책임은 다른 누구도 아닌 황제 자신에게 있음을 지적하고 있다. 이 무렵 고종에 대한 비판은 조야에서 터져 나오고 있었다. 윤치호의 상소는 오히려 온건한 편에 속했다. 그는 황제에게 '을사오적'의 처단을 촉구하는 복합상소에는 참여하기를 거부했다. 위의 상소는 이에 대한 비판을 의식한 것으로도 볼 수 있다.

그 동기야 어떻든 보다 근본적인 문제는 고종이 나라를 위기로 몰고 가는 동안 윤치호는 과연 무엇을 하고 있었는가 하는 점이다. 황현과 달리 윤치호는 그의 아버지인 윤웅렬과 더불어 국정 운영에 직접 참여하고 있었다. 따라서 고종의 치세가 잘못되었다면, 윤치호 또한 그 책임으로부터 완전히 자유로울 수 없는 처지였다. 독립협회와 만민공동회 운동에서도 마찬가지였다. 서재필이 한국을 떠난 후 그의 자리를 대신한 사람이 윤치호였지만, 그가 민회의 지도자로서 자기에게 주어진 역할을 충분히 다했다고 보기는 어렵다. 그리고 민회에 적극 참여했던 인물들이 투옥되거나 국외로 도피했을 때, 윤치호는 지방관으로 임명되어 위험지대인 서울을 벗어났다.

윤치호는, 그의 아버지가 그러했듯이, 황제 권력에 맞서는 것을 두려워했다. 청일전쟁 후 한국의 내정에 노골적으로 개입해 왔던 일본이나 러시아에 대해서도 마찬가지였다. 그의 일기를 읽다 보면 알 수 있지만, 윤치호의 최대 관심은 그 자신 및 가족의 안전과 행복이었다. 따라서 남들이 볼 수 없는 그의 일기에서는 권력자들을 향한 비판과 분노를 쏟아냈지만, 겉으로는 절대 그런 내색을 드러내지 않았다. 어쩌면 갑신정변이 일어났을 때 그와 함께했던 '동지들'이 멸문지화를 당하는 것을 본 정신적 충격이 그의 일생을 지배했는지도 모른다.

다음은 '일한병합'을 앞두고 통감부에서 작성한 '한국 관인'들에 대한 내사 문건 중에 나오는 윤치호 관련 기록이다.89

유년부터 청국에 유학하였고 또한 유럽과 미국으로 유학하여 일본어·중국어·영어·프랑스어 4개 국어에 능통하다. 윤웅렬의 아들로서 대신의 가정에서 성장하여 이 나라 문명파의 우두머리이다. 일찍이 독립협회 회장으로 원산 감리가 되어 이름과 영예가 있었다. 삼화 감리가 되자 인심이 그에게 돌아가 복종하였다. 대한자강회 회장으로 배일파의 우두머리로 일컬어지지만, 사실인즉 온화한 신사이다. 지금은 임관 이래 받은 봉급 2만 수천 원을 투자하여 개성에 스스로 공업학교를 설립하여 청년교육에 종사하고 있다. 현재 황성기독교청년회 부회장으로 그 부속학교에서 교편을 잡고 있으며 명성이 높다. 나이는 47세이다.

　윤치호는 을사조약 체결 후 벼슬을 그만두고 이른바 애국계몽운동에 참여했다. 이 운동은 의병항쟁과는 선을 긋고 교육과 산업 활동에 집중하려는 것이었다. 모든 계몽운동이 그렇듯이 이 운동 또한 점진적이며 온건한 것이었다. 누군가는 윤치호를 '배일파의 우두머리'로 보지만, 실제로는 '온건한 신사'라는 통감부 측의 평가도 그가 몸담은 계몽운동의 성격을 제대로 파악한 것으로 볼 수 있다. 윤치호는 이제 권력 대신에 '민족 지도자'라는 명성을 얻고자 했다. 물론 일본의 식민통치가 허용하는 범위 내에서였다.

제4장
나라 밖의 나라—외신대한

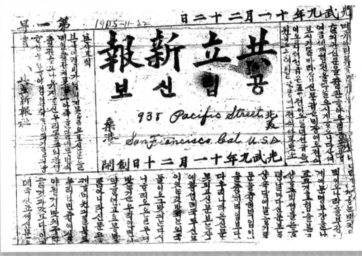

공립협회 창립 임원진과 《공립신보》 창간호 (1905/11/22)

20세기 초 미주대륙에서 한인공동체가 형성되기 시작했다. 그 관문인 샌프란시스코에서 출범한 공립협회는 국민회를 거쳐 대한인국민회(1910)로 확대 발전한다. 그들은 신대륙에서 신공기, 신사상, 신문명을 흡수하면서 '신한국' 건설에 나섰다. 이른바 외신대한(外新大韓)이었다. (위의 사진: 앞줄 왼쪽부터 송석준·이강·안창호, 뒷줄 임준기·정재관, 도산기념관 소장)

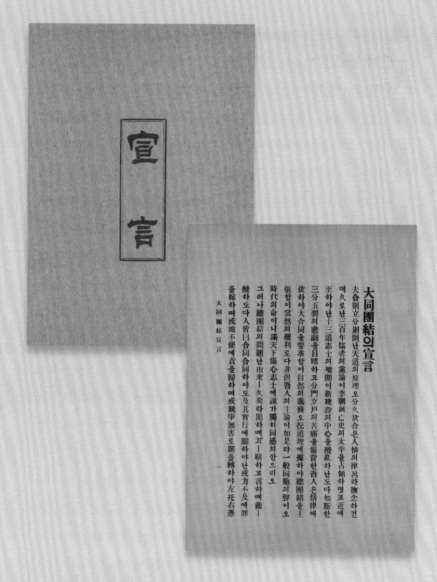

大同團結의宣言

夫合則立分則倒난天道의原理오分久欲合은人情의律呂라撫念하건
대久로난三百年儒者의黨論이李朝滅亡史의太半을占領하엿고近에
至하야난十三道志士의蠻鬪이新建設의中心을攪亂하난도다如斯한
三分五裂의悲劇을目睹하고分門立戶의苦痛을備嘗한吾人은情律에
依하야大合同을要求함이自然의義務오怛道理에據하야總團結을主
張함이當然의權利로다非但吾人의主論이如是라一般同胞의聲이오
時代의命이니滿天下傷心志士에誰가獨히同感치안으리오
그러나總團結의問題난由來ㅣ久笑라限하며耳一貼하고고言하매齒ㅣ
酸하도다人皆曰合同合同하야도及其實行에關하야난或力不及에罪
를嫁하며或地不便에責을歸하며或競爭無害로題를轉하야左托右憑

大同團結宣言

一

《대동단결선언》(중국 상해, 1917, 독립기념관 소장)

이 선언문(12면)에서는 순종이 한국의 주권을 포기한 바로 그 순간, 그 주권은 원래의 소유자인 인민에게로 돌아왔으니 해외 한인들은 일체 단결하여 그 주권을 행사할 정부를 세워야 한다고 주장한다. 이는 주권불멸론에 근거하여 '제국'으로 망한 대한이 '민국'으로 계승된다는 이론적 근거를 제공한다는 점에서 역사적인 의의를 지닌다.

1.
경계를 넘다:
추방과 망향

경계란 '안'과 '밖'을 나눌 때 생겨나는 것이다. '밖'이 없으면 '안'도 없다. 디아스포라는 그러한 경계를 넘어 흩어진다는 뜻을 지녔다. 우리말로는 흔히 이산(離散)이라고 한다. 이것은 디아스포라라는 역사적 현상의 한 국면을 표현한 것에 지나지 않는다. 디아스포라의 전체 줄거리는 추방, 이산, 정착 그리고 망향(望鄉)이라는 네 단계로 이루어진다.

조상 대대로 살던 곳에서 쫓겨나는 것이 추방이다. 이는 스스로의 선택이 아닌 누군가의 강요와 핍박에 의한 것이다. 쫓겨난 그들은 한 방향이 아닌 여러 곳으로 흩어진다. 그 후 각각 어딘가에 뿌리를 내리지만, 현지의 이방인에 대한 배제와 차별 속에서 그들끼리 한데 모여 살게 된다. 그들은 고향의 언어와 역사에 대한 기억을 공유한다. 여러 곳에 흩어진 공동체들은 하나의 관계망을 형성한다. 서로 떨어진 그들을 결속시키는 힘은 다시 고향으로 돌아가고자 하는 꿈이다. 귀향은 먼 미래의 약속일 뿐이지만, 이것을 포기하지 않도록 하는 것이 망향이다. 디아스포라의 민족주의는 이렇게 탄생했다.

미국의 역사학자 케빈 케니는 디아스포라의 개념과 역사를 잘 정리한 입문서에서 이렇게 말한다.90

모든 디아스포라 의식은 실제든 상상이든 고향과 연결되어 있다. 고향 땅은 이민자들과 그들의 조상이 떠나온 곳을 의미하는 경우가 많다. 어떻게 보면 고향이 없기 때문에 고향이라는 개념에 더 강렬하게 집착하게 된 것인지도 모른다. 디아스포라는 민족주의의 원천이다. 기본적으로 이주자 사회는 고향을 돕고자, 고국이 외세의 지배에서 벗어나 독립된 민족국가를 건설하도록 지원하고자 한다. 한마디로, 디아스포라는 세계 곳곳에 퍼져 있는 같은 기원을 가진 사람들을 연결하고 그 관계를 강화시키는 정치적·문화적 실천이다.

한민족의 디아스포라는 유대인이나 아르메니아인 또는 아일랜드인과 비교할 때 그 진행된 시기가 무척 짧았지만 우리 역사에 강렬한 흔적을 남겼다. 러일전쟁 후 대한제국이 일본의 '보호국'으로 전락하자 그들은 나라 밖에서 조국의 국권 회복과 새로운 국민국가 건립의 필요성을 제시하고 직접 행동에 나섰다. 그들은 스스로 자신들이 신대한의 주역이라는 확신에 차 있었다. 이제 그 과정을 살펴보기로 하자.

(1) 추방

조선은 농업사회이고, 조선인들은 땅에 기대어 살아왔다. 그들은 자기가 낳고 자란 고향에서 살다가 흙으로 돌아갔다. 조상 대대로 그렇게 살아왔다. 그들에게 고향을 떠난다는 것은 삶의 뿌리가 뽑히는 것과도 같았다. 그런 사람들을 떠도는 사람, 곧 유민(流民)이라고 했다. 이들 중 일부가 국경을 넘기 시작했다. 이른바 월경 또는 범월(犯越)이었다. 조선 정부는 그런 사람들을 극형으로 다스렸다. 그런데도 19세기 중엽이 되면 압록강과 두만강을 건너 만주와 시베리아로 이주하는 사람들이 생겨났다.

그들은 왜 목숨을 걸고 국경을 넘었을까? 여러 가지 이유가 있을 수 있다. 이를테면 한반도 북부 변경 지역의 척박한 지형과 기후의 불리함, 자연재해와 돌림병, 지방관의 수탈과 과중한 세금 등을 들 수 있다. 사회적 배경으로는 조선 후기 인구의 증가, 상업 발달로 인한 농촌 분해와 풍속의 변화, 또는 새로운 이상향의 추구 등이 거론되기도 한다. 어느 쪽이든 한 가지 분명한 것은 나라 안에서는 어떻게든 살아갈 수 없는 상황으로 내몰리고 있었다는 것이다.

이 무렵 만주와 시베리아에는 '개발'의 움직임이 일어났다. 그 발단은 러시아의 동진이었다. 아편전쟁 후 청나라가 변경에 힘을 쓰지 못하는 상황을 이용하여 러시아는 프리모르스키 지역(Primorsky Krai), 즉 연해주를 차지했다. 그 남단의 항구도시가 블라디보스토크였다. 1860년에 중국으로부터 넘겨받아 무역항 및 해군기지로 개발된 이 도시는 러시아가 태평양 방면으로 진출하는 관문으로 부상했다. 블라디보스토크를 당시 조선인들은 해삼위(海蔘威) 또는 해항(海港)이나 강동(江東)이라고 불렀다. 여기서 강동이란 두만강 동쪽이라는 뜻이었다.

러시아는 그들이 획득한 연해주를 개척하기 위하여 한국인들의 이주를 장려했다. 그 결과 이 지역 곳곳에 한인촌이 형성되기 시작했다. 1882년 당시 한인 이주자는 10,137명으로 현지의 러시아인들(8,385명)보다 많았다. 러일전쟁 종결 후에는 시베리아의 한인 이주자들이 더욱 늘어났다. 일본의 강압에 의한 을사조약 체결과 그 후의 군대 해산 및 의병 탄압으로 말미암아 정치적 망명도 속출했다. 이들 가운데 많은 이들이 블라디보스토크로 모여들면서 이곳은 러시아 영내 한인 민족운동의 거점으로 성장했다. 한반도가 일본의 영토로 편입될 무렵 시베리아 거주 한인은 대략 8~10만 명에 달했던 것으로 추정한다.[91]

한편 청나라의 봉금(封禁) 정책으로 오랫동안 '빈공간'으로 인식되었던 만주로 조선인이 이주하기 시작한 것은 17세기부터지만, 그 대부분은 산삼 채취라든가 수렵, 벌목 또는 춘경추귀(春耕秋歸) 형태의 일시적 체류였다. 그런데 1860년대 이후 상황이 달라졌다. 이때부터는 조선을 떠나 만주에 정착하려는 이주자들이 늘어나고, 그 지역도 북간도나 서간도를 점차 벗어나서 북만주 쪽으로 확대되었다. 토지를 소유하지 못한 조선인들에게 만주는 약속의 땅으로 보였다. 그곳에 이주한 이들이 밭을 개간하고 논농사를 시작하여 점차 촌락을 형성해 나갔다. 1890년대에 들어서면 두만강 대안의 연변지구에만 조선인 개척민이 대략 8,000호, 35,000명에 이르렀다고 한다. 1910년에는 재만 조선인의 숫자가 대략 20만 명에 달했던 것으로 추정한다.[92]

　20세기 초가 되면 한국인의 해외 이주사에서 특기할 만한 일이 생겨난다. 태평양의 한가운데 자리 잡은 하와이를 거쳐 미주대륙으로 이주할 수 있는 길이 열린 것이다. 이 일은 하와이 사탕수수농장주협회의 요청을 받은 주한미국공사 알렌(Horace N. Allen)이 대한제국의 고종 황제를 설득함으로써 가능해졌다. 그것은 한국 역사상 최초의 합법적인 노동 이민이자 한국인들의 서반구 진출의 서막이었다. 동시에 그것은 19세기 중엽 세계적인 차원에서 벌어진 인구 이동의 한 흐름이기도 했다. 아시아인들은 흑인 노예제를 대체하는 계약이민을 맺고 태평양을 건넜다. 그들은 하와이를 거쳐 미주대륙으로 나아갔다. 중국인, 일본인, 한국인, 필리핀인들이 차례로 그 대열에 합류했다.

　1903년 1월 3일부터 1905년 8월 8일까지 총 64차례에 걸쳐 태평양을 건너 하와이에서 새로운 삶을 시작한 한국인은 모두 7,415명에 달했다. 미국 국립문서기록관리청에서 넘겨받은 그들의 명단은 인천의 이민

사박물관 벽에 새겨져 있다. 순조롭던 하와이 한인 이주가 갑자기 중단된 것은 러일선생에서 승기를 잡은 일본의 압력과 대한제국 정부의 체계적인 이민정책의 부재 때문이었다. 일본 정부는 하와이의 노동시장에서 한국인이 일본인과 경쟁하는 것을 처음부터 탐탁지 않게 여겼었다.

하와이로 이주한 한인들은 대체로 조선왕조에서 소외되었거나 억압받던 몰락 양반이거나 하층민이었다. 농촌에서 밀려난 도시 노동자와 일용잡역부, 군인, 하급 관리, 농민, 수공업자, 광부, 목공, 머슴, 승려 등이었다. 이들의 교육 수준은 대체로 낮았던 것으로 이해된다. 국내에서 주로 개항장과 철도 연변의 도시들에 거주하던 그들은 하와이에 도착하자마자 각처의 사탕수수농장에 분산, 배치되어 집단생활에 들어갔다. 노동계약이 끝나면 그들은 도시로 진출하거나 임금 수준이 높은 미국 본토로 건너갔다.[93]

한편 러일전쟁이 한창 진행되던 1904년 11월부터 국내 신문에는 멕시코로 이주할 〈농부모집 광고〉가 실렸다. 이 광고에서는 멕시코가 미국의 이웃에 있는 부강한 나라로서 세계 중의 '극락국'이라고 선전했다. 일종의 국제이민 브로커인 영국인 마이어스(John G. Myers)와 일본의 대륙식민회사가 결탁한 이 불법적 사업에 한인 지원자들이 몰렸다. 1905년 4월 초 1,033명의 한인이 제물포항을 떠났다. 당시 한국에서 송출된 단일 이민으로는 규모가 가장 컸다. 그들은 40여 일의 항해 끝에 멕시코 유카탄반도에 내린 후 25개 이상의 에네켄 농장에 분산, 배치되었다. 그들은 사실상 부채노예(Peon 또는 Peon de Campo)로서 농노와 다를바 없었다. 4년 후 그들은 계약노동에서 풀려 자유의 몸이 되지만, 농장에서의 고립된 생활로 말미암아 현지 사회 적응과 일자리 찾기에 어려움을 겪게 된다.[94] 그들 중 일부는 나중에 미국 자본의 유입으로 호황을 맞이한 쿠바로 건너가 정착했다.

(2) 이산

한반도는 지형적으로 삼면이 바다이고 오직 북쪽으로만 대륙으로 통할 수 있는 길이 열려 있었다. 백두산을 경계로 바다로 흘러가는 압록강과 두만강만 건너면 만주와 시베리아로 갈 수 있었다. 이것을 월강(越江) 또는 도강(渡江)이라고 했다. 겨울에는 폭이 좁은 강가에 물이 얼어붙으면 도보로도 국경을 넘을 수 있었다. 그런데 월경에 대한 조선의 국법이 엄격했기 때문에 그것은 목숨을 건 모험이었다. 한편 바다를 건너는 일은 아예 봉쇄되어 있었다. 조선 초기부터 강력하게 실시된 해금(海禁) 정책 때문이었다.

그런데 이러한 국가의 법령과 단속이 무력화되는 일이 벌어졌다. 바로 일본과 맺은 강화도조약(1876)이었다. 이후 부산과 원산에 이어 인천이 개항장으로 열렸다. 부산에서 배를 타면 일본으로, 원산에서 배를 타면 블라디보스토크로, 그리고 인천에서 배를 타면 중국으로 갈 수 있었다. 이제 바다는 한민족 이산의 주요 통로가 되었다. 20세기 초에는 하와이로의 노동 이민이 개시되면서 누구에게나 대양(태평양)으로 나가는 길이 열렸다. 오백 년 동안 나라의 문을 꽁꽁 걸어 잠갔던 조선이 세계와 연결되었다. 바다와 산의 자연적 경계에 갇혀 웅크리며 살던 시대는 지나갔다. 이제 그 경계가 허물어지면서 사람들이 들어오고 나갔다. 시간과 공간의 개념에 근본적인 변화가 생겨났다.

이러한 시대상은 신소설의 소재로도 등장했다. 육정수의 《송뢰금(松籟琴)》(상권, 1908)이 대표적이다. 이것은 우리나라 최초의 이민소설로서 하와이로 한인들이 이주하게 된 시대적 배경과 그 과정을 사실적이며 구체적으로 다루었다. 소설은 몰락 양반의 처지에 놓인 '김 주사'와 그의 가족의 이산과 재회로 나아가는 과성을 대화체 형식으로 풀어간다. 김 주사는 먼저 청일전쟁으로 인한 사회적 혼란과 개인적인 불운으로 홀연히 하와이로 떠났다. 그의 말을 빌리면, "삼천리 넓은 땅에 낙토(樂土)가 바이없어 도처에 수운(愁雲)이라" 하여 결국 태평양의 망망한 파도 위에 몸을 실을 수밖에 없었다고 했다. 한때 한양 목멱산 아래 양반골에 살면서 세상사에 뜻을 두었던 김 주사는 이렇게 나라를 등졌다.

그 후 김 주사는 하와이 농장에서 일을 하며 먹고 살 만하게 되자 국내 (원산)의 가족에게 편지를 보내 하와이로 들어오기를 청한다. 그 요지인 즉, "우리 가족이 한양에서 평양으로, 평양에서 원산으로 거처를 옮겼던 것처럼 그냥 하와이로 오면 된다. 오직 차이는 도로 원근일 뿐이며, 종당에는 조국으로 돌아갈 것이다."[95] 김 주사는 이처럼 나라의 경계를 허물고 태평양이라는 지리적 공간을 대폭 축소시킨다. 마치 이웃처럼!

이제 태평양은 망망대해의 장애물이 아니라 한국과 미국, 동양과 서양, 구대륙과 신대륙을 연결하는 가교로서 언제든 마음만 먹으면 건널 수 있다는 생각을 하기에 이르렀다. 개항 후 불과 한 세대 만에 벌어진 일이었다. 그 사이에 한인들은 가까이는 서간도로 북간도로 시베리아로 떠났고, 멀리는 하와이로부터 미국 본토와 멕시코의 유카탄반도, 이어서 카리브해의 쿠바로 뻗어 나갔다. 이들이 한인 디아스포라의 제1세대였다.

(3) 정착

19세기 중엽부터 20세기 초까지 동북아시아와 태평양 건너편으로 퍼져 나간 한인들을 그들의 새로운 삶의 터전에 어떻게 뿌리를 내리게 되었을까? 말이 통하지 않는 낯선 환경과 관습, 문화 속에서 그들은 먼저 한

망국—무엇이 문제였는가

데 모여 사는 지혜를 배웠다. 공동체의 삶이었다. 국내와는 전혀 다른 조건 속에서 살아남기 위해서는 개인이 아니라 집단적인 대응이 필요했다. 이런 가운데 자립, 자위, 자치의 필요성을 몸으로 터득했다. 그들은 온전히 자신의 노동만으로 새로운 삶을 개척해야만 했다.

청일전쟁 발발 후 연해주의 이곳저곳에 만들어진 한인 정착촌을 현지 답사한 영국 왕립지리학회 소속의 이사벨라 버드 비숍은 그의 저술 《한국과 그 이웃 나라들》(1898)에서 이렇게 말한다.

> 한국에 있을 때 나는 한국인들을 세계에서 제일 열등한 민족이 아닌가 의심한 적이 있고 그들의 상황을 가망 없는 것으로 여겼다. 그런데 이곳 프리모르스키(연해주)에서 내 견해를 수정해야 할 상당한 이유를 발견하게 되었다. 이곳에서 한국인들은 번창하는 부농이 되었고 근면하고 훌륭한 행실을 하고 우수한 성품을 가진 사람들로 변해갔다. … 이들의 번영과 보편적인 행동은 한국에 남아 있는 민중들이 정직한 정부 밑에서 그들의 생계를 보호받을 수만 있다면 천천히 진정한 의미의 성인(men)으로 발전할 수 있을 것이라는 믿음을 나에게 주었다.[96]

여기서 성인이란 홀로 독립할 수 있는 사람을 가리킨다. 그것은 서구적인 시민의 기본 자질이었다. 근대로의 전환기 서양인들은 동양인들이 혼자서는 자기의 삶을 꾸릴 수 없는 '유아'라고 생각했다. 그들은 누군가의 도움을 필요로 한다. 번거롭지만 서양인이 그런 의무를 떠맡아야 한다. 이것이 이른바 '백인의 사명'이었다.

대영제국의 빅토리아 시대를 살았던 비숍은 처음 한국을 방문했을 때 한국인들이 다른 동양인보다도 훨씬 열등한 민족으로 그들의 미래가 없다고 보았다. 그런데 연해주의 한인 정착촌을 살펴본 후에 그녀의 생각은 달라졌다. 이곳의 한인들은 서양의 문명국 사람들과 비교할 때 그 자질과 능력 면에서 조금도 뒤처질 것이 없는 것처럼 보였다. 문제는 한국의 군주와 지배층이 그들 백성의 잠재력을 갉아먹은 데 있었다. 따라서 비숍은 한국의 현 지배층을 갈아엎지 않는 한 외부로부터의 '문명적 통치'는 피할 수 없을 것이라는 결론을 내렸다. 결국 내부 혁명 아니면 외세의 지배인데, 비숍은 한국에서 후자의 가능성이 높다고 보았다.

비숍의 이런 관찰과 평가에 대해서는 따로 논의가 필요하다. 다만, 여기에서 우리가 확인할 것은 구한말 국내에서 추방당한 한인들이 새로운 정착지에서 그들의 삶을 다른 어떤 인종이나 민족 못지않게 훌륭하게 개척하고 있었다는 점이다. 이러한 사실은 태평양을 건너 하와이와 미주대륙에 삶의 터전을 마련한 한인들에게서도 확인된다. 출발부터 부채를 진 계약노동자로 하와이로 이주한 한인들은 집단농장에서의 가혹한 노동조건, 언어장벽과 문화 갈등, 인종차별 등 숱한 어려움을 극복하고 한인사회의 기반을 닦았다. 그들은 다인종, 다민족 사회에서 유색인종인 데다 소수민족이었다. 한인들은 하와이 전체 인구의 2퍼센트에 지나지 않았다. 그들은 본국 정부의 보호도 받지 못했다. 그야말로 '틈새적 존재'로서 스스로 생존 방식을 터득해야만 했다. 국가로부터 소외받고 사회로부터 고립된 한인들은 그들만의 교회와 학교를 만들고 자치단체를 꾸리는 한편, 한국의 풍습과 언어·역사를 보존하면서 민족적 정체성을 지켜나가고자 노력했다. 이렇게 하여 동서를 가르는 태평양 한가운데에 한인공동체가 생겨났다.

미국 본토의 한인공동체 형성과 관련하여 우리가 주목할 것은 안창호의 역할과 파차파 캠프이다. 1902년 10월 14일, 이제 막 결혼한 처(이혜련)와 함께 샌프란시스코에 도착한 안창호는 본래의 목적인 학업보다도 생업에 뛰어들어 미국 서부지역에 한인 공동체를 만드는 데 앞장섰다. 그는 태평양의 관문인 샌프란시스코에 친목회-공립협회-국민회-대한인국민회로 이어지는 한인 단체를 결성하는 한편, 로스앤젤레스 근교의 리버사이드에 파차파 캠프(Pachappa Camp)라는 한인촌을 건설했다. 이 캠프에는 1907년에 200여 명의 한인이 거주했고, 오렌지 수확기에는 300명 이상이 모여들었다. 이들은 남북으로 길게 뻗은 오리건과 캘리포니아주의 농장들을 오르내리며 일하는 계절제 노동자였다.

《파차파 캠프, 미국 최초의 한인타운》(2018)이라는 책을 펴낸 장태한은 이렇게 말한다(79쪽). "파차파 캠프는 도산(안창호)이 미국에 도착한 직후 자신의 꿈을 시험해 본 미국 최초의 한인 동네며 최대의 한인타운이다. 도산은 우선 한인 이민자들에게 생활고를 해결할 수 있도록 한인노동국을 설립하여 취업의 문호를 활짝 열어주었다. 그래서 한인들이 몰려들기 시작했다. 파차파 캠프는 타 지역과는 달리 가족 중심의 공동체였다. 도산은 민주주의 절차에 따라 엄격한 규율과 질서를 요구했으며, 타인종에게 모범이 되도록 근면과 정직을 강조했다. 또한 한인 장로 선교회와 학교를 설립하여 신앙생활을 하면서 자녀교육도 할 수 있도록 했다. 파차파 캠프의 한인들은 또한 토론회를 조직하고 열띤 토론도 했다."

미주대륙의 한인공동체는 이렇게 만들어졌다. 그것은 민주주의의 핵심인 자치에 기반을 둔 생활공동체이자 신앙과 교육공동체이기도 했다. 그들은 신대륙의 신공기, 신사상, 신문명을 호흡하며 조국의 독립과 정치적 변혁을 꿈꾸었다. 그것은 외세의 침탈을 받지 않는 나라, 임금이 없는 세상이었다. 비숍이 말한 외부로부터의 문명적 통치가 아닌 안으로부터,

그리고 밑으로부터의 혁명적 기운이 일고 있던 것이다.

(4) 망향

망향이란 무엇인가? 그것은 고향을 그리워하는 애틋한 마음이다. 조상 대대로 한데 모여 살아온 삶의 터전이 고향인데, 이곳을 등질 때 당시 관용적으로 쓰던 표현 중 하나가 '이친척(離親戚) 기분묘(棄墳墓)'였다. 마을에서 함께 살던 친척과 떨어지고, 언덕 뒤편 조상의 무덤을 버린다는 뜻이다. 이처럼 혈연과 지연으로 끈끈하게 맺어져 있던 곳에서 홀로 떨어져 나올 때, 그는 언젠가 다시 이곳으로 돌아오겠다는 굳은 다짐을 한다.

그런데 이런 다짐이 어느덧 물거품으로 돌아갔다. 고향으로 돌아가고 싶어도 돌아갈 수 없는 상황이 벌어졌다. 한반도와 그 주변에서 러일전쟁이 벌어져 근심과 걱정이 가득했는데, 어느 날 일본과의 을사조약 체결 소식이 전해 왔다. 그 조약을 뜯어본 샌프란시스코의 《공립신보》는 이런 결론을 내렸다. "한국의 삼천리강토와 이천만 생령이 영영 다른 사람의 수중에 물건이 되었도다." 우려했던 망국이 현실로 다가왔다. 해외 한인들로부터는 탄식과 분노가 함께 터져 나왔다. 그리고 끝 모를 상실감이 밀려왔다.

이제 어떻게 해야 하나?
돌아갈 조국이 없어졌으니 무슨 낙과 꿈을 가지고 살아갈 것인가?

특히 하와이와 미주대륙의 한인들에게 이런 상실감이 컸다. 계약노동자로 태평양을 건널 때, 그들 대부분은 가족을 동반하지 않은 10대 후반부터 40대 초반까지의 독신이었다. 열심히 돈을 벌어, 또는 그 돈으로 공부까지 하여 금의환향하겠다는 꿈들이 한순간에 허물어졌다. 그들은 조국이 없어지면 돌아갈 고향도 함께 사라진다는 것을 깨달았다. 그들은 미국 내의 일시적인 체류자에서 영구적인 거주자로 남아야 했다. 미국에의 귀화는 허락되지 않았다. 그들은 '백색국가'에서 이질적이고 의심스러운 이방인(alien)일 뿐이었다. 이산된 민족으로서 국가를 다시 찾는 길 이외에 다른 선택지가 없었다. 이제 신한국 건설이 그들의 꿈이자 삶의 목표가 되었다. 그것은 스스로 인간의 존엄을 회복하는 길이기도 했다. 언젠가는 다시 고향으로 돌아가겠다는 소망이 개인의 자각과 민족주의를 추동시키는 힘이 되었다.

2.
오욕의 한반도:
〈망국민책망국노〉

경술국치(1910), 그것은 한국인의 삶의 무대였던 한반도가 인간답게 살 수 없는 오욕의 땅으로 변질되었음을 말해 주는 것이었다. 여기서는 애틋한 귀향의 꿈을 안고 살던 미주 한인들이 국망의 상황에서 느껴야 했던 감상이 어떠했는가를 잘 보여 주는 작품 하나를 소개하고자 한다. 샌프란시스코의 대한인국민회에서 발행하던 《신한민보》에 실렸던 글인데 (1910/10/12), 그 제목인즉 〈망국민책망국노(亡國民責亡國奴)〉였다.

여기서 '망국민'이란 이산된 한인을, '망국노'란 한반도 안의 동포를 가리킨다. 나라가 없어졌으니 한국인은 모두 망국민이지만, 그래도 한반도 안/밖의 차이는 분명히 존재한다고 보았다. 국내 동포들은 일본의 포로이자 노예가 되었지만, 해외동포들은 그러한 굴레에서 벗어나 있었다는 것이다. 이러한 구분은 망국의 책임과도 연결된다. 해외, 특히 미주 한인들은 대한제국이 망한 것은 결국 한반도 안에 사는 사람들 모두의 책임일 수밖에 없다고 보았다. 따라서 망국민인 '내'가 망국노인 '너'를 꾸짖는다는 뜻에서 〈망국민책망국노〉라는 글이 나왔다. 이것은 비록 논설의 형식을 빌렸지만, 실제로는 시조 가락과도 같다. 이를테면 망국의 한스러움에 복받친 노래였던 것이다. 아직 학계나 일반에 소개된 바 없기에 그 전문을 수록한다(단락 나누기, 띄어쓰기, 맞춤법은 필자).

대한명칭 없어지며　태극기호 떨어지니
대한종족 이마우에　망국노를 써붙였네
너는이미 망국노라　난들어찌 아닐건가
망국한을 못이기어　망국노를 꾸짖으니
망국노야 망국노야　이내말을 들어보라

가증하다 대원군은　어리석은 비결믿고
인명살륙 파리같이　재산창탈 강도같이
전국백성 어육하여　다시여력 없이하고

가련하다 광무황은　치마밑에 명령시행
재취민산 불고하고　호족세도 매관육작
할육충복 학정으로　오늘화를 불러오고

가석하다 융희제는　동서부지 일종천치
뼈도없고 피도없어　고삐대로 끌려가니
목인에게 무릎꿇고　왕공책봉 감수하여
대한역사 더럽히며　역대조상 욕보이니
더할말이 없어지고

비루하다 소위황족　구구생명 부지하여
세습작록 쟁투한다　추태만상 쓰자하니
붓더러워 그만두고

요악하다 이완용아　너는무슨 마종으로
온갖학기 타고나니　아에붙고 일에붙이
대한강산 없이하고　자부간음 난륜패상
천벌이　　없단말가　외양으로 합방반대
세력다툼 음모이고　내흉으로 합방제의
고영희를 밀파하여　네공로를 나타내며
강토민족 멸망하니　협사칼에 놓친목숨
천참만륙 당할이라

가증하다 박제순아　외부대신 되었을때
인장던져 못에넣고　보호조약 반대키로
철석같이 맹서터니　네손으로 조약써서
당당외부 없이하고　통감정치 환영하니
반복소인 망국요얼　네죄상을 네가알고

황당하다 조중응아　갑오을미 국장참의
아첨길로 다닐때에　무사분주 별명듣고
망명객에 자처터니　통변대신 영에씌여
붙는불에 부채질로　망국대부 명예삼아
네임금을 없이하고

얄뚱무런 고영희는　간에붙고 폐에붙어
예도공순 제도공순　부귀사욕 일삼으며
이완용의 응견으로　합방조약 끼고가서
계태랑에 바칠때에　네얼굴이 간지럽고

　　　　　망국─무엇이 문제였는가

간흉하다 송병준아　장교천변 창녀소생
양지현감 극한공명　네분수에 과하거든
허욕사심 충만하여　명성후의 심복으로
망명객의 뒤를밟아　정탐비를 낚아내며
일본에게 충노되여　오합지졸 일진회로
합방선언 수창하니　너를두어 오늘화란
대한국에 사람없고

요망하다 이용구야　혹세무민 동학여당
부견천일 하였거니　난민에게 괴수되여
내나라를 멸망하고　내동포를 어육하니
네심장이 악독하다　네고기가 성할소냐

비루하다 김윤식은　로이부사 적이되여
망국연에 춤을추며　멸종술에 노래하니
원로명칭 더러우며

만조정의 벼슬아귀　유의유식 성습되어
내나라를 누가알며　내동포를 누가알랴
내딸길러 왜놈주어　미관말직 얻을생각
사람심장 없어지니　돈견에서 더심하고

부패하다 저유생은　반벌조사 시작하니
공한미끼 먹으려고　분경으로 일삼으니
망국한을 어찌알며

어리석다 저농민은　세전감해 주는바람
턱을늘려 쳐다보며　순섬병정 총검서슬
머리숙여 복종한다　탐관오리 밉던마음
골수에　젖어있고　보통교육 없었으니
국가사상 어찌알까　빈대새끼 죽은것은
쾌하다　하려니와　천간집이 다타지니
나있을곳 바이없다

무능하다 저교인들　천당지옥 믿는바며
육신영혼 분별커든　무엇아껴 못죽는가
하나죽어 쓸데없고　두을죽어 무익하니
천명만명 피를흘려　이천만이 죄속한데
왜못하고 썩어있나　어리석기 짝이없고

비루하다 이장훈아　돈몇푼에 팔리어서
심장까지 바꾸었나　매일신문 이용하여
공적부의 기관되니　아침마다 짖는소리
더러워서 못듣겠다　일본숭배 참마음가
동화주의 네소리냐　너도응당 사람인데
어찌차마 이러하나　망국운수 당케되니
별별요괴 다나왔다　어리석은 저동포들
매일신문 일홈보고　기연미연 의심하니
네죄상이 더욱크고　네심장이 더욱밉다

헌병보조 남녀정탐　너도대한 민족으로

어찌차마 그러하나　애국지사 얽어다가
감옥속에 넣게하고　일원이원 받아다가
네구복을 채워보면　정탐받는 왜놈들도
네얼굴에 침뱉는다

만리경을 높이들고　현미경을 비추이니
아픔쓰림 아는동포　학생몇뿐 그만이라
불쌍하다 한반도야　네주인은 어디가고
도적손에 들어갔나　망국한을 못이기어
망국노를 꾸짖노라

　망국의 한을 담은 이 노랫가락에는 국내 동포들에 대한 질책이 담겨
있다. 대한제국의 정점에 있는 황제와 황실부터 매국 대신과 벼슬아치
들, 양반, 농민, 종교인, 언론인, 헌병 보조원에 이르기까지 누구 하나 망
국의 책임으로부터 자유로울 수 없음을 통렬하게 꼬집는다. 나라가 통째
로 '도적 손'에 들어가는데, 그 아픔과 쓰림을 아는 동포는 '학생 몇뿐'이
다. 그저 모두 눈앞의 이익만을 챙기려 하고 있다. 한반도가 온통 더럽고
부끄러움을 모르는 사람들로 가득 찬 오욕의 땅이 된 것이다.

　누가 나라를 그렇게 만들었는가? 그 책임의 경중을 따진다면, 왕실(황
실)이 첫 번째이다. '가증'한 흥선대원군, '가련'한 광무황제, '가석'한 융
희황제가 나라를 결딴냈다. 광무제인 고종이 가련한 것은 '치마밑에 명령
시행'이라고 하여, 민비(명성황후)의 서슬에 고종이 가려졌었기 때문이
다. 고종은 민비와 척족에 밀려 망국의 화를 불러온 장본인이다. 융희제
인 순종이 가석한 것은 동서(東西)를 분간 못 하는 일종의 '천치(天癡)'였

기 때문이다. 그는 '목인(睦仁)', 즉 일본의 '천황' 무쓰히토에게 무릎 꿇고 왕공 책봉을 받음으로써 대한의 역사를 더럽히고 역대 조상들을 욕보였다. 이제는 더 이상 대한제국을 돌아볼 이유가 없다. 고종과 순종은 사실상 나라를 팔아 '이왕가(李王家)' 예우를 받음으로써 그들의 위신과 안녕을 챙겼기 때문이다.

황실이 그러하니 그들 밑에 있던 대신들은 어떠하겠는가? '요악'한 이완용, '가증'한 박제순, '황당'한 조중응, '얄뚱무런'(얄미운) 고영희, '간흉'한 송병준, '요망'한 이용구, '비루'한 김윤식 등이 저마다 일본에 아첨하며 제 공로를 드러내어 자손 대대로 안락하게 해 줄 작위와 은사금을 챙겼다. 이들 밑에 있던 '벼슬아귀'들은 미관말직이라도 얻을 생각에 사람 심장 없어지니 개돼지보다 오히려 심하다고 했다. '부패'한 유생들도 새로 들어선 총독부에서 '반벌(班閥)' 조사를 한다고 하니 혹시나 '공한 미끼' 떨어질까 하여 서로 달려들고 있다. 이런 자들이 어찌 망국의 한스러움을 알겠는가!

그렇다면 백성들은 어떠했는가? '어리석은' 농민들은 총독부에서 세금을 감면해 준다는 소리에 머리 숙여 복종하는데, 이는 '보통교육'을 받지 못해 '국가사상'이 없기 때문이다. '무능'한 저 교인들은 '천당 지옥'을 믿는다면서도 이 세상에서 자기 한 몸만을 지키려 할 뿐 나라를 위해 피를 흘릴 생각은 하지 않는다. 병합 전후에 양산된 헌병 보조원들은 제 입과 배를 채우기 위해 애국지사들을 얽어매니 '왜놈'들도 그들에게 침을 뱉는다고 했다.

일제의 식민 통치가 시작되면서 가장 먼저 달라진 것은 언론 환경이었다. 통감부 시기에 한국의 국권 수호를 위하여 대중을 계몽하고 항일 투지를 일깨우던 《대한매일신보》는 병합 발표와 동시에 '대한'의 두 자를 떼어내고 총독부의 기관지로 바뀌었다. 이 《매일신보》의 발행 겸 편집인으로 등장한 사람이 이장훈이었는데, 〈망국민책망국노〉에서는 그에 대하여 가장 많은 분량을 할애하여 신랄하게 비판한다. 그 내용인즉, 돈 몇 푼에 팔리어서 아침마다 '짖는 소리'가 일본숭배와 동화주의이니 어리석은 동포들이 예전의 《대한매일신보》인 줄 알고 과연 그러한가 미심쩍어한다는 것이다. 그러니 '네 죄상'이 더욱 크고 '네 심장'이 더욱 밉다면서 망국 운수를 당하니 '별별 요괴'가 다 나왔다고 했다.

이런 요지경을 태평양 건너편에서 만리경을 높이 들고 바라보는 동포들의 심정은 어떠하겠는가? 이제는 돌아갈 수도 없는 조국, 망국의 쓰라림은 그들의 가슴속에 혁명의 불을 지폈다. 그것은 임금 없는 세상, 매국노 없는 세상, 양반 없는 세상을 만드는 것이었다. 다시 말해 왕조 체제에서 보잘것없던 백성이 나라의 주인이 되는 세상을 만드는 일이었다.

3.
임금 없는 세상:
제국에서 민국으로

　망국, 한민족의 역사에서 전례가 없던 그 충격으로부터 어떻게 벗어
날 것인가? 이 문제에 대하여 집단적, 실천적인 차원에서 진지하게 고민
했던 것은 재미한인사회가 아니었던가 싶다. 그중에서도 샌프란시스코
의 공립협회가 선도적인 위치에 있었다.

　러일전쟁기에 창립된 공립협회는 이 전쟁이 끝나고 한국이 일본의 '보
호국'으로 편입되자마자 《공립신보》라는 신문을 발행하기 시작했다. 그
리고 이 신문의 지면을 빌려 해외, 특히 미주 한인이 조국이 멸망의 길로
나아가는 상황에 어떻게 대처할 것인가에 대한 고민과 방책들을 제시하
고 이에 대한 독자들의 반응과 의견을 수렴해 나갔다. 그런 독자에는 해
외뿐만 아니라 국내 동포까지 포함된다. 1908년 말 《공립신보》는 미주에
7곳, 하와이에 4곳, 멕시코에 1곳, 블라디보스토크에 3곳, 그리고 한국 내
에 39곳에 '지사'를 두고 있었다. 이 무렵 통감부는 소위 신문지법(1907.7)
을 공표한 후 본격적인 언론 통제에 나섰지만, 《공립신보》의 국내 유입을
차단할 수는 없었다. 당시 통감부가 가장 경계했던 것이 국내에서는 《대한
매일신보》, 해외에서는 《공립신보》였다. 두 신문은 일종의 자매지와도 같
았다. 항일과 한국의 독립이라는 목표에 공감하고 있었기 때문이다. 따라

서 두 신문은 국내외 지식인과 민족주의자들에게 적지 않은 영향력을 미치고 있었다.

특히 《공립신보》의 경우, 전제 황권을 내세우는 대한제국은 물론 일본의 감시와 통제력에서도 완전히 벗어나 있었다. 따라서 언제든 그들이 하고 싶은 이야기를 거침없이 쏟아냈다. 또 그들이 자리 잡은 샌프란시스코가 러일전쟁 후 불붙기 시작한 미국 내 배일운동의 출발지이자 중심지였다는 것도 《공립신보》에게는 유리한 환경이었다. 장인환·전명운이 미국인을 저격했음에도 불구하고 지역 언론이 두 사람에게 우호적인 태도를 보였던 것도 배일이라는 목표를 함께하고 있었기 때문이다. 청국과 러시아 정부가 일본과의 관계를 고려하여 그들의 영토 내에서 활동하는 한인 민족주의자들과 한인 언론을 관리·통제하고 있던 것과도 비교가 된다.

《공립신보》가 얼마만큼 자유롭게 그들의 의견을 풀어내고 있었는가를 보여 주는 두 가지 사례를 소개한다. 첫 번째는 1906년 6월 30일 자에 실렸던 〈통감이란 어떤 물건인가(統監是何物)〉이다. 그 내용을 간추리면 이러하다. "한국 경성에 이상한 통감 하나 있는데 사마천이 만든 중국 통감도 아니오, 위계량이 만든 만국통감도 아니오, 일본과 한국 5개 역적이 협동하여 만든 20세기에 신발명한 왜국 통감이라더라. 이는 다만 한국 삼천리강토를 훔치고 이천만 생령을 소망(消亡)시키자는 데 쓰는 통감이라더라. 그가 쓰는 방책을 보건대 두 가지 기묘법을 쓰나니, 하나는 위협이고 하나는 암침(暗侵)이라. 위협하는 수단은 막을 것도 있고 막지 못할 것도 있거니와, 독하고 무서운 왜국 통감의 암침하는 수단부터 막을지어다." 여기에서 암침이란 재물과 뇌물로 한국인을 매수하여 복종케 한다든가 교육이란 미명 아래 일본 교사를 각처에 파송하여 굴복케 한다든가, 선교 명목으로 일본 승도들을 파견하여 전국의 백성을 미혹하게 하는 등 전국 상하 인민을 혼몽케 함으로써 망해도 망하는 줄 모르게 하는 수단이라고 했다.

두 번째는 1908년 1월 15일 자에 실린 〈금일 한국의 의병〉이라는 논설인데, 그 가운데 한 단락을 인용한다. "오늘 한국의 의병이 과연 이와 같도다. 사천 년 전제 정부 아래 칩복하여 우마의 고초와 노예의 학대가 극점에 달하매 일반 국민이 정부 보기를 독사와 맹수같이 하던 차에 5적 대신이 일인의 위엄을 두려워하여 [을사] 5조약을 체결하고 7적 대신이 일인의 꼬임을 받아 [정미] 7조약을 체결하니 우리 국민의 생명은 도마 위에 생선이 되고 재산은 범의 입에 고기가 된 지라. 전일에는 귀족 정부의 종이더니, 오늘은 이종(異種)의 종이로다. 전일에는 원수가 하나이더니, 오늘은 원수가 둘이로다. 이때를 당하여 금수가 아니어늘 어찌 분격치 아니하며 높은 물건이 아니어늘 어찌 활동치 아니하리오. 이러므로 강개용지한 남아들이 이종을 물리치고 국권을 회복하며 국적을 소제하고 자유를 회복코저 하여 강약과 중과를 불고하고 고고히 오른 길을 들어 북풍한설에 기한을 참고 적수공권으로 나아가 날마다 십수천 명씩 원수 총검 아래 충혼이 되니 주검은 도로에 산같이 쌓이고 피는 오대강을 붉게할지라."

이러한 절규에는 망국이 뻔히 눈에 보이는 상황에서도 국내의 지배층과 지식인들이 교육이니 실업이니 정치니 종교니 하면서 세월을 보내는 것에 대한 분노감이 배어 있었다. 오직 일본에 대한 결사 항전만이 한국인의 자유와 독립을 회복하는 전기를 마련할 수 있다는 판단에서, 《공립신보》는 국내의 의병 활동 관련 기사를 내보낼 때면 '한일전쟁'이라든가 '한일대전'이라는 제목을 달았다.

일제의 한반도 강점이 현실이 되자 하와이 한인사회에서 발행하던 《신한국보》는 〈한인(韓人)의 의거: 국민 본위를 숭상하면 흥하고 군주 본위를 숭상하면 망하는 것이니라〉라는 논설을 내보냈다(1910/09/06). 그 요지는 이러하다.

외양(外洋)에 재류한 일만인 대한 국민의 대표 80여 인이 당지(샌프 란시스코)에 회동하여 일본 국기에 복종치 않을 것과 죽기를 아끼 지 않고 독립전쟁을 일으키겠다 하였으니 장하다! 이 선언이여, 쾌하다! 이 선언이여. 워싱턴 당시에 필라델피아 독립관에서 선언하는 포고문이 아닌가. 가리발디 당시에 이탈리아 전국을 혼동하던 선전서가 아닌가. 이로 좇아 썩은 한국이 다시 소생할 것이요, 쓰러진 한민(韓民)이 다시 일어날 것이로다. 장하다! 이 선언이여, 쾌하다! 이 선언이여. 한국 황제의 합병조약 체결을 비판하고 한국 주권의 양여를 승인치 아니하였다 하니, 이것이 신대한 건설자의 모범적 언론이 아닌가. 저 무도한 왜노는 한국 황제가 즐겨하는 바라하고 한국 황제가 합병한 공을 표하려고 훈장까지 주며 한국 인민은 황제의 뜻을 순봉하라는 포만무례한 망설을 발하나 금일 대한 국민은 어제 망국인이 아니요, 내일 신대한 건설자라. 어찌 옛날의 포학 무도한 야만 주권하에 칩복하리오. 분발할지어다! 이천만 우리 민족아, 마음과 뜻을 합하여 독립 개가를 화답하는 날까지 앞으로 갑시다.

이 논설에서 말하고자 하는 바는 명확하다. 한국의 군주제는 대한제국의 소멸과 함께 역사 속으로 사라졌다는 것이다. 일본이 고종과 순종을 내세워 한국의 주권을 박탈하고 영토마저 일본제국에 편입시켰으니, 이제 '군주 본위'의 시대는 가고 '국민 본위'의 시대, 즉 인민주권의 시대가 열렸음을 선포한 것이다. 이제 신대한 건설자는 '저 무도한 왜노'가 강점한 한반도가 아니라 외양 즉 하와이와 미주에 자리 잡은 일만 명의 한인일 수밖에 없다. 이들은 일본 국기에 복종하지 않을 것과 죽음을 무릅쓰고 독립전쟁을 일으키겠다고 선언했다.

여기에서 한 가지 물음이 제기될 수 있다. 한반도는 이미 전제와 이민족의 지배를 받아 오욕의 땅으로 변질되었지만, 만주와 시베리아에는 수십만의 한인들이 살고 있다. 그런데 어찌하여 1만 명도 채 되지 않는 재미 한인이 신대한 건설의 주역이 되어야 하는가?

이 문제에 대하여 공립협회는 이렇게 말한 바 있다. 다음은 《공립신보》에 실렸던 〈재미한인의 장래〉라는 기고문을 간추린 것이다(1908/09/16).

> 근래 태평양을 건너 미국으로 들어온 한인들이 점점 늘어나 대략 천여 명에 달하는데, 이들은 신공기를 흡수하는 날부터 즉시 신사상이 발달하여 오천여 년 전래하던 부패 사상과 완고한 풍습을 일조에 타파하고 신학문을 사모하는 마음과 제 나라를 사랑하는 생각이 간절하여 불과 3~4년 동안에 사회는 큰 단체를 성립하여 신한국이라고 칭할 만하며, 학문은 소·중·대학생이 적지 않아 신지식이 발달하고, 재정은 비록 노동을 하더라도 의식이 흡족할뿐더러 자선사업이 또한 적지 않으니, 우리가 만든 신문은 국내로 들어가서 동포의 깊은 잠을 깨우며 난신적자의 악한 혼을 놀라게 하여 무리한 정부에서 압수하는 일까지 당하였으니 미주 한인의 과거 역사가 세상 사람을 대하여 말하기에 과히 부끄럽지는 않을 터이다.

오천 년 동안 왕정 치하에서 살아온 한국인이 스스로 군주제를 폐지하고 공화제를 도입한다는 것은 사실 천지개벽과도 같은 일이었다. 따라서 이 역사적인 과업을 수행할 수 있는 주체는 신대륙에서 신공기와 신사상을 흡수하고 신학문을 배운 재미 한인일 수밖에 없다는 것이었다.

이런 주장은 새겨들을 만하다. 개항 이후 서양 사상과 문물이 조선 사회로 유입되면서 미국이나 프랑스와 같은 나라에서는 세습 군주 대신에 인민들이 선출한 대통령이 다스린다는 이야기가 전해졌지만, 그것은 먼 나라의 꿈같은 이야기일 뿐이었다. 그런데 20세기 초 하와이와 미주로 이주한 한인들은 미국의 정치제도와 문물을 직접 보고 듣고 배울 수 있었다. 이에 더하여 대한제국이 허망하게 무너지자 군주 한 사람이 지배하는 체제가 얼마나 취약한 것인가도 깨닫게 되었다. 재미 한인들은 이제 스스로를 미국 독립의 정신적 기초를 마련한 청교도 조상들(Pilgrim Fathers)에 비유하면서 자신들이 신대한의 주역이 될 수밖에 없다는 결론을 내렸던 것이다.

대한제국의 몰락은 신대한의 건설을 앞당겼다. 미주와 하와이 한인 단체들은 1909년 2월에 '국민회'를 만들고, 이듬해 5월에는 대동보국회까지 끌어안아 '대한인국민회'로 이름을 바꾸면서 명실상부한 재미 한인의 최고 통일기관으로 자리매김했다. 그 후 이 단체는 샌프란시스코에 중앙총회를 두고 북미와 하와이, 시베리아, 만주 등지에 지방총회를 설치함으로써 자기들이 해외 한인을 대표하는 유일무이한 '무형정부'임을 선포했다. 이리하여 한국 민족운동의 주도권은 국내가 아닌 국외로 옮겨 갔다.

미국에서 무형정부론을 주창한 사람은 박용만이었다. 그는 1908년부터 네브래스카 주립대학에서 정치학을 공부하면서 두 가지 실험을 동시에 진행한 바 있다. 즉, 네브래스카에 거주하는 한인들을 대상으로 대한인거류민회를 조직하고, 그들이 내는 인두세(1년에 3달러)로 한인소년병학교를 운영하는 것이었다. 이것은 일종의 자치정부와 국민개병제 실험이었다. 경술국치 후 《신한민보》의 주필로 취임해서는 〈조선 민족의 기회가 오늘이냐 내일이냐〉, 〈조선 독립을 회복하기 위하여 무형한 국가를 먼저 설립할 일〉, 〈정치적 조직의 계획〉이라는 논설을 연속적으로 실어 '가정부' 즉 임시정부 건립 캠페인을 전개했다. 그 요지인즉 이랬다. "오직 새 조직과 새 정신으로 잘난 사람 못난 사람 없이 일체로 법률상 범위에 들어앉아 각각 책임을 다할 뿐이니 이는 소위 무형한 국가와 무형한 정부를 성립함이라."

박용만의 이러한 주장은 1912년 11월 20일에 발표된 대한인국민회의 〈중앙총회 결성 선포문〉에 반영되었다. "지금 국내와 국외를 물론하고 대한 정신으로 대한 민족의 복리를 도모하며 국권 회복을 지상 목적으로 세우고 그것을 위하여 살며 그것을 위하여 죽으며 그것을 위하여 일하는 단체가 어디에 있는가. 오직 해외에 대한인국민회가 있을 뿐이오 그 외에는 아무리 보아도 정신과 기초가 확립된 단체를 찾아볼 수 없는 것이 현상이다." 이때 선포된 결의안에는 "대한인국민회 중앙총회를 해외 한인의 최고기관으로 인정하고 자치제도를 실시할 것"이라고 명시되었다.[97]

대한인국민회는 이때 대한제국을 대체할 임시정부 건립으로까지 나아가지는 못했지만, 그 바탕이 될 무형국가론과 무형정부론의 이론적 기초가 박용만에 의하여 제시된 바 있다는 사실에 주목할 필요가 있다. 그는 대한인국민회의 구성원들이 사회단체의 임의적인 '회원'이 아니라 근대 국가의 성원, 즉 '국민'이라는 의식을 지녀야 한다는 신념을 갖고 있었다. 그들이 국민으로서 세금과 병역의 의무를 다할 때 잃어버린 나라를 되찾는 토대를 마련할 수 있다고 본 것이다.

1917년 7월에는 한국 민족운동사에서 획기적인 문서 하나가 발표되었다. 이른바 〈대동단결선언〉이었다. 이 선언서의 끝에는 망국 이래 중국

망국—무엇이 문제였는가

관내와 만주, 시베리아, 그리고 하와이와 미주에서 활발하게 민족운동을 벌여 왔던 14명의 명단이 나오는데, 그 안에 박용만이 포함되어 있음에 주목할 필요가 있다. 중국 상해에서 발표된 선언서에서 가장 중요한 대목을 풀어 쓰면 다음과 같다.

> 융희황제가 삼보(三寶)를 포기한 [1910년] 8월 29일은 즉 우리 동지가 삼보를 계승한 8월 29일이니, 그 사이에 단 한 순간도 쉬거나 멈춤이 없었다. 우리 동지는 완전한 상속자이니 제권(帝權) 소멸의 때가 즉 민권(民權) 발생의 때요, 구한(舊韓) 최종의 하루가 즉 신한(新韓) 최초의 하루이니, 어찌하여 그러한가?
>
> 아한(我韓)은 아주 먼 옛날부터 한인(韓人)의 한(韓)이오, 비한인(非韓人)의 한(韓)이 아니라. 한인 사이의 주권 수수는 불문법의 국헌이오, 비한인에게 주권 양여는 근본적 무효이자 한국민성(韓國民性)의 절대 불허하는 바이라. 따라서 경술년 융희 황제의 주권 포기는 즉 우리 국민 동지에 대한 묵시적 선위이니 우리 동지는 당연히 삼보를 계승하여 통치할 특권이 있고 또 대통(大統)을 상속할 의무가 있도다. 고로 이천만의 생령(生靈)과 삼천리의 구강(舊疆)과 사천년의 주권은 오인 동지가 상속하였고 상속하는 중이오 상속할 터이니 오인 동지는 이에 대하여 불가분의 무한책임이 중대하도다.

첫 번째 문단에서는 융희 황제가 '삼보', 즉 나라의 주권을 포기한 1910년 8월 29일을 기하여 '구한(국)'이 '신한(국)'으로 바뀌었다는 점을 강조한다. 이것은 곧 제권의 소멸과 민권의 발생을 의미하는바, 신한국은 군주제가 아닌 공화제 국가가 될 것임을 예고하고 있다.

두 번째 문단에서는 일본의 '조선 합병'은 애초부터 성립될 수 없음을 천명하고 있다. 왜 그런가? 아주 먼 옛날, 그러니까 단군의 건국 이래 왕조의 교체는 있었지만, 이것은 어디까지나 한인(韓人)들 사이의 '주권 수수'였다. 이것은 지난 사천 년을 지켜온 '불문법의 국헌'이다. 그리고 오늘날 인민주권의 개념에 기초해 볼 때 융희 황제에게는 인민의 동의 없이 나라를 '비한인(非韓人)', 즉 이민족인 일본에게 넘길 권리가 없다, 따라서 그의 주권 포기는 나라의 원래 주인인 인민에게로 돌아감이 마땅하다. 달리 말하면 '우리 국민 동지에 대한 묵시적 선위'인 것이다.

따라서 이제는 일본의 강점과 학정을 피하여 한반도 밖으로 흩어진 '백만' 동포가 일치단결하여 법리상, 정신상으로 국가 상속의 대의를 선포하고 국가적 행동의 진급적(進級的) 활동을 표방해야 한다는 것이 〈대동단결선언〉의 요지였다. 여기서 말하는 진급적 활동이란, '백만' 해외 한인에 기초한 유일무이(唯一無二)의 최고기관인 임시정부를 조직하고, 이를 바탕으로 하여 국내외를 통합하는 국민국가로 나아간다는 뜻이었다.

이상과 같은 〈대동단결선언〉은 망국 직후 대한인국민회의 〈중앙총회 결성문〉을 계승, 보완한 것으로 볼 수 있다. 양자의 연결 고리는 《신한민보》의 주필로 있으면서 무형정부론을 주창했던 박용만이었다. 달라진 것이 있다면, 그 사이에 제1차 세계대전이 지나면서 한편에서는 러시아의 차르 체제 붕괴, 다른 한편에서는 미국이 내놓은 민족자결주의에 의하여 전 세계적으로 피치자의 동의에 근거한 약소민족의 독립과 국민국가 수립의 기운이 움트고 있었다는 점이다. 따라서 〈대동단결선언〉에서는 전후 한국의 독립 가능성을 내다보면서 이를 위한 사전 준비로서 소위 '일한병합'의 원천적 무효와 해외 한인에 기반한 임시정부 수립의 법률적, 정신적인 근거를 제공하려고 했다는 점에서 그 역사적인 의의를 찾을 수 있다. 이는 곧 〈대동단결선언〉이 대한인국민회 중앙총회에서 대한민국 임시정부 수립으로 나아가는 가교 역할을 했다는 것을 말해 준다.

이러한 역사 인식 체계에서는 식민지 시대란 존재하지 않는다. 대한제국을 대체한 것이 스스로 무형정부임을 표방한 대한인국민회였고, 이것이 거족적인 3·1운동 후 대한민국임시정부(The Provisional Government of the Republic of Korea)의 수립으로 연결되면서 근대적인 국민국가가 탄생했기 때문이다. 해외 한인들은 그것을 "우리나라, 우리의 정부"로 부르면서 인적, 물적인 지원을 아끼지 않았다. 그들은 일본의 '조선 병합' 자체를 인정하지 않았다. 국내의 동포들은 어쩔 수 없이 일본의 통치를 받았지만, 그렇다고 일본을 '우리나라'라고 부르지는 않았다. 한국인에 대한 차별과 배제가 그렇게 만들었다. '왜정(倭政)' 시대라는 용어도 그렇게 만들어졌다. '우리'라는 것은 서로의 존재를 인정하고 이해관계를 같이하는 공동체에서만 가능한 개념이다.

역사는 하나의 스토리이다. 어떤 사건이든 배경과 원인이 있고 과정과 결과가 있다. 이것이 역사에서의 인과론이다. 앞뒤 맥락이 없는 단편적인 사건들의 조합은 연대기일 뿐이다. 그렇다면 대한민국의 뿌리는 어디에 있는가? 그것은 대한민국 임시정부일 수밖에 없다. 여기에서 더 거슬러 올라가면 대한인국민회를 발견하게 된다. 이들의 공통점은 우리 역사에서 처음 보는 국민 주권의 실현이라는 데 있다.

대한인국민회의 기관지였던 《신한민보》는 중국 상해에서 통합 임시정부가 구성될 무렵 〈민국과 독립〉이라는 논설을 내보낸다(1919/08/23). 여기에서는 이렇게 말한다.

우리의 민국과 정부를 새로 건설할 때에 내지 동포들이 허다한 생명 재산을 희생하였은 즉 만일 우리가 민국과 정부를 위하여 힘쓰지 않으면, 이는 우리 민국과 정부를 우리 손으로 깨트려버림이라. 이왕 [대한]제국의 무너짐은 그 책임이 정부에 있다 하려니와 이제 [대한]민국을 건설하고 정부를 조직하고 그 뒤를 충심으로 받들지 않으면 그 죄는 우리 백성의 죄라 하리로다.

이 글에서 볼 수 있듯이 대한제국과 대한민국은 명확히 구별되고 있다. 대한민국에 대한 동포들의 자부심은 신한민보에 실렸던 〈원동에 민국과 제국의 충돌〉이라는 흥미로운 논설에서 좀 더 뚜렷하게 드러난다 (1919/12/06).

일본의 제국주의는 능히 공화 사상이 있는 한국과 중국과 러시아 사람들을 여전히 압제할 수 없고 또한 현시 풍조를 따라 제국주의를 오래 유지하지 못할지니 일본의 제국 야심이 깨어지고 한·중·아 3국에서 세력을 걷어가는 때에는 일본은 망하는 지경을 당할지오, 원동에는 민주가 득승되어 세계 평화를 잡았던 원동 문제가 잘 해결될 줄로 믿노라.

그러니까 군주, 즉 '천황'을 모시는 일본은 혁명을 통하여 공화정부를 수립한 한국과 중국과 러시아를 이길 수 없다는 것이다. 중국은 신해혁명을 통하여 중화민국을 세웠고, 차르의 러시아는 볼셰비키 혁명에 의하여 무너졌으며, 한국 또한 3·1운동을 통하여 대한민국 임시정부를 건립했으니, 이것이 바로 세계의 대세라고 했다. 따라서 국가가 군주 일 개인의 사사로운 물건으로 인식되는 '제국'은 머지않아 역사의 뒤안길로 사라질 터이니, 일본 또한 그러한 운명에서 벗어날 수 없다고 말한다. 이렇게 되면 일본의 팽창으로 혼란스러웠던 '원동(Far East)'의 정세가 안정되고, 이는 곧 세계의 평화로 연결된다고 보았다.

비록 임시정부라고는 하지만, 해외 한인들은 대한민국의 건립으로 인하여 민족적인 긍지와 자존심을 회복하고 한국 독립과 동양 평화, 나아가 세계 번영에 대한 밝은 전망을 지닐 수 있었다. 그들은 피압박민족으로서 서양 열강과 일본 제국주의의 위선과 야만성을 몸소 겪었기에 한국의 독립이 세계의 모든 인종, 국가, 민족들과 공존하고 공생하는 미래를 꿈꾸었다. 이것이 바로 민족자결과 공화주의에 기초한 3·1운동과 대한민국 임시정부 수립이 갖는 역사적인 의의였다.

망국, 그 역사적 교훈은 무엇인가?

1910년 8월, 대한제국은 소멸했다. 오백 년 조선왕조가 스러졌다. 왕실(황실)은 무기력했고 지배층은 무능했다. 그들은 중화사상에 바탕을 둔 천하관, 유교 중에서도 특히 이단 배척에 날카로웠던 성리학적인 이념체계, 그리고 땅에 뿌리를 내린 농본주의적 경제구조를 넘어서지 못했다. 과거제도에 기초한 관료제는 해체된 지 오래였지만 반상제 질서는 온존하고 있었다. 조선의 지배층은 대륙에서 해양으로의 인식 전환과 이에 기초한 서구 근대문명의 패러다임을 제대로 이해하고 대처하는 데 실패했다. 그들은 과거의 시간과 공간에 갇혀 변화하는 세계를 제대로 바라보지 못했다. 거듭 말하지만 그들은 중국 중심의, 대륙 중심의, 유교 중심의, 농경 중심의 패러다임에 갇혀 있었다. 그 결과가 망국이었다.

한편, 동아시아 문명의 주변부에 머물렀던 일본은 바다를 통하여 밀려오는 서양문명을 재빨리 수용한 후 청국 및 러시아와 전쟁을 벌여 한반도를 차지했다. 그리고 대륙 침략의 발판으로 삼았다. 소위 만주사변과 중일전쟁 그리고 태평양전쟁으로 이어지는 '15년 전쟁'(1931~1945)이 그것이었다. 일본은 이 전쟁을 위하여 그들 본토는 물론이고 한반도에서의 인적, 물적 자원을 총동원했다. 그들은 '대동아공영권'을 외치면서 아시아를 전장(戰場)으로 만들었다. 전쟁으로 흥한 일본의 제국주의는 전쟁으로 망했다. 대한제국의 멸망 후 한 세대 만에 일본 또한 패망의 쓰라림을 맛보았다.

그런데 한국과 마찬가지로 일본 또한 패망의 역사로부터 제대로 배우는 것이 없었다. 그들은 무엇이 문제였고 누구의 책임이었는지를 끝까지 따져 묻지 않았다. 아시아·태평양전쟁기 일본의 최고 지도자였던 히로히토(1901~1989)는 전후 처리 과정에서 살아남았다. 그에 대한 권위 있는 평전을 저술한 허버트 빅스(Herbert P. Bix)는 이렇게 말한다.

"히로히토는 정치·군사적 지도자였을 뿐만 아니라 자기 국민에게 정신적인 최고 권위로 군림했다. 그는 위기에 처했을 때 일본의 정치 형태를 신정(a theocracy)으로 규정할 수 있는, 종교성이 강한 군주제의 우두머리였다." "그는 일본제국의 팽창을 주도했으며 (1945년 이후 일본 정부가 발표한 공식 추계에 따르면) 2,000만 명에 가까운 아시아인, 310만 명이 넘는 일본인, 그리고 6만 명이 넘는 연합국 사람들의 목숨을 앗아 간 전쟁으로 국가를 몰고 갔다." 그런데도 히로히토는 전후 단 한 번도 자신의 전쟁 책임을 인정하지 않았다. 여전히 '천황'인 그는 과거 전쟁에 대한 국민적 망각의 주요 상징이자 전후 일본의 민주주의 발전과 인민의 주권 의식 성장을 가로막은 장애 요인이 되었다.[98] 일본의 패전 후 오늘에 이르기까지 일·한 두 나라의 관계가 순탄치 못한 데는 이런 이유가 있었다고 볼 수 있다.

문제는 우리에게도 있다. 언제부터인가 한국 학계의 한편에서는 주술 같은 통계 숫자를 들이밀며 식민지근대화론을 제창해 왔다. 그들의 논리대로라면, 대한제국의 멸망은 한국과 한국인에게 축복이 된다. 최근에는 사회의 지도층 또는 스스로 역사학자라는 사람들이 공공연히 식민지 시대 한국인의 '국적'은 일본이었다고 떠벌린다.

그래서 묻는다. 당시 한국인은 일본과 일본인으로부터 어떤 대접을 받았는가? 제국주의 시대에 피압박민족의 '국적' 논쟁이 도대체 어떤 역사적 의

미를 지니는가? 20세기 전반기 우리와 같은 처지에 놓였던 아시아·아프리카 인들에게 너희들의 '국적'은 어디였는가 라고 묻는다면, 그들은 어떤 대답을 내놓을까?

유럽이 세계를 지배했던 제국주의 시대에는 힘이 곧 정의였다. 이 시대에 법이나 제도라는 것은 피압박민족을 얽어매기 위한 도구이자 장치에 지나지 않았다. 따라서 난데없는 '국적' 논쟁이란 제국주의 국가들의 식민 지배를 정당화하는 데 이용될 뿐이다. 형식적인 논리로 본질을 흐리게 하거나 덮으려 해서는 안 된다. 그것은 정당한 학문적 태도가 아닐뿐더러 자칫 오도된 역사 인식을 사회에 퍼트릴 수 있다는 점에서 제때 제대로 바로 잡을 필요가 있다.

하여, 다시 묻는다. 한국이 일본이 식민지로 편입된 후 불과 9년 만에 "대한독립 만세"라는 함성이 한반도를 뒤덮었다. 전국 고을에서 만세 함성이 터지지 않는 곳이 없었다. 대한인이라면 당연히 만세를 불러야 한다는 생각에서였다. 그렇다면 이들의 '국적'은 어디였는가? 당시 재판정에 선 사람들은 민족자결의 원칙에 따라 "대한독립 만세"를 외쳤을 뿐이라고 당당하게 말했다. 이들은 조선총독부의 법정에서 모두 유죄를 선고받았다. 사회질서를 어지럽히는 소요 또는 폭동에 가담했다는 이유에서였다. 처음에는 국기 문란의 내란죄로 묶으려다가 보안법으로 한발 물러섰지만, 그런데도 3년 이상의 중형 선고가 적지 않았다.

또다시 묻는다. 3·1운동 직후 중국 상해에 대한민국 임시정부가 건립되었다. 당시 국외에 살고 있던 수십만의 한국인은 물론이고 국내에서도 이것을 "우리나라, 우리 정부"라고 불렀다. 이들의 '국적'은 어디였는가? 대한민국 임시정부가 그 혹독한 국제환경 속에서도 '세계 최장'의 임시정부로 버텨낼 수 있었던 것도 그것을 "우리나라, 우리 정부"로 떠받드는 사람들이 있었기에 가능했다. 왜 이러한 역사적 사실을 부정하거나 폄훼하려고 하는가?

3·1운동과 대한민국 임시정부의 건립은 세계 피압박민족의 역사상 특기할 만한 일이었다. 피치자의 자발적인 동의 없이는 어떤 국가도 그 존립의 가치와 정당성을 지닐 수 없다는 것을 보여 주었기 때문이다. 한국인은 이때 민족주의와 민주주의를 몸소 체험했다. 그것은 복잡한 이론이 아니라 실천으로 쟁취하는 것이었다. 수많은 사람이 죽고 다치고 옥에 갇히면서 터득한 것이었다. 그러기에 황제 또는 천황이 다스리는 '제국'이 아니라 백성이 나라의 주인이 되는 '민국'이 탄생할 수 있었다.

대한민국 임시정부는 해방을 앞둔 시점에 발표한 〈건국강령〉(1941.11)의 '총칙'에서 그 점을 명확하게 밝혔다.[99]

> 우리나라의 독립선언은 우리 민족의 혁혁한 혁명의 발인이며 신천지의 개벽이니 … 동년[1919] 4월 11일에 13도 대표로 조직된 임시의정원은 대한민국을 세우고 임시정부와 임시헌장 10조를 창조 발표하였으니 이는 우리 민족의 자력으로써 이족전제(異族專制)를 전복하고 오천 년 군주정치의 구각(舊殼)을 파괴하고 새로운 민주제도를 건립하며 사회의 계급을 소멸하는 제일보의 착수이었다.

이 조항에서 우리는 혁명과 개벽, 창조와 자력이라는 말에 주목할 필요가 있다. 이렇게 하여 대외적으로는 이민족의 전제 즉 천황제 절대국가의 지배와 통치를 뒤집어엎고, 대내적으로는 단군의 개국 이래 반만년 지속되어 온 왕정의 낡은 껍질을 깨트릴 수 있었다. 이것은 세계사에서 보기 드문 이중 혁명이었다. 대한민국의 건립이 지니는 역사적인 의의가 여기에 있었다. 망국의 한을 딛고 일어선 불굴의 의지와 창조력이 있었기에 그런 역사를 만들어낼 수 있었다. 오늘의 대한민국이 산업화와 민주화의 성과를 딛고 세계의 중심부로 진입할 수 있었던 것도 그런 저력이 있었기에 가능한 일이었다.

그런데 요즈음 한국인의 긍지와 자부심이 크게 흔들리고 있다. 망국이라는 말까지 심심치 않게 나온다. 설마 나라야 잃겠는가마는, 그동안의 공든 탑이 하루아침에 무너져 내리지나 않을까 하는 조바심을 떨쳐 버릴 수 없다. 무엇보다도 걱정스러운 것은 한반도에서 전쟁의 위험이 커지고 있다는 점이다. 대한제국의 몰락을 가져왔던 청일전쟁과 러일전쟁의 기억을 떠올린다면, 그리고 해방 후 동족상잔의 쓰라린 전쟁을 기억한다면, 한반도에서 다시는 어떠한 전쟁도 일어나서는 안 된다. 이것은 망국의 역사가 우리에게 주는 최대의 교훈이다.

그런데 최근의 남북 관계는 파국으로 치닫고 있다. 왜 이런 상황이 벌어지고 있는가? 따지고 보면 우리의 주변국 중 어느 나라도 한반도의 평화와 통일을 원하지 않는다. 이를테면 한국전쟁으로 전후 부흥의 발판을 마련했던 일본의 경우에는 한반도에서 긴장 국면 조성이 그들의 국익에 도움이 된다고 본다. 소위 평화헌법을 고쳐 전쟁을 할 수 있는 국가로 다시 나서려는 자민당의 움직임이 그러하다. 미국은 아시아·태평양에서 중국 또는 러시아를 견제하기 위하여 일본의 군사적 재무장을 묵인 또는 방조하고 있다. 중국이나 러시아는 그들의 체제 유지와 안보를 위하여 한반도의 현상 유지를 강력히 원한다.

이러한 상황에서 한국이 미·일의 하위동맹으로 다시금 편입된다면, 한반도는 냉전 시대와 같이 최전선으로 내몰릴 수밖에 없다. 왜 이런 상황을 우리 스스로 만들려고 하는가? 핵전쟁의 위험은 보이지 않는가? 어떤 자유나 민주주의 가치도 전쟁을 합리화하는 명분으로 이용되어서는 안 된다. 폭력은 개인과 민족 나아가 인류의 삶을 파괴하는 충동적 본능일 뿐이다. 전쟁은 더 말할 나위가 없다.

다음으로 걱정스러운 일은 우리의 시계가 미래로 향하지 않고 과거로 돌아가고 있다는 점이다. 한반도에서 남북 간 대립이 해소되지 않다 보니 진영 간 대결 구도가 더욱 깊어지면서 좌파냐 우파냐는 이분법적 논리만이 살아남는다. 조선의 몰락을 불러왔던 위정척사론과 마찬가지로 서로를 악마화하면서 배척할 뿐이다. 여기에다 세대와 성별 갈등마저 겹치다 보니 우리 사회에서는 미래로 나아가기 위한 의제 설정 자체가 봉쇄되고 있는 형국이다.

문제는 그러는 사이에 세계는 또 한 번 크게 변화하고 있다는 것이다. 어쩌면 인류는 18세기 산업혁명 이후 가장 큰 변화의 시기를 맞고 있는지도 모른다. 인간과 인간, 인간과 자연, 인간과 기계, 지구와 우주 사이의 관계가 모두 재설정되고 있다. 그런데 우리는 아직도 '건국의 신화', '한강의 신화'에 붙들려 있다. 도대체 언제까지 이러고 있을 것인가? 왜 시계를 거꾸로 돌리려고 하는가?

서양 세력이 바다를 통하여 동아시아로 밀려오던 19세기 중엽, 바야흐로 '해양의 시대'가 도래하고 있음을 예견했던 최한기는 자신이 살던 시대를 '변통(變通)'의 시기로 보고 이렇게 말했다.[100]

이러한 [시대의] 변화에 대처하는 방법은 마땅히 변한 것을 가지고 변한 것을 막아야 하고, 변하지 않는 것을 가지고 변한 것을 막으려 해서는 안 된다.

이 말이 뜻하는 바는 조선왕조가 이제 문호를 개방하여 세계와 소통하면서 스스로 변화를 꾀하지 않는다면 패망의 길로 나아갈 수밖에 없다는 것이었다. 그런데 당대 조선의 지배층은 '변통'이 아닌 '불통(不通)'의 길을 고수

했다. 그들은 중국과 일본이 서양의 무력에 속절없이 무너졌다는 소식을 듣고도 외부 세계와 담을 쌓은 채 홀로 '중화' 문명을 굳게 지키며 살아갈 수 있다고 믿었다. 이러한 그들의 태도는 임진왜란과 병자호란을 겪은 후에 나온 숭명배청사상과 북벌론의 연장선상에 놓여 있었다. 역사학계 한편에서는 이를 조선중화주의라고 치켜세우기도 하지만, 뒤집어 보면 그것은 문화적 자존감이 아니라 스스로 국난을 헤쳐 나갈 자신감 상실의 표현에 지나지 않았다. 조선왕조는, 최한기가 정확히 지적한 대로, 근본적인 변화를 도모해야 할 시기에 변화하지 않고 스스로 담을 쌓고 선택의 길을 좁히다가 결국 나라를 잃었다.

우리는 그 망국의 교훈을 한시도 잊어서는 안 된다. 시대적인 전환기, 특히 문명의 패러다임이 바뀔 때에는 지체하거나 망설일 여유가 없다. 이른바 '시간과의 싸움'이라는 위기의식과 절박함이 없다면 누구든 시대의 큰 흐름에서 뒤처질 수밖에 없다. 그런데 우리는 지금 어떠한가? 미래도 현재도 아닌 과거사 논쟁으로 날을 지새우고 있지 아니한가?

끝으로 망국의 시기 조선왕조(대한제국)를 다스리던 지배층의 행태를 되짚어 보지 않을 수 없다. 특히 근대화의 길목에서 반세기 가까이 왕위(황위)를 지켰던 고종은 그 책임의 정점에 서 있었다. 청나라 말기의 계몽사상가로서 당대 한국의 지식인들에게 큰 영향을 미쳤던 양계초(梁啓超, 량치차오)는 〈조선 멸망의 원인〉(1910.9)이라는 논설에서 이렇게 말한 바 있다.[101]

조선 멸망의 최대 원인은 사실 궁정에 있다. 오늘날 세상의 입헌국들에서 군주는 정치적 책임이 없고 악정도 할 수 없다. 그러므로 어질고 어질지 못함은 한 나라의 정치와 큰 관계가 없다. 전제국가의 경우는 이와 다르다. 국가의 명운이 전부 궁정에 달려있다. 따라서 왕왕 군주 일인이나 일가의 일 때문에 터럭 한 가닥을 잡아당기면 전신이 움직이듯 전국의 모든 백성에까지 미쳐 모두 고통스러운 독을 받게 된다. 우리나라의 역사 기록을 찾아봐도 실패한 자취는 마치 한 언덕의 오소리들처럼 비슷했다. 조선은 곧 최근에 거울삼아 경계해야 할 현저한 예다.

대한제국기 고종의 전제권 강화에 대한 통렬한 비판이었다. 이러한 비판의 화살은 곧 청조로 향하는데, 한때 세계의 중심임을 자처했던 이 나라는 신해혁명(1911)에 의하여 역사 속으로 사라졌다. 이로써 동아시아의 전제군주제는 종말을 고했다. 한편에서는 일본의 천황제를 절대왕정으로 보는 시각이 존재하지만, 어떻든 메이지 시대의 일본은 외견적인 입헌군주제 국가였다. 그러다가 대륙 침략이 본격화되면서 유사 파시즘 체제로 나아갔다. 1960년대부터는 자민당 일당의 지배체제가 펼쳐졌다. 지금까지 정권교체가 없었던 것은 아니지만, 그것은 두 차례 단기간에 그쳤다. 일본에서는 사실상 정당정치가 제 기능을 다하지 못하고 있는 것으로 볼 수 있다.

그렇다면 오늘의 대한민국은 어떠한가? 주권이 국민에게 있는 공화제 국가임에도 불구하고 혹 법과 제도를 무시하고 국민 위에 군림하려는 제왕적 대통령이 자리하고 있는 것은 아닌가? 또 툭하면 국민을 가르치려 들면서도 정작 국민과의 소통을 외면하는 대통령이 있는 것은 아닌가? 이런 통치자는 국민을 두려워하지 않는다. 오직 권력만 탐할 뿐이다. 모든 권력은 한순간이다. 지나고 보면 허망한 것이다. 그리고 역사의 심판이 기다린다.

주석

1   강창석, 〈조선통감부 연구〉, 《국사관논총》 53(국사편찬위원회, 1994), 192쪽.

2   이성환, 〈이토 히로부미의 문명론과 한국통치〉, 《일본사상》 20(한국일본사상사학회, 2011), 63-67쪽; 한길로, 〈이토 히로부미 송별 풍경과 찬양시의 실상〉, 《국제어문》 65(2015), 175-176쪽.

3   이복임, 〈시바 료타로(司馬遼太郎)의 청일·러일전쟁론: 『언덕위의 구름(坂の上の雲)』을 중심으로〉, 《일본문화학보》 49(2011); 나카츠카 아키라 지음, 박현옥 옮김, 《시바 료타로의 역사관: 그의 조선관과 메이지 영광론을 묻다》(모시는사람들, 2014) 참조.

4   한상일, 《고종과 이토 히로부미: 망국의 길목에서, 1904~1907》(기파랑, 2024) 참조.

5   청일전쟁 발발 후 일본에서 《太陽》이라는 잡지를 발간한 博文館이라는 출판사는 '제국 일본'의 이미지를 적극적으로 상업화함으로써 커다란 성공을 거두었고, 역으로 출판계에 의한 '제국'의 상업화가 일본제국에 대한 대중적 지지 기반을 확보하는 데 중요한 역할을 했다고 본다. 이에 대해서는 함동주, 〈일본제국의 성립과 박문관의 출판활동—청일전쟁기를 중심으로〉, 《동양사학연구》, 113(2010) 참조.

6   이윤상, 〈일제하 '조선왕실'의 지위와 이왕직의 기능〉, 《한국문화》 40(서울대학교 규장각한국학연구원, 2007), 319-324쪽.

7   이에 대해서는 졸저, 《태평양의 발견과 근대 조선, 세계와 마주하다》(나남출판, 2022), 제1장 〈공간혁명: 구세계에서 신세계로〉 참조.

8   오호성, 〈농본주의 사상의 구조와 근원〉, 《농업사연구》 6-2(한국농업사학회, 2007), 1쪽.

9   〈혼일강리역대국도지도〉(모사본)는 현재 국립중앙박물관의 상설전시관에서
    볼 수 있다. 이 지도의 중요성과 학계의 연구 동향에 대해서는 오상학, 〈「혼
    일강리역대국도지도」의 최근 담론과 지도의 재평가〉, 《국토지리학회지》 50-
    1(2016) 참조.

10 오상학, 《조선시대 세계지도와 세계인식》(창비, 2011), 제3부 〈17·18세기
    원형 천하도와 전통적인 세계지도〉 참조.

11 〈지구전후도〉(목판본, 1834)는 서울대학교 규장각한국학연구원에 소장되어
    있다(古4709-15).

12 민족문화추진회 편, 《국역 기측체의》 II(민족문화문고간행회, 1979), 150-
    151쪽. 이 책에는 원문이 함께 수록되어 있다(인용문 원문, 70쪽).

13 최한기에 대한 기왕의 연구들에서는 주로 그의 사상과 철학, 또는 서양 과학
    기술의 수용에 초점을 맞춰 왔는데, 앞으로는 그의 대외인식에 대해서도 관
    심을 가질 필요가 있다고 본다. 조선시대에 땅에서 바다로, 대륙에서 해양으
    로의 인식 전환의 필요성을 제시한 최초의 지식인으로 보이기 때문이다.

14 오타니 다다시 지음, 이재우 옮김, 《청일전쟁, 국민의 탄생: 근대 일본의 첫
    대외 전쟁의 실상》(오월의봄, 2018), 168-172쪽.

15 도쿄대 명예교수인 하라 아키라(原朗)는 청일전쟁(1894)과 러일전쟁(1904)
    을 각각 '제1차 조선전쟁'과 '제2차 조선전쟁'으로 부를 것을 제안한 바 있
    다. 그냥 청일·러일전쟁이라고 하면, 교전국들의 이름만 강하게 인지되고 한
    반도가 전쟁터였다는 것, 그리고 한반도의 지배권 획득이 전쟁의 주요 목표
    였다는 역사적 사실이 간과될 수 있기 때문이라고 했다. 하라 아키라 지음,
    김연옥 옮김, 《청일·러일전쟁을 어떻게 볼 것인가: 동아시아 50년전쟁
    (1894~1945) 다시 보기》(살림, 2015), 15쪽.

16 황현 저, 김혜원 교점(校點), 《매천집》 1(한국고전번역원, 2016), 38쪽; 번역
    문은 하우봉·박맹수·한철호 외, 《매천 황현과 역사서술》(전주: 디자인흐름,
    2011), 부록 237쪽.

17 윤치호 집안의 출세와 관련해서는 황경문 지음, 백광열 옮김, 《출생을 넘어
    서: 한국 사회 특권층의 뿌리를 찾아서》(너머북스, 2022), 313-317쪽.

18 앤드레 슈미드(Andre Schumid) 지음, 정여울 옮김, 《제국 그 사이의 한국 1895~1919》(휴머니스트, 2007), 539-572쪽 참조.

19 《조선총독부관보》 제15호(1910/09/14), 〈통감부 경무총감부 고시〉 제46호.

20 20세기 초 미국 내 배일운동과 미일전쟁론의 파장에 대해서는 졸고, 〈태평양의 발견: 그 바다를 둘러싼 미·일 간 패권 경쟁과 한국 언론의 반응, 1905~1910〉, 《역사연구》 37(2019) 참조.

21 윤병석, 《이상설전》(증보판, 일조각, 1998), 130쪽.

22 위와 같음.

23 위의 책, 185쪽: 박민영, 《이상설 평전, 독립운동의 대부》(신서원, 2020), 288쪽.

24 윤병석, 위의 책, 39쪽; 박민영, 위의 책, 79쪽.

25 《고종실록》, 1905년 11월 24일 조 〈이상설이 한일협상 조약을 맺은 대신들을 처벌하라고 상소하다〉.

26 《대한매일신보》(국한문판), 1905년 12월 1일 자 〈참찬연설(參贊演說)〉.

27 《대한매일신보》(국한문판), 1905년 11월 24일 자 〈독이참찬소(讀李參贊疏)〉; 박민영, 앞의 책, 32쪽.

28 이위종(Ye We Chong), "A Plea for Korea," *The Independent* (New York), 1907년 8월 22일 자); 오영섭, 〈이위종의 생애와 독립운동〉, 《한국독립운동사연구》 29(2007), 407-409쪽.

29 이승우, 《시베리아의 별, 이위종》(김영사, 2019) 참조. 이 책은 대한제국의 외교관에서 러시아 혁명군의 장교 '블라디미르 세르게예비치 리'로 변신한 이위종의 생애를 다룬다. 차르 체제를 떠받치던 근위대 장교에서 그 체제를 무너뜨리는 혁명 투사로 바뀌는 이위종의 삶은 고종을 가까이서 모시던 근왕주의자에서 황실을 '망국의 이기'로 보고 인민혁명의 가능성까지 내비쳤던 이상설의 삶과도 닮았다고 볼 수 있다. 이런 점에서 헤이그에서 두 사람의 만남은 운명적이었다.

30 김상웅, 《보재 이상설 평전: 독립운동의 선구자》(채륜, 2016), 248-249쪽.

31 국사편찬위원회 편, 《통감부문서》 10(동 위원회, 2000), 〈압수 신문기사 적요〉, 520-521쪽.

32 위의 자료, 512쪽.

33 양지선, 〈예관 신규식과 중국혁명파의 연대활동에 대한 재고〉, 《동양학》 95(단국대학교 동양학연구원, 2024), 49-55쪽 참조.

34 강영심, 《신규식, 시대를 앞서간 민족혁명의 선각자》(역사공간, 2010), 91-99쪽.

35 박걸순, 〈보재 이상설의 독립운동론과 독립운동〉, 《한국독립운동사연구》 60(2017), 47쪽.

36 임형택, 〈'매천야록' 해제〉, 《역주 매천야록》 상(문학과지성사, 2005), 16쪽.

37 위의 책, 18-20쪽.

38 배종석, 〈매천 황현의 서울 경험과 시문학〉, 《한문고전연구》 25-1(2012), 76-77쪽.

39 원문은 이렇다. "子奈何欲使我入於鬼國狂人之中而同爲鬼狂耶[!]" 황현 저, 김혜원 교점(校點), 《매천집》 1(한국고전번역원, 2016), 37쪽.

40 黃玹, 〈將見姜秋琴先生瑋〉(1878), 전주대학교 호남학연구소 편, 《매천전집》 권3(한국인문과학원, 2001), 153쪽. 번역문은 배기표, 〈육교시사의 결성과 시세계(Ⅰ)-강위의 「육교연음집」을 중심으로〉, 《한문학보》 27-1(2012), 208쪽.

41 배기표, 위의 글, 219쪽.

42 배종석, 앞의 글, 88쪽.

43 2024년에는 '한말 사대가'에 대한 평전 시리즈가 나왔다. 김진균, 《추금 강위 평전: 국제 정치의 막후에서 분주했던 불우 시인》(소명출판); 이은영, 《영재 이건창 평전: 500년의 양심, 천년의 문장, 갈림길에 선 암행어사》(소명출판); 정은주, 《매천 황현 평전: 일제 식민지를 거부한 절명 시인》(소명출판); 한영규, 《창강 김택영 평전: 중국과 한문을 택한 마지막 문인》(학자원).

44 최혜주, 《창강 김택영의 한국사론》(한울, 1996), 제5장 〈김택영 사학의 사학사적 위치〉 참조.

45 황현, 《매천속집》 권1, 서(書), 〈여김창강(與金滄江)〉; 원문은 국립중앙도서관 소장본(필사본, 1913), 번역문은 한국고전종합DB 참조.

46 황현 저, 김혜원 교점, 《매천집》 1, 37-39쪽; 번역문은 하우봉·박맹수·한철호 외, 《매천 황현과 역사서술》(전주: 디자인흐름, 2011), 부록 〈매천 황현 관련 자료〉 참조.

47 김택영 저, 조남권·안외순·강소영 역,《김택영의 조선시대사 한사경(韓史綮)》
(대학사, 2001), 7-8, 583쪽.

48 황현 지음, 김종익 옮김,《오동나무 아래에서 역사를 기록하다-황현이 본 동
학농민전쟁》(역사비평사, 2016), 박맹수의 해제〈새롭게 탄생한 120여 년
전의 동학농민혁명 기록〉참조.

49 김택영 저, 조남권 외 역, 앞의 책, 481쪽.

50 위의 책, 480-481쪽.

51 위의 책, 481-482쪽.

52 위의 책, 481쪽.

53 韓曉·牛林杰,〈『중동전기』의 한국적 수용에 대한 고찰〉,《동방한문학》60(2014)
참조.

54 황현 지음, 김종익 옮김, 앞의 책, 161쪽.

55 위의 책 160쪽.

56 김원모,〈이종응의「서사록」과「서유견문록」자료〉,《동양학》32(2002), 183쪽.

57 김영붕,《매천 황현 시와 사상》(보고사, 2017), 135쪽.

58 김택영 저, 조남권 외 역, 앞의 책, 560쪽.

59 김영붕, 앞의 책, 136쪽.

60 위의 책, 136-137쪽.

61 위의 책, 137쪽.

62 원문은 이렇다; "吾不怨強者食弱 而弱者見食於強." 박맹수,〈해제〉, 황현 지
음, 김종익 옮김, 앞의 책, 555쪽.

63 김영붕, 앞의 책, 140-141쪽.

64 황현 저, 김혜원 교점,《매천집》1, 38쪽; 번역문은 하우봉 외,《매천 황현과
역사서술》, 부록 237쪽.

65 김상태,《윤치호 일기(1916~1943): 한 지식인의 내면세계를 통해 본 식민지
시기》(역사비평사, 2001), 27-28쪽.

66 국사편찬위원회 편,《통감부문서》8(동 위원회, 1999), 222쪽.

67 김상태, 앞의 책, 31쪽.

68 박지향, 《윤치호의 협력일기: 어느 친일 지식인의 독백》(이숲, 2010), 25-26쪽.

69 정용화, 〈문명개화론의 덫: 『윤치호일기』를 중심으로〉, 《국제정치논총》 41-4(2001), 312쪽.

70 국사편찬위원회에서 1973년부터 공간하기 시작한 《윤치호일기》(전 11권)는 그의 맏아들 윤영선(전 농림부장관)과 막내아들 윤정선(미국 거주) 두 분이 나누어 보존해 오던 것이다. 그 원본은 현재 윤치호의 모교인 에모리대학교 도서관이 소장하고 있다("Yun Ch'i-ho papers, 1883-1943," Manuscript Collection No.754). 이 목록을 보면 〈임오일기〉를 제외한 국한문 일기 (1883-1889)는 빠져 있다.

71 김상태, 앞의 책, 628-632쪽.

72 이 사건은 1884년 5월 9일(음) 우의정 김병덕이 "북백(北伯)이 장계(狀啓)에서 청한 대로 남병사(南兵使) 윤웅렬을 파출(罷黜)하고 논죄해야 한다"는 상소에서 비롯되는데, 이후 윤치호는 고종을 알현할 때마다 자기 아버지의 결백함을 주청하여 윤웅렬이 파면되는 것을 막았다. 이 사건의 진상에 대해서는 좀 더 검토가 필요한데, 어떻든 이때부터 윤웅렬·윤치호 부자는 '정치적 동반자' 관계가 되었다고 볼 수 있다.

73 이 말은 E. 사이덴스티커 지음, 허호 옮김, 『도쿄이야기』(이산, 1997), 55쪽에 나온다. 이 책의 원제는 Edward G. Seidensticker, *Low City, High City: Tokyo from Edo to the Earthquake; How the Shogun's Ancient Capital Became a Great Modern City, 1867-1923* (New York: Alfred A. Knopf, 1983)이다.

74 나이토 아키라 지음, 이용화 옮김, 《메이지의 도쿄》(논형, 2019), 27-38, 75-81쪽; 요시마 순야, 그레고리 M. 풀룩펠더 외 지음, 연구공간 수유 옮김, 《확장하는 모더니티 1920~30년대 근대 일본의 문화사》(소명출판, 2007), 38쪽.

75 박용모, 〈개화승 이동인에 대한 연구〉, 《한국불교학》 58(2010), 193-223쪽.

76 국사편찬위원회 편, 《사료 고종 시대사》 10(동 위원회, 2017), 439쪽(조선주재 일본공사의 본국 외무경 보고).

77 유영렬, 《개화기의 윤치호 연구》(한길사, 1985), 15-16쪽.

78 허동현, 《일본이 진실로 강하더냐: 근대의 길목에 선 조선의 선택》(당대, 2000), 제2장 〈일본 따라 배우기가 시작되다〉 참조.

79 《동아일보》, 1930년 1월 11일 자, 〈風雨 20년: 독립협회장 윤치호씨(1) 한말 정객의 회고담〉.

80 위의 회고담.

81 유영렬, 앞의 책, 21-22쪽.

82 '2차적 제국주의'라는 용어를 처음 쓴 학자는 김기혁이다. 그는 1882년 조선에서 일어난 임오군란과 그 결과로 성립된 朝淸商民水陸貿易章程에 의하여 동아시아의 전통적인 세계질서는 종막을 고했다고 보았다. 달리 말하면 중국과 조선은 과거 형식상의 주종관계일 뿐 내치외교에 있어서는 조선의 자주권이 인정되어 왔으나, 임오군란을 계기로 청국이 조선의 외교와 내치에 직접 개입함으로써 사실상 서양의 '일차적(primary)' 제국주의를 모방한 '2차적(secondary)' 제국주의 정책을 추구하기 시작했다는 것이다. 이로 말미암아 한반도에서 청·일 양국 간 경쟁이 격화되면서 전쟁으로 이어졌다고 본다. Key-Hiuk Kim, *The Last Phase of the East Asian World Order: Korea, Japan, and the Chinese Empire, 1860-1882*(Berkeley: University of California Press, 1980); 김기혁, 〈개항을 둘러싼 국제정치〉, 《한국사 시민강좌》 7(일조각, 1990), 1-37쪽 참조.

83 《승정원일기》를 보면, 1886년 4월 15일에 전 부교리(副校理) 박주운은 고종에게 상소를 올려 갑신정변에 연루되었던 역적들의 주범과 종범을 의금부로 압송하여 엄히 국문할 것을 청하는데, 그 명단에 윤웅렬도 포함된다. 이때 고종은 "이미 명확한 것이 없으니 모두 깊이 추궁할 것 없다"라고 하여 윤허하지 않았다. 그런데 계속 그런 상소가 올라오니 고종은 윤웅렬을 능주목(綾州牧)으로 유배를 보냈다가 청일전쟁 발발 후 풀어준다.

84 정용화, 앞의 논문, 311-312쪽.

85 《삼천리》 제4권 제10호(1932.10), 〈구한국의 외교와 문화〉(구한국불어학교장 에밀 마-텔); 《삼천리》 제4권 제12호(1932.12), 〈최근 반도의 내외 빈객: 서재필 씨의 등장〉(慶會樓畔居士).

86 《동아일보》, 1930년 1월 14일 자 〈風雨 20년: 독립협회장 윤치호씨(1) 한말 정객의 회고담〉.

87 1906년 7월 중순부터 1915년 12월 말까지의 《윤치호일기》는 전하지 않는다.

88 야마무로 신이치 지음, 정재정 옮김, 《러일전쟁의 세기—연쇄시점으로 보는 일본과 세계—》(한림대학교 일본학연구소, 2010), 142쪽.

89 국사편찬위원회 편, 《통감부문서》 8(동 위원회, 1999), 〈한국 관인의 경력 일반〉, 225쪽.

90 Kevin Kenny, *Diaspora: A Very Short Introduction*(New York: Oxford University Press, 2013), p.52; 케빈 케니 지음, 최영석 옮김, 《디아스포라 이즈(is)》(앨피, 2016), 92쪽.

91 반병률, 〈노령 연해주 한인사회와 한인민족운동(1905~1911)〉, 《한국근현대사연구》 7(1997), 67-79쪽.

92 김경일·윤휘탁·이동진·임성모, 《동아시아의 민족 이산과 도시: 20세기 전반 만주의 조선인》(역사비평사, 2004), 17-31쪽.

93 하와이와 미주로의 초기 이민과 한인공동체 형성에 대해서는 졸고, 〈미주지역 독립운동에 관한 연구의 회고와 전망〉, 《한국사론》 26(국사편찬위원회, 1996) 참조.

94 오인환·공정자, 《구한말 한인 하와이 이민》(인하대학교 출판부, 2004), 〈부록: 구한말 멕시코 이민 출항에 관한 연구: 이민선, 이민모집, 광고, 정부 공문 등을 중심으로〉. 이 분야의 선구적인 업적으로는 이자경, 《한국인 멕시코 이민사—제물포에서 유카탄까지—》(지식산업사, 1998) 참조.

95 육정수, 《송뢰금(松籟琴)》 상권(박문서관, 1908), 11쪽.

96 Isabella Bird Bishop, *Korea and Her Neighbors: A Narrative of Travel, with an Account of the Recent Vicissitudes and Present Position of the Country*(New York: F.H. Revell Co., 1898), p.236. 국내 번역본들에서는 '*men*'(원문 이탤릭체)을 '인간' 또는 '진정한 의미의 시민'으로 번역한다.

97 방선주, 〈박용만평전〉, 《재미한인의 독립운동》(한림대학교출판부, 1989), 44-77쪽 참조.

98 Herbert P. Bix, *Hirohito and the Making of Modern Japan*(New York: HarperCollins Publishers, 2000), pp.3-4, 16-18; 허버트 빅스 지음, 오현숙 옮김, 《히로히토 평전: 근대일본의 형성》(삼인, 2010), 24, 37-39쪽. 이 책이 출판되자 미국 언론들은 호의적인 논평을 내놓았다. 이를테면《뉴스위크(Newsweek)》는 "천황에 대한 환상을 깬 파격적인 평전으로 억눌린 기억을 자유롭게 풀어내었다"라고 했다. 2001년에는 퓰리처상(논픽션 부문)을 받았고, 이듬해 일본에서 《쇼와덴노(昭和天皇)》(講談社)라는 제명으로 번역·출간되었다.

99 국사편찬위원회 편, 《한국독립운동사》 자료2/임정편2(탐구당, 1971), 30쪽.

100 최한기, 《국역 기측체의》 II, 151쪽(원문, 70쪽).

101 량치차오 저, 최형욱 편역, 《량치차오, 조선의 망국을 기록하다》(글항아리, 2014), 87쪽.

망국―무엇이 문제였는가

참고문헌

서설 : 망국의 역사를 어떻게 볼 것인가?

〈混一疆理歷代國都之圖〉. 조선, 15세기 후반 추정, 일본 류코쿠대학 소장.
〈地球前後圖〉. 조선, 1834, 서울대학교 규장각한국학연구소 소장.
민족문화추진회 편.《국역 기측체의》II. 민족문화문고간행회, 1979.

강만길.《20세기 우리 역사》. 창작과비평사, 1999.
고정휴.《태평양의 발견과 근대 조선, 세계와 마주하다》. 나남출판, 2022.
교수신문 기획·엮음.《고종 황제 역사 청문회》. 푸른역사, 2005.
김기란.《극장국가: 대한제국 만들기 프로젝트와 문화적 퍼포먼스》. 현실문화,
    2020.
김기협.《망국의 역사, 조선을 읽다》. 돌베개, 2010.
나카츠카 아키라 지음, 박현옥 옮김.《시바 료타로의 역사관; 그의 조선관과 메
    이지 영광론을 묻다》. 모시는사람들, 2014.
노혜정.《『지구전요』에 나타난 최한기의 지리사상》. 한국학술정보, 2005.
박종인.《매국노 고종: 한 번도 경험하지 못한 지도자》. 와이즈맵, 2020.
박희병.《운화와 근대: 최한기 사상에 대한 음미》. 돌베개, 2003.
신명호.《고종과 메이지의 시대: 무엇이 조선과 일본의 운명을 결정했나》. 역사
    의아침, 2014.
연갑수.《대원군집권기 부국강병정책 연구》. 서울대학교출판부, 2001.
오상학.《조선시대 세계지도와 세계인식》. 창비, 2011.
오타니 다다시 지음, 이재우 옮김.《청일전쟁, 국민의 탄생: 근대 일본의 첫 대

외 전쟁의 실상》. 오월의봄, 2018.

이문기·장동익 외. 《한·중·일의 해양인식과 해금》. 동북아역사재단, 2007.

이태진. 《고종시대의 재조명》. 태학사, 2000.

장영숙. 《고종 44년의 비원》. 너머북스, 2010.

최덕수. 《대한제국과 국제환경: 상호인식의 충돌과 접합》. 선인, 2005.

칼 슈미트 지음, 김남시 옮김. 《땅과 바다: 칼 슈미트의 세계사적 고찰》. 꾸리에,
    2016.

하라 아키라 지음, 김연옥 옮김. 《청일·러일전쟁을 어떻게 볼 것인가: 동아시아
    50년전쟁 (1894~1945) 다시 보기》. 살림, 2015.

한상일. 《고종과 이토 히로부미: 망국의 길목에서, 1904~1907》. 기파랑, 2024.

한영우. 《명성황후와 대한제국》. 효형출판, 2001.

한영우·서영희·이윤상·강상규·임현수 외. 《대한제국은 근대국가인가》. 푸른역
    사, 2006.

호머 B. 헐버트 지음, 신복룡 옮김. 《대한제국멸망사》. 집문당, 1999.

강창석. 〈조선통감부 연구〉. 《국사관논총》 53, 국사편찬위원회, 1994.

도면회. 〈을사조약은 어떻게 기억되어 왔는가?〉. 《역사와 현실》 66, 2007.

서영희. 〈을사조약 이후 대한제국 집권세력의 정세인식과 대응방안〉. 《역사와
    현실》 66, 2007.

신복룡. 〈1910년, 대한제국의 망국을 바라보는 한 인문학자의 시선〉. 《한국민
    족운동사연구》 82, 2015.

이복임. 〈시바 료타로(司馬遼太郎)의 청일·러일전쟁론: 『언덕 위의 구름(坂の上
    の雲)』을 중심으로〉. 《일본문화학보》 49, 2011.

오상학. 〈「혼일강리역대국도지도」의 최근 담론과 지도의 재평가〉. 《국토지리학
    회지》 50-1, 2016.

오호성. 〈농본주의 사상의 구조와 근원〉. 《농업사연구》 6-2, 한국농업사학회,
    2007.

유바다.〈1905년 일본의 한국 보호국화 이론 도출에 대한 국제법적 고찰〉.《한국사학보》85, 2021.

이성환.〈이토 히로부미의 문명론과 한국통치〉.《일본사상》20, 한국일본사상사학회, 2011.

이윤상.〈일제하 '조선왕실'의 지위와 이왕직의 기능〉.《한국문화》40, 서울대학교 규장각한국학연구원, 2007.

한길로.〈이토 히로부미 송별 풍경과 찬양시의 실상〉.《국제어문》65, 2015.

함동주.〈일본제국의 성립과 박문관의 출판활동—청일전쟁기를 중심으로〉.《동양사학연구》113, 2010.

제1장 창해자,《황실비멸국지이기》

《승정원일기》《고종실록》《통감부문서》. 국사편찬위원회 한국사데이터베이스.

《독립신문》《대한매일신보》《신한민보》. 대한민국신문아카이브.

창히즈 운손.《량의사합뎐(兩義士合傳): 附 의연금총결산공고서》. 상항(桑港) 한인임시공동회, 1909.

강영심.《신규식, 시대를 앞서간 민족혁명의 선각자》. 역사공간, 2010.

김상웅.《보재 이상설 평전: 독립운동의 선구자》. 채륜, 2016.

박민영.《이상설 평전, 독립운동의 대부》. 신서원, 2020.

앙드레 슈미드 지음, 정여울 옮김.《제국 그 사이의 한국 1895~1919》. 휴머니스트, 2007.

윤병석.《이상설전》증보판. 일조각, 1998.

이승우.《시베리아의 별, 이위종》. 김영사, 2019.

강수옥·장희월.〈양계초(梁啟超)의 근대조선에 대한 인식 약론〉.《역사와 세계》56, 2019.

강영심. 〈신한혁명당의 결성과 활동〉.《한국독립운동사연구》2, 1988.

고정휴. 〈태평양의 발견: 그 바다를 둘러싼 미·일 간 패권 경쟁과 한국 언론의 반응, 1905~1910〉.《역사연구》37, 2019.

권순철. 〈대한제국에 프랑스 혁명이 어떻게 소개되었나: 대한제국의 번역서, 그 원전을 찾아서〉.《근대서지》8, 2013.

김윤희. 〈제국민(帝國民), 대한제국, 대한제국 황제〉.《내일을 여는 역사》17, 2004.

노영순. 〈황제에서 보호국 군주로의 이행: 1867~1885 베트남에서의 격변〉.《동북아문화연구》31, 2012.

도면회. 〈「대한국국제」와 대한제국의 정치구조〉.《내일을 여는 역사》17, 2004.

박걸순. 〈보재 이상설의 독립운동론과 독립운동〉.《한국독립운동사연구》60, 2017.

박걸순. 〈이회영과 이상설의 독립운동론과 독립운동 비교〉.《동북아역사논총》64, 2019.

서영희. 〈대한제국의 빛과 그림자: 일제의 침략에 맞선 황제전제체제의 평가 문제〉.《한국사 시민강좌》40, 2007.

양지선. 〈예관 신규식과 중국혁명파의 연대활동에 대한 재고〉.《동양학》95, 2024.

오영섭. 〈이위종의 생애와 독립운동〉.《한국독립운동사연구》29, 2007.

윤상원. 〈근대인 이위종의 생애와 시대 인식〉.《한국인물사연구》20, 2013.

한성민. 〈제2회 헤이그 만국평화회의 특사에 대한 일본의 대응〉.《한일관계사연구》51, 2015.

한승훈. 〈근대 시기 명성황후에 관한 상반된 인식과 담론 형성〉.《역사와현실》111, 2019.

제2장 황현,《매천야록》

김택영 저, 조남권·안외순·강소영 역.《김택영의 조선시대사 한사경(韓史綮)》. 태학사, 2001.

황현 저, 김택영 편.《매천집》7권 3책(1911);《매천속집》2권 1책(1913). 한국 고전종합DB.

황현 저, 김혜원 교점.《매천집》1. 한국고전번역원, 2016.

황현 지음, 김종익 옮김.《오동나무 아래에서 역사를 기록하다-황현이 본 동학 농민전쟁》. 역사비평사, 2016.

황현 지음, 임형택 외 교주.《매천야록: 원문 교주본》. 문학과지성사, 2005.

황현 지음, 임형택 외 옮김.《역주 매천야록》상·하. 문학과지성사, 2005.

황현 지음. 허경진 옮김.《매천야록: 지식인의 눈으로 바라본 개화와 망국의 역 사》. 서해문집, 2006.

김영봉.《매천 황현 시와 사상》. 보고사, 2017.

김진균.《추금 강위 평전: 국제 정치의 막후에서 분주했던 불우 시인》. 소명출 판, 2024.

왕현종·오비나타 스미오·다이둥양 외.《청일전쟁기 한·중·일 삼국의 상호 전 략》. 동북아역사재단, 2009.

이은영.《영재 이건창 평전: 500년의 양심, 천년의 문장, 갈림길에 선 암행어 사》. 소명출판, 2024.

정은주.《매천 황현 평전: 일제 식민지를 거부한 절명 시인》. 소명출판, 2024.

조재곤.《조선인들의 청일전쟁: 전쟁과 휴머니즘》. 푸른역사, 2024.

천웨이팡 지음, 권혁수 옮김.《청·일 갑오전쟁과 조선》. 백산자료원, 1996.

최혜주.《창강 김택영의 한국사론》. 한울, 1996.

하우봉·박맹수·한철호·박걸순·홍영기.《매천 황현과 역사서술》. 전주: 디자인흐 름, 2011.

한영규.《창강 김택영 평전: 중국과 한문을 택한 마지막 문인》. 학자원, 2024.

김상기. 〈유교 지식인의 동학 인식과 대응〉. 《역사연구》 27, 2014.

김원모. 〈이종응의 「서사록」과 「서유견문록」 자료〉. 《동양학》 32, 2002.

김항구. 〈황현의 신학문 수용과 '호양학교' 설립〉. 《문화사학》 21, 2004.

김현정. 〈19세기 말 20세기 초 김윤식의 교유망과 서울 북촌의 공간변화〉. 《서울학연구》 59, 2015.

김효동. 〈『매천야록』에 나타난 한말 양반에 대한 인식〉. 《한문학보》 33-1, 2015.

배기표. 〈육교시사의 결성과 시세계(Ⅰ)-강위의 「육교연음집」을 중심으로〉. 《한문학보》 27-1, 2012.

배종석. 〈매천 황현의 서울 경험과 시문학〉. 《한문고전연구》 25-1, 2012.

배항섭. 〈전봉준과 대원군의 '밀약설' 고찰〉. 《역사비평》 41, 1997.

안대회. 〈고종 시기 학계와 문단의 동향―南社 同人의 懷人詩를 중심으로〉. 《대동문화연구》 104, 2018.

원재연. 〈근대 이행기 호남 유림의 시무론과 동학 인식 - 이기(1848~1909)와 황현(1855~1910)을 중심으로-〉. 《조선시대사학보》 74, 2015.

유바다. 〈1885년 駐紮朝鮮總理交涉通商事宜 袁世凱의 조선 파견과 지위 문제〉. 《사총》 92, 2017.

이태진. 〈1894년 6월 청군 조선 출병 결정 과정의 진상-조선정부 자진 요청설 비판-〉. 《한국문화》 24, 1999.

주승택. 〈강위의 개화사상과 외교활동〉. 《한국문화》 12, 1991.

차남희·유지연. 〈황현(1855-1910)의 동학에 대한 인식과 비판: 『오하기문』을 중심으로〉. 《사회과학연구논총》 15, 2006.

韓曉·牛林杰. 〈『중동전기』의 한국적 수용에 대한 고찰〉. 《동방한문학》 60, 2014.

함규진. 〈이건창: 천하에 마음을 둘 곳이 없다〉. 《인물과사상》 206, 2015.

홍기대·손용택. 〈한말 격변기의 내부 시선 매천야록을 중심으로〉. 《사회과교육》 62-2, 2023.

황재문. 〈전통적 지식인의 망국 인식: 김윤식·김택영·박은식의 경우〉. 《한국문화》 52, 2010.

제3장 윤치호, 《일기》

《고종실록》《승정원일기》《주한일본공사관기록》. 국사편찬위원회 한국사데이
　　터베이스.

《독립신문》《협성회회보》《매일신보》. 대한민국신문아카이브.

《윤치호일기》 1~6(1883~1906). 국사편찬위원회, 1973-1976.

《(국역)윤치호일기》 1(1883~1889). 송병기 역, 연세대학교 출판부, 2001.

《(국역)윤치호영문일기》 1~5(1889~1916). 국사편찬위원회, 2014-2015.

〈한국 관인의 경력 일반〉.《통감부문서》 8. 국사편찬위원회, 1999.

〈風雨 20년: 독립협회장 윤치호씨(1) 한말 정객의 회고담〉.《동아일보》, 1930
　　년 1월 11-14일.

〈구한국의 외교와 문화〉(구한국불어학교장 에밀 마-텔).《삼천리》, 4-10호
　　(1932.10).

〈최근 반도의 내외 빈객: 서재필 씨의 등장〉(慶會樓畔居士).《삼천리》, 4-12
　　(1932.12),

김기혁 지음, 김범 옮김.《동아시아 세계질서의 종막: 조선·일본·청, 1860~1882》.
　　글항아리 2022; Key-Hiuk Kim. *The Last Phase of the East Asian*
　　World Order: Korea, Japan, and the Chinese Empire, 1860-1882.
　　Berkeley: University of California Press, 1980.

김상태.《윤치호 일기(1916~1943): 한 지식인의 내면세계를 통해 본 식민지시
　　기》. 역사비평사, 2001.

나이토 아키라 지음, 이용화 옮김.《메이지의 도쿄》. 논형, 2019.

박지향.《윤치호의 협력일기: 어느 친일 지식인의 독백》. 이숲, 2010.

서재필기념회 편.《서재필과 그 시대》. 동 기념회, 2003.

야마무로 신이치 지음, 정재정 옮김.《러일전쟁의 세기─연쇄시점으로 보는 일
　　본과 세계─》. 한림대학교 일본학연구소, 2010.

양현혜. 《윤치호와 김교신: 근대 조선의 민족적 아이덴티티와 기독교》(개정판). 한울아카데미, 2009.

요시마 순야, 그레고리 M. 풀룩펠더 외 지음, 연구공간 수유 옮김. 《확장하는 모더니티 1920~30년대 근대 일본의 문화사》. 소명출판, 2007.

유영렬. 《개화기의 윤치호 연구》. 한길사, 1985.

윤경남. 《좌옹 윤치호 평전: 윤치호 그는 누구인가?》. 신앙과지성사, 2017.

E. 사이덴스티커 지음, 허호 옮김. 《도쿄이야기》. 이산, 1997; Edward G. Seidensticker. *Low City, High City: Tokyo from Edo to the Earthquake; How the Shogun's Ancient Capital Became a Great Modern City, 1867-1923*. New York: Alfred A. Knopf, 1983.

이영석. 《제국의 기억, 제국의 유산》. 아카넷, 2019.

전인권·정선태·이승원. 《1898, 문명의 전환: 대한민국 기원의 시공간》. 이학사, 2011.

허동현. 《일본이 진실로 강하더냐: 근대의 길목에 선 조선의 선택》. 당대, 2000.

황경문 지음, 백광열 옮김. 《출생을 넘어서: 한국 사회 특권층의 뿌리를 찾아서》. 너머북스, 2022.

구미정. 〈개화파에서 친일파까지 윤치호의 민낯을 보다: 박정신 총괄, 「국역 윤치호 영문일기」 1-10〉. 《현상과인식》 44-3, 2020.

구선희. 〈청일전쟁의 의미-조·청 '속방' 관계를 중심으로-〉. 《한국근현대사연구》 37, 2006.

김현철. 〈갑오개혁의 정치사적 의의와 현재적 시사점: 제2차 김홍집·박영효 내각의 성과와 한계 및 과제를 중심으로〉. 《아시아리뷰》 4-2, 2015.

박용모. 〈개화승 이동인에 대한 연구〉. 《한국불교학》 58, 2010.

손정수. 〈러시아 대관식 사절단 시기 『윤치호 일기』를 통해 본 영어로 쓰인 사적 기록의 의미 - 『해천추범』과의 비교를 중심으로-〉. 《한국학논집》 83, 2021.

우남숙. 〈미국 사회진화론과 한국 근대: 윤치호의 영향을 중심으로〉. 《한국동양

정치사상사연구》 11-1, 2012.

이윤상. 〈대한제국기 황제 주도의 재정운영〉.《역사와현실》 26, 1997.

정용화. 〈문명개화론의 덫:『윤치호일기』를 중심으로〉.《국제정치논총》 41-4, 2001.

제4장 나라 밖의 나라—외신대한

《공립신보》. 미국 샌프란시스코, 1905-09.

《신한국보》. 하와이 호놀룰루, 1909-13.

《신한민보》. 미국 샌프란시스코, 1909-74.

〈신문잡지기사적요〉.《통감부문서》 10. 국사편찬위원회, 2000.

《대동단결선언》. 중국 상해, 1919. 독립기념관 한국독립운동정보시스템.

고정휴.《태평양시대의 서막과 신대한의 꿈: 최남선·현순·이승만》. 나남출판, 2023.

김경일·윤휘탁·이동진·임성모 지음.《동아시아의 민족 이산과 도시: 20세기 전반 만주의 조선인》. 역사비평사, 2004.

박진빈.《백색국가 건설사: 미국 혁신주의 빛과 그림자》. 앨피, 2006.

박환.《사진으로 보는 러시아지역 한인의 삶과 기억의 공간》. 민속원, 2013.

방선주.《재미한인의 독립운동》. 한림대학교출판부, 1989.

안형주.《1902년, 조선인 하와이 이민선을 타다》. 푸른역사, 2014.

오인환·공정자.《구한말 한인 하와이 이민》. 인하대학교출판부, 2004.

웨인 패터슨 지음, 정대화 옮김.《아메리카로 가는 길: 한인 하와이 이민사, 1896 ~1910》. 들녘, 2002.

윤인진.《코리안 디아스포라: 재외한인의 이주, 적응, 정체성》. 고려대학교출판부, 2004.

이덕희.《하와이 이민 100년, 그들은 어떻게 살았나》. 중앙M&B, 2003.

이사벨라 버드 비숍 지음, 신복룡 역주.《조선과 그 이웃 나라들》(개정판). 집문
　　당, 2019; Isabella Bird Bishop, *Korea and Her Neighbors: A
　　Narrative of Travel, with an Account of the Recent Vicissitudes and
　　Present Position of the Country.* New York: F.H. Revell Co., 1898.
이자경.《멕시코 한인 이민 100년사》상. 혼맥문학출판부, 2006.
임경구·정현주 외.《디아스포라 지형학》. 도서출판 앨피, 2016.
장태한.《파차파캠프, 미국 최초의 한인타운》. BM성안당, 2018.
케빈 케니 지음, 최영석 옮김.《디아스포라 이즈(is)》. 앨피, 2016; Kevin Kenny.
　　Diaspora: A Very Short Introduction. New York: Oxford University
　　Press, 2013.

고순희.〈경술국치의 충격을 담은 1910년대 가사문학의 전개 양상과 가사문학
　　사적 의의〉.《민족문화연구》84, 2019.
고정휴.〈미주지역 독립운동에 관한 연구의 회고와 전망〉.《한국사론》26, 국사
　　편찬위원회, 1996.
김형규.〈일제 식민화 초기 서사에 나타난 해외이주 형상의 의미〉.《현대소설연
　　구》46, 2011.
박경숙.〈식민지 시기(1910년-1945년) 조선의 인구 동태와 구조〉.《한국인구
　　학》32-2, 2009.
반병률.〈노령 연해주 한인사회와 한인민족운동(1905~1911)〉.《한국근현대사
　　연구》7, 1997.
오연숙.〈을사조약 이후 미주 한인단체의 국내정세 인식〉.《역사와 현실》66, 2007.
장태한.〈민주공화제의 '미국발' 계보: 대한인국민회와「대동단결선언」〉.《사회
　　과학연구》29, 2021.
전종익.〈대한민국임시정부 이전 정치체제 구상-1910년대 군주제와 공화제를
　　중심으로-〉.《법사학연구》56, 2017.
조동걸.〈임시정부 수립을 위한 1917년의「대동단결선언」〉.《한국학논총》9,
　　1987.

에필로그 : 망각, 그 역사적 교훈은 무엇인가?

국사편찬위원회 편. 《한국독립운동사》 자료2/임정편2. 탐구당, 1971.

량치차오 저, 최형욱 편역. 《량치차오, 조선의 망국을 기록하다》. 글항아리, 2014.

시라이 사토시 지음, 한승동 옮김. 《국체론: 천황제 속에 담긴 일본의 허구》. 메디치미디어, 2020.

허버트 빅스 지음, 오현숙 옮김. 《히로히토 평전: 근대일본의 형성》. 삼인, 2010; Herbert P. Bix, *Hirohito and the Making of Modern Japan*. New York: HarperCollins Publishers, 2000.

망국 – 무엇이 문제였는가

제1부 당대 대한인의 시각과 평가

발행일 2025년 3월 1일

지은이 고정휴
펴낸이 마형민
기획 신건희
편집 곽하늘 강채영 김예은
디자인 김안석 조도윤
펴낸곳 주식회사 페스트북
홈페이지 festbook.co.kr
편집부 경기도 안양시 동안구 관악대로 488
씨앗트 스튜디오 경기도 안양시 동안구 안양판교로 20

ⓒ 고정휴 2025

ISBN 979-11-6929-699-1 93910
값 19,000원